Humanistische Deutung

Studia humaniora

Düsseldorfer Studien zu Mittelalter und Renaissance

Band 11

Rainer Stillers

Humanistische Deutung

Studien zu Kommentar und Literaturtheorie in der italienischen Renaissance

Droste Verlag

Gedruckt mit Unterstützung der Boehringer Ingelheim Stiftung und der
Dr. Reinhard und Emmi Heynen Stiftung.

Titelbild:
Cristoforo Landino: Formulaio di Lettere e di Orationi volgari con la proposta e riposta. Florenz 1492. (The Age of the Renaissance, ed. by Denys Hay, London: Thames and Hudson, 1967, S. 38.)

CIP-Titelaufnahme der Deutschen Bibliothek

Stillers, Rainer:
Humanistische Deutung : Studien zu Kommentar u.
Literaturtheorie in d. ital. Renaissance / Rainer Stillers. -
Düsseldorf : Droste, 1988
(Studia humaniora ; Bd. 11)
ISBN 3-7700-0811-1
NE: GT

Einbandentwurf: Helmut Schwanen
Gesamtherstellung: Poeschel & Schulz-Schomburgk, Eschwege
ISBN 3-7700-0811-1

Inhaltsverzeichnis

VORWORT **9**

EINLEITUNG **11**

1 Die Renaissance: Interpretin der Antike 11
2 Zu Textkorpus, Fragestellung und Aufbau der Untersuchungen 20
3 Deuten als problematische Wahrheitssuche 27

A LITERARISCHER KOMMENTAR UND POETOLOGIE AM ENDE DES QUATTROCENTO **35**

I POLIZIANO: VOM DICHTUNGSKOMMENTAR ZUR POETIK 35
1 Fragestellung 35
2 Der humanistische Kommentar zwischen traditioneller Gestalt und innovatorischer Absicht 38
3 Das Selbstverständnis des Kommentators . 41
4 Kommentar und kommentierter Autor . . . 50
5 Historisierende und aktualisierende Perspektive 55
6 Form des Kommentars. Das Proömium . . 58
7 Die fortlaufende Kommentierung 68
8 Textkritik, Sprachliches, Sachkommentar . 73
9 Rhetorischer Kommentar 78
10 "Poetischer" Kommentar 80

11 Anfänge systematischer Poetologie 84
II LANDINO: KOMPLEMENTARITÄT VON LITERARISCHEM UND POETOLOGISCHEM KOMMENTAR 91
1 Vergleich mit Polizianos Kommentarverständnis 91
2 Der quasi-göttliche Rang des Poetischen . . 97
3 Landinos Kommentierung der *Ars poetica*: Grundzüge und Folgerungen 101

B POETOLOGISCHER KOMMENTAR IM CINQUECENTO 107
I ROBORTELLO: KONGRUENZ VON KOMMENTAR UND AUSGELEGTEM TEXT 107
1 Humanistische Umdeutung des Aristoteles . 107
2 Die Selbsteinschätzung des Kommentators . 117
3 Das Gesamtverständnis als Voraussetzung der Deutung 133
4 Textkritik. Der Stellenwert philologischer Vorarbeit 137
5 Der "contextus": der originale, einmalige Wortlaut 141
6 Der textimmanente Zusammenhang der Aussage 146
7 Das persönliche Denkgefüge des kommentierten Autors als Zusammenhang 152
8 Der historische Hintergrund als übergreifender Zusammenhang 163
9 Weiterführende Überlegungen 179
II MAGGI UND LOMBARDI: BEWAHRUNG DER KOMMENTARTRADITION 181
1 Allgemeine Charakterisierung 181
2 Maggis Kritik an Robortello 183
3 Das Gesamtverständnis 190

4 Die "explanationes": Paraphrasierung des Sinns als Form der Auslegung 198
5 Die "annotationes": Vom Wortkommentar zur Begriffsdefinition 213
III VETTORI UND CASTELVETRO: VERSELBSTÄNDIGUNG DER POETOLOGISCHEN THEORIE 221
1 Die beginnende Ablösung der Theorie von der *Poetik* bei Vettori 221
2 Castelvetro: Bewußtsein der Überlegenheit 233
3 Der Kommentar als Rekonstruktion eines "idealen" Textes 242
4 Die Neubewertung der überlieferten Deutungsformen 255
5 Die Integration des Kommentars in ein systematisches Modell der Literatur 264

C SYSTEMATISCHE LITERATURTHEORIE IM CINQUECENTO 277
I FRACASTORO UND GIRALDI CINZIO: ZWEI HERMENEUTISCHE GRUNDPOSITIONEN . . 277
1 Die "Poetiken": Ansätze zu einer wissenschaftlichen Interpretation 277
2 Fracastoro: Der dichterisch inspirierte Deuter 286
3 Giraldi Cinzio: Der Interpret als urteilender Beobachter 297
II TRISSINO UND MINTURNO: LITERATUR ALS SPIELRAUM VON MÖGLICHKEITEN . . . 312
1 Trissino: Die Herausbildung der Deskription 312
2 Minturno: Die Idee einer umfassenden Rezeption als Voraussetzung der poetologischen Theorie 323
3 Der Interpret, seine Voraussetzungen und Aufgaben 332

4 Ästhetische und ontologische Deutung . . . 342
5 Deutung als Vergleich des Werks mit typischen Gestaltungsmöglichkeiten 353
III PATRIZI: LITERATURGESCHICHTE UND BEGRIFFLICHER KONSENS ALS BEDINGUNGEN EINER UNIVERSALEN LITERATURTHEORIE 366
1 Allgemeine Bestimmung seiner Theorie: Literaturverstehen durch Konstruktion eines umfassenden Modells 366
2 Das Postulat der Wissenschaftlichkeit . . . 371
3 Literaturgeschichte als Ausgangspunkt der Literaturtheorie 375
4 Logische und begriffliche Eindeutigkeit als Bedingung intersubjektiven Verstehens . . . 384
ZUSAMMENFASSUNG 395
LITERATURVERZEICHNIS 401
NAMENSINDEX 419

Vorwort

Die hier veröffentlichten Studien wurden im Sommersemester 1985 von der Philosophischen Fakultät der Universität Düsseldorf als Habilitationsschrift angenommen. Zur Beschäftigung mit dem Thema regte mich Herr Prof. Dr. Ludwig Schrader an, dem ich auch für die den Fortgang der Arbeit stets begleitenden und unterstützenden Ratschläge zu besonderem Dank verpflichtet bin. Vielfältige kritische und ergänzende Hinweise verdanke ich weiterhin den Professoren Alwin Diemer †, Reinhard Häußler, Rudolf Hiestand, Reinhard Klesczewski, Bernhard König und Peter Wunderli.

Mein Dank gilt sodann der Deutschen Forschungsgemeinschaft für die Gewährung einer Druckbeihilfe, die jedoch aufgrund anderer Finanzierungsmöglichkeiten nicht in Anspruch genommen zu werden brauchte, den Freunden und Förderern der Universität Düsseldorf für die Auszeichnung der Arbeit mit dem Habilitationspreis ihrer Gesellschaft, der Geschwister Boehringer Ingelheim Stiftung sowie der Dr. Reinhard und Emmi Heynen Stiftung für eine großzügige Unterstützung der Drucklegung. Aufrichtigen Dank schulde ich nicht zuletzt dem Forschungsinstitut für Mittelalter und Renaissance für die Aufnahme der Studien in die von ihm betreute Reihe.

Konstanz, im November 1987 — Rainer Stillers

EINLEITUNG

1. Die Renaissance: Interpretin der Antike

Texte sind stumme Zeichen. Sie bedeuten von sich aus nichts, solange nicht ein Interpret – und jeder Leser ist in dieser Hinsicht ein Interpret – sie zum Reden bringt, nämlich einen latenten oder potentiellen Sinn aktualisiert. Diese Einsicht, an die in jüngster Zeit vor allem rezeptionsorientierte und semiotische Literaturtheorien nachdrücklich erinnert haben, zählt zu den ältesten der Geistesgeschichte. Im zweiten Teil des ***Phaidros*** scheint Sokrates verblüffend modern über das Vorverständnis des Lesers zu reden:

> Wer also eine Kunst in Schriften hinterläßt, und auch wer sie aufnimmt, in der Meinung, daß etwas Deutliches und Sicheres durch die Buchstaben kommen könne, der ist einfältig genug [...], wenn er glaubt, geschriebene Reden wären noch sonst etwas als nur demjenigen zur Erinnerung, der schon das weiß, worüber sie geschrieben sind. [...] Denn dieses Schlimme hat doch die Schrift, Phaidros, und ist darin ganz eigentlich der Malerei ähnlich; denn auch diese stellt ihre Ausgeburten hin als lebend, wenn man sie aber etwas fragt, so schweigen sie gar ehrwürdig still. [1]

[1]Platon: *Phaidros* 275 c-d; zit. nach der Ausgabe: *Sämtliche Werke*, Bd. 4, nach der Übersetzung von Friedrich Schleiermacher mit der Stephanus-

Aber in kaum einer Epoche wird über die theoretische Einsicht in diese Bedingung hinaus ihre Erfahrung stärker gewesen sein als in der italienischen Renaissance. Indem diese sich in erster Linie als Interpretin einer weit entfernten, durch Texte redenden Kultur verstand, stellt sie zweifellos das umfassendste und folgenreichste Rezeptionsphänomen in den neueren europäischen Literaturen dar. Umso merkwürdiger ist es, daß sich die Forschung dieser Seite des Selbstverständnisses der Renaissance nur zögernd zuwendet.[2] Der in diesem Sinn programmatisch gemeinte Überblick August Bucks zur Rezeption der Antike[3] hat in den mehr als zehn Jahren seit seiner Veröffentlichung bedauerlicherweise wenig Nachfolge auslösen können. Gewiß: das Studium des "Nachlebens" der Antike mit ihren geschichtlichen, mythologischen, literarischen Stoffen, Themen, Motiven, Figuren, Dichtungsformen usw. gehört nach wie vor zu den lebendigsten Bereichen der Renaissanceforschung. Aber das Nachleben in seiner traditionellen Bedeutung stellt bereits den Endpunkt eines Anverwandlungsprozesses dar, der allerdings den Vorteil hat, sich plastischer in Texten niederzuschlagen und dadurch "greifbarer" zu sein. Das unterscheidet ihn vom Anfangspunkt des Vorgangs: der unmittelbaren Begegnung humanistischer Leser mit antiken Texten. Das Antike-"Erlebnis" der Renaissance, also die Erfahrung der Leser am Schnittpunkt von antikem Text und subjektiver Erwartung, ist – wie im übrigen jede Rezeption – an sich der Forschung unzugänglich. Wir befinden uns gegenüber dem humanistischen Leser, hermeneutisch gesehen, in einer ähnlichen Lage wie dieser gegenüber dem antiken Autor. Das ist zunächst festzuhalten und sollte bei allen folgenden Untersuchungen bewußt

---

Numerierung hrsg. von Walter F. Otto, Ernesto Grassi, Gert Plamböck, Hamburg [14]1981 (Rowohlts Klassiker. 39), S. 56.

[2]Das beobachtete bereits Ludwig Schrader in seinem Beitrag *Rabelais und die Antike. Deutungs-Probleme im Humanismus*, in: Romanische Forschungen 92 (1980), S. 1-49.

[3]August Buck: *Die Rezeption der Antike in den romanischen Literaturen der Renaissance*, Berlin 1976 (Grundlagen der Romanistik. 8).

bleiben; wir rekonstruieren aus großer Distanz die Rekonstruktion des Sinns noch fernerer Texte.

Doch selbst wenn man diese Potenzierung des interpretatorischen Zirkels einmal außer Betracht läßt, bleibt das Antikeerlebnis der Humanisten ein doppelgesichtiges Phänomen, das zu Spannungen, Ambivalenz, ja Widersprüchlichkeiten im Selbstverständnis der Renaissance führen kann. Auf der einen Seite beginnt die neue Epoche in dem Moment, da das mittelalterliche, vom Typus her überindividuelle Textverständnis von einer Tendenz zur Subjektivierung der Text-Leser-Beziehung abgelöst wird. [4] Wir haben eine Fülle von Äußerungen der Humanisten über ihre persönliche Entdeckung der Antike und den individuellen Umgang mit deren Texten; zahlreiche Briefe, Reden und verwandte Schriften, [5] die die Humanisten, angefangen bei Petrarca, oft quasi als Selbstporträts verfaßten, zeugen von der häufig emphatischen Wahrnehmung dieses Erlebnisses. Die übergreifenden Darstellungen des Renaissancehumanismus pflegen ihren Ausgang vom individuellen Charakter des Antikeerlebnisses bei Petrarca zu nehmen. [6] Sicher beruht die Epochenbestimmung der Renaissance insgesamt zu einem sehr großen Teil

---

[4] Vgl. August Buck: *Die antiken Autoren aus der Sicht Dantes und Petrarcas*, in A. B.: *Studia humanitatis. Gesammelte Aufsätze 1973-1980. Festgabe zum 70. Geburtstag*, hrsg. von Bodo Guthmüller, Karl Kohut, Oskar Roth, Wiesbaden 1981, S. 97-108; ders.: *Vom humanistischen Umgang mit Büchern*, ebd., S. 162-165.

[5] Bezeichnend in diesem Zusammenhang die Briefe Poggio Bracciolinis; vgl. Phyllis Walter Goodhart Gordan: *Two Renaissance Book Hunters. The Letters of Poggius Bracciolini to Nicolaus de Niccolis*, New York/London 1974. – Zu den Gattungen des Briefs und der Rede vgl. auch Paul Oskar Kristeller: *Der Gelehrte und sein Publikum im späten Mittelalter und in der Renaissance*, in: P. O. K.: *Humanismus und Renaissance*, 2 Bde., München 1974/76 (Humanistische Bibliothek. I, 21/22), Bd. 2, S. 223-243; Franz Josef Worstbrock (Hrsg.): *Der Brief im Zeitalter der Renaissance*, Weinheim 1983 (Deutsche Forschungsgemeinschaft. Kommission für Humanismusforschung. Mitteilung 9).

[6] Siehe z.B. Eugenio Garin: *L'umanesimo italiano. Filosofia e vita civile nel Rinascimento*, Bari [4] 1978 (Universale Laterza. 3); August Buck: *Das*

auf der seit Renan, Burckhardt oder Voigt oft wiederholten Entdeckung des Individuums: und in der Tat lassen sich aus den subjektiven Äußerungen Petrarcas, Brunis, Poggios und anderer sowohl die Erwartungen der humanistischen Leser gegenüber antiken Texten und gegenüber Literatur generell als auch ihre Reaktionen ablesen – unentbehrliche Faktoren für den Versuch, den "Rezeptionsvorgang" zu rekonstruieren und das Ausmaß, in dem sich die Humanisten seiner bewußt werden. Aber wieweit sind solche auf die Begegnung des Einzelnen mit den alten Texten konzentrierten Äußerungen eher Selbstdarstellungen, womöglich Selbststilisierungen des Individuums, das nicht nur die antike Literatur, sondern zugleich sich selbst entdeckt? [7] Und wieweit lassen sie demgegenüber auf den tatsächlichen Umgang der Humanisten mit Texten, also auf angewandte, als gültig anerkannte Kriterien des Textverständnisses schließen? Diese werden sicher erst dann für uns sichtbar – und das ist nun die andere Seite des Antikeerlebnisses –, wenn aus der individuellen Konfrontation mit antiker Literatur das Bemühen, ja die Verpflichtung entsteht, das Textverständnis unter objektivierbaren Maßstäben weiterzuvermitteln. Der Renaissancehumanismus wäre zwar ohne die Individualisierung nicht entstanden, doch nimmt er erst durch den Transfer der einzelnen Erfahrung auf eine überpersönliche Kulturidee Gestalt an. Zum vollen Textverständnis des Humanismus gehört seine auf Vermittlung abzielende Deutungspraxis.

Aus dieser Erkenntnis heraus wird in der Forschung seit geraumer Zeit die Forderung nach einer systematischen Untersu-

---

Selbstverständnis des italienischen Humanismus, in A. B.: *Studia humanitatis* (vgl. Anm. 4), S. 23-33. – Daß der Antike-Begeisterung aber schon bei Petrarca eine Reflexion über das Verhältnis zur Geschichte gegenübersteht, hat Eckhard Keßler ausführlich dargelegt in seiner Studie *Petrarca und die Geschichte. Geschichtsschreibung, Rhetorik, Philosophie im Übergang vom Mittelalter zur Neuzeit*, München 1978 (Humanistische Bibliothek. I, 25).

[7] Man denke z.B. an Petrarcas ersten fiktiven Brief an Cicero von 1345 (*Familiares* XXIV, 3): der Autor scheint, ohne das ausdrücklich zu schreiben, die Atticus-Briefe auch als Spiegel seiner eigenen Persönlichkeitskrise zu lesen.

chung des humanistischen Kommentarwesens erhoben. Die Bestandsaufnahme der gedruckten und ungedruckten Kommentare – allerdings nur der lateinischen – ist gut fortgeschritten, aber längst nicht abgeschlossen.[8] Bisher hat sie mit Sicherheit bewiesen, daß allein der Umfang dieser Gattung zuvor weit unterschätzt wurde, folglich wohl auch ihre Bedeutung für den intersubjektiven Wissensaustausch im Humanismus. Daß die Kommentare ganz offensichtlich ungern erforscht werden, ist recht gut zu verstehen für den, der sich an ihre Lektüre heranwagt. Der persönliche Enthusiasmus über die Begegnung mit der Antike wie mit den Texten überhaupt weicht hier meist einer mehr als nüchternen, nicht selten schulmäßigen Haltung. Oft laufen die Inhalte der Kommentare, selbst bei hervorragenden Humanisten, auf eine gewiß beeindruckende, den heutigen Beobachter aber eher trocken anmutende Sammlung gelehrten Wissens hinaus. In ihrer Darbietung übernehmen sie vorwiegend die mittelalterlichen Schemata der fortlaufenden Wort-für-Wort-Kommentierung.[9] Eine Interpretation wie der Apuleius-Kommentar Filippo Beroaldos, in der philologische Textexegese und ein auf die zeitgenössische Wirklichkeit gerichtetes humanistisches Engagement in glücklicher Weise konvergieren, [10] dürfte eher die Ausnahme darstellen, die gleichwohl beweist, welche Höhe wissenschaftlicher Reflexion der Kommentar grundsätzlich erreichen konnte und wie stark er hierin zugleich von der Persönlichkeit seines Autors abhing. Diese Abhängigkeit und das aus ihr entstehende vielgestaltige, äußerst breit gestreute Interesse der Kommentare trotz schematischer Form belegt auch eine Reihe weiterer Studien über den humanistischen Kommen-

[8] Paul Oskar Kristeller u. a. (Hrsg.): *Catalogus Translationum et Commentariorum. Medieval and Renaissance Latin Translations and Commentaries*, (bisher) 6 Bde., Washington 1960 ff.

[9] Näheres dazu unten in Teil A, Kap. I, bes. Abschnitt 7.

[10] Konrad Krautter: *Philologische Methode und humanistische Existenz. Filippo Beroaldo und sein Kommentar zum Goldenen Esel des Apuleius*, München 1971 (Humanistische Bibliothek. I, 9).

tar, in augenfälligster Weise sicher die Beiträge des von August Buck und Otto Herding besorgten Sammelbandes über das humanistische Kommentieren. [11] Zu denken ist aber ebenso an andere aufschlußreiche Einzelstudien, die insgesamt das Bild der mannigfaltigen, oft gegensätzlichen Ausprägungen der humanistischen Textexegese erweitern. Neue Untersuchungen zu Landinos Dante-Interpretation, [12] zu seiner Vergil-Deutung[13] wie auch zu seinen anderen literaturkritischen Schriften, [14] zu Polizia-

[11] August Buck/Otto Herding (Hrsg.): *Der Kommentar in der Renaissance*, Boppard 1975 (Deutsche Forschungsgemeinschaft. Kommission für Humanismusforschung. Mitteilung 1). – Die uns vor allem interessierende literarische Interpretation behandeln oder berühren besonders die folgenden Beiträge: Paul Gerhard Schmidt: *Jodocus Badius Ascensius als Kommentator*, S. 63-71; Marie-José Desmet-Goethals: *Die Verwendung der Kommentare von Badius-Mancinellus, Erasmus und Corderius in der "Disticha Catonis"-Ausgabe von Livinus Crucius*, S. 73-88; Jozef IJsewijn: *Lorenzo Vallas "Sprachliche Kommentare"*, S. 89-97, Bodo Guthmüller: *Lateinische und volkssprachliche Kommentare zu Ovids "Metamorphosen "*, S. 119-139 (wieder abgedruckt in B. G.: *Studien zur antiken Mythologie in der italienischen Renaissance*, Weinheim 1986, S. 37-46); Günter Hess: *Kommentarstruktur und Leser: Das "Lob der Torheit" des Erasmus von Rotterdam, kommentiert von Gerardus Listrius und Sebastian Franck*, S. 141-165; Manfred Lentzen: *Cristoforo Landinos Dantekommentar*, S. 167-189; Karl Kohut: *Der Kommentar zu den literarischen Texten als Quelle der Literaturtheorie im spanischen Humanismus*, S. 191- 208.

[12] Manfred Lentzen: *Studien zur Dante-Exegese Cristoforo Landinos. Mit einem Anhang bisher unveröffentlichter Briefe und Reden*, Köln/Wien 1971 (Studi italiani. 12).

[13] Eberhard Müller-Bochat: *Leon Battista Alberti und die Vergil-Deutung der Disputationes Camaldulenses. Zur allegorischen Dichtererklärung bei Cristoforo Landino*, Krefeld 1968. – Wertvolle Hinweise zum Unterschied der Allegorese Landinos und der mittelalterlichen Vergil-Deutung bei Thomas Brückner: *Der Tod des Palinurus. Mittelalterliche und humanistische Kommentare zu einer Episode aus dem 5. Buch der Aeneis*, in: Paul Blum (Hrsg.): *Studien zur Thematik des Todes im 16. Jahrhundert*, Wolfenbüttel 1983 (Wolfenbütteler Forschungen. 22), S. 49-62; Craig Kallendorf: *Cristoforo Landino's "Aeneid"and the Humanist Critical Tradition*, in: Renaissance Quarterly 36 (1983), S. 519-546.

[14] Roberto Cardini: *La critica del Landino*, Firenze 1973 (Istituto Nazionale di Studi sul Rinascimento. Studi e Testi. 4).

nos Kommentierung antiker historiographischer oder literarischer Texte, [15] zu Lorenzo de' Medicis Selbstauslegung [16] und zur Ariost-Deutung im 16. Jahrhundert[17] scheinen uns besonders beachtenswert zu sein und haben die Fragestellungen unserer eigenen Studien wesentlich beeinflußt. [18] Es handelt sich bei den genannten Forschungsbeiträgen durchweg um Einzelanalysen, die ein detailliertes Bild des jeweiligen Kommentars oder Kommentators vermitteln, es aber gerade aufgrund der Vielgestaltigkeit der untersuchten Beispiele bisher noch sehr schwierig machen, Verbindungslinien zu ziehen. [19] Auch der Versuch einer Typologie

---

[15]Gianna Gardenal: *Il Poliziano e Svetonio. Contributo alla storia della filologia umanistica*, Firenze 1975 (Università di Padova. Pubblicazioni della Facoltà di Lettere e Filosofia. 53); Lucia Cesarini Martinelli: *In margine al commento di Angelo Poliziano alle "Selve" di Stazio*, in: Interpres 1 (1978), S. 96-145. – Wichtige Beobachtungen zum humanistischen Kommentieren in den Einleitungen der folgenden Editionen: Angelo Poliziano: *Commento inedito all'epistola ovidiana di Saffo a Faone*, a cura di Elisabetta Lazzeri, Firenze 1971 (Istituto Nazionale di Studi sul Rinascimento. Studi e Testi. 2); A. P.: *La commedia antica e l'Andria di Terenzio. Appunti inediti*, a cura di Rosetta Lattanzi Roselli, Firenze 1973 (Ist. Naz. Studi e Testi. 3); A. P.: *Commento inedito alle Selve di Stazio*, a cura di Lucia Cesarini Martinelli, Firenze 1978 (Ist. Naz. Studi e Testi. 5); A. P.: *Commento inedito alle Satire di Persio*, a cura di Lucia Cesarini Martinelli e Roberto Ricciardi, Firenze 1985 (Ist. Naz. Studi e Testi. 11)

[16]Tiziano Zanato: *Saggio sul "Comento" di Lorenzo de' Medici*, Firenze 1979 (Biblioteca dell' "Archivum Romanicum". I, 153).

[17]Klaus W. Hempfer: *Allegorie als interpretatives Verfahren in der Renaissance: Dichterallegorese im 16. Jahrhundert und die allegorische Rezeption von Ariosts "Orlando Furioso"*, in: K. W. H. / Enrico Straub (Hrsg.): *Italien und die Romania in Humanismus und Renaissance. Festschrift für Erich Loos zum 70. Geburtstag*, Wiesbaden 1983, S. 51-75.

[18]Die für unsere Fragestellung relevanten Forschungsergebnisse der genannten und weiterer Arbeiten werden der Darstellung des literarischen Kommentars in Teil A zugrundegelegt. Daher verzichten wir an dieser Stelle auf einen ausführlichen Forschungsbericht.

[19]Eine Zusammenstellung übergreifender Tendenzen versucht August Buck in der Einführung zu dem Band *Der Kommentar in der Renaissance* (vgl. Anm. 11), S. 7-19.

kann nur Vorschlagscharakter haben.[20] Doch der Vergleich der Zahl untersuchter Deutungen mit dem weiter oben erwähnten, von Kristeller herausgegebenen Verzeichnis zeigt ja, daß das bisher Erforschte wohl weniger als die Spitze eines Eisbergs ist. Die zögernde Erforschung hängt gewiß aber auch damit zusammen, daß bislang eine Darstellung der elementaren Deutungsschritte und -mittel fehlt. Es mag sein, daß diese für zu offenkundig und zu wenig untersuchenswert gehalten werden; die Scheu vor der Darstellung des Elementaren wäre leider keine Besonderheit der Humanismusforschung. Es mag aber ebensogut sein, daß man im Gegenteil zu hohe Erwartungen an das humanistische Auslegungsinstrumentarium stellt; demgegenüber ist vor allem von Kristeller wiederholt betont worden, daß auch in der Kommentarpraxis die Kontinuität gegenüber dem Mittelalter, besonders gegenüber dem scholastischen Usus größer ist, als es das Renaissancebild nach Burckhardt glauben ließ, und daß einer grundsätzlichen Veränderung der Auslegungspraxis schon ihre Einbettung in die nur langsam modifizierte Lehrpraxis entgegenstand. [21]

Doch zielt unsere Fragestellung im Kern nicht auf den Kommentar als Gattung ab, sondern auf das wachsende Bewußtein der Humanisten von ihrer Aufgabe als Interpreten der Antike, für das der Kommentar eine wichtige Form der greifbaren Manifestation bedeutet. Umgekehrt sollte eine künftige Erforschung des Kommentarwesens diesen weiter gesteckten hermeneutischen

[20] Vgl. Schrader, a.a.O. (s. Anm. 2), S. 40 ff. – Schrader schlägt eine Unterscheidung der interpretatorischen Haltungen einerseits nach dem Kommentator, andererseits nach "dem vermuteten Sinn des Textes" vor. Dabei stellen im ersten Fall die Unterordnung des Kommentators unter den Text bzw. seine relative Autonomie einen typischen Gegensatz dar, im zweiten Fall die "Erwartung der Rekonstruierbarkeit einer eindeutigen 'intentio auctoris'" bzw. die "Erfahrung der tatsächlichen Vieldeutigkeit". – Daß diese Typologie in der Tat sinnvoll ist, ließe sich zum Beispiel an den Kommentaren zur aristotelischen Poetik, besonders am Gegensatz zwischen Maggi und Castelvetro zeigen (vgl. unten Teil B).

[21] Vgl. Kristeller: *Humanismus und Renaissance* (s. Anm. 5), Bd. 1, S. 22, S. 100 f.; Bd. 2, S. 15, S. 209, S. 226.

Horizont im Auge behalten. Für eine solche Problemstellung – das interpretatorische Bewußtsein der Renaissance – gibt es bislang noch weniger Forschungsimpulse als für das Kommentarwesen im engeren Sinne. Doch erscheint das bereits Vorliegende äußerst vielversprechend. So ist vor einigen Jahren in einer exemplarischen Studie zu Petrarca gezeigt worden, daß eine Untersuchung des Spannungsfeldes zwischen subjektivem Antikeerlebnis und objektiv greifbarer Reflexion über die hermeneutischen Implikationen zum genaueren Verständnis selbst eines vielfach erforschten Autors führen kann. [22] Ähnliches ist unlängst in einigen Arbeiten über französische Humanisten erwiesen worden, über Budé, [23] Rabelais, Des Périers[24] und Montaigne. [25] Deutungsprobleme scheinen sich hier – vielleicht aufgrund des späteren Beginns der Renaissance in Frankreich, vielleicht aufgrund der historisch, politisch und sozial anderen Voraussetzungen – noch schärfer gestellt zu haben als bei den italienischen Humanisten. Sie umfassen zum Beispiel die Zirkularität von Textdeutung oder die bloße Potentialität, ja Offenheit des Sinns, die bis zu seiner Relativierung bei Rabelais und Des Périers führen kann.

[22]Thomas M. Greene: *Petrarch and the Humanist Hermeneutic*, in: T. M. G.: *The Light in Troy. Imitation and Discovery in Renaissance Poetry*, New Haven/London 1982, S. 81-103. – Verwandte Aspekte, obgleich nicht eigentlich auf Texthermeneutik bezogen, bei Enrico Straub: *Bericht und Reflexion in Petrarcas Ventoux-Epistel (Familiares IV, 1)*, in: Hempfer/Straub, a.a.O., (s. Anm. 17), S. 270-288, und bei Eckhard Keßler: *Antike Tradition, historische Erfahrung und philosophische Reflexion in Petrarcas "Brief an die Nachwelt"*, in: August Buck (Hrsg.): *Biographie und Autobiographie in der Renaissance. Arbeitsgespräch in der Herzog August Bibliothek Wolfenbüttel vom 1. bis 3. November 1982*, Wiesbaden 1983, S. 21-34, bes. S. 26.

[23]Marie-Madeleine de la Garanderie: *Christianisme et lettres profanes (1515-1535). Essai sur les mentalités des milieux intellectuels parisiens et sur la pensée de Guillaume Budé*, 2 Bde., Lille/Paris 1976.

[24]Schrader, a.a.O. (s. Anm. 2); ders.: *Hermes im Humanismus. Mythologische Anmerkungen zu Alfonso de Valdés, Guillaume Budé und Bonaventure Des Périers*, in: Hempfer/Straub, a.a.O. (s. Anm. 17), S. 229-245.

[25]Christoph Strosetzki: *Verstehen bei Montaigne*, in: Wolfenbütteler Renaissance-Mitteilungen 6 (1982), S. 89-104.

Diese zur Zeit noch punktuellen Ergebnisse lassen vermuten, daß die herrschenden Ansichten über die Humanisten in vielerlei Hinsicht zu revidieren sind. [26] Und trotz des Unterschieds zwischen beiden Literaturen sollten diese Studien zu einer Präzisierung der Fragestellung auch für den italienischen Bereich herausfordern.

2. Zu Textkorpus, Fragestellung und Aufbau der Untersuchungen

Die obigen Beobachtungen und Überlegungen führen zu der These: Interpretatorische Probleme werden im italienischen Humanismus bewußter wahrgenommen, als man gemeinhin annimmt. Die bisherigen Hinweise machen jedoch auch klar, auf

[26] So gehen die zuletzt genannten Arbeiten in einigen Punkten über Hans-Georg Gadamers vorsichtige, aber wohl repräsentative Beurteilung der humanistischen Hermeneutik hinaus; manche interpretatorische Einstellung und Bedingung, die Gadamer erst den Reflexionen des 19. und 20. Jahrhunderts zuweist, hat ihre Wurzeln offenbar am Beginn der Neuzeit: etwa das Bewußtsein eines unüberschreitbaren historischen Abstands zwischen Subjekt und Objekt der Deutung, oder die Meinung, einen Autor besser zu verstehen, als er sich selbst verstand. – Zu Gadamers Einschätzung des Humanismus vgl. *Wahrheit und Methode. Grundzüge einer philosophischen Hermeneutik*, Tübingen ^{4}1975; v. a. S. 16 ff. (zum "sensus communis"), S. 163 (humanistische Hermeneutik = Philologie i. e. S.), S. 182 (der Humanist will nicht in erster Linie verstehen, sondern imitieren; ähnlich S. 320). – Im Unterschied zu Gadamer verlegt Adolfo Plachy die Anfänge theoretisch-systematischer Bemühungen auf dem Gebiet der allgemeinen Hermeneutik zwar ins 18. Jahrhundert zurück (er beobachtet schon hier ein Bewußtsein des Vorurteils und des historischen Abstands), beschreibt aber für das 16. Jahrhundert hermeneutische Reflexionen nur im Bereich der Jurisprudenz. – Vgl. Adolfo Plachy: *La teoria della interpretazione. Genesi e storia della ermeneutica moderna*, Milano 1974 (Pubblicazioni dell'Istituto di filosofia del diritto dell'Università di Roma. III, 10), bes. S. 1, S. 3, S. 19 ff. – Zu Dokumenten und Erforschung der Hermeneutik ab dem 16. Jahrhundert vgl. auch die Angaben bei Norbert Henrichs: *Bibliographie der Hermeneutik und ihrer Anwendungsbereiche seit Schleiermacher*, Düsseldorf 1968 (Kleine philosophische Bibliographien aus dem Philosophischen Institut der Universität Düsseldorf. 1), Sp. 11-13 und Sp. 315 ff.

welch weites Feld man sich mit dieser These begibt; eine rigorose Einschränkung der Fragestellung ist von vornherein geboten. Eine erste Eingrenzung betrifft das Textkorpus. Obschon der Renaissancehumanismus die Abgrenzung von Fachdisziplinen im modernen Sinn nicht kannte und daher auch eine interdisziplinäre Erforschung verlangt, [27] muß den Romanisten vor allem das humanistische Verständnis dichterischer Texte interessieren. Was liegt also näher, als die Frage nach einem interpretatorischen Bewußtsein des Humanismus anhand seiner Überlegungen zur Literatur, d.h. der impliziten und expliziten Dichtungstheorie zu verfolgen? Man hätte damit ein Textkorpus zugrundezulegen, das dem seinerzeit von August Buck dargestellten entspräche, [28] zu dem die von Bernard Weinberg systematisch, teilweise erstmals beschriebenen bzw. edierten Texte des Cinquecento hinzukämen: [29] Briefe, Vorworte, Reden, Dialoge, Kommentare und Traktate literaturtheoretischen Inhalts.

Eine Sichtung dieses Materials bestätigte die obige These in unerwarteter Deutlichkeit: Eine Fülle eher heterogener interpretatorischer Probleme wurde erkennbar, deren Beschreibung allein den Rahmen einer einzelnen Untersuchung überschreiten würde. Eine zweite, zeitliche Eingrenzung erscheint daher sinnvoll. Hermeneutische Sensibilität manifestiert sich bereits bei den ersten italienischen Autoren der Neuzeit, bei Petrarca[30] oder bei Boccaccio, [31] aber ihre Überlegungen zur Deutung treten –

[27] August Buck: *Überlegungen zum gegenwärtigen Stand der Renaissanceforschung*, in: A. B.: *Studia humanitatis* (s. Anm. 4), S. 68-93.

[28] August Buck: *Italienische Dichtungslehren vom Mittelalter bis zum Ausgang der Renaissance*, Tübingen 1952 (Beihefte zur Zeitschrift für romanische Philologie. 94).

[29] Bernard Weinberg: *A History of Literary Criticism in the Italian Renaissance,* 2 Bde., Chicago 1961; ders. (Hrsg.): *Trattati di poetica e retorica del Cinquecento*, 4 Bde., Bari 1970-74 (Scrittori d'Italia. 247/248/253/258).

[30] Vgl. Greene, a.a.O. (s. Anm. 22).

[31] Vgl. Vf.: *Le "Décaméron" et son lecteur*, in: *Lecteurs et lectures. Actes du Colloque Nantes-Düsseldorf 1979*, Nantes 1980 (Textes et langages. 4), S. 87-98.

wenngleich oft vehement – meistens verstreut oder vereinzelt auf; die frühe und die mittlere Renaissance haben sich vorrangig mit elementaren Problemen (den Textfunden, der Textkritik, der Sprachtheorie) auseinanderzusetzen, so daß es erst zum Ende des Quattro- und noch deutlicher im Cinquecento zu einer Verdichtung der texthermeneutischen Reflexion kommt. Eine Untersuchung, die sich auf ein weithin unerforschtes Gebiet begibt, wird sich daher auf die letzte Phase konzentrieren, aus der sich Einzelaspekte des interpretatorischen Bewußtseins besonders deutlich herauslösen lassen – Aspekte, die dann in weiteren, künftigen Schritten bis in die frühen Phasen des Renaissancehumanismus zurückzuverfolgen wären.

Aus diesen beiden Grenzziehungen ergibt sich ein Textkorpus, das einerseits Kommentierungen antiker Dichtungstheorien (Aristoteles, Horaz) durch Autoren wie Landino, Robortello, Maggi, Lombardi, Vettori und Castelvetro, andererseits systematische Traktate zur Literaturtheorie etwa von Poliziano, Trissino, Fracastoro, Giraldi Cinzio, Minturno und Patrizi umfaßt – Texte also, die ungefähr zwischen 1480 und 1590 zu situieren sind. Beide Textgruppen spielen eine Schlüsselrolle in der gewichtigen Deutungsbewegung, die der Renaissancehumanismus – als rezeptive Aneignung antiker Literatur und Literaturtheorie und als ihre produktive Umsetzung – darstellt. Die poetologischen Kommentare (so werden im folgenden die Kommentierungen literaturtheoretischer Traktate bezeichnet) bedeuten den ersten Schritt in der Aneignung des geschichtlich Überlieferten, während die neuen Dichtungstheorien die in jenen gefundenen Grundlagen in eine Literaturauffassung überführen, die einem zeitgenössischen Dichten, womöglich in der Volkssprache dienen soll.

Doch werden die Texte in dieser Studie nicht auf dichtungstheoretische Aspekte im eigentlichen Sinn hin untersucht, somit auch nicht auf das Problem hin, ob die antiken Werke "richtig" interpretiert werden.[32] Vielmehr fragen wir nach Methoden

---

[32] Die Dichtungstheorien vor allem der bedeutenderen Autoren sind zwar

und Argumentationsweisen der Kommentatoren und Traktatautoren. [33] Es soll einerseits dargestellt werden, wie diese Au-

---

mehrfach erforscht worden, doch auch hier gilt unsere These: das Deutungsbewußtsein der Theoretiker ist in seiner Tragweite kaum erfaßt worden. – Für den dichtungstheoretischen Gehalt der antiken und neuzeitlichen Texte sei insbesondere verwiesen auf Buck: *Italienische Dichtungslehren* (s. Anm. 28); Weinberg: *A History* (s. Anm. 29) sowie auf Manfred Fuhrmann: *Einführung in die antike Dichtungstheorie*, Darmstadt 1973; Joel Elias Spingarn: *A History of Literary Criticism in the Renaissance* [[1]1899], with a new introduction by Bernard Weinberg, New York [3]1963; G. Saintsbury: *A History of Criticism and Literary Taste in Europe*, Edinburgh/ London 1900-1904; Irene Behrens: *Die Lehre von der Einteilung der Dichtkunst vornehmlich vom 16. bis 19. Jahrhundert. Studien zur Geschichte der poetischen Gattungen*, Halle 1940; Vernon Hall: *Renaissance Literary Criticism. A Study of its Social Content*, New York 1945; Baxter Hathaway: *The Age of Criticism: The Late Renaissance in Italy*, Ithaca, N. Y., 1962. – Siehe auch unseren Beitrag *Dichtungstheorie in der italienischen Renaissance. Ein Bericht über ihre Erforschung seit 1960*, in: Romanistisches Jahrbuch 32 (1981), S. 48-68.

[33]Weinberg, der sich – soweit wir sehen – als einziger relativ ausführlich mit den Methoden, Begriffen und Argumentationen speziell der humanistischen Literaturtheoretiker befaßt, situiert das 16. Jahrhundert zwar am Umschlagpunkt von der antiken und mittelalterlichen Tradition zu einer modernen Literaturkritik (vgl. Weinberg: *A History* – s. Anm. 29 –, S. 29); auch macht er das Zugeständnis, es habe "Beispiele für gute Methoden" gegeben (ebd., S. 66). Doch bleibt er den Nachweis schuldig. Tatsächlich beschreibt er im II. Kapitel seiner Geschichte der Literaturtheorie Verfahrensweisen, bei denen seines Erachtens eine übermächtige Traditionalität, ein Mangel an Zusammenschau aller Elemente eines Textes und an logischer Methode sowie die "philosophische Naivität"der Autoren der Entwicklung überzeugender kritischer Haltungen im Wege stehen (vgl. ebd., S. 46 f., S. 56, S. 64). Seine Vorwürfe richten sich gegen die "scholastischen Verfahren" (S. 47 ff.) und gegen vier weitere "charakteristische Methoden" (S. 50 ff.): 1. die Imitation eines antiken Textes, 2. den systematischen Vergleich oder die Kombination zweier antiker Texte, 3. die Erklärung eines alten Textes in Verbindung mit mehreren anderen alten Texten, 4. die Suche nach Kompromissen zwischen divergierenden Meinungen antiker Autoren. Wenn Weinberg den Theoretikern anachronistisch unterstellt, sie deformierten mit diesen Vorgehensweisen die Texte, dann verkennt er die eigentliche Absicht der Humanisten: ihre Bemühung um Rekonstruktion übergreifender antiker Zusammenhänge aus dem Vergleich verschiedener Quellen heraus, ihre

toren ihre Aufgabe, ihre Voraussetzungen und ihre Absichten, also ihr Selbstverständnis als Interpreten definieren; andererseits werden hiermit die Formen der Darbietung zu vergleichen sein, in denen sich das interpretatorische Bewußtsein niederschlägt: Kommentargestalten, literaturtheoretische Prinzipien und Modelle. Es geht also um Textverstehen in einem dreifachen Sinn: um das Verstehen antiker Dichtung, antiker theoretischer Texte und von Dichtung allgemein, also auch zeitgenössischer, nichtantiker Dichtung. Dabei wird sich zeigen, daß alle drei Arten des Textverständnisses eng miteinander zusammenhängen.

Bei einem solchem Ansatz liegt gewiß eine Gliederung nach übergreifenden sachlichen Kriterien nahe; doch erschien aus mehreren Gründen eine Darstellung nach Autoren gerechtfertigt. Wie oben bemerkt wurde, ist eine Systematik des humanistischen hermeneutischen Bewußtseins gegenwärtig noch nicht möglich; sie würde über die große Zahl von Fragen, die auch unsere Studien noch offenlassen werden, hinwegtäuschen. Der eher hypothetische Stand der gegenwärtigen Forschung erfordert zunächst eine Rückkehr zu den einzelnen Texten und ihren individuellen Strukturen. Zu Recht – und ganz im Sinne humanistischer Philologie – bemerkt Weinberg zu Systematisierungsversuchen:

> Yet all such efforts at summary and generalization are helpful only to the extent to which one also reads the texts – many of the texts, most of the texts, all of the texts. It is only the reading of the texts that gives – and this is true for many intellectual endeavor – the properly rewarding insights into literary theory in the Italian Renaissance. [34]

Die Beschreibung der Haltungen einzelner Autoren ermöglicht zudem eine Deutung der verschiedenen Aspekte aus dem Text-

Suche nach brauchbaren Kriterien der literarischen Analyse usw. Wir werden besonders in den Abschnitten über Poliziano und Robortello Gelegenheit haben, die Ernsthaftigkeit der humanistischen Verfahren darzustellen.

[34] Weinberg: *A History* (s. Anm. 29), Bd. 2, S. 813.

zusammenhang heraus; das verringert die Gefahr einer Überinterpretation, die beim Herauslösen einzelner exemplarischer Passagen aus den Intentionen des Kontextes immer droht. Sie läßt außerdem besser erkennen, welche unterschiedlichen Stellenwerte oder Funktionen vergleichbare Kriterien bei verschiedenen Autoren annehmen. Und schließlich dürfte eine Darstellung nach Autoren die Verbindung zur vorhandenen Erforschung humanistischer Literaturtheorie erleichtern. Gleichwohl stehen Autoren und Texte im Vordergrund, die exemplarische Haltungen zeigen, die dann auch bei anderen, oft weniger bekannten Autoren nachgewiesen werden können. [35] Die Verbindung von Einzelbeispiel und typischer Einstellung sollen auch die Kapitelüberschriften andeuten.

Teil A beschreibt anhand von Poliziano (I. Kap.) und Landino (II. Kap.) wesentliche Momente des Selbstverständnisses humanistischer Kommentatoren sowie grundlegende Züge des literarischen oder Dichtungskommentars. Die beiden ausgewählten Autoren ermöglichen zugleich den Nachweis, daß sowohl die poetologischen Kommentare (die Auslegungen des aristotelischen Traktats oder der horazischen Lehrepistel), als auch die systematische Literaturtheorie sich aus dem Dichtungskommentar herauslösen, genauer: eine Konsequenz der humanistischen Kommentierung literarischer Werke ist.

Teil B ist dem poetologischen Kommentar, insbesondere den Auslegungen der aristotelischen *Poetik* gewidmet. Vor dem Hintergrund des vorangehenden Teils werden hier drei divergierende Haltungen beschrieben. Robortello (I. Kap.) verkörpert den Typ eines Kommentators, der die Möglichkeiten der humanistischen Exegese sehr weitgehend ausschöpft, dabei jedoch bemüht bleibt, die Auslegungsmittel den besonderen Ansprüchen anzupassen, ohne über dessen intendierten Sinn hinausgehen zu wollen. Maggi

[35]Um die Lesbarkeit unserer Ausführungen nicht allzu sehr zu beeinträchtigen, nehmen wir die vergleichenden Analysen vorwiegend im Anmerkungsapparat vor.

und Lombardi (II. Kap.) ordnen ihren Kommentar deutlich dem Text unter; sie wenden ein traditionelles Instrumentarium recht schematisch an, ohne die Komplexität der *Poetik* ganz zu erfassen. Castelvetro schließlich (III. Kap.) geht von einer relativen Autonomie des Interpreten gegenüber dem Text aus (zu einer vergleichbaren Position tendiert schon Vettori); der Traktat des Aristoteles dient ihm als Ausgangspunkt für Extrapolationen und Systematisierungen, die sich vom kommentierten Text bewußt entfernen. [36]

Damit schlägt sein Kommentar eine Brücke zu den systematischen Literaturtheorien der Renaissance, von denen einige in Teil C besprochen werden, und zwar mit dem Ziel, das Interesse der späten Phase dieser Epoche an einer – in einem beinahe modern anmutenden Sinn – wissenschaftlich-methodisch fundierten Auslegung aufzuweisen. Hierzu werden zunächst zwei gegensätzliche Ausgangspositionen vorgestellt (I. Kap.); für das Verstehen von Dichtung kann sowohl das unmittelbare Nachvollziehen durch den Interpreten (Fracastoro), aber auch eine historische oder rationale Distanz (Giraldi Cinzio) gefordert werden. Anhand von Trissino (II. Kap.) wird dargestellt, in welchem Maße die italienische Renaissance die Beschreibung der Dichtung und ihrer grundsätzlichen Strukturen als Voraussetzung eines Literaturverständnisses betrachtet; bei Minturno setzt sich diese Tendenz dahingehend fort, daß die Beschreibung sich auf die Vielfalt literarischer Gestaltungsmöglichkeiten richtet, die der Interpret mit Modellen oder Typologien zu verstehen sucht. Über diese Aspekte hinaus treten bei Patrizi (III. Kap.) die Literaturgeschichtsschreibung und die begriffliche Eindeutigkeit als Postulate einer Theorie des Literaturverstehens hinzu.

---

[36] Zum Gegensatz zwischen Maggi und Castelvetro siehe auch oben Anm. 20.

3. Deuten als problematische Wahrheitssuche

Doch bevor wir uns diesen einzelnen Untersuchungen zuwenden, soll einem modernistischen Mißverständnis des Ansatzes vorgebeugt werden. Gewiß stellt sich das zugrundegelegte Problem, obwohl uralt, in der hier gewählten Perspektive vor allem einem heutigen Leser dar. Gerade deswegen ist aber vorweg vor überhöhten Erwartungen zu warnen. Die Humanisten haben die Komplexität des Textverstehens wohl klarer gesehen , als man oft meint; sie haben erkannt, wie sehr die Sinnfindung von den geistigen Fähigkeiten des Subjekts abhängt, und daß nur das Subjekt den Sinn eines Textes aufdecken kann. Im Mittelalter war Deuten nicht "unproblematisch", aber der Einzelne konnte doch bei seinen Auslegungen sicher sein, daß die höchste, alle anderen Sinne übersteigende Bedeutung von Welt und Schrift als Offenbarung da war. [37] Obwohl also im Humanismus das Subjekt sich auf seine persönliche Verantwortung zurückgeworfen sieht, bleiben die Humanisten, zumindest in Italien, von einer eigentlichen Subjektivierung, d.h. Relativierung des Sinns deutlich entfernt. Fast überall muß man die Überzeugung von einer "Wahrheit", einem wahren Sinn voraussetzen, der nur in der Deutung durch den menschlichen Geist zugänglich ist, vielleicht hinter der Wandelbarkeit der Dinge nur mühevoll oder kaum zu erkennen, vielleicht nur in der kontinuierlichen Zusammenarbeit einer Kette einzelner

[37] Selbst diese Gewißheit vom zwar nicht verstehenden Individuum, aber verstehenden Gott lebt die Renaissance hindurch weiter. Wir zitieren als Beispiel den Schluß von Francesco Patrizis Rhetorik aus dem Jahre 1562. Patrizi und Avogaro diskutieren über einen dunklen Passus aus Platons *Phaidros*, in dem es um das Verhältnis von Dialektik (Logik) und Rhetorik geht: "AVOGARO. Cosi, che possente a dire, il facesse la Retorica, & possente a sapere, il facesse la Dialettica. Ma di cotesto, solo Dio sa, s'egli cosi intendesse. PATRITIO. Certo si. percioche egli è oscuro questo passo. AVOGARO. Et Dio, anche solo sa, se de uero la Dialettica fa per lo sapere, & la Retorica pel dire: si che tutte le parole, fossero mestiere della Retorica. PATRITIO. Cotesta sarebbe nuoua cosa da douero. AVOGARO. Et però, Dio solo la sa. Et non è sana cosa, il uolerla sapere ancho noi. "– *Della Retorica dieci dialoghi di M. Francesco Patritio [...].* In Venetia 1562, fol. 61 v.

Deuter, [38] der aber prinzipiell als aufdeckbar gilt und zu einem endgültigen Konsens führen kann. Bezeichnend ist eine Äußerung Antonio Sebastiano Minturnos, da sie sich auf die Wahrheit in der Literaturtheorie bezieht:

> Percioche una è la Verità: e quel, che una uolta è uero, conuien che sia sempre, & in ogni età, nè differenza di tempi il cangia, come ch'ella habbia potere di cangiare costumi e uita: per la cui mutatione non è, che 'l uero nel suo stato non rimanga. [39]

Dies alles ist in der italienischen Renaissance selten so explizit erörtert worden wie von Pietro Bembo, der sowohl in der lage ist, sehr subtil die zahlreichen Verstehenshindernisse darzulegen, als auch von der steten Präsenz eines wahren Sinns in allen Dingen und Texten überzeugt ist. Zu Beginn des dritten und letzten Buchs seiner *Asolani* von 1505, eines Streitgesprächs über das Wesen der Liebe, erörtert Bembo das grundsätzliche Problem, daß jede Wahrheit schwer zu finden sei. Sein Dialog hat einen Punkt erreicht, an dem kontroverse Meinungen einander unaufgelöst gegenüberstehen; und offenbar will der Autor denen zuvorkommen, die die Länge seines Streitgesprächs als unwahrschein-

---

[38] In der *Vita di Dante* deutet Boccaccio einen Traum der Mutter Dantes, führt die Auslegung aber nicht zu Ende, mit dem Hinweis, hier erschöpften sich seine Möglichkeiten, die jedoch durch nachfolgende Deuter fortgesetzt werden könnten: "[...] acciò che ad altrui più di me sofficiente e più vago alcuno luogo si lasciasse di dire. [...] e quel che manca, rimanga nella sollecitudine di chi segue."- Giovanni Boccaccio: *Tutte le opere*, a cura di Vittore Branca, Bd. 3, Milano 1974, S. 495. - Vgl. auch Boccaccios Bemerkung in den Göttergenealogie, es gebe mehrere Wege, einen Sinn zu enthüllen; man müsse gegebenenfalls mehrere Möglichkeiten erproben: "Et si non una via potest quis pervenire, quo cupit, intret alteram, et, si obstent obices, arripiat aliam, donec, si valiture sint vires, lucidum illi appareat, quod primo videbatur obscurum."- G. B.: *Genealogie deorum gentilium libri*, a cura di Vincenzo Romano, 2 Bde., Bari 1951 (Scrittori d'Italia. 200/201), Bd. 2, S. 717.

[39] Antonio Sebastiano Minturno: *L'Arte Poetica (1564)*, Nachdruck München 1971 (Poetiken des Cinquecento. 6), S. 33.

lich kritisieren könnten. Er selbst, so beginnt er, sei verwundert darüber, wie mühsam die Suche nach der Wahrheit sei, obgleich uns dieses Problem täglich widerfahre. Keine Sache, gleich welcher Art, über die man überhaupt diskutieren könne (schon hier sind neben den realen Dingen sicher auch Texte gemeint), sei so klar, so wenig zweifelhaft, daß man nicht mit gleicher Wahrscheinlichkeit für und zugleich gegen sie argumentieren könne:

> Non si può senza maraviglia considerare, quanto sia malagevole il ritrovare la verità delle cose, che in quistion cadono tutto 'l giorno. Perciò che di quante, come che sia, può alcun dubbio nelle nostre menti generarsi, niuna pare che se ne veda si poco dubbievole; sopra la quale, e in pro, e in contro disputare non si possa verisimilmente [...]. [40]

So gebe es Leute, die, nach ihrer Ansicht über irgendein Problem gefragt, unverzüglich Stellung nehmen könnten. Und es gebe ebenso die, die über jedes beliebige ihnen unterbreitete Thema in beiden Richtungen, also "pro" und "contra" disputieren könnten. Bembo warnt hier nicht nur – zwischen den Zeilen – vor einer irreführenden Rhetorisierung der Wahrheitssuche; er warnt noch mehr vor einem fatalistischen Abgleiten der Deutungsproblematik in völlige Relativierung. Einige antike Philosophen seien nämlich aufgrund der scheinbaren Beliebigkeit der Stellungnahme zu der Ansicht gekommen, man wisse über nichts die Wahrheit, zu allem gebe es nur Meinungen und subjektive Einschätzungen, Vermutungen:

> che di nulla si sapesse il vero, e che altro già, che semplice oppenione, e stima avere non si potesse di che che sia. [41]

[40] *Opere del Cardinale Pietro Bembo. Ora per la prima volta tutte in un corpo unite. II. Le Prose, Gli Asolani, e le Rime,* Venezia 1729, Nachdruck Ridgewood, N. J., 1965, S. 49.

[41] Ebd.

Doch die Antike ist vor allem positives Vorbild: schon damals sei eine relativistische, skeptizistische Haltung von den "guten" Schulen verworfen worden; sie finde wohl auch heute kaum Anhänger. Trotzdem klinge sie im Denken vieler Menschen nach als eine stumme Klage über die Natur, die den Kern der Dinge hinter zahllosen täuschenden Hüllen verberge:

> che ci tenga la pura midolla delle cose così riposta, e di mille menzogne, quasi di mille buccie, coperta, e fasciata. [42]

Diese Skepsis präge nun das Verhalten der Menschen gegenüber der Sinnfindung. Da seien die einen, die, weil sie die Wahrheit nicht bei ausnahmslos allen Problemen finden, sie nun bei überhaupt keinem mehr suchten; und da seien die anderen, die aufgrund der schwierigen Sinnfindung entweder leichtgläubig der Meinung anderer folgten oder sich trügerisch mit dem erstbesten Ergebnis zufrieden gäben. Über die ersten sei nicht lange zu reden; sie beraubten sich der höchsten Auszeichnung des Menschseins, indem sie auf das eigene Denken verzichten. Den anderen hält Bembo zwei Argumente entgegen: 1. Man dürfe nicht leichtgläubig das falsche Vertrauen anderer provozieren. Jemand, der einen anderen mit besonderer Hingabe oder durch berufliche Autorität oder aufgrund fachlicher Qualifikation ein Problem erörtern sieht, schenkt diesem schnell Glauben. Bembo warnt hier offenbar die berufsmäßigen Interpreten davor, ihren autoritativen Vorsprung zur Manipulation von Meinungen zu mißbrauchen. – 2. Auch eine mangelhafte Erörterung sei immer ungenügend. Ebenso wie man Autoritäten nicht spontan glauben soll, so solle man auch sich selbst mißtrauen. Denn die eigene Urteilskraft sei wie die der anderen eingeschränkt, so daß es nur selten gelinge, daß wir aufgrund einer knappen Erörterung zu einer fundierten Meinung gelangten. [43] Die Schwierigkeit der

[42] Ebd.

[43] Vgl. ebd., S. 49 f.

Sinnfindung beruht also für Bembo primär auf den subjektiven Fähigkeiten; sie ist aber von den Gegebenheiten der fraglichen Probleme oder Dinge auch nicht unabhängig. Denn, so fährt er fort, wenn zur Schwäche des Urteils noch die naturgemäße Dunkelheit der Dinge hinzukomme, dann seien die Vertreter der zweiten Ansicht (die zu rasch Urteilenden) nicht besser dran als die der ersten (die Skeptizisten):

> Che se alla debolezza de nostri giudizij s'aggiugne la oscurità del vero, che naturalmente pare che sia in tutte le cose, vedranno chiaro questi cotali niuna altra differenza essere tra essi, e quelli, che di nulla cercano [...]. [44]

Nach dieser generellen Erörterung kehrt Bembo wieder zum Ausgangspunkt, zu seinem Buch zurück. Er hofft, daß seine Leser sich weder wie die eine noch wie die andere der genannten Gruppen verhalten; sie würden keinem der in den *Asolani* Disputierenden sofort Glauben schenken, sondern die aufgeworfenen Probleme zuerst bei sich überdenken. Mehr noch: seine Leser sollten versuchen, über die Meinungen der Redner seines Buchs hinauszukommen:

> si terranno appagati estimando che se più oltre ne cercheranno, altro ancora ne troveranno [...]. [45]

Seine Leser sollten sich auch nicht über die Natur beklagen. Wenn diese schon die materiellen Schätze, die zum Schmuck nur des vergänglichen Daseins dienten, schwer zugänglich in der Erde oder unter dem Meer verstecke, wieviel mehr dann das, was für den unvergänglichen Geist des Menschen nicht nur Schmuck, sondern Licht, Stütze und Geleit ist. Denn die leicht auffindbaren Dinge hätten nur geringen Wert, allein die seltenen seien kostbar:

---

[44] Ebd., S. 50.
[45] Ebd.

> Le cose da ognuno agevolmente possedute sono a ciascuno parimente vili, e le rare giungono vie più care [...] [46]

Man sieht sich hier an Boccaccio erinnert, der im 12. Kapitel des 14. Buchs der Göttergenealogien die Schwierigkeit des Deutens ähnlich gesehen hatte: Dichter, Philosophen und selbst der Heilige Geist äußerten sich dunkel, denn was allzu offenkundig mitgeteilt werde, wirke leicht trivial. Poetische Verdunkelung erhöhe den hermeneutischen Reiz der Wahrheitsfindung, denn sie verlange die mühevolle Mitarbeit des Lesers, die nötig sei, damit das Gelesene Wert bekomme und dadurch haften bleibe.[47]

In der Übertragung des zunächst auf Wirkliches bezogenen Problems auf den Text der *Asolani* erweist Bembo es als ein Problem auch der literarischen Hermeneutik. Die Beurteilung der Sinnfindung als eines dialogischen Vorgangs nicht nur innerhalb des Textes, sondern auch zwischen dem Text und seinem Leser wirft zugleich ein Licht auf ein generelles formales Phänomen vieler Kommentare und Traktate der italienischen Renaissance. Die Dialog- oder Disputform ist nicht nur eine Platon- oder Cicero-Imitatio; in ihr artikuliert der Autor, daß bloße Deduktionen zur

---

[46] Ebd.

[47] Boccaccio: *Genealogie* (s. Anm. 38), S. 714 ff. Boccaccio äußert einen für seine Zeit noch kühnen Gedanken. Seit der Antike war "obscuritas" in Rhetorik und Poetik meistens verpönt; sie galt dem Mittelalter als Privileg der biblischen Sprache. Die Ansicht von einem größeren hermeneutischen Wert durch "obscuritas" hat ihren Ursprung wohl in der neuplatonischen Homerallegorese, begegnet dann v. a. in der patristischen Bibelexegese. Petrarca säkularisiert sie in seiner Kapitolsrede von 1341 wohl als erster, wenngleich noch nicht so explizit wie Boccaccio. – Vgl. Manfred Fuhrmann: *Obscuritas. Das Problem der Dunkelheit in der rhetorischen und literarästhetischen Theorie der Antike*, in: Wolfgang Iser (Hrsg.): *Immanente Ästhetik – ästhetische Reflexion. Lyrik als Paradigma der Moderne*, München 1966 (Poetik und Hermeneutik. 2), S. 47-72; Konrad Krautter: *Die Renaissance der Bukolik in der lateinischen Literatur des XIV. Jahrhunderts: von Dante bis Petrarca*, München 1983 (Theorie und Geschichte der Literatur und der Schönen Künste. 65), S. 128 ff.

Sinnkonstitution nicht genügen, daß vielmehr eine lange Erörterung nötig ist, an der idealiter gegensätzliche Parteien teilnehmen. Solche Dialoge fordern dann auch den Leser dazu heraus, seine eigene Urteilskraft ins Spiel zu bringen, sich selbst als urteilendes Individuum zu erfahren, das nicht eine vorweg gesetzte Wahrheit akzeptiert, sondern persönlich an der Suche nach ihr teilnimmt. Auf einer höheren Ebene spielt sich etwas Entsprechendes in der wiederholten Kommentierung desselben Textes ab, etwa der aristotelischen *Poetik* oder der horazischen *Ars poetica*: Die Kette von Kommentaren ist gleichsam ein Dialog mit verlängerter Bedenkzeit. Man versteht schließlich auch, warum die wiederholte Auslegung derselben Texte immer wieder mit deren "oscurità" ("obscuritas") gerechtfertigt wurde; sie kann als Indiz für den hohen Wahrheitswert gelten. Eine kostbare Wahrheit kann nie so weitgehend erklärt werden, daß ein weiterer Leser nicht noch darüber hinauskommen könnte. Von allen Seiten weist die Suche nach dem endgültigen, wahren Sinn auf das herausgeforderte Subjekt zurück, so daß – wie Boccaccio sagt – derjenige, der die Dunkelheit von Texten kritisiert, bloß die Enge des eigenen Geistes anklagt. [48]

[48] Boccaccio: *Genealogie*, S. 717.

Teil A

LITERARISCHER KOMMENTAR UND POETOLOGIE AM ENDE DES QUATTROCENTO

I POLIZIANO: VOM DICHTUNGSKOMMENTAR ZUR POETIK

1 Fragestellung

Mit Angelo Poliziano, Cristoforo Landino und ihren Zeitgenossen, die in gewissem Sinn die dritte italienische Humanistengeneration nach Salutati darstellen, erreicht die neue gelehrte Bewegung einen Höhe- und zugleich Reifepunkt, an dem Synthesen aus dem zuvor bereits Geleisteten möglich werden. Hatten die frühen Humanisten des Tre- und beginnenden Quattrocento vor allem die Aufgaben der zu erneuernden "studia humanitatis" formuliert, [1] so befand sich die Generation um Leonardo Bruni und Poggio Bracciolini bereits im Brennpunkt der literarischen Entdeckungen d.h. der humanistischen Textfunde. [2] Zugleich aber

---

[1] Vgl. August Buck: *Renaissance: Krise und Neubeginn*, in: A. B.: *Studia humanitatis.* Gesammelte Aufsätze 1973-1980. Festgabe *zum 70. Geburtstag*, hrsg. von Bodo Guthmüller, Karl Kohut, Oskar Roth, Wiesbaden 1981, S. 9-22.

[2] Vgl. Phyllis Walter Goodhart Gordan: *Two Renaissance Book Hunters. The Letters of Poggius Bracciolini to Nicolaus de Niccolis*, New York/London

brachte das Bewußtsein von den neuen Errungenschaften [3] auch weitergehende Postulate hervor. In einem Brief an Niccolò Niccoli vom 12. Februar 1421 klagt Poggio über das trotz berechtigten Stolzes noch unzulängliche, ja eitle Tun seiner Zeit und warnt vor einer zum Selbstzweck erstarrenden, gewissermaßen archäologischen Philologie. Es sei töricht, stets nur Holz, Steine und Mörtel anzusammeln, wenn man nicht auch anfange, mit diesem Material zu bauen. Doch ist ihm auch klar, daß dieses "Gebäude" eine so große Aufgabe darstellt, daß ein Einzelner es kaum vollenden kann:

> Tempus est iam de somno surgere ac danda opera, ut aliquid mihi prodessent ad vitam et mores illi [libri], quos habemus, et quos quotidie legimus. Nam congregare semper ligna, lapides, cementa, stultissimum videri potest, si nihil edifices ex illis. At edificium hoc, quod construere debemus ad bene vivendum, ita est arduum, difficile, multi operis, ut vix perfici possit, etiam si ab ineunte etate incipiamus. Mihi quidem, ut de me loquar, voluntas adest, sed perficere non est in me. [4]

Im Kontext des Briefes denkt Poggio vor allem an ethische Konsequenzen aus den literarischen Studien, insbesondere für sein eigenes Leben; aber die Formulierung ("habemus", "legimus", "edifices", "debemus", "incipiamus") zeigt, daß er sein Postulat allgemeiner verstanden wissen will. Er weist auf einen wichtigen, für ihn noch fehlenden Schritt in der Entfaltung des Humanismus

---

1974, S. 3.

[3]Ein eindrucksvolles Beispiel bietet der lange Brief Francesco Barbaros vom 6. Juli 1417, den Gordan (ebd., S. 196-203) wiedergibt. Barbaro lobt darin Poggios Textfunde, vor allem die Entdeckung ciceronianischer Schriften, als Jahrhundertleistungen und vergleicht den Adressaten mit antiken Persönlichkeiten.

[4]Poggio Bracciolini: *Lettere. I. Lettere a Niccolò Niccoli*, a cura di Helene Harth, Firenze 1984, S. 35.

voraus, der zumindest auf literarischem und literaturkritischem Gebiet in der zweiten Hälfte des Quattrocento klarere Formen annimmt: das Zusammenfügen aus der Antike hergeholter Elemente zu den Grundmauern einer neuen Literatur. Und es ist, wie zu zeigen sein wird, kein Zufall, daß in dieser Zeit die Literaturtheorie als eigener Bereich des Denkens hervortritt; Cristoforo Landino verfaßt den ersten poetologischen Kommentar, [5] Angelo Poliziano den ersten poetologischen Traktat in humanistischer Zeit. [6] Aufgrund dieser Überlegungen werden in diesem Teil einige literarische Kommentare Polizianos und Landinos beschrieben. Dabei verfolgen wir drei Ziele:

(1) Da eine gründliche Erforschung des humanistischen Kommentarwesens erst vor einigen Jahren begonnen hat und – wie bereits in der Einleitung bemerkt – seine umfassende Darstellung zur Zeit noch nicht möglich ist, soll eine Skizze seiner Grundzüge, seiner Formen und Absichten versucht werden, so wie sie sich im Blick auf unsere leitende Frage und auf die späteren Kapitel darbieten. Wir definieren hier also den Kommentartypus, vor dessen Hintergrund Theoretiker des Cinquecento wie Robortello, Maggi oder Castelvetro zu beurteilen sind.

(2) Es soll das Verhältnis zwischen dem literarischen Kommentar (d.h. dem Kommentar zu literarischen Texten) einerseits und dem poetologischen Kommentar (d.h. dem Kommentar zu dichtungstheoretischen Schriften) bzw. Traktat andererseits bestimmt werden. Es liegt ja nicht von vornherein auf der Hand, daß die Interpretationsauffassungen in den poetologischen denen der literarischen Kommentare entsprechen. Doch wird sich zei-

[5] *Christophori Landini Florentini in Q. Horatii Flacci Libros Omnes Ad Illustrissimum Guidonem Feltrium Magni Federici Ducis Filium Interpretationes*, Venetiis 1482. – Vgl. auch unten Kap. II

[6] Angelo Poliziano: *La commedia antica e l'Andria di Terenzio. Appunti inediti*, a cura di Rosetta Lattanzi Roselli, Firenze 1973 (Istituto Nazionale di Studi sul Rinascimento. Studi e Testi. 3). – Vgl. unten Abschnitt 11.

gen, daß der Zusammenhang äußerst eng ist, daß nämlich bei den beiden als Beispielen herangezogenen Autoren die gleichen Prinzipien auf die Dichtung wie auf die Dichtungstheorie angewandt werden.

(3) Zugleich wird deutlich werden, daß es die literarische Kommentierung selbst ist, die das Bedürfnis nach poetologischer Reflexion hervorbringt. Der poetologische Kommentar wie die Poetik (d.h. die gegliederte Dichtungstheorie) sind im Grunde zunächst noch in den literarischen Kommentar verwoben und isolieren sich erst aufgrund eines Bewußtseins ihrer zunehmenden Bedeutung. Es soll also vor Augen geführt werden, wann und aus welcher typisch humanistischen Motivation heraus die im Cinquecento beeindruckend anwachsende poetologische Theorie entsteht.

2 Der humanistische Kommentar zwischen traditioneller Gestalt und innovatorischer Absicht

Wie die Mehrzahl der jüngeren Forschungen zum humanistischen Kommentarwesen zeigt, besteht eine erste Besonderheit des Kommentars in der eigentümlichen Mischung traditioneller Züge und neuer Absichten.[7] Es wäre schwierig, die Grenze zwischen beiden Tendenzen anzugeben; ja, es fällt umgekehrt nicht einmal der Nachweis schwer, daß der humanistische Kommentar zunächst formal seine mittelalterlichen Vorgänger fortsetzt.[8] Darauf deutet bereits ein Vergleich der Bezeichnungen für auslegende Texte in beiden Epo-

[7] Vgl. August Buck: *Einführung* zu A. B. /Otto Herding (Hrsg.): *Der Kommentar in der Renaissance*, Boppard 1975 (Deutsche Forschungsgemeinschaft. Kommission für Humanismusforschung. Mitteilung 1), S. 7-18, hier: S. 8.

[8] Vgl. Paul Oskar Kristeller: *Humanismus und Renaissance*, hrsg. von Eckhard Keßler, Übersetzungen a. d. Englischen von Renate Schweyen-Ott, 2 Bde., München 1974/76 (Humanistische Bibliothek. I, 21/22), Bd. 1, S. 100 f.; Bd. 2, S. 226 f.

chen hin. Im vorscholastischen Mittelalter heißt ein kommentierender Text z.B. "commentarius" oder "commentarium", "commentum", "expositio", "glosa"; in scholastischer Zeit treten Namen wie "apparatus", "postilla", "quaestio" hinzu.[9] Fast dieselben Begriffe begegnen bei den Humanisten; ihre Auslegungen heißen etwa "commentarium", "adnotationes", "animadversiones", "exegemata", "explicationes", "glossae", "scholia".[10] In den von uns untersuchten Texten kommen außerdem vor: "commentum", "commentatio", "enarratio", "explanatio", "expositio", "interpretatio", "paraphrasis". Aber auch hinter Titeln wie "praefatio", "praelectio", "prolusio", "oratio" können sich kommentarähnliche Texte verbergen. Nun könnte man annehmen, daß jeder dieser Bezeichnungen im humanistischen Verständnis eine spezifische Form oder Methode des Kommentierens zugeordnet sei; doch trifft das nur für wenige Ausnahmen zu, etwa die "paraphrasis" als inhaltliche Zusammenfassung oder Umschreibung oder für die rhetorischen Genera "prolusio", "praelectio", "oratio", die den Kommentar aber auch nur vordergründig im öffentlichen Lehrbetrieb der Humanisten situieren. Viel häufiger wird man die synonyme Verwendung zweier oder mehrerer der Bezeichnungen antreffen. So heißen Landinos Horaz-Auslegungen im Erstdruck von 1482 "interpretationes", 1490 dagegen "commentarii". Oft tauscht ein Verfasser sogar in einem einzigen Kommentar die Begriffe beliebig gegeneinander aus. Man muß sich, wenn man vom "Kommentarwesen" im Humanismus spricht, vor Augen halten, daß man es hier ebensowenig wie im Mittelalter mit einer klar umschriebenen, homogenen "Gattung" zu tun hat. Es umfaßt ebenso den punktuellen Wort-

---

[9]Vgl. Bruno Sandkühler: *Die frühen Dantekommentare und ihr Verhältnis zur mittelalterlichen Kommentartradition*, München 1967 (Münchner romanistische Arbeiten. 19), S. 22.

[10]Vgl. Buck: *Einführung* (s. Anm. 7), S. 9.

oder Zeilenkommentar wie die bloße Paraphrase und sogar noch den kommentierenden Traktat. [11]

Wenn man aber einerseits konstatieren kann, daß der Humanismus den Kommentar als Textart im Prinzip nicht genauer abgrenzt als das Mittelalter, so spricht das andererseits keineswegs für eine noch mittelalterliche Haltung der Humanisten. Mittelalterliche Textgestalten und auch Arten des Lehrbetriebs haben so lange weiterbestanden, als sie nicht durch andere ersetzt wurden. Und da der Kommentar zunächst aus der Lehrtätigkeit hervorgeht, [12] führten die Humanisten traditionelle Formen dann weiter, wenn sie, humanistisch umgedeutet, auch den neuen Zielen dienen konnten. Grundsätzlich sind für die Bewertung des Humanismus nicht die Formen entscheidend, in denen er in der Praxis der Texte, des Bildungswesens, der Kunst zutagetritt, sondern sein Selbstverständnis.[13] Man kann daher auch die Bedeutung des humanistischen Kommentars nicht unbedingt an seinen Formen messen – obgleich auch sie signifikante Verschiebungen zeigen können –, sicherer hingegen an dem Bild, das der Kommentator von sich selbst entwirft, an seiner Reflexion über sein Verhältnis zur Antike, zu den antiken Texten im besonderen und über den ihm zukommenden Auftrag.

---

[11] Auch diese Gegensätze finden sich schon im Mittelalter; vgl. Sandkühler, a.a.O., S. 21 f.

[12] Vgl. Kristeller, a.a.O. (s. Anm. 8), Bd. 1, S. 22, S. 100 f. u. ö.

[13] Vgl. August Buck: *Das Selbstverständnis des italienischen Humanismus*, in: A. B.: *Studia humanitatis* (s. Anm. 1), S. 23-33. – Das gilt auch für die Bewertung einzelner Persönlichkeiten; vgl. z.B. Hanna-Barbara Gerl: *Rhetorik als Philosophie. Lorenzo Valla*, München 1974 (Humanistische Bibliothek I, 13), S. 52 ff.

3 Das Selbstverständnis des Kommentators

Angelo Poliziano zählt zu den kenntnisreichsten wie kritischsten Kommentatoren des italienischen Humanismus.[14] Man hat sogar behauptet, die methodischen Neuerungen seiner philologischen Arbeit seien geradezu "revolutionär" innerhalb des Quattrocento.[15] Die stete Bemühung um Reflexion über seine Methode ist in seinen Kommentaren implizite fast überall zu erkennen. Doch hat er sich darüber hinaus mehrfach explizit zu Wesen und Aufgabe des Kommentierens geäußert. Zwei charakteristische Stellen aus den *Miscellanea* seien herausgegriffen.

Wir erwähnten oben Poggios Forderung nach einer Synthese der aus den antiken Texten hergeleiteten Elemente als künftiges Ziel humanistischer Philologie. Poliziano hält offenbar den Zeitpunkt zu diesem Schritt für erreicht, wenn er in seiner zweiten ***Centuria*** kurzer Kommentare unter dem Stichwort "De divinatione"[16]

---

[14] Vgl. Augusto Mancini: *Il Poliziano filologo*, in: *Il Poliziano e il suo tempo. Atti del IV Convegno Internazionale di Studi sul Rinascimento*, Firenze 1957, S. 57-67, bes. S. 63 ff.; Peter L. Schmidt: *Polizian und der italienische Archetyp der Valerius-Flaccus-Überlieferung*, in: Italia medioevale e umanistica 19 (1976), S. 241-256, bes. S. 254 ff.; Vittore Branca: *Poliziano e l'umanesimo della parola*, Torino 1983 (Saggi Einaudi. 655): Konrad Krautter: *Der 'Grammaticus' Poliziano in der Auseinandersetzung mit zeitgenössischen Humanisten. Zur Entwicklung der Philologie aus den 'studia humanitatis'*, in: August Buck/Klaus Heitmann (Hrsg.): *Die Antike-Rezeption in den Wissenschaften während der Renaissance*, Weinheim 1983 (Deutsche Forschungsgemeinschaft. Kommission für Humanismusforschung. Mitteilung 10), S. 103-116.

[15] A. Grafton: *On the Scholarship of Politian and its Context*, in: Journal of the Warburg and Courtauld Institutes 40 (1977), S. 150-188, hier S. 152.

[16] Nach Rizzo bedeutet "divinatio" in der humanistischen Terminologie die textkritische Konjektur im Gegensatz zur "emendatio". – Vgl. Silvia Rizzo: *Il lessico filologico degli umanisti*, Roma 1973 (Sussidi eruditi. 26), S. 287 ff. – Bei Poliziano ist jedoch, Branca zufolge, nicht die Konjektur im üblichen Sinn gemeint, sondern das methodisch strengere Verfahren einer "ricostruzione della trasmissione testuale", das sich auf die "più strenua acribia filologica" stützt. – Vgl. Branca, a.a.O. (s. Anm. 14), S. 157.

seine philologische Aufgabe mit der des Aeskulap vergleicht, der den zerstückelten Hippolyt wieder zusammenfügte und zu neuem Leben erweckte. In entsprechender Weise gehe es ihm darum, Sprache und Philosophie – die eine ist von der anderen nicht zu trennen – der Römer wiederherzustellen. Zwar bezieht er sich dabei zunächst auf die philologischen Probleme, die ihm die Codices von Cicero-Schriften stellen, aber es gehört zu den Strukturmerkmalen beider *Miscellanea*-Sammlungen, daß Poliziano am besonderen Problemfall grundlegende Erkenntnisse und Postulate veranschaulicht. Das beweist auch das Ende des folgenden Passus, das sich auf Polizianos philologische Arbeit insgesamt bezieht; im Gegensatz zu Aeskulap, den die Götter für sein Tun bestraften, brauche er deren Zorn nicht zu fürchten, denn die erste *Centuria* seiner *Miscellanea* sei bereits "recepta", d.h. vom Publikum wohlwollend augenommen worden:

> Ciceronis liber secundus de deorum natura non minus lacer in omnibus novis, vetustis etiam exemplaribus reperitur quam olim fuerit Hippolytus turbatis distractus equis; cuius deinde avulsa passim membra, sicuti fabulae ferunt, Aesculapius ille collegit, reposuit, vitae reddidit; qui tamen deinde fulmine ictus ob invidiam deorum narratur. Me vero quae nam deterrebit invidia, quod fulmen, quo minus restituere ipsum sibi coner romanae vel linguae vel philosophiae parentem, nescio equidem a quo rursus Antonio truncatum capite et manibus? Fecimus idem antea in ipsius epistolis, eaque nostra quasi dixerim redintegratio iam recepta est, quantum intelligo, videlicet excursis passim voluminibus in eam formam quam nos de vetustis exemplaribus praescripseramus. [17]

[17] Angelo Poliziano: *Miscellaneorum Centuria Secunda*, edizione critica, per cura di Vittore Branca e Manlio Pastore Stocchi, 4 Bde., Firenze 1972, Bd. 4, S. 3.

Betrachtet man Polizianos Vergleich seiner philologischen "redintegratio" mit der Kunst Aeskulaps genauer, dann umschreibt er eine vielfältige Aufgabe des humanistischen Kommentators: Zunächst einmal sammelt er Texte und das in ihnen enthaltene Wissen, denn es geht ihm nicht um Textkritik als Selbstzweck, sondern um Sprache und Philosophie. Dann bildet er hieraus neue, "lebendige" Zusammenhänge, Synthesen. Als ein in diesem Sinne Neuschaffender konkurriert er gar wie Aeskulap mit den Göttern; das impliziert einen unerhörten Neuheitsanspruch! Und schließlich vollzieht er dieses Tradieren und Neuschaffen gewissermaßen aufgrund eines – freilich elitär verstandenen – gesellschaftlichen Auftrags; der Zweck seiner Arbeit ist erst dann erreicht, wenn das gelehrte Publikum sie aufgenommen und verarbeitet ("recepta") hat. [18]

Um dieser anspruchsvollen Aufgabe gerecht zu werden, muß der Kommentator über spezifische Fähigkeiten verfügen, wie sie Poliziano bereits in der ersten *Centuria* unter der Überschrift "Quàm multa poetarum interpretibus legenda [...]" definiert hatte. [19] Er braucht nämlich einerseits ein umfassendes Wissen und andererseits methodische Genauigkeit. Wer Dichter "intepretieren"[20] will, muß – so Poliziano – nicht nur mit der Laterne des Aristophanes leuchten, sondern auch mit der des

[18] Der gesellschaftliche Auftrag des humanistischen Kommentators wird von Poliziano oft nur knapp und eher implizite angesprochen. Andere Exegeten behandeln ihn ausführlicher, so z.B. Landino im Proömium zum Horazkommentar (s. Anm. 5) oder auch Domizio Calderini in seinem Statiuskommentar. Vgl. *Domitii Calderini Veronensis* [...] *ad Augustinum mafeum Veronensem* [...] *in Siluas Statii papinii*, in: Publius Papinius Statius: *Opera*, Venetiis 1483, fol. 151 r.-216 r., hier: fol. 151 v. - Siehe zum gesellschaftlichen Auftrag auch Hermann Goldbrunner: *Leonardo Brunis Kommentar zu seiner Übersetzung der pseudo-aristotelischen Ökonomik: ein humanistischer Kommentar*, in: Buck/Herding, a.a.O. (s. Anm. 7), S. 99-118, hier: S. 118.

[19] Angelo Poliziano: *Opera omnia*, a cura di Ida Maier, 3 Bde., Torino 1970/71 (Monumenta politica, philosophica, humanistica, rariora. I, 16-18), Bd. 1, S. 229 f.

[20] "Interpres" bzw. "interpretatio" und ihre italienischen Entsprechungen können bei den Humanisten (wie schon in der Antike) sowohl das Übersetzen

Kleanthes; er muß sich also nicht nur bei Dichtern, sondern auch bei Philosophen Rat holen. Des weiteren muß er nicht nur alle Philosophen beherrschen, sondern ebenso die verschiedenen Wissenschaften ("doctrinae"), die zur Gesamtheit dessen beitragen, was man als "Encyclia" bezeichnet. [21]

> Qui poetarum interpretationem suscipit, eum non solum (quod dicitur) ad Aristophanis lucernam, sed etiam ad Cleanthis oportet lucubrasse.
> Nec prospiciendae autem philosophorum modò familiae, sed & iureconsultorum, & medicorum item, & dialecticorum, & quicunque doctrinae illum orbem faciunt, quae uocamus Encyclia, sed & philosophorum quoque omnium. [22]

(vgl. etwa Leonardo Brunis *De interpretatione recta*) als auch das Kommentieren oder Auslegen betreffen. Poliziano selbst benutzt die Begriffe gelegentlich im Sinn der Übersetzung, meint hier aber sicher das Kommentieren, da er in der zweiten Hälfte des Artikels seinen eigenen Persius-Kommentar als Beispiel heranzieht. - Zur Polysemie von "interpretatio"/ "interpretari" vgl. Manfred Fuhrmann: *Interpretatio. Notizen zur Wortgeschichte*, in: Detlef Liebs (Hrsg.): *Sympotica Franz Wieacker. Sexagenario Sasbachwaldeni a suis libata*, Göttingen 1970, S. 80-110.

[21] Hervorzuheben scheint hier besonders die Verbindung eines möglichst breiten Fachwissens mit einer forschenden Bemühung. Sie läßt die humanistische Deutung eines Poliziano als Ausgangspunkt einer modernen, nichtdogmatischen, "zetetischen" Hermeneutik erscheinen, wenn wir hierunter mit Geldsetzer eine forschende Auslegung verstehen, die alle einzelwissenschaftlichen Hilfsmittel einbezieht und die Annahme voraussetzt, daß die Sinnkonstruktion den Intentionen des Autors entspricht. Fehlen würde bei Poliziano allerdings noch die klare Einsicht in die Notwendigkeit einer "logisch konsistenten Konstruktion von Sinngehalten", wie sie in Teil B bei Robortello oder Castelvetro nachgewiesen werden kann. - Vgl. zum Gegensatz zwischen "zetetischer" und "dogmatischer" Hermeneutik die *Einleitung* zu Matthias Flacius Illyricus: *De ratione cognoscendi Sacras Literas. Über den Erkenntnisgrund der Heiligen Schrift*, lateinisch-deutsche Parallelausgabe, übers., eingel. und mit Anmerkungen versehen von Lutz Geldsetzer, Düsseldorf 1968 (Instrumenta philosophica. Series hermeneutica. 3), S. XI-XXIX, bes. S. XXIV f.).

[22] Poliziano: *Opera omnia* (s. Anm. 19), Bd. 1, S. 229. - Wie stark Polizianos Auffassung gewirkt hat und wie sehr sie als exemplarisch rezipiert

Noch deutlicher als im vorigen Zitat wird hier die doppelte Orientierung des Kommentators. Wenn Poliziano Aristophanes exemplarisch aus den antiken Dichtern herausgreift, dann mag man eine Verbindung zu seiner Terenz-Kommentierung sehen. Merkwürdiger erscheint aber die Wahl des anderen Autors. Poliziano rückt hier sich selbst, seine persönlichen Interessen und Anschauungen als Voraussetzungen richtigen Kommentierens in den Vordergrund, indem er als Philosophen nicht Platon, nicht Aristoteles heranzieht, sondern den der älteren Stoa zuzurechnenden Kleanthes, der sich wie ein Vorläufer zu Epiktet verhält, dessen *Encheiridion* Poliziano 1579 nicht nur übersetzt, [23] sondern in seinen philosophischen Auffassungen nachdrücklich verteidigt hat. [24]

---

wurde, zeigt der Kommentar Niccolò Beroaldos zu Polizianos Sylva *Rusticus*. In der Vorrede zitiert Beroaldo zunächst einige Sätze des auch von uns wiedergegebenen Passus aus den *Miscellanea*, um seine eigene Kommentatorrolle zu definieren, und erläutert sie recht eingehend: Nach Beroaldo muß der Interpret poetischer Werke ebenso gelehrt ("eruditus") sein wie der Dichter. Er muß die bloße Schulgelehrtheit übertreffen; er soll die rhetorischen Prinzipien (besonders an Cicero) und Figuren (an Vergil) kennengelernt haben; darüber hinaus braucht er mathematische, arithmetische, kosmographische, meteorologische und musikalische Kenntnisse. Besonders aber muß er die Philosophie beherrschen, da Dichtung Philosophie sei. Hier geht nun Beroaldo wesentlich über Poliziano hinaus und scheint eher auf Landinos Darstellung platonischer Gedanken zurückzugreifen: Die "interpretes" müßten wie die Dichter inspiriert sein ("ipsi divino afflati furore"). Er übernimmt die auf Platons *Ion* (533d/e) zurückgehende und schon in Filippo (!) Beroaldos Apuleiuskommentar vertretene Auffassung von einer Inspirationskette: Die Musen inspirieren den Dichter, diese die "interpretes" und diese wiederum die Leser. – Vgl. *Angeli Politiani Sylua, cui titulus est Rusticus, cum docta elegantissimáque Nicolai Beraldi interpretatione*, Basileae 1518 fol. C 3 r. ff. – Zu Filippo Beroaldo vgl. Konrad Krautter: *Philologische Methode und humanistische Existenz. Filippo Beroaldo und sein Kommentar zum Goldenen Esel des Apuleius*, München 1971 (Humanistische Bibliothek. I, 9), bes. S. 34 f. – Zu Landino siehe unten Kap. II.

[23] Vgl. Poliziano: *Opera omnia*, S. 393 ff.

[24] Vgl. seine *Defensio Epicteti* in: *Opera omnia*, S. 405 ff.; Poliziano widerlegt in diesem Brief an Bartolomeo della Scala dessen Einwände gegen die stoische Philosophie.

Diesem ausgesprochen persönlichen Interesse steht aber auch hier die gesellschaftliche Rolle des Kommentators gegenüber, die Poliziano mit dem Begriff der "Encyclia" ins Spiel bringt. Das geforderte umfassende Wissen bezieht sich nicht nur auf das Individuum, sondern es setzt dieses in Beziehung zu einem ihm übergeordneten, allgemeinen Ideal. Poliziano zitiert hier nämlich, ohne das ausdrücklich zu sagen, Quintilian, der in der ***Institutio oratoria*** (1, 10, 1) mit einer ganz ähnlichen Formel den "orbis doctrinae" mit der griechischen "enkyklios paideia" vergleicht. [25] Die aber war von ihrem Ursprung in der griechischen Sophistik her als Erziehung auf eine Idee, einen "Idealtypus" der Bildung hin gemeint. [26] Für die humanistische Bewertung dieser Auffassung ist außerdem wichtig, daß der Terminus der "enkyklios paideia" in der römischen Kultur praktisch synonym mit dem der "artes liberales" gebraucht wurde, der seit Varro, Cicero und Vitruv Bezeichnung des allgemeinen Teils einer höheren Bildung war. [27] Von den "artes liberales" wiederum, über ihre Kanonisierung bei Martianus Capella, ihre mittelalterliche Tradierung und Aufgliederung in Trivium und Quadrivium führt aber bekanntlich ein direkter Weg zu den "studia humanitatis", die als Unterrichtsprogramm das um Geschichte, Ethik, später auch Poetik erweiterte Trivium meinten. [28] Wenn Poliziano nun den Begriff "Encyclia" als Umschreibung der Universalbildung auch des In-

---

[25]Vgl. Benedikt Appel: *Das Bildungs- und Erziehungsideal Quintilians nach der Institutio oratoria* (Diss. München 1912), Donauwörth 1914, S. 18.

[26]Vgl. Werner Jaeger: *Paideia. Die Formung des griechischen Menschen*, Nachdruck Berlin/New York 1973, bes. S. 12 ff.

[27]Vgl. M. L. Clarke: *Higher Education in the Ancient World*, London 1971. Horst-Theodor Johann (Hrsg.): *Erziehung und Bildung in der heidnischen und christlichen Antike*, Darmstadt 1976 (Wege der Forschung. 377), bes. Kap. I: "Allgemeinbildung (Enkyklios Paideia)", S. 3 ff.

[28]Vgl. August Buck: *Die Rezeption der Antike in den romanischen Literaturen der Renaissance*, Berlin 1976 (Grundlagen der Romanistik. 8), S. 25f.; ders.: *Die "studia humanitatis" und ihre Methode*, in: A. B.: *Die humanistische Tradition in der Romania*, Bad Homburg/Berlin/Zürich 1968, S. 133-150.

terpreten wählt, so scheint er damit anzudeuten, daß er zugleich den idealtypischen, das individuelle Wissen an eine gesellschaftliche Bildung bindenden Charakter der antiken Konzeption evozieren will. [29] Mit der Formulierung "quae uocamus"(statt: "quae vocabant antiqui") reiht er sich und seine Zeitgenossen bereits in die von der Antike herrührende Tradition ein.

Betrachten wir nun die andere Seite der Postulate Polizianos. Nachdem er den Umfang des vorauszusetzenden Wissens bestimmt hat, geht er zur methodischen Einstellung des Kommentators über. Der solle sich den zu kommentierenden Text und das dort implizierte Wissen nicht nur anschauen ("prospicere"), er müsse in sie hineinschauen ("introspicere"), nicht nur von der Schwelle her grüßen, sondern im Innern des Hauses zu äußerster Vertrautheit mit ihnen gelangen:

> Nec prospiciendae tantum, uerùm introspiciendae magis, neque (quod dicitur[)] ab limine ac uestibulo salutandae sed arcessendae potius in penetralia, & in intimam familiaritatem [...]. [30]

Von einem familiären Umgang oder Dialog mit den antiken Autoren sprach bereits Petrarca, seit ihm "wurde das Buch perso-

[29] Zur humanistischen Bildungskonzeption vgl. z.B. Eugenio Garin: *L'educazione in Europa (1400-1600)*, Bari 1957.

[30] Poliziano: *Opera omnia* (s. Anm. 19), Bd. 1, S. 229.

nifiziert"[31] – zumindest was die Neuzeit angeht [32]; doch sah er sein Verhältnis in erster Linie als individuelle Beziehung. Der Wahrnehmung des historischen Andersseins der Antike stellte er seine Subjektivität gegenüber; Geschichte und Subjekt überlagerten einander. [33] Diese ursprüngliche humanistische Haltung

---

[31]August Buck: *Vom humanistischen Umgang mit Büchern*, in A. B.: *Studia humanitatis* (s. Anm. 1), S. 162-165; hier: S. 162. – Ein persönliches Verhältnis zum Autor bestimmt auch den Apuleius-Kommentar Beroaldos; vgl. Krautter, a.a.O. (s. Anm. 22), S. 50 ff. – Apel überbetont das explizite Sprachideal gegenüber dem subjektiven Faktor humanistischer Rezeption, wenn er "nicht eigenmächtige Produktion, sondern Reproduktion des fremden Werkes aus totalem Sichhineinversetzen in den Autor" als hermeneutische Haltung der Humanisten herausstellt, die bis zu Schleiermacher, Ranke und Dilthey maßgebend bleibe. Vgl. Karl Otto Apel: *Die Idee der Sprache in der Tradition des Humanismus von Dante bis Vico*, Frankfurt a.M. [3] 1980, S. 181 f.

[32]Es wird oft übersehen, daß das persönliche Verhältnis des Lesers zum Buch oder zum Autor nicht ohne Vorbilder war. So heißt es etwa in Senecas *De brevitate vitae* über das Lesen philosophischer Autoren: "Disputare cum Socrate licet, dubitare cum Carneade, cum Epicuro quiescere, hominis naturam cum Stoicis uincere, cum Cynicis excedere. " (14, 2) Oder: "Hos in ueris officiis morari putamus, licet dicamus, qui Zenonem, qui Pythagoran, cotidie, et Democritum ceterosque antistites bonarum artium, qui Aristotelen et Theophrastum uolent habere quam familiarissimos. Nemo horum non uacabit, nemo non uenientem ad se beatiorem, amantiorem sui dimittet, nemo quemquam uacuis a se manibus abire patietur: nocte conueniri, interdiu, ab omnibus mortalibus possunt. " (14, 5). – *L. Annaei Senecae De Breuitate Vitae. Sénèque: Sur la Brièveté de la Vie*, édition, introduction et commentaire de Pierre Grimal, Paris 1959 (Erasme. Coll. de textes latins commentés). – Hinweise auf andere antike Vorbilder (Cicero, Plinius d. J., Quintilian, Ambrosius) bei Christian Bec: *De Pétrarque à Machiavel: à propos d'un "topos" humaniste (le dialogue lecteur/livre)*, in: Rinascimento 16 (1976), S. 3-17, hier: S. 4, Anm. 3.

[33]Vgl. Thomas M. Greene: *Petrarch and the Humanist Hermeneutic*, in: T. M. G.: *The Light in Troy. Imitation and Discovery in Renaissance Poetry*, New Haven/London 1982, S. 81-103. – Zu Petrarcas Verhältnis zur Geschichte vgl. Eckhard Keßler: *Petrarca und die Geschichte. Geschichtsschreibung, Rhetorik, Philosophie im Übergang vom Mittelalter zur Neuzeit*, München 1978 (Humanistische Bibliothek. I, 25); ders.: *Antike Tradition, historische Erfahrung und philosophische Reflexion in Petrarcas "Brief an die Nachwelt "*, in: August Buck (Hrsg.): *Biographie und Autobiographie in der*

verschiebt sich wohl in dem Maße, wie die humanistischen Ziele in die institutionalisierte Bildung eingehen. [34] Poliziano setzt zwar, wie zu sehen war, das subjektive Selbstbewußtsein fort, doch sieht er sich zugleich als Vertreter eines – modern gesprochen – "öffentlichen Interesses". Er ist darauf bedacht, seine Postulate an einen dem einzelnen Gelehrten übergeordneten Auftrag zu binden. Die genannte methodische Genauigkeit müsse der Kommentator verfolgen,

> si rem iuuare latinam studemus, & inscitiam quotidie inualescentem profligare [...]. [35]

Wiederum dient er, indem er mit seiner Arbeit das "täglich anwachsende Unwissen" seiner Zeit überwindet, einer gemeinschaftlichen kulturellen Absicht. Man sieht also, daß der literarische Kommentator in deutlicher Entsprechung zur humanistischen Konzeption des Dichters definiert wird. Dem universal gelehrten "poeta eruditus", der zugleich ethischer Führer seiner Zeit ist, wird nur ein "interpres eruditus" gerecht, der sich seiner gleichfalls ethischen Vermittlerrolle bewußt ist. [36]

Renaissance. Arbeitsgespräch in der Herzog August Bibliothek Wolfenbüttel vom 1. bis 3. November 1982, Wiesbaden 1983, S. 21-34; bes. S. 26.

[34] Kristeller erinnerte kürzlich daran, daß Petrarca eine Sonderstellung innerhalb der humanistischen Bewegung auch deshalb einnimmt, weil er im Gegensatz zu den meisten großen Humanisten nie unterrichtet hat. – Vgl. Paul Oskar Kristeller: *Petrarcas Stellung in der Geschichte der Gelehrsamkeit*, in: Klaus W. Hempfer/Enrico Straub (Hrsg.): *Italien und die Romania in Humanismus und Renaissance. Festschrift für Erich Loos zum 70. Geburtstag*, Wiesbaden 1983, S. 102-121, bes. S. 107.

[35] Poliziano: *Opera omnia* (s. Anm. 19), Bd. 1, S. 229.

[36] Vgl. August Buck: *Der Begriff des "poeta eruditus" in der Dichtungstheorie der italienischen Renaissance*, in A. B.: *Die humanistische Tradition* (s. Anm. 28), S. 227-243. – Zur Rolle des gelehrten Kommentars als Medium der Bildung vgl. Bodo Guthmüller: *Lateinische und volkssprachliche Kommentare zu Ovids "Metamorphosen"*, in: B. G.: *Studien zur antiken Mythologie in der italienischen Renaissance*, Weinheim 1986, S. 37- 46, bes. S. 42 f.

4 Kommentar und kommentierter Autor

Die gleiche Vorstellung liegt den meisten "praelectiones", "praefationes" oder "orationes" über antike Dichter zugrunde, die Poliziano im allgemeinen zu Beginn eines akademischen Jahres als Einleitung zu seinen Lehrveranstaltungen im "Studio fiorentino", der Universität von Florenz, vortrug. [37] Da diesen Vorlesungen literarische Kommentare folgten, findet sich in ihnen, in Form der Würdigung des zu kommentierenden Dichters, eine Rechtfertigung des Kommentators für sein Unterfangen. Und nicht nur das: Poliziano legt dar, warum auch seine Hörer den betreffenden Autor im Rahmen ihrer Studien lesen sollen, vor allen Dingen, wie er zu lesen sei. Bezeichnend ist hierfür die vergleichsweise sehr umfangreiche *Oratio in expositione Homeri (Praefatio in Homerum)*, die wohl 1485 entstand. [38]

Nach einer generellen Stellungnahme zur Bedeutung der eigenen Epoche und nach Angaben zur Biographie und Person Homers versucht Poliziano, dessen Werk detailliert zu charakterisieren. Dabei begegnet, wie zu erwarten ist, zuerst der Nachweis, wie sehr der griechische Autor dem Ideal des aus Universalwissen schöpfenden "poeta doctus" nahekomme. [39] Homers Werk

[37] Zur Geschichte des "Studio fiorentino" vgl. Armando F. Verde: *Lo Studio fiorentino 1453-1503. Ricerche e documenti*, Bd. 1/2, Firenze 1973, Bd. 3, Pistoia 1977. – Zu Polizianos Tätigkeit im "Studio" vgl. Branca, a.a.O. (s. Anm. 14), S. 73 ff. – Zur Tradition der Antrittsvorlesungen siehe Charles Trinkaus: *A Humanist's Image of Humanism: the Inaugural Orations of Bartolommeo della Fonte*, in: Ch. T.: *The Scope of Renaissance Humanism*, Ann Arbor 1983, S. 52-87.

[38] Poliziano: *Opera omnia* (s. Anm. 18), Bd. 1, S. 477 ff.

[39] Die Absicht, die breite Gelehrsamkeit des kommentierten Autors nachzuweisen, steht bei vielen Kommentatoren im Vordergrund. Guthmüller beobachtet sie etwa im Ovid-Kommentar Raffaele Regios von 1493. – Vgl. Guthmüller, a.a.O. (s. Anm. 36), S. 41. – Man findet sie auch noch gut 40 Jahre später in Bernardino Daniellos Dialog *Della poetica*. Daniello schiebt in seine Erörterung einen längeren Kommentar zum 119. Gedicht des *Canzoniere* ein, um zu zeigen, daß Petrarca alle Wissenschaften zumindest theoretisch beherrscht habe. – Vgl. Bernardino Daniello: *Della poetica [1536]*,

enthalte eine vollständige Philosophie mit allen zu seiner Zeit bekannten Lehren. Es enthalte aber auch zahlreiche Einzelheiten zu den unterschiedlichsten Wissenschaften und Disziplinen: zur Geographie, zur Astronomie, zur Moralphilosophie, zur Politik, zum Ackerbau, zur Medizin usw. [40] Darüber hinaus bezeuge bereits Quintilian, wie sehr das Werk des griechischen "vates"auch ein Muster der Rhetorik sei. [41] Mehr noch: Homer ist auch ein Meister der Malerei. [42] Und während Poliziano hier vermutlich die horazische Dichtungstheorie im Sinn hat, [43] interpretiert er Homer kurz zuvor wohl mit Platon, eventuell mit Aristoteles, wenn er ihn als den größten Tragödienautor hervorhebt. [44] Seine Epen enthielten die Vorzüge eines gelungenen Dramas. Hinzuzufügen ist diesen Beobachtungen, daß Poliziano alle Behauptungen mit Hilfe antiker Meinungen über Homer stützt. Diese Zeugnisse zeigen zum einen, daß Poliziano mit seiner Wertung auf eine bereits in der Antike verbreitete Einschätzung zurückgreift. Wichtiger ist aber seine diesen Quellen gegenüber neue Perspektive: Trotz der seltsam unsystematischen Mischung, in der die Elemente der umfassenden Gelehrsamkeit Homers begegnen, erkennt man, wie die humanistische Bildungskonzeption und generell humanistische Idealvorstellungen vom Gelehrten wie vom

---

in: Bernard Weinberg (Hrsg.): *Trattati di poetica e retorica del Cinquecento*, 4 Bde., Bari 1970 -74 (Scrittori d'Italia. 247/248/253/258), Bd. 1, S. 227-318, hier: S. 244 ff. – In bezug auf Homer findet sich Polizianos Urteil noch 1560 bei Bernardino Partenio wieder: Auch für ihn lassen sich aus Homers Dichtung alle "artes"ableiten. – Vgl. Bernardino Partenio: *Dell'imitazione poetica [1560]*, ebd., Bd. 2, S. 519-558, hier: S. 522.

[40] Poliziano: *Opera omnia* (s. Anm. 19), Bd. 1, S. 488.

[41] Ebd., S. 485 f. Neu ist hier die humanistische Perspektive; die Überzeugung, Homer vermittle wissenschaftliche bzw. philosophische Einsichten, existiert als solche schon seit der Homerallegorese; vgl. Ernst Robert Curtius: *Europäische Literatur und lateinisches Mittelalter*, Bern/München [9] 1978, S. 211 f.

[42] Poliziano: *Opera omnia* Bd. 1, S. 489.

[43] Vgl. Horaz: *Ars poetica*, Vers 361

[44] Vgl. Platon: *Politeia*, X. Buch, 595 b u. 607 a; Aristoteles: *Poetik*, 1459 b. Aristoteles vergleicht hier die Tragödienhandlung mit *Ilias* und *Odyssee*.

Dichter auf einen weit entfernten Autor zurückverlegt werden. Homer wird von Poliziano – so möchte man sagen – als ein mustergültiger Humanist "ante litteram" charakterisiert. Zugleich nutzt der Kommentator aber diese Gelegenheit, sein eigenes umfassendes Wissen herauszustellen; wenn er Homers Kenntnisse und Lehren anhand von Beispielen vorführen kann, muß er ja diese Details erkennen können, also selbst beherrschen. [45] Somit läßt sich aus seiner "praefatio" ein recht genaues Bild seiner Haltung ablesen: Poliziano stellt sich auch selbst dar. Auffallend ist unter diesem Aspekt etwa, daß er einzelne Wissensbereiche besonders ausführlich behandelt und dabei vom Werk Homers abzuschweifen neigt. Das gilt etwa dann, wenn er auf Rhetorisches eingeht oder von der Dichtung im engeren Sinne spricht. Es gilt aber vor allem im Zusammenhang mit der Moralphilosophie. Wenn Poliziano die Lehren der Stoa mehrfach aus Homer ableiten will, [46] dann beweist er ein weiteres Mal seine eigene Affinität zur stoischen Ethik, die oben bereits im Zusammenhang mit der Person des Kleanthes begegnete.

An Polizianos Haltung wird eine doppelgesichtige Funktion des humanistischen Kommentars deutlich. In der Interpretation verweist der humanistische Exeget zunächst einmal auf den antiken Autor; er will ihn durch Explikation des versteckten Wissens verstehbar machen. Aber auch umgekehrt verweist der interpretierte Autor auf den Kommentator, macht der Kommentar das Denken des Exegeten explizit. Anders gesagt: Kommentator und kommentierter Autor dienen sich gegenseitig. Das bedeutet aber keineswegs, daß der kommentierte Text zum bloßen Vorwand der Selbstdarstellungen würde. Im Gegenteil ist die zweiseitige Funk-

---

[45] Zu diesem Charakterzug humanistischer Kommentare vgl. Tiziano Zanato: *Saggio sul "Comento" di Lorenzo de' Medici*, Firenze 1979 (Biblioteca dell' "Archivum Romanicum". I, 153). Zanato bemerkt dort treffend, die Kommentare seien "palestre per mettere in mostra, più che la dottrina e i sensi reconditi dell'autore chiosato, il pensiero e il "genio" del postillatore" (S. 16).

[46] Poliziano: *Opera omnia* (s. Anm. 19), Bd. 1, S. 482, S. 484 f.

tion eine Konsequenz des dialogischen Verhältnisses zwischen beiden Autoren, das weiter oben in Polizianos ***Miscellanea*** sogar als bewußte Forderung begegnete, als Teil der humanistischen Auslegungsmethode.

Eine zweite, wichtigere Folgerung läßt sich aus Polizianos Einstellung ableiten. Der kommentierte Autor erscheint zwar als Quelle des Wissens, das sich der humanistische Leser zur Bildung einer neuen Kultur zunutze machen will. [47] Doch kann es nicht von selbst hervortreten. Das Verstehen des Interpreten setzt bereits Wissen voraus. Die Humanisten erfahren wie die Vertreter kaum einer anderen literarischen Epoche das Paradoxon des sogenannten "hermeneutischen Zirkels". Um Homer zu verstehen, muß Poliziano vorweg wissen, welche Lehren er in ihm finden kann und vor allem: finden will. [48]

Ein drittes Moment ist schließlich zu beachten. Wenn das Kommentieren in einem Wechselspiel von Wissenserwerb und Wissensanwendung besteht, ist damit die Rolle des Kommentators im übergordneten Kontext nicht nur der individuellen, sondern auch der gesellschaftlichen Bildung definiert. Jeder Kommentar bedeutet einen Schritt innerhalb der übergreifenden Bewegung in Richtung auf eine neue Kultur hin; er repräsentiert diesen Prozeß in verkleinertem Maßstab.[49] Der lehrhafte An-

[47]Vgl. hierzu Apel, a.a.O. (s. Anm. 31), Kap. VI und VII sowie S. 269 f.

[48]Eine explizite Formulierung dieser Erfahrung finden wir jedoch erst 1557 bei Francesco Robortello; vgl. dazu Teil B, I. Kap., Abschnitt 4. – Gadamer beobachtet die Zirkularität als Moment des Verstehens noch nicht im Humanismus, sondern erst in der Bibelexegese in der Nachfolge Luthers. – Vgl. Hans-Georg Gadamer: *Wahrheit und Methode. Grundzüge einer philosophischen Hermeneutik*, Tübingen [4] 1975, S. 164.

[49]Den Zusammenhang macht Poliziano selbst deutlich, wenn er in einem späteren Kommentar auf einen früheren verweist. Vgl. A. P.: *Commento inedito all'epistola ovidiana di Saffo a Faone*, a cura di Elisabetta Lazzeri, Firenze 1971 (Istituto Nazionale di Studi sul Rinascimento. Studi e Testi. 2), S. 20, 23, 30, 36, 40, 57, 59, 63, 67, 71; und A. P.: *La commedia antica* (s. Anm. 6), S. 27, 43. In allen diesen Fällen greift der Autor Erklärungen aus seinem Statius-Kommentar wieder auf. Auch Landino sieht seine Horazin-

spruch, der der Dichtung unterstellt wird (der "poeta doctus" ist immer auch ein "poeta docens"), überträgt sich auf die sie entfaltende Deutung; man könnte analog vom "commentator docens" sprechen. Dies gilt nicht nur insofern, als der Kommentator die in den kommentierten Texten enthaltenen Lehren explizit macht (durch den Sachkommentar) und darüber hinaus die Art und Weise des Lehrens herausstellt (z.B. durch den rhetorischen Kommentar). Das gilt auch in dem Sinne, daß der auszulegende Text oft zum Anlaß für die Ausbreitung von Wissen wird, das der Text eigentlich nicht anspricht, das der Kommentator jedoch, sozusagen bei passender Gelegenheit, mitliefert. Doch dieser Wesenszug erscheint nur dem heutigen Leser als Vorwand. Denn in der Perspektive des humanistischen Kommentators ist der ausgelegte Text ja ein Element der antiken Bildung, repräsentiert sie in gewissem Maße. Er verweist also von sich aus auf den über ihn hinausgreifenden antiken Bildungshorizont.

Man hat hier ein Charakteristikum vor sich, anhand dessen der Unterschied zum Typus der mittelalterlichen Deutung prägnant vor Augen geführt werden kann. Dante, den wir dabei als Repräsentanten des mittelalterlichen Typus verstehen, [50] nimmt im *Convivio*, einem Kommentar zu drei seiner Kanzonen, häufig einzelne Passagen seiner Gedichte zum Anlaß für weitausholende Abschweifungen. So kann er etwa von einem knappen Vers ausgehend die mittelalterliche Kosmologie skizzieren, ohne daß er damit die interpretatorischen Grenzen seiner Zeit überschritte. Nach mittelalterlicher Auffassung geht der Sinn dem

---

terpretation als Fortsetzung der Bemühungen, die er mit seinen Deutungen Dantes und Vergils begonnen hat. Vgl. seinen Horazkommentar (s. Anm. 5) in der Ausgabe Venetiis 1483, fol. 2 r. (= Cristoforo Landino: *Scritti critici e teorici*, introduzione e commento a cura di Roberto Cardini, Roma 1974, Bd. 1, S. 198.) – Desgleichen fordert Filippo Beroaldo vom Kommentator die Kenntnis der älteren und neueren Kommentare zu seinem Gegenstand. Vgl. Krautter, a.a.O. (s. Anm. 22), S. 35.

[50] Vgl. Vf.: *Zum impliziten Literaturbegriff und Textverstehen in Dantes "Convivio"*, in: Deutsches Dante-Jahrbuch 57 (1982), S. 85-107.

Text voraus: jener ist in der überzeitlichen metaphysischen Wirklichkeit verankert und findet im literarischen Werk seinen nur bedingten, zeitlichen Ausdruck. [51] Dante expliziert in scheinbaren Abschweifungen nur, was ein Kanzonenvers bereits an potentiellem Sinn impliziert.

Wenn nun das humanistische Interpretieren methodisch häufig sehr ähnlich aussieht, dann besteht doch ein essentieller Unterschied darin: Dante verweist vom Einzeltext auf die dahinter liegende metaphysische, wesensmäßig unzeitliche Realität. Der humanistische Kommentator dagegen verweist auf ein den Text umgebendes "Universum"des Wissens, der diesseitig-menschlichen Bildung, das in der Antike seinen bislang unübertroffenen Ausdruck gefunden hat. Überzeitlichkeit und Jenseitigkeit sind Zielpunkte bei Dante, historisch-diesseitig verankerte Werte – die antike Situation, das antike Denken – bei Poliziano.

5 Historisierende und aktualisierende Perspektive

Zu den bereits skizzierten Spannungsfeldern humanistischen Interpretierens tritt ein weiteres, das gewissermaßen den Geltungs- oder Anwendungsbereich der Deutung betrifft. Unabhängig davon, ob es dem Interpreten primär um den Text oder um den Bildungszusammenhang geht, will seine Deutung beim Hörer oder Leser wirken. Im Kommentator verbindet sich der Historiker mit dem Lehrer. Dieses einfach klingende Postulat hat in der Praxis des Kommentierens jedoch ein recht kompliziertes Aussehen. Denn der Kommentator appliziert in der Regel nicht einfach den alten Text auf die eigene Zeit; vielmehr muß er ihn im Hinblick auf den antiken Kontext wie auf die humanistischen Postulate deuten. Er interpretiert also zunächst historisierend ("was bedeutete der Text in seiner Zeit?"), dann aktualisierend

[51] Vgl. August Buck: *Dante und die mittelalterliche Überlieferung der Antike*, in: A. B.: *Die humanistische Tradition* (s. Anm. 28), S. 56-75, bes. S. 63 ff.

("wie kann der zeitgenössische Leser ihn auf seine Wirklichkeit anwenden? ").

Wenn Poliziano im Blick auf die Antike selbst interpretiert, so ist ihm vor allem daran gelegen, die Übereinstimmung des antiken Textes mit dem Wissen und den Meinungen anderer antiker Autoren nachzuweisen. Das drückt sich methodisch besonders in einem streng eingehaltenen Dokumentieren aller Erläuterungen zur Antike und zum antiken Text durch Zeugnisse antiker Gewährsleute aus. Zitat und Quellenangabe werden zu den wichtigsten Beweismitteln in der humanistischen Interpretation. Der Humanist scheint die Auffassung zu vertreten, daß die Glaubwürdigkeit einer Deutung dann verbürgt ist, wenn sie als Teil des antiken Wissens oder Denkens nachgewiesen wird. [52]

In seinem Kommentar zu Ovids Sappho-Elegie stützt Poliziano etwa seine biographischen Erläuterungen zu Sappho auf nicht weniger als sieben alte Quellen und bekräftigt seine Darstellung stets mit Wendungen dieser Art (wobei die Formelhaftigkeit der Quellenverweise wohl an die mittelalterliche Kommentarpraxis anschließt):

ut Herodotus [...] scribit
ut [...] testatur Strabo
ut Maximus Tyrius indicat
ut Tyrius ait
quem Lucianus [...] dicit
Plinius libro XXII [...] dicit

[52] Zur Begründung und Verbreitung dieses v.a. von Bruni legitimierten methodischen Prinzips vgl. Jozef IJsewijn: *Laurentius Vallas "Sprachliche Kommentare"*, in: Buck/Herding, a.a.O. (s. Anm. 7), S. 89-97, bes. S.96. - Manfred Lentzen: *Cristoforo Landinos Dantekommentar*, ebd., S. 167-189, bes. S. 183. - Karl Kohut: *Der Kommentar zu literarischen Texten als Quelle der Literaturtheorie im spanischen Humanismus*, ebd., S. 191-208, bes. S. 198.

Dionysius Alicarnassus laudat
ut Plutarchus [...] testatur. [53]

Diese Formeln veranschaulichen zugleich die Grenzen der historischen Perspektive: Sie hält mit ihrer Mischung heterogener Quellen einer neueren Geschichtsauffassung nicht stand. Die ganze Antike wird pauschal als einheitliche Kulturepoche verstanden. Aber sie wird – und das ist durchaus neu und bemerkenswert – als von der Gegenwart unterscheidbarer und rekonstruierbarer Zusammenhang gesehen. [54]

Neben diesem Blickpunkt steht der andere, auf die Gegenwart des Kommentators und seines Publikums gerichtete. Poliziano fragt nach dem Nutzen des alten Textes für ihn und seinen Hörerkreis, nach dem Bezug zur eigenen Lebenswirklichkeit. [55] Besonders klar gelingt ihm das im Proömium zum soeben zitierten Ovid-Kommentar. Hier leitet er einerseits – entsprechend der oben erläuterten Haltung – die "utilitas" des Werks aus antiken Meinungen ab, nämlich aus Terenz und Livius:

> Praestat enim id, quod est apud Terentium, in vitas hominum tanquam speculum aliquod inspicere, quodque elegantissime ait Livius [...]. [56]

Andererseits geht es ihm um Aktualisierung des alten Textes. Der antiken Metapher von der Literatur als einem Spiegel des Le-

---

[53]Poliziano: *Comm. ined. all'epist. ovid.* (s. Anm. 49), S. 5-7.

[54]Vgl. Erwin Panofskys Bestimmung des Geschichtsbewußtseins in der Renaissance der Neuzeit im Unterschied zu dem der "mittelalterlichen Renaissancen": "Die antike Vergangenheit wurde zum erstenmal als eine von der Gegenwart abgeschnittene Totalität und deshalb als ein ersehntes Ideal angesehen statt als eine sowohl benutzte wie gefürchtete Wirklichkeit." E.P.: *Die Renaissancen der europäischen Kunst*, übers. v. Horst Günther, Frankfurt a. M. [2] 1984, S. 116.

[55]Zur aktualisierenden Interpretation bei Beroaldo vgl. Krautter, a.a.O. (s. Anm. 22), S. 52.

[56]Poliziano: *Comm. ined. all'epist. ovid.* (s. Anm. 49), S. 7.

bens oder der Lebensgewohnheiten [57] gibt Poliziano sicher nicht zufällig eine Wendung, die die Verstehensleistung des Lesers in den Vordergrund rückt. Eine Wirkmöglichkeit des Textes setzt voraus, daß der Leser sich den fiktiven Ereigniszusammenhang bewußt vergegenwärtigt ("ante oculos ponamus") und ebenso reflektiert, nämlich durch wählendes "Aufgreifen", eine Beziehung zwischen Textsinn und seiner Lebenswirklichkeit herstellen will ("nobis quod ex usu fieret sumamus"). Die hier implizierte Perspektive mag wenigstens ihrer Tendenz nach auf Auffassungen der neueren Literaturtheorie vorausdeuten, die Lesen als Interaktion von Text und Leser verstehen. [58]

> Utilitas porro huic epistolae multiplex inest. Nam et moribus conduxerit, si amatorum perturbationes atque adeo amentiam nobis ante oculos ponamus, atque ex aliorum fortuna nobis quod ex usu fieret sumamus.[59]

6 Form des Kommentars. Das Proömium

Man kann an dieser Stelle bereits festhalten, daß die Haltung des humanistischen Kommentators von einer Reihe sehr komplex zusammen- und teils auch gegeneinanderwirkender Faktoren geprägt wird, die – wie das Beispiel Polizianos zeigt – vom Kommentator selbst auch wahrgenommen und bedacht werden. Mit welcher äußeren Form der mündlichen oder schriftlichen Darbietung verbindet sich dieses schwierige Wechselspiel von Wissenserwerb, -anwendung und -vermittlung, von expliziten und implizi-

---

[57] Als mögliche Quelle für Poliziano vgl. Donats Terenzkommentar (*Excerpta de comoedia* V, 1): "comoediam esse Cicero ait imitationem uitae, speculum consuetudinis, imaginem ueritatis ". Ähnlich ist in V, 5 die Rede vom "uitae speculum". – *Aeli Donati Commentvm Terenti, accedvnt Evgraphi Commentvm et Scholia Bembina*, recensvit Pavlvs Wessner, Nachdruck d. Ausg. 1902, Stuttgart 1962-63, Bd. 1, S. 22 u. 23.

[58] vgl. z.B. Wolfgang Iser: *Der Akt des Lesens. Theorie ästhischer Wirkung*, München 1976, S. 257 ff.

[59] Poliziano: *Comm. ined. all'epist. ovid.* (s. Anm. 49), S. 7.

ten Inhalten des Textes, von historisierender und aktualisierender Perspektive? Für die Beantwortung dieser Frage erscheinen uns, neben dem erwähnten Ovid-Kommentar von 1480/81, Polizianos Statius-Kommentar aus demselben Jahr, der Persius-Kommentar von 1482/83 und sein Terenz-Kommentar von 1484/85 besonders aufschlußreich. [60] Da es sich bei diesen Beispielen um Notizen zu Vorlesungen handelt, [61] sind sie ein recht verläßliches Zeugis für die faktische Kommentarpraxis der Humanisten. [62] Daß sie zum anderen nicht nur für die mündlich vorgetragene Kommentierung typisch sind, zeigt die Tatsache, daß Landinos 1482 gedruckte Horaz-Kommentare – wie weiter unten darzustellen ist – nach den gleichen formalen Prinzipien abgefaßt sind.

Dem humanistischen Kommentar liegen im allgemeinen Gliederungsprinzipien zugrunde, die aus dem spätantiken, eventuell auch aus dem mittelalterlichen Kommentar übernommen sind.[63]

---

[60] Angelo Poliziano: *Commento inedito alle Selve di Stazio*, a cura di Lucia Cesarini Martinelli, Firenze 1978 (Istituto Nazionale di Studi sul Rinascimento. Studi e Testi. 5); Lucia Cesarini Martinelli: *Un ritrovamento polizianesco: il fascicolo perduto del commento alle Selve di Stazio*, in: Rinascimento 22 (1982), S. 183-212; A. P.: *Commento inedito alle Satire di Persio.* a cura di Lucia Cesarini Martinelli e Roberto Ricciardi, Firenze 1985 (Ist. Naz. di Studi sul Rinasc. Studi e Testi. 11); zur ungewissen Datierung dieses Kommentars s. ebd., S. XII ff. – Zu den beiden anderen Kommentaren s. o. Anm. 6 u. 49.

[61] Vgl. Ida Maier: *Les manuscrits d'Ange Politien. Catalogue descriptif. Avec 19 documents inédits en appendice*, Genève 1965 (Travaux d'Humanisme et Renaissance. 70), S. 206 f.

[62] Dafür spricht auch ihre Übereinstimmung mit der Kommentarform, die bereits Remigio Sabbadini als typisch ansah. Vgl. R. S.: *Il metodo degli umanisti*, Firenze 1920, S. 42 ff. Für Polizianos Kommentare gilt also nicht Sabbadinis Zweifel am repräsentativen Charakter der gedruckten Kommentare: "Il metodo che tenevano gli umanisti nell'interpretare gli autori si dovrebbe dedurre dai molti commenti da essi composti, alcuni dei quali sono stampati. Ma tutti i commenti sono veramente usciti dalla scuola? E in ogni modo chi ci assicura che la redazione scritta corrisponda alla lezione orale?" (Ebd., S. 42).

[63] Vgl. Sandkühler, a.a.O. (s. Anm. 9), S. 25 ff.; Kristeller: *Humanismus und Renaissance* (s. Anm. 8), Bd. 2, S. 226 f.; Paul Klopsch: *Einführung in*

Er gliedert sich meistens in ein Proömium, das notwendige Vorinformationen über Autor und Werk liefert, und den fortlaufenden Kommentar, der in chronologischer Folge Lemmata des kommentierten Textes unter verschiedenen Aspekten erläutert. Daß diese Gliederung durch weitere Einleitungen, Einschübe, Exkurse oder andere Passagen erweitert werden kann, sei hier nur erwähnt; dem Kommentator sind in dieser Hinsicht kaum Grenzen gesetzt.[64] Doch weisen solche zusätzlichen Teile, besonders wenn sie sehr ausführlich gestaltet sind, auf signifikante Verschiebungen in der Auffassung des Kommentierens hin. Auch dies wird bei Poliziano zu zeigen sein.

Der Umfang des Proömiums kann sehr unterschiedlich sein; er reicht von knappen Informationen bis hin zu ausführlichen Biographien der Autoren oder zu weitausholender Erörterung der kommentierten Textgattung. Meistens erschöpft sich die Aufgabe auch des humanistischen Proömiums in seiner konventionellen rhetorischen Funktion: Es enthält oft die Widmung oder eine allgemeine "captatio benevolentiae"; nur selten stellt es einen originellen, organisch strukturierten Text dar, der zugleich im Blick auf den nachfolgenden Kommentar durchdacht ist. [65] Umso mehr Beachtung verdient Polizianos Vorrede zu seiner Interpretation der Sappho-Elegie Ovids; hier legt er in exemplarischer Weise dar, welche Aspekte im Proömium grundsätzlich zur Sprache kommen sollen. Bemerkenswert ist die Vorrede zu diesem Kommentar vor allem deshalb, weil der Verfasser nicht nur alle in einem Proömium notwendigen Aspekte aufzählt, sondern sie auch neu zu begründen versucht.

Während Poliziano vom mittelalterlichen Vier-Ursachen-Schema keinen Gebrauch macht, [66] stützt er sich offensichtlich

die Dichtungslehren des lateinischen Mittelalters, Darmstadt 1980, S. 48 ff.

[64]Beispiele für Exkurse und Einschübe des Kommentators beschreibt v. a. Krautter, a.a.O. (s. Anm. 22), S. 41, S. 47 f.

[65]Zanato, a.a.O. (s. Anm. 43), S. 11.

[66]Sandkühler, a.a.O. (s. Anm. 9), S. 30 ff.; Klopsch, a.a.O. (s. Anm. 59),

auf zwei der wichtigsten spätantiken Modelle des "accessus ad auctores", auf Servius und Boethius. Am Anfang seines Vergil-Kommentars zählt Servius die folgenden sieben Aspekte auf: 1. "poetae vita ", 2. "titulus operis", 3. "qualitas carminis", 4. "scribentis intentio", 5. "numerus librorum", 6. "Ordo librorum" und 7. "explanatio" – mit ihr ist die fortlaufende Kommentierung gemeint. [67] Demgegenüber nennt Boethius im Porphyrio-Kommentar: 1. "operis intentio", 2. "utilitas", 3. "ordo", 4. die Untersuchung "si eius cuius esse opus dicitur, germanus propriusque liber est", 5. "inscriptio" und 6. die Frage "ad quam partem philosophiae [...] ducatur intentio". [68] Poliziano übernimmt von Servius die Punkte 1 bis 4, von Boethius – außer den ohnehin mit Servius übereinstimmenden – den 2. und 4. Punkt. Die folgenden Aspekte – es handelt sich für ihn um die "primordia" und "incunabula" des zu deutenden Textes – will er in seiner Vorrede ansprechen, um seinen Hörern das Verständnis der später erläuterten Einzelheiten zu erleichtern ("unde quam facillime reliquarum deinceps partium intellectus audientibus conciliaretur"[69]):

(1) Biographie des Autors ("vita scriptoris de quo ageretur"),
(2) Wirkungs- oder Lehrabsicht des Werks ("intentio operis"),
(3) seinen Nutzen ("utilitas", "finis "),
(4) seine Überschrift ("titulus", "inscriptio"),
(5) die "qualitas"der Dichtung und

S. 53.

[67] *Servii grammatici qui feruntur in Vergilii carmina commentarii*, recensuerunt Georgius Thilo et Hermann Hagen, 2. Nachdr. d. Ausg. Leipzig 1881, Hildesheim/Zürich/New York 1986, Bd. 1, S. 1.

[68] *Anicii Manlii Severini Boethii in Isagogen Porphyrii commenta,* copiis a Georgio Schepss comparatis svisque vsvs recensvit Samvel Brandt, Nachdr. d. Ausg. Leipzig 1906, New York/ London 1966, S. 4 f.

[69] Poliziano: *Comm. ined. all'epist. ovid.* (s. Anm. 49), S. 3.

(6) das Problem der Autorzuschreibung ("legitimum genuinumve"). [70]

Interessanter als diese Aufzählung ist nun aber Polizianos Begründung der Aspekte. Seine Bemühung um eine humanistische Legitimation beweist, daß er den tradierten Themenkatalog keineswegs schematisch behandelt, obwohl er es aufgrund der jahrhundertelangen Verankerung des "accessus"in der Lehr- und Wissenschaftspraxis hätte tun können. Aus diesem Ansatz heraus entsteht wahrscheinlich auch Polizianos Aufmerksamkeit für die Besonderheit des Poetischen - von ihr wird später die Rede sein. Zunächst zu seiner Neubewertung der traditionellen Kriterien: Poliziano will zeigen, daß zwischen allen im Proömium zu erörternden Aspekten ein logischer, zwingender Zusammenhang besteht, als dessen Bindeglied man wiederum das Menschen- und Literaturbild der"studia humanitatis"erkennt. Dazu gehört zunächst, daß Poliziano seine Rechtfertigung nicht nur auf die neue humanistische Tradition stützt, sondern sie durch die Antike selbst verbürgt wissen will. [71] Allein auf den ersten anderthalb Seiten betont er nicht weniger als fünfmal, daß er den Erfahrungen, dem Usus oder allgemein den Spuren der alten Kommentatoren folge. [72] Nach Polizianos Meinung bemüht sich der

[70]Ebd.

[71]Ebd.: "Consuevere omnes, qui ad alicuius veterum operis enarrationem aggrediuntur, nonnulla prius tanquam rei totius primordia incunabulaque attingere [...]. "

[72]Vgl. die folgenden Stellen: "[...] atque id, quod graece γύησιον, latine autem legitimum genuinum ve appellaretur, indagaverunt." (Ebd.) "Nam qui veterum aliquod monumentum, ignorata intentione, in manus sumpserit [...]." (Ebd.) [...] ipsum ante cetera, quem σκόπον Graeci vocant, Latini intentionem aut scopulum [...] explanare instituerunt. " (Ebd.) "[...] ne hoc quidem indignum explanantis cura veteres existimarunt. " (Ebd., S. 4) "Itaque et nos [...] summorum omnium vestigiis [...] insistemus. " (Ebd.) - Bezeichnenderweise beruft sich auch Landino in seinem Horazkommentar darauf, mit dem Aufgreifen des Proömialschemas eine "consuetudo" der alten Kommentare zu tradieren. Vgl. Landino: Horazkommentar (s. Anm. 5), in der Ausgabe Venetiis 1483: fol. 7 r.

Kommentar also nicht nur in seinem Inhalt um Vermittlung und Erklärung der Antike, sondern er ist als formales Gebilde bereits eine Nachahmung antiker Texte. Diese Haltung erklärt, warum die Humanisten so überraschend geringe Bedenken hatten, die an sich das ganze Mittelalter übliche Praxis des Kommentierens fortzusetzen: Sie führten ja eine Methode weiter, die eigentlich auf die Antike zurückging. Tatsächlich liegen die Quellen des Accessus-Schemas größtenteils in der Antike und Spätantike, vor allem, wie gezeigt, bei Servius und Boethius. [73]

Noch deutlicher wird die humanistische Uminterpretation der traditionellen Prinzipien des Kommentierens dadurch, daß Poliziano bei der Begründung der einzelnen Punkte mit dem zweiten seiner Aufzählung, der "intentio auctoris" beginnt. Durch sie erscheint das Werk von vornherein als persönlicher Ausdruck seines Autors, während der Autor im Mittelalter eher dazu neigt, als bloßer Vermittler eines ihn überragenden Sinns hinter das Werk zurückzutreten. [74] An zweiter Stelle wird der Text an den Bildungsanspruch des Lesers oder Hörers gebunden; Unkenntnis der "intentio" führe zwar zu Irrtümern, ja Blindheit des Kommentators, doch reiche ihre Kenntnis allein zum Verstehen nicht aus. Sie stehe in Wechselbeziehung zur "utilitas" des Textes, also zum Wissen- oder Erfahrungsgewinn für den Rezipienten. In einem dritten Schritt erklärt Poliziano dann die Kenntnisse über den Autor (und den die "intentio" immer implizierenden Titel [75]) des Werks zur Bedingung dafür, daß die "utilitas" überhaupt zum Tragen komme. Denn ein Buch sei nur dann nützlich, wenn es von einem Autor herrühre, der sich um die

---

[73] Vgl. Sandkühler, a.a.O. (s. Anm. 9), S. 25 f.

[74] Vgl. z.B. Rosario Assunto: *Die Theorie des Schönen im Mittelalter.* Neuausgabe, Köln 1982 (DuMont-Taschenbücher. 117).

[75] Vgl. *Comm. ined. all'epist. ovid.*, S. 4: "Quoniam vero ipsa operis intentio intra inscriptionem titulumque ipsum comprehensa quasi oculis subiciatur ipsis, ne hoc quidem indignum explanantis cura veteres existimarunt." Man erkennt, daß der Titel als das augenfälligste offenbar das am wenigsten problematische Element des Proömiums darstellt.

"humanae res" verdient gemacht habe. [76] Zuvor hatte Poliziano die Wichtigkeit der "vita scriptoris" bereits zweifach begründet: (1) Sie erkläre das Denken des Autors; dieses geht also – entsprechend der humanistischen Auffassung – aus dem Leben hervor. (2) Sie verleihe dem Text "auctoritas". Die Begriffe "Autor" und "Autorität" stehen hier also in engstem Zusammenhang; ein Text ist den "studia humanitatis" nützlich, wenn er "auctoritas" besitzt; die aber hat er aufgrund seines Autors, jedoch auch nur insofern, als dessen Denken mit den "humanae res" im Einklang steht.

Nun ist es ja an sich nichts Neues in der Renaissance, daß der Rang eines zu deutenden oder zumindest zur Textdeutung herangezogenen Autors durch seine "auctoritas" bestimmt wird. Im Gegenteil: während im weiteren Verlauf der Epoche vermehrt Zweifel an dieser Auffassung geäußert werden – Poliziano selbst ermahnt seine Hörer des öfteren, mehr der "ratio" als der "auctoritas" zu folgen [77] –, spielte sie eine weit gewichtigere Rolle im mittelalterlichen Denken. Ziehen wir noch einmal Dantes Kommentierweise im *Convivio*, insbesondere sein Verhältnis zur Autorität des Aristoteles, zum Vergleich heran. Obwohl Dante sich schon im ersten Satz des Werks auf "den Philosophen" beruft, ihn also geradezu als Bürgen für alles Folgende anruft, [78] hält er es an anderer Stelle für ratsam, dessen Verläßlichkeit als

[76] Vgl. zum Zusammenhang von "auctor", "auctoritas" und "res humana" in anderen Texten Polizianos Alfons Waschbüsch: *Polizian. Ein Beitrag zur Philosophie des Humanismus*, München 1972 (Humanistische Bibliothek. III, 1), S. 170 ff.

[77] "[...] rogo obtestorque vos, ne tam hominis autoritati, quam rationibus ipsis credendum animum induxeritis." – *Comm. ined. alle Selve di Stazio* (s. Anm. 60), S. 10; vgl. ebd. S. 90 ff.

[78] "Si come dice lo Filosofo nel principio de la Prima Filosofia, tutti li uomini naturalmente desiderano di sapere." – Dante Alighieri: *Il Convivio*, ridotto a miglior lezione e commentato da G. Busnelli e G. Vandelli, con intruduzione di Michele Barbi, 2ª ed. con appendice di aggiornamento a cura di Antonio Enzo Quaglio, 2 Bde., Firenze 1964 (Opere di Dante. 4/5).

Beweisinstanz zu legitimieren. [79] Dabei setzt Dante ein Weltbild voraus, das die Geschichte der Philosophie wie überhaupt der Menschheit überschreitet, d.h. überzeitlich ist. Eine solche Auffassung von Denken und Wirklichkeit habe zwar schon immer die Philosophen beschäftigt, doch nur Aristoteles habe sie vollständig erfaßt, er gelte zu Recht als "maestro" und "artefice" des Weltgebäudes. [80]

Man erkennt bei dieser Gegenüberstellung, daß die Argumentationen beider Autoren, Dantes wie Polizianos, Zirkelschlüsse sind. Die "studia humanitatis" sind in Polizianos Rechtfertigung des Accessus-Schemas nicht nur Zielpunkt, sondern bereits ihr Ausgangspunkt. Der humanistische Kommentator setzt die Erkenntnisse, die er aus dem kommentierten Text ableitet, als Prämisse für ihre Kommentierwürdigkeit voraus. Dieser Zirkel im humanistischen Bildungsbegriff war schon weiter oben, anläßlich des Verhältnisses von Wissensaneignung und Wissensanwendung begegnet. Es soll hier aber auch betont werden, daß sich zwischen Spätmittelalter und Humanismus der Mittelpunkt des Denkzirkels wesensmäßig verschiebt: vom metaphysisch transzendenten Weltbild zu einem diesseitig-ethischen Menschenbild.

Polizianos Bemühung um eine Neubewertung des überkommenen Schemas im Sinne der "studia humanitatis" tritt nun noch stärker bei den verbleibenden rhetorisch-poetischen Aspekten des Textes hervor; er trägt damit zunächst der wichtigen Stellung der Rhetorik im Humanismus, besonders im humanistischen Unterricht Rechnung. Es wird zwar nicht klar, ob er Rhetorik und Poetik als zwei Bereiche voneinander trennen will – in der fortlaufenden Kommentierung wird er es tun –; er scheint aber seine Hörer auch in der Vorrede schon über die rhetorischen Aspekte

[79] *Convivio* IV, IV, 6 f. und 15 f.

[80] Vgl. auch Buck: *Dante und die mittelalterliche Überlieferung*, (s. Anm. 51), S. 72 f.

im eigentlichen Sinn zu einem mit diesen nicht ganz zusammenfallenden poetischen Wert des Textes hinführen zu wollen.

In der einleitenden Aufzählung der konventionellen Aspekte deutet zunächst nur der Begriff der "qualitas carminis" auf die ästhetischen Komponenten des Textes hin.[81] Differenzierter erscheint er in der darauffolgenden Begründung: von jener "qualitas" wird die "poetica suavitas", also die dichterische Wirkung abhängig gemacht. Der Leser oder Hörer bringe sich – so Poliziano – um die "voluptas poeticorum sensuum", wenn er jene "ratio carminis" übergehe, womit offenbar die "qualitas" gemeint ist. Mehr noch: Poliziano macht den ästhetischen Wert zum Leitaspekt seiner Erörterung; man solle die Kommentierung unternehmen "quasi ab ipsa ratione manu ducti". [82]

In der ausführlicheren Anwendung der bis dahin nur theoretisch begründeten Aspekte auf den Sappho-Brief schließlich begegnen ästhetische Funktionen des Textes an drei Stellen; zunächst bei der Erklärung der Werkintention. Poliziano setzt sie hier gleich mit Sapphos Wirkabsicht gegenüber Phaon, so daß unter einem solchen Blickwinkel sprachlich-rhetorische Mittel nicht Ovids, sondern der dargestellten Hauptfigur von Interesse sein werden. [83] Rhetorische Begriffe tauchen dann bei der Frage nach dem Nutzen des Textes für den Leser auf. Wie weiter oben (Abschnitt 5) erwähnt, liegt die "utilitas" unter anderem in der Darstellung einer exemplarischen Lebenssituation. Aber sie wird – das kommt an dieser Stelle hinzu – in der Gestalt einer Suasorie realisiert, bei der Ovid reichen Gebrauch von der Prosopopoiie macht: er läßt eine fiktive Person redend auftreten. Deshalb müsse der Kommentator nun insbesondere darstellen, mit welcher Genauigkeit und Feinheit der Autor die fiktive Person ausdrücke. Das gelinge diesem vor allem durch die "affectus", an deren Arten der Sappho-Brief so reich sei,

---

[81] *Comm. ined. all'epist. ovid.* (s. Anm. 49), S. 3.
[82] Ebd., S. 4.
[83] Ebd., S. 7.

> ut eius artificii pene ipsam formulam rationemque omnem vel hinc accipere possumus. [84]

Noch ein weiteres Mal kommt Poliziano auf die ästhetischen Qualitäten des Werks zurück. Nachdem er nur sehr kurz das Genus des Textes gestreift hat – er wird das "carmen elegiacum" in der Kommentierung von Vers 6 breiter behandeln –, geht er überraschend auf das vorher nicht als Gliederungspunkt angekündigte (gleichwohl auch zur Tradition des "accessus" gehörende) "argumentum" des Textes ein. Er scheint hier einen weiteren Anlaß zu suchen, die Darlegung der ästhetischen "qualitas" fortzuführen, denn wie bei "intentio" und "utilitas" gelangt er vom narrativen Hintergrund des Textes zu Sapphos Absicht, Phaon durch den Brief zur Rückkehr zu bewegen, und damit nochmals zur Fülle sprachlicher und formaler Mittel, die Ovid die Protagonistin verwenden läßt. Sappho setze so intensiv alle zur Verfügung stehenden rhetorischen Strategien ein,

> ut nec aetas, non sexus, non fortuna, non debilitas, [non] locus, non tempus, non causa, non modus ipse aut materia, non exempla, non parabolae, non imagines, non superlationes, non attestationes, non exclamationes, non repetitio, non quod praeter spem dicitur, non reticentia, non phantasiae, non enumeratio, non complexio, non deploratio, non indignatio, non obsecratio, non haec singula, non item multiplicata, non patheticae ipsae orationes, non quicquid mite est denique et movet in hac elegantissima epistola desideretur. [85]

Poliziano ist offenbar schon im Proömium nicht nur daran gelegen, den Brief als rhetorisches Lehrbeispiel auszuwerten, son-

[84]Ebd., S. 8.
[85]Ebd., S. 10.

dern auch den Blick seiner Schüler für ästhetische Wirkungen zu schärfen. Zwar bedient er sich durchweg rhetorischer Termini, doch interessieren ihn wohl mehr noch die durch das rhetorische Instrumentarium sichtbaren menschlichen Beweggründe der fiktiven Personen. Es kommt ihm, wie aus den verschiedenen Stellen herzuleiten ist, auf eine den Bereich der rhetorischen Mittel überschreitende Qualität des Textes an, die wir vorläufig die poetische nennen, auch wenn das Proömium außer den Ausdrücken der "poetica suavitas" und der "voluptas poeticorum sensuum " keinen Anhalt dafür gibt, daß Poliziano Poetisches bereits als etwas gegenüber dem Rhetorischen essentiell anderes verstehen will. Die folgenden Beobachtungen zum Zeilenkommentar werden die bisherigen Vermutungen jedoch weiter untermauern können.

7 Die fortlaufende Kommentierung

Die äußere Gestalt des Wort- oder Zeilenkommentars darf man als bekannt voraussetzen. Sie entspricht einem Usus, der schon in antiken Scholien [86] wie in mittelalterlicher Kommentierung[87] gebräuchlich ist: Auf ein Lemma, das ein einzelnes Stichwort, eine Wortgruppe oder auch einen ganzen Satz bzw. Vers des kommentierten Textes umfassen kann, folgen jeweils Erläuterungen sehr unterschiedlichen Charakters.[88] Ihr Inhalt und ihr Umfang hängen stark von der Art des erläuterten Textes ab. So finden

[86] Vgl. A. Gudeman: Art. "Scholien" in Pauly/Wissowa: *Realencyclopädie der classischen Altertumswissenschaft* II A 1 (1921) Sp. 625ff. bes. Sp. 627 f. – Einen noch immer brauchbaren, knappen Überblick über den typischen Aufbau der Scholien bringt Clemens Degenhardt: *De veterum grammaticorum scholis*, Diss. Münster 1909. – Zur Dichtungsauslegung als Teil des antiken Unterrichts vgl. Arnold Vergeest: *Poetarum enarratio. Leraren en schoolauteurs te Rome van Cicero tot Quintilianus*, Breda 1950.

[87] Vgl. Sandkühler, a.a.O. (s. Anm. 9).

[88] Zur äußeren Gestalt von Kommentaren in den frühen Drucken vgl. Gerhard Powitz: *Text und Kommentar im Buch des 15. Jahrhunderts*, in: Lotte Hellinga/Helmar Härtel (Hrsg.): *Buch und Text im 15. Jahrhundert. Book and Text in the Fifteenth Century*, Hamburg 1981 (Wolfenbütteler Abhandlungen zur Renaissanceforschung. 2), S. 35-45.

wir eher kurze Abschnitte in den literarischen Kommentaren im engeren Sinne, und zwar gleichermaßen in antiken – etwa dem Terenz-Kommentar des Donatus [89] – wie in den hier zu untersuchenden humanistischen Polizianos und Landinos. Dagegen neigen die Kommentatoren theoretischer Prosa verständlicherweise eher zur Erläuterung längerer Sinneinheiten; hier zeigen etwa die antiken Cicero-Scholien [90] ein ganz ähnliches Bild wie die Kommentare des Cinquecento zur aristotelischen *Poetik*. [91] Nicht weniger hängt der Kommentar von Absicht und Wissenshorizont des Kommentators ab sowie von seinem Publikum und dessen Vorbildung. [92] Für das zuletzt genannte Kriterium ist der Gegensatz zwischen Landinos Horazinterpretation und Polizianos Vorlesungen bezeichnend. Landino, der seine Deutungen an Guidobaldo da Montefeltro richtet, also an eine Persönlichkeit aus der humanistisch gelehrten Umgebung der Fürsten von Urbino, betont die "anspruchsvolleren" Schichten der Auslegung, vor allem das sachlich-historische Wissen und die moralphilosophische Lehre. Poliziano hingegen ist sich bewußt, vor einem gemischten Publikum zu reden, dessen Erwartungen gleichfalls gemischt sind: Wie jede Tierart einer anderen Nahrungsquelle zustrebe, so wende sich auch jeder Leser einem anderen Aspekt des Textes zu:

> Sed quoniam, ut in pascuis apis quidem flores appetit, capella vero virgultum, sus autem radices, at alia quaedam animantia semen ipsum ac fructum, ita et huc suspicor convenire aliquos auditum, ut fabellas historiamque decerpant, alios ut sensum ipsum et quae ad

---

[89] Vgl. Anm. 57.

[90] Vgl. *Scholia in Ciceronis orationes Bobiensia*, edidit Paulus Hildebrandt, Nachdruck Stuttgart 1971.

[91] Siehe dazu unten Teil B.

[92] Vgl. zu diesem Aspekt auch Guthmüller, a.a.O. (s. Anm. 36); Günter Hess: *Kommentarstruktur und Leser: Das "Lob der Torheit" des Erasmus von Rotterdam, kommentiert von Gerardus Listrius und Sebastian Franck*, in: Buck/Herding, a.a.O. (s. Anm. 7), S. 141-165.

> mores pertineant reportent, alios ut scribentis artificium eruant, quosdam etiam ut verborum ipsorum proprietatem linguaeque elegantiam atque ornatum delibent, nulla mihi huius veluti literatorum rei publicae negligenda pars est, sed universis pro virili parte consulendum. [93]

Da er aber vor allem zu jungen Studenten spricht, [94] gewährt er den elementaren Unterweisungen, etwa dem Sprachunterricht oder der rhetorischen Nomenklatur, breiten Raum.

Wie stark hingegen die Kommentargestalt vom kommentierten Text bestimmt wird, zeigt ein Vergleich der Auslegungen Polizianos untereinander. In der Interpretation der Terenz-Komödie überwiegen sprachliche Erläuterungen im engeren Sinn.[95] Auch die Persius-Satiren zwingen wohl aufgrund ihrer sprachlichen Eigentümlichkeiten, besonders ihrer Neigung zu dunklem Stil zu ausführlichen semantischen und sachlichen Erläuterungen, für die in diesem Fall das Heranziehen von parallelen Kontexten oder von Definitionen anderer Autoren bezeichnend ist. Die Oviderklärung dagegen behandelt die Rhetorik besonders gründlich, während die Deutungen von Statius' ***Silvae***, die man mit einem heutigen Terminus als Gelegenheitsgedichte bezeichnen würde, vorwiegend Anspielungen auf sachliche, etwa zeitgeschichtliche Hintergründe aufzuschlüsseln haben. [96]

---

[93] *Comm. ined. alle Selve* (s. Anm. 60), S. 20.

[94] *Comm. ined. all'epist. ovid.* (s. Anm. 49), S. XI. Nach Lazzeri läßt S.8 („In quibus omnibus [usw.]") auf ein Publikum von jungen Hörern schließen. – Vgl. aber auch *Comm. ined. alle Selve*, S. XV, S. 11 („clarissimi iuvenes"), S. 20 („Est igitur iunioribus adnotandum ").

[95] Allerdings ist der Textkommentar fragmentarisch, er endet mit Vers 205 der Komödie. Es ist zu fragen, ob Poliziano ihn nicht schon zu einem Zeitpunkt unterbrochen hat, als er Material erst für die elementaren Schichten der Auslegung gesammelt hatte.

[96] Siehe z.B. den Kommentar zu *Sylva* I, 1. – *Comm. ined. alle Selve*, S. 63 ff., S. 65 und passim.

Unabhängig hiervon lassen sich bei allen Kommentaren – nicht nur bei den soeben erwähnten – die Inhalte der einzelnen Erläuterungen mehreren, prinzipiell voneinander trennbaren Bereichen zuordnen. Sie bilden trotz ihrer Trennbarkeit einen Zusammenhang, da sie sich häufig wie Schichten des Verstehens übereinander lagern oder wie Auslegungsschritte aufeinander folgen; jeder dieser Schritte bildet die interpretatorische Voraussetzung für den nachfolgenden. Wir schlagen vor, bei Poliziano fünf solcher Ebenen zu unterscheiden:

(1) Textkritik,
(2) Sprachliches,
(3) Sacherläuterungen,
(4) Rhetorisches,
(5) Poetisches bzw. Poetologisches.

Es liegt auf der Hand, daß der exakte sprachliche Kommentar der textkritischen Absicherung bedarf; ebenso ist der Sachkommentar über die Semantik mit den sprachlichen Erklärungen verbunden; diese dienen andererseits der Beschreibung des schriftstellerischen "artificium", das zugleich Basis des poetischen Charakters eines Textes sein kann. Ein anschauliches Beispiel der Verkettung der Sinnschichten liefert eine Erklärung zum elften Vers des Ovid-Textes unter dem Stichwort "Typhoidos". Poliziano erläutert an erster Stelle die Deklination des Stichworts ("Declinatur autem variis modis [...] "), geht dann auf geschichtliche Hintergründe ein, die zum Verständnis des Verses nötig sind ("Catana, ut scribit Strabo in VI libro, inductis novis colonis [...]"), und definiert schließlich die der Passage zugrundeliegende rhetorische Figur und ihre Wirkung ("Figura ipsa prolepsis huiuscemodi est [...] "). [97] Die vorgeschlagenen Deutungsschichten oder -schritte wollen nicht als starres System verstanden werden, sondern als eine offene, ergänzungsfähige und -bedürftige Differenzierung der allgemein gebräuchlichen Bezeichnung der

[97] *Comm. ined. all'epist. ovid.*, S. 23 f.

"philologisch-historischen Methode", die – wie uns scheint – zur individuellen Charakterisierung eines humanistischen Kommentars nicht ausreicht. Die ersten drei der oben genannten Bereiche – Textkritik, Sprachliches und Sacherläuterung – finden sich in jeder humanistischen Auslegung und können als deren elementare Schichten betrachtet werden. Die an sie anschließenden Deutungsbereiche werden jedoch hauptsächlich von der jeweiligen Textgattung bestimmt. Bei den Poliziano-Kommentaren gehören das Rhetorische und das Poetische zu den Eigenarten der erläuterten Texte; bei Landino und anderen Autoren des Quattro- und des Cinquecento findet man an Stelle dieser Schichten oder über sie hinaus allegorische oder moralphilosophische Deutungen; [98] in poetologischen Kommentaren schließt sich an die Sacherklärung oder die rhetorische Erläuterung oft eine logische Analyse an. [99]

Die Offenheit der humanistischen Sinnebenen zeigt zugleich noch einmal einen Wesensunterschied zum mittelalterlichen Verstehen. Wenn dort "sensus litteralis", "allegoricus", "moralis" und "anagogicus" eine recht klare Hierarchie bedeuten, so spiegelt sich in ihr eine entsprechende Wertabstufung der Wirklichkeit wider: Das der sinnlichen Erfahrung entzogene Sein ist der irdischen, materiellen Realität unendlich weit überlegen.[100] Demgegenüber stehen die Deutungsschichten oder -schritte des humanistischen Kommentars allenfalls in logisch-sachlicher Abhängigkeit zueinander. In ihrer nicht-hierarchischen Aufgliederung spie-

---

[98]Vgl. Lentzen, a.a.O. (s. Anm. 50), S. 181; Krautter, a.a.O. (s. Anm. 22), S. 151; Guthmüller, a.a.O. (s. Anm. 36), S. 38 ff. und Klaus W. Hempfer: *Allegorie als interpretatives Verfahren in der Renaissance: Dichterallegorese im 16. Jahrhundert und die allegorische Rezeption von Ariosts "Orlando Furioso"*, in: Hempfer/Straub. a.a.O. (s. Anm. 34), S. 51-75.

[99]Vgl. unten Teil B, bes. Kap. I, Abschnitt 6.

[100]Zur mittelalterlichen Sinnschichtung vgl. Henri de Lubac: *Exégèse médiévale. Les quatre sens de l'écriture*, 4 Bde., Paris 1959-64 (Théologie. 41/42/59). – Zum Verhältnis von Schriftdeutung und Wirklichkeit vgl. Friedrich Ohly: *Vom geistigen Sinn des Wortes im Mittelalter*, in: F. O.: *Schriften zur mittelalterlichen Bedeutungsforschung*, Darmstadt 1977, S. 1-31.

geln sich zum einen die vielseitigen Fähigkeiten des einzelnen Gelehrten; der Kommentator erprobt seine Möglichkeiten als denkendes und interpretierendes Individuum. [101] Dabei ist seine Tätigkeit zum anderen ein Paradigma der Erfahrung des Menschen, der sich einer Vielfalt von Daseinsbereichen gegenüber sieht. In der Anwendung der verschiedenen Aspekte auf den Text, in der Textkritik, in der sprachlichen Erklärung, im Sachkommentar (der seinerseits weiter differenziert werden kann), in den moralphilosophischen, rhetorischen, poetischen Erläuterungen setzt sich der Kommentator als exemplarisches Subjekt in Beziehung zur Fülle der menschlichen Wirklichkeit.

8 Textkritik, Sprachliches, Sachkommentar

Der Kommentar kann, wie auch aus diesen Überlegungen ersichtlich ist, von seiner methodischen Seite her alle Tätigkeiten des (idealtypischen) Humanisten umfassen. Daher überprüft der Kommentator an erster Stelle die Authentizität des zu erläuternden Textes. Wenn er nicht selbst Emendationen oder Konjekturen vorschlägt, was in Polizianos frühen Kommentaren nicht häufig vorkommt, [102] sucht er doch zumindest nach verläßlichen

[101] "Der Humanismus stellt eine Art geistiges Experimentierfeld dar, auf dem die neuen Denkformen des Zeitalters erprobt werden [...]. "– August Buck: *Der humanistische Beitrag zur Ausbildung des naturwissenschaftlichen Denkens*, in: A. B.: *Die humanistische Tradition* (s. Anm. 28), S. 165-181, hier: S. 167.

[102] Vgl. *Comm. ined. alle Selve*, S. 10, S. 33, S. 37; *La commedia antica* (s. Anm. 6), S. 30. Auch Cesarini Martinelli betont in bezug auf den Statius-Kommentar, daß es sich um ein frühes, daher philologisch bei weitem nicht so ausgereiftes Werk handle wie es etwa die zweiten *Miscellanea* darstellten. – Vgl. *Comm. ined. alle Selve*, S. XV f. – Zur Bedeutung Polizianos für die klassische Philologie vgl. oben Anm. 14 sowie Rudolf Pfeiffer: *Die Klassische Philologie von Petrarca bis Mommsen*, aus d. Engl. übers. von Marlene u. Erwin Arnold, München 1982 (Beck'sche Elementarbücher), S. 61 ff.; Alessandro Perosa: *Codici di Galeno postillati dal Poliziano*, in: Vittore Branca u. a. (Hrsg.): *Umanesimo e Rinascimento. Studi offerti a Paul Oskar Kristeller*, Firenze 1980 (Biblioteca di "Lettere italiane ". Studi e

Codices, stützt sich auf das,

> quod ego ex vetustissimi codicis autoritate exploratum habeo. [103]

In den in philologischer Hinsicht kritischeren *Miscellanea* wird Poliziano begründen, warum die Textkritik notwendig die erste hermeneutische Stufe ist. [104] An zahlreichen Beispielen zeigt er dort, daß man Texte oft nur deshalb schwer oder überhaupt nicht verstehen könne, weil sie verderbt seien. Umgekehrt führe das Einsetzen der richtigen Lesart von sich aus zum klaren Verständnis. Anschaulich beschreibt er seine Erfahrungen am Beispiel einer Ovid-Stelle. Nach einem Zitat aus der *Ars amandi* (2, 257 f.) bemerkt er:

> Diu me torsit istorum versiculorum intellectus qui sunt apud Ovidium libro de arte amandi secundo. Venit autem deinde in mentem sensus quem puto esse accomodatissimum, si tamen in priore versiculo non 'quae' legeris sed 'qua'. [105]

Unter den poetologischen Kommentaren wird diese Haltung – die richtige Lesart bringt einen evidenten Sinn hervor – besonders ausgeprägt in der *Poetik*-Auslegung Vincenzo Maggis begegnen.[106]

Weit wichtiger als die Textkritik sind in Polizianos Kommentaren die sprachlichen Erklärungen im engeren Sinn. Sie umfassen Angaben zu

---

Testi. 24), S. 75-109: Riccardo Ribuoli: *La collazione polizianea del Codice Bembino di Terenzio, con le postille inedite del Poliziano e note su Pietro Bembo*, Roma 1981 (Note e discussioni erudite. 17).

[103] *Comm. ined. alle Selve*, S. 21.

[104] In einem fast anderthalb Jahrzehnte nach dem Kommentar verfaßten Brief an Filippo Beroaldo vom April 1494 geht Poliziano in bezug auf seinen Statius-Kommentar ebenfalls von textkritischen Bemerkungen aus. – Vgl. Poliziano: *Opera omnia* (s. Anm. 19) Bd. 1, S. 73-75.

[105] Poliziano: *Miscellaneorum Centuria Secunda* (s. Anm. 17), S. 45; vgl. ähnliche Stellen auch S. 8, 13, 90, 94.

[106] Siehe unten Teil B, Kapitel II.

-Sprach oder Wortgeschichte (Etymologie) [107]
-Grammatik (Formenlehre und Syntax) [108]
-Wortbildung (nur gelegentlich)
-Semantik [109]

des kommentierten Stichworts. Besondere Beachtung verdient hierbei der Umgang mit der Semantik; in den verschiedenen Arten, "Bedeutungen" zu erklären, zeigt sich nämlich eine Doppeldeutigkeit der Absicht Polizianos: Auf der einen Seite finden sich knappe Erläuterungen – Angaben von Synonyma oder kurze Paraphrasen des Wortinhalts. Hier dient die Erklärung ohne Zweifel nur dem Textverständnis. Auf der anderen Seite finden sich aber Informationen, die den Wortlaut des Textes offenbar nur zum Anlaß nehmen, selbst aber weit über ihn hinausgehen; so etwa, wenn Poliziano dem erläuterten Ausdruck ganze Wortfamilien (Wörter gleicher Wurzel) oder -felder (Wörter aus dem gleichen semantischen Bereich) hinzugesellt. Dann scheint sich eine andere als die rein texterklärende Absicht in den Vordergrund zu schieben: Der Kommentator wird zum "humanista"im ursprünglichen Sinn, [110] zum Sprachlehrer, der durch den kommentierten Text hindurch seinen Hörern den Blick auf die Strukturen des klassischen Latein ermöglichen will. [111] Das wird auch durch eine

[107] Beispiele: *Comm. ined. alle Selve*, S. 31 ff., 37 ff., 38.

[108] Ebd., S. 33 ff., 35 f., 37 ff.; *Comm. ined. all'epist. ovid.*, S. 36 f., 49 f.; *La commedia antica*, S. 31.

[109] *Comm. ined. alle Selve*, S. 35 f., 44 f., 45, 46, 47 f., 48; *Comm. ined. all'epist. ovid.*, S. 32, 33 f.; *La commedia antica*, S. 30 f. – Die Wortbildung wird entweder im Zusammenhang mit der grammatischen Morphologie behandelt oder bei der Aufzählung von Wortfeldern und -familien zu einem semantischen Bereich.

[110] Zum "humanista" als Lateinlehrer vgl. Kristeller: *Humanismus und Renaissance* (s. Anm. 8), Bd. 1, S. 16, 103, 178; Bd. 2, S. 219; Buck: *Die Rezeption* (s. Anm. 28), S. 26.

[111] Zu einer analogen Haltung bei Valla bzw. Badius vgl. IJsewijn, a.a.O. (s. Anm. 52); Paul Gerhard Schmidt: *Jodocus Badius Ascensius als Kommentator*, in: Buck/Herding, a.a.O. (s. Anm. 7), S. 63-71, bes. S. 69 f.

weitere "Methode"deutlich, die beide Verfahrensweisen miteinander verbindet. Poliziano belegt seine mehr oder weniger ausführlichen semantischen Erläuterungen oft durch Zitieren von Parallelstellen aus anderen literarischen oder auch nichtliterarischen antiken Texten. [112] Somit bleiben die sprachlichen Phänomene zumindest tendenziell an Kontexte gebunden, insbesondere an den "Kontext" der antiken Sprachstrukturen. [113]

Doch nirgendwo manifestiert sich der Kommentator deutlicher als "interpres eruditus" denn im Sachkommentar; nirgends sonst zeigt sich aber auch stärker die Abhängigkeit der Exegese vom Wissenshorizont des Auslegenden. Prinzipiell ist kein Sachgebiet, kein Wissensbereich, keine Disziplin, "ars", "doctrina" oder "scientia" von der Einbeziehung in die Textkommentierung ausgeschlossen. Die weiter oben besprochene Homer-Praefatio war in dieser Hinsicht bereits aufschlußreich. Im Statius-Kommentar finden sich – neben naheliegenden und häufig auftretenden Bereichen wie dem historiographischen, dem mythologischen, dem geographischen – Erklärungen zu Kunstgeschichte und Architektur, [114] Ethnologie, [115] Kosmologie, [116]

---

[112]Signifikante Beispiele im Ovid-Kommentar S. 20 f., 22 f., 36 f.; noch bezeichnender der gesamte Persius-Kommentar.

[113]Von der Umschreibung der Wortbedeutung, die zusammen mit dem Zitieren von Parallelstellen den Charakter eines Lexikoneintrags erhält, ist die inhaltliche Textparaphrase zu unterscheiden. Sie stellt zwar grundsätzlich eine eigene Form des Kommentars dar (als solche besprechen wir sie in Teil B, Kap. II), kann aber auch in der fortlaufenden Exegese enthalten sein. So gibt Poliziano zu Beginn des Ovid-Textes beim Stichwort "Forsitan et quare" (Vers 5) eine Prosa-Umschreibung des Inhalts. – Vgl. *Comm. ined. all'epist. ovid.*, S. 14 f.: "Ipsa itaque sibi obiectiones Sappho parat in hanc sententiam" usw. bis: "Hoc ferme est horum versiculorum argumentum". Poliziano versucht, einer Zersplitterung des Sinns entgegenzuwirken, die durch die Isolierung der Stichwörter suggeriert wird, indem er vorweg auf den übergreifenden, vor allem rhetorischen Zusammenhang aufmerksam macht, in dem die kommentierten Lemmata stehen.

[114]*Comm. ined. alle Selve*, S. 235. 282, 284 f., 444.

[115]Ebd., S. 359 ff.

[116]Ebd., S. 445 ff.

Zoologie,[117] Mineralogie,[118] – um nur einige besonders ausgefallene Beispiele zu nennen. Trotzdem ist nicht zu übersehen, daß bei der Sachinformation die geschichtliche überwiegt; sie ist am häufigsten mit Erklärungen anderer Bereiche vermengt und erscheint oft als Bindeglied zwischen den Einzelerklärungen. Mehr noch: sie ist geradezu die Blickrichtung, in der Poliziano alle Sacherläuterungen (und meistens auch die sprachlichen) dem Hörer vermittelt.

Es gehört zur Strenge seiner Methode, die man in entsprechender Konsequenz bei Landino vergeblich sucht, daß eine solche Erläuterung durchweg – von ganz wenigen Ausnahmen abgesehen – mit dem Beleg durch eine antike Quelle verbunden ist. Poliziano erklärt, indem er eine historiographische oder biographische (z.B. Plutarch), eine kosmologische (z.B. Hesiod), eine kunstgeschichtliche (z.B. Vitruv), eine mythologische Quelle (z.B. Homer, Vergil oder Ovid) zitiert oder wenigstens referiert. Wie ihm also klar ist, daß es etwa nicht "den" Mythos irgendeiner Gestalt "an sich" gibt, sondern nur literarische Erzählungen von Mythen, so betrachtet er auch das von ihm vermittelte und auf den erklärten Text applizierte Wissen nicht als "an sich" vorhanden, sondern nur über schriftlich fixierte, historisch lokalisierbare Dokumente zugänglich. Der Tendenz nach vermittelt er im Sachkommentar Wissen als Wissensgeschichte.

Nun geraten jedoch, ähnlich dem sprachlichen Kommentar, auch bei der Sacherklärung die einzelnen Erläuterungen derart ausführlich, daß der Verdacht naheliegt, Poliziano wolle die Breite seiner Gelehrsamkeit zur Schau stellen. Doch hat man es hier mit dem gleichen Widerstreit in der Verstehensabsicht zu tun, der schon oben begegnete. Der Kommentator will zunächst den Text gründlich erklären, und dazu muß er auf die antiken Vorstellungen, d.h. auf antike Traktate oder Darstellungen der jeweiligen Disziplin zurückgreifen. Zum anderen wird ihm gerade

[117] Ebd., S. 40 f., 375 ff., 470 ff., 486 ff.
[118] Ebd., S. 283.

durch dieses Vorgehen klar, daß der kommentierte Text teilhat an der Gesamtheit des antiken Wissens, der Text verweist auf die dahinterliegenden systematischen Zusammenhänge. Auch hier sind sowohl der Text, als auch die auf ihn applizierte Systematik Zweck und Mittel der Erklärung zugleich.

9 Rhetorischer Kommentar

Die Bedeutung der Rhetorik im humanistischen Verständnis braucht nicht betont zu werden: Als "eloquentia", als auf Wirksamkeit abzielende sprachlich-ästhetische Darbietung der Wissenszusammenhänge ist sie komplementär zur "sapientia", die als nutzbares Wissen aus dem Sachkommentar hervorgeht. Diese typische Haltung repräsentiert etwa, trotz seiner in anderer Hinsicht platonistischen Prägung, Landino in seinen verschiedenen Kommentaren. Er rechtfertigt mit diesem Begriffspaar geradezu, daß er dem Kommentieren von Dichtern – Vergil, Dante, Horaz – den Vorzug gibt. Die Verknüpfung von "eloquentia" mit "sapientia" als das Höchste der dem Menschen erreichbaren Ziele hätten in der Menschheitsgeschichte nur die Dichter erreicht. Daher handelt der Kommentator nach Landino aus Verantwortung für die Kultur seiner Gesellschaft, wenn er Dichtungen im Hinblick auf den Zusammenfall der impliziten Lehre mit der rhetorischen Überformung deutet. [119]

In der Praxis darf man jedoch nicht zu viel vom rhetorischen Kommentar erwarten. Wie die "sapientia" sich faktisch meistens auf eine Anhäufung von punktuellem Wissen reduziert, so beschränkt sich die Erläuterung der rhetorischen Mittel oft auf eine bloße Nomenklatur. Poliziano vermittelt unter diesem Aspekt häufig nur elementare Kenntnisse bei gelegentlichem Rückgriff auf Parallelstellen aus anderen Autoren. Der Anschaulichkeit halber hier ein extremes Beispiel aus seinem Ovid-Kommentar:

[119] Vgl. Landino, a.a.O. (s. Anm. 5), in der Ausgabe Venetiis 1483: fol. 2 r. = Landino, *Scritti critici* (s. Anm. 49), S. 198.

Nunc artificium inquiramus.
EST NITIDUS. Topographia.
ADESSE MIHI. Prosopopeia.
IBIMUS. Metabasis et apostrophe.
AURA SUBITO. Nonus locus conquestionis.
QUICQUID ERIT. Sententia. Cicero in epistola ad Tyronem: [...] Terentius in Adelphis: [...] Ovidius in libro 14 metamorphoseon: [...].
GRATA. Ex illo praeter spem pathos.
CONVENIT. Repetitio. [120]

Bleibt Poliziano an solchen Stellen aufgrund der didaktischen Absicht – er unterrichtet ja auch Studienanfänger – hinter der Differenziertheit anderer humanistischer und auch eigener Kommentare zurück, [121] so bedeuten seine Art und Weise der rhetorischen Interpretation unter einem anderen Gesichtspunkt einen wichtigen Fortschritt in Richtung auf eine ästhetische Textauffassung. Zum einen sind die rhetorischen (und auch die noch zu besprechenden "poetischen") Erklärungen im Normalfall mit denen der anderen Verstehensschichten gemischt, also mit textkritischen, sprachlichen, sachlichen. Poliziano verfährt so etwa im Terenz-, teilweise auch im Statius-Kommentar, Landino durchweg in seiner Horazinterpretation. Zum anderen neigt er aber an einigen Stellen dazu, das "artificium" als einen selbständigen Wert des Textes aufzufassen, und behandelt es im Kommentar separat. Ein Passus wie der oben zitierte ("Nunc artificium inquiramus") folgt erst, nachdem eine längere Textpassage von Grammatik, Semantik und Sachwissen her bereits erläutert ist. Die rhetorische versteht Poliziano mithin im Ovid- Kommentar als die Einheit stiftende Schicht des Werks; sie umklammert das zuvor nur punktuell Erläuterte.

Das zeigt sich in anderer Weise auch dort, wo er Rhetori-

[120] *Comm. ined. all'epist. ovid.*, S. 72 f.; entsprechende Passagen ebd., S. 57 f., 61 f., 64 f., 68 f.

[121] Vgl. z.B. *Comm. ined. alle Selve*, S. 66 ff., 95 f., 180 ff.

sches nicht in der obigen Form, also unter Stichworten des Textes erklärt, sondern vor oder nach dem eigentlichen Textkommentar. Auch hierfür ist der Ovid-Kommentar bezeichnend. An sich gehören Erläuterungen, die nicht die "elocutio" bzw. den "ornatus" betreffen, sondern Aspekte der Rhetorik wie die "inventio", die "dispositio", das "genus scriptionis" usw., traditionell in das Proömium. In der Tat bringt Poliziano in den Einleitungen zum Statius- und zum Ovid-Kommentar einige dieser Beobachtungen unter. Trotzdem sieht er die Notwendigkeit, im Anschluß an die fortlaufende Kommentierung der Sappho-Elegie nochmals auf den gesamten Komplex des rhetorischen "artificium" einzugehen, und betont auch hier wieder die Eigenständigkeit dieses Bereichs gegenüber den zuvor erläuterten:

> Quaerendum nunc *de integro* quod ad *totius epistolae* artificium pertineat. [122]

Die von uns hervorgehobenen Ausdrücke lassen keine Zweifel an Polizianos Bewußtsein von einer ästhetischen Einheit des kommentierten Werks, vor allem deshalb, weil er hier nicht nur Kategorien wie "genus", "status", "argumentorum loci", "virtus prooemii", "virtus partium ceterarum" usw. bespricht, also tatsächlich den Gesamtplan des Werks betreffende Punkte, sondern auch zuvor Erläutertes noch einmal in systematischer Form, so etwa den gesamten Bereich der Affekte und des rhetorischen Schmucks.

10 "Poetischer" Kommentar

Poliziano faßt also das Rhetorische als die höchste, die anderen umfassende Schicht auf und somit dessen Erklärung als den abschließenden interpretatorischen Schritt, die Synthese der Auslegung. Trotzdem läßt sich ein weiterer Bereich der Deutung ausmachen, den Poliziano selbst zwar im Einklang mit der Tra-

[122] *Comm. ined. all'epist. ovid.*, S. 76.

dition zum rhetorischen zu rechnen scheint, der sich aber essentiell vom bisher Besprochenen abhebt. Im Hinblick auf spätere humanistische Klassifikationen – wir denken vor allem an die literaturtheoretische Diskussion des Cinquecento – kann man ihn als den Bereich des Poetischen oder Poetologischen bezeichnen, auch wenn diese Termini bei Poliziano in dieser Bedeutung nicht vorkommen. Bereits bei der Betrachtung des Proömiums zum Ovid-Kommentar war festzustellen, daß der Kommentator wohl zu einer Differenzierung zwischen rhetorischen Mitteln und poetischer Qualität des Textes neigt, sie aber nicht explizit vollzieht.[123] Es entspricht nun dieser Unsicherheit, daß Poliziano an die oben skizzierte Zusammenfassung der rhetorischen Schicht einige Beobachtungen anschließt, die zwar von der rhetorischen Affektenlehre ausgehen, aber doch auf einer ganz anderen Ebene als die übrigen rhetorischen Elemente anzusiedeln sind. Bis dahin hatte Poliziano das Rhetorische nämlich so behandelt, als sei der Brief Sapphos an Phaon eine wirkliche Rede, als sei es Sappho selbst, die sich rhetorischer Mittel bediene. Er hatte also den Charakter des Briefs als Erfindung durch Ovid beiseite gelassen. [124] Wenn er dann aber den Text als Prosopoiie interpretiert und gewissermaßen nach der "Psychologie" der beteiligten Figuren, Sapphos insbesondere, fragt, dann analysiert er diese als von Ovid erfundene, fiktive Personen, als Elemente einer mimetischen Dichtung, als poetische Gestalten. Er zählt ja Sapphos erdichtete, nicht wirkliche Charakterzüge auf und belegt sie mit Beispielen aus dem Text.[125]

Poliziano vollzieht damit einen qualitativen Sprung in seiner Argumentation – qualitativ und nicht nur quantitativ, da es sich ja nicht um den bloßen Übergang von einer Rhetorik im engeren Sinn zu einer solchen im weiteren Sinn handelt, sondern um den Gegensatz zwischen einer Rhetorik als pragmati-

---

[123] Siehe oben Abschnitt 6.
[124] *Comm. ined. all'epist. ovid.*, S. 76-90.
[125] Ebd., S. 90 ff.

scher Redekunst und einer – modern gesprochen – "rhetoric of fiction",[126] einer Erzählweise. Implizite taucht dieser qualitative Sprung im Ovid-Kommentar schon vorher gelegentlich auf, bereits im Proömium, aber auch in der fortlaufenden Exegese. Wo Poliziano den Sappho-Brief als Suasorie klassifiziert, [127] ihn als Lehrstück für die Macht der Überredung wertet, [128] argumentiert er auf der Ebene des fiktiven Redens. Denn überredet werden soll Phaon, nicht der Leser. Der Kommentator befindet sich dagegen auf der Ebene der Dichtung als Erfindung, wenn er den Nutzen des Werks als Trost für die unglücklich Liebenden versteht. [129] Getröstet wird der Leser, nicht Phaon. Und im gleichen Sinn versteht Poliziano die Rhetorik, wenn er betont, wie unmittelbar der Leser Gesinnung und Verhalten Sapphos durch Ovids "artificium" erkenne. Auch der Begriff des "artificium" ist also doppeldeutig und kann sich sowohl auf Sapphos "pragmatische" als auch auf Ovids dichterische Mittel beziehen. Hier der Passus, der die Ambivalenz besonders deutlich beweist, zugleich aber zeigt, daß Poliziano seinen argumentativen Sprung wohl nicht bemerkt:

> Cum in huius elegantissimae suasoriae principio nihil sibi ad artificium expromendum insignis noster ingeniosissimusque poeta reliqui fecisset, idque esset iam assecutus, uti ipsos pene Sapphus mores, ipsos mulieris amatricis sensus, vel in iis pauculis versiculis agnosceremus. [130]

Der implizite, von Poliziano nicht angesprochene Übergang von der rhetorischen zu einer poetischen Auslegung am Ende des Ovid- Kommentars hat nun eine für unseren Gedankengang wich-

---

[126]So der bekannte, die wesentlichen Faktoren der modernen Narrativik umfassende Terminus von Wayne C. Booth.
[127]*Comm. ined. all'epist. ovid.*, S. 14.
[128]Ebd., S. 8.
[129]Ebd., S. 7 f.
[130]Ebd., S. 14.

tige Konsequenz, die die Sonderstellung des Poetischen nicht nur gegenüber der Rhetorik, sondern gegenüber allen übrigen Schichten des vorangehenden Kommentars unterstreicht. Erklärt Poliziano die rhetorischen Mittel als solche, so greift er häufig auf antike Texte zurück, die das Erläuterte in theoretischer Weise behandeln und damit bestätigen: Reden oder Traktate etwa von Aristoteles (***Rhetorik***), Cicero, Quintilian, die Herennius-Rhetorik usw.[131] Dieses Vorgehen gehört ja zur humanistischen Exegese; wie oben dargestellt wurde, zieht der Kommentator auch bei der Sacherläuterung antike Schriften zum jeweils fraglichen Sachbereich heran. Auffälligerweise fehlen solche theoretischen Belege jedoch dort, wo Poliziano die "Psychologie" Sapphos behandelt. Hier vermag er nur nicht-theoretische Parallelbeispiele aus antiken dichterischen Texten anzuführen. Ihm fehlt weitgehend das theoretische System, das sonst üblicherweise den Hintergrund der Interpretation bildet.

Ein einziges Mal rekurriert er hierbei auf Aristoteles, aber nicht auf dessen ***Rhetorik***, sondern auf die ***Poetik***. [132] Er hat offenbar nicht nur das Poetische des kommentierten Textes als etwas Eigenständiges wahrgenommen, nicht nur darüber hinaus das Fehlen theoretischer Kriterien feststellen müssen; er mag auch gesehen haben, daß das Bedürfnis nach einer poetologischen Basis der literarischen Interpretation zur Beschäftigung mit der aristotelischen ***Poetik*** führen konnte.

[131] Vgl. die diesbezüglichen Fußnoten der Herausgeberin.

[132] *Comm. ined. all'epist. ovid.*, S. 92.

11 Anfänge systematischer Poetologie

Neben diesen teils manifesten, teils zu supponierenden Entdeckungen Polizianos gibt es weitere Momente in seinen Kommentaren, die sowohl die allmähliche Herauslösung des Dichterischen aus dem Rhetorischen, als auch das Bedürfnis nach einer systematischen Beschäftigung mit diesem sich verselbständigenden Bereich beweisen.

Erörterungen literaturtheoretischer Einzelheiten, wie sie auch in die späteren humanistischen Traktate zur Poetik eingehen, finden sich zuweilen innerhalb der fortlaufenden Kommentierung. Poliziano betrachtet es offensichtlich noch als bloße semantische oder Sacherklärung, wenn er im Statius-Kommentar die Enthusiasmuslehre erläutert [133] und wenn er im Ovid-Kommentar auf die Gattung der Elegie [134] oder auf den antiken Usus des Musenanrufs eingeht. [135] Seine hervorstechende Bemühung um ausführliche Dokumentation, d.h. um Vollständigkeit seiner antiken theoretischen Belege – er führt zur Elegie nicht weniger als 24 Zeugnisse an – zeigen ebenfalls, daß es ihm dabei um Sammlung von historischem Wissen geht; die späteren Traktate zur Poetik werden darüber hinaus fast immer nach der Anwendbarkeit solchen Wissens fragen. Trotzdem fallen vor allem die beiden Beispiele aus dem Ovid-Kommentar durch ihren Umfang von sechs bzw. sieben Seiten auf; Poliziano bringt hier nämlich, obgleich nur quantitativ, doch mehr, als es die Erklärung der einzelnen Stelle erfordern würde. Während er die Musen und ihre Rolle in der Dichtungstheorie auf sieben Seiten erklärt, hat er für andere mythologische Gestalten in der Regel nur wenige Worte übrig, etwa für Bacchus [136] oder Daphne; [137] die Nymphen müssen sich gar

---

[133] *Comm. ined. alle Selve*, S. 29 f.
[134] *Comm. ined. all'epist. ovid.*, S. 15-20.
[135] Ebd., S. 24-30.
[136] Ebd., S. 41 f.
[137] Ebd., S. 42.

mit drei Zeilen begnügen. [138] Die Neigung zum Exkurs, die den fortlaufenden Kommentar ohnehin kennzeichnet, findet sich also bei den poetologischen Inhalten besonders ausgeprägt.

Dieselbe Tendenz zeigen aber auch die Proömien, die von der Tradition her der eigentliche Ort für allgemeine dichtungs-, vor allem gattungstheoretische Erörterungen sind. Gewöhnlich sind diese Hinweise jedoch recht knapp, beschränken sich auf die Benennung der Gattung (das "scriptionis genus") des zu kommentierenden Textes, ihre inhaltlich-thematischen, rhetorischen, metrischen Charakteristika. Eventuell werden Autoren genannt, die sich in der Gattung besonders hervorgetan haben. [139]

Im Vergleich zu dieser Gewohnheit bedeutet Polizianos Vorgehen im Statius-Kommentar einen wichtigen Schritt hin zur systematischen Dichtungstheorie. [140] Im allgemeinen Proömium bespricht er, schon recht ausführlich, die Gattung der "silva"[141] und hat damit diesen Punkt des konventionellen Einleitungsschemas erfüllt. Trotzdem sieht er sich in der Vorbemerkung zum Kommentar von *Silva* I, 1 veranlaßt, nochmals auf die Gattung einzugehen. [142] Hatte er zuvor die Gattungscharakteristika selbst erklärt, indem er die Themen der antiken Texte beschrieb, die "silvae" genannt wurden, und indem er alle weiteren Bezeichnungen dieser Sammelgattung aufzählte, so grenzt er sie nun nach außen hin ab, von allen anderen "singulis poematum generibus". Was dabei entsteht, ist die Skizze einer Poetik der Gattungen, in der nicht nur Epos, Lyrik, Tragödie, Satyrspiel, Komödie, Elegie, bukolische Dichtung, Hymnus, Epigramm und andere Genera anhand antiker Beispiele definiert, sondern auch die "imitatio" und

---

[138] Ebd., S. 30.

[139] Ähnliches auch bei Landino, a.a.O. (s. Anm. 5), in der Ausgabe Venetiis 1483: fol. 7 v.

[140] Vergleichbare Tendenzen weist die *Praelectio in Persium* auf, die eine Poetik der "satyra" enthält. Vgl. *Comm. ined. alle Satire di Persio* (s. Anm. 60), S. 3-13.

[141] *Comm. ined. alle Selve*, S. 8.

[142] Ebd., S. 51-60.

ihre drei Grundformen – handelnd, erzählend, gemischt – als Wesen der Dichtung bestimmt werden. Die "silva" setzt Poliziano abschließend dergestalt in Beziehung zu diesem System, daß er sie als Mischung der zuvor beschriebenen typischen Möglichkeiten darstellt. Man hat damit in nuce die Methode der späteren systematischen Literaturtheorie vor sich; auch dort wird, wie zu zeigen sein wird, das einzelne Werk als Auswahl oder Mischung aus einem System von Möglichkeiten, von Typen verstanden.

Die Neuartigkeit von Polizianos Behandlung der Gattung wird noch klarer, wenn man sie mit einem entsprechenden Passus des Kommentars vergleicht, den zuvor schon Domizio Calderini über die *Silvae* des Statius verfaßt hatte. Der systematischen Ausführlichkeit Polizianos steht eine sehr knappe Erklärung des Genus gegenüber, die in ihrer Kürze aber durchaus dem humanistischen Usus entspricht. Calderini erwähnt nämlich nur in Form einer Aufzählung die Dichtungsgattungen, die Poliziano in gegliederter Weise definiert; [143] und während dieser die Notwendigkeit der Systematik noch dadurch unterstreicht, daß er die Merkmale der "silva" aus Einzelzügen anderer Gattungen herleitet, erscheint dieses Genus bei seinem Vorgänger als bloße Überschreitung von Gattungsgrenzen durch ein Übermaß an poetischem "furor". [144]

Polizianos zehnseitige Gattungstheorie ist aber auch insofern bedeutend, als sie beweist, daß die Poetik im humanistischen Un-

---

[143] *Domitii Calderini in Siluas Statii papinii* (s. Anm. 17), fol. 153 r.: "[...] plane uidemus postquam hoc uaticinii genus in numeros sese collegit: tam apud graecos quam apud nos uarias poematum & formas & appellationes extitisse. Hinc Heroici. Elegi. Lyrici. Epici. Comici. Tragici. Mimi. Satyri: qui omnes ita demum sunt nuncupati cum poema iustum & perfectum complexi sunt."

[144] Ebd.: "Quom uero furoris uis nonnihil aliquando sibi indulgeret: & subito cuidam calori inseruiret: quem tamen ad exitum alicuius operis non producebat: sed multis uersibus effusis uela illa tumida ingenii: suo uento destituta flaccescebant. excogitatum est huius scriptionis nomen: ut sylua appellaretur."

terricht viel früher als systematische Disziplin aufgefaßt wurde, als gemeinhin angenommen wird. Wäre die Einleitung zu *Silva* I,1 als Fragment überliefert, hätte man sie vielleicht längst emphatisch als "erste humanistische Poetik" herausgestellt; della Fontes Traktat *De poetice*, dem man seit seiner Entdeckung diese Erstlingsrolle zuerkennt, entsteht erst etwa zehn Jahre später als Polizianos Statius-Kommentar. [145]

Vor diesem Hintergrund muß man es als bewußte, wohlüberlegte Konsequenz ansehen, wenn Poliziano im Terenz-Kommentar von vornherein die gattungssystematische Einordnung der zu interpretierenden Komödie aus dem Proömium herausnimmt und dem Kommentar stattdessen einen Traktat über die antike Komödie voranstellt. Er verfaßt damit, wie zu Recht betont wurde, die erste neuzeitliche Poetik dieser Gattung. [146] Es soll hier nicht auf den Traktat als solchen eingegangen werden; in unserem Zusammenhang ist vor allem bezeichnend, daß Poliziano mit seiner Beschreibung der antiken Komödie, wie bereits in seiner Skizze der literarischen Gattungen im Statius-Kommentar, methodische Leitlinien vorwegnimmt, die in den ausführlichen Abhandlungen des Cinquecento tragend werden. Besonders in den folgenden fünf Punkten deuten sich Parallelen zur späteren Poetologie an:

(1) Gleich im ersten Satz zitiert Poliziano die *Poetik* des Aristoteles:

> Duae potissimum causae videntur Aristoteli poeticen genuisse: imitatio et concentus, utraque scilicet na-

[145] Siehe unten S. 49.

[146] "[Il Poliziano] ha composto in questa opera il primo trattato sulla commedia dell'età moderna, dando ampia prova della validità del suo metodo di ricerca storico e filologico." – *La commedia antica*, S. XIV. – Poliziano scheint hierin bald Nachahmer gefunden zu haben: Badius Ascensius schickt seinem Terenzkommentar einen kurzen Traktat über die römische Komödie voraus; vgl. Schmidt, a.a.O. (s. Anm. 111), S. 69.

turae hominis maxime consentanea. [147]

Dieser sicher überlegte Schritt erinnert der Form nach an Dante, der – wie oben in anderem Zusammenhang erwähnt – im ersten Satz des *Convivio* den Metaphysiker Aristoteles als Gewährsmann heranzieht. [148] Poliziano evoziert diese Haltung, setzt aber an die Stelle der ***Metaphysik*** die *Poetik*, als wolle er die Richtung angeben, die eine künftige humanistische Dichtungsauffassung einzuschlagen habe. Eine solche ästhetische Orientierung hatte er ja auch am Schluß des Ovid-Kommentars angedeutet.[149] – Aristoteles liegt aber nicht nur der Eingangsthese, sondern weiten Teilen der nachfolgenden Theorie zugrunde; [150] vor allem die recht eingehende Besprechung der "imitatio " als dem Menschen angeborene Neigung bezeugt die starke Bindung Polizianos an die aristotelische Ästhetik. [151]

---

[147] *La commedia antica*, S. 3.

[148] Siehe oben Anm. 78.

[149] *Comm. ined. all'epist. ovid.*, S. 92; vgl. oben Abschnitt 10.

[150] Vgl. den kritischen Apparat der Edition S. 3-4. S. 14-15.

[151] Vgl. Aristoteles: *Poetik*, 1448 b. – Schon 1968 zeigte E. N. Tigerstedt, daß der ästhetische Aristotelismus, den die Forschung noch immer mit dem Cinquecento identifiziert, seine Anfänge vor der Mitte des 15. Jahrhunderts hatte. Poliziano war nicht der erste, der die *Poetik* bereits im Original besaß; er studierte sie intensiv und zitierte sie oft – Vgl. E. N. T.: *Observations on the Reception of the Aristotelian "Poetics" in the Latin West*, in: Studies in the Renaissance 15 (1968), S. 7-24. – In seiner Rezension dieser Studie kritisiert Eugenio Garin, daß Tigerstedt die Bedeutung der aristotelischen *Poetik* für Poliziano noch weit unterschätze. – E. G.: *La diffusione della "Poetica " di Aristotele dal secolo XV in poi*, in: Rivista critica di storia di filosofia 28 (1973), S. 447-451. – Die Bedeutung der aristotelischen *Poetik* für Poliziano bestätigt erneut Branca: *Poliziano* (s. Anm. 14), S. 13-15. – Dagegen hält Lucia Cesarini Martinelli die Annahme für bislang unbewiesen, daß die *Poetik* vor 1480 in Florenz bekannt gewesen sei. Vgl. L. C. M.: *"De poesi et poetis": uno schedario sconosciuto di Angelo Poliziano*, in Roberto Cardini/Eugenio Garin (Hrsg.): *Tradizione classica e letteratura umanistica. Per Alessandro Perosa*, 2 Bde., Roma 1985, Bd. 2, S. 455-487, hier: S. 480. – Zur Rezeption der *Poetik* in Studium und Lehre der Renaissance allgemein vgl. Charles B. Schmitt: *A Critical Survey and Bibliography of Studies on Renaissance Aristotelianism 1958-1969*, Padova 1971, S. 87 ff.;

(2) Neben dieser benutzt der Autor eine Fülle anderer antiker Quellen: Pollux, Diomedes, Donatus, Euanthius, aber auch Cicero und Horaz. Dabei ist wichtig, daß er, humanistischen Forderungen gemäß, sich mit den Quellen selbst und nicht mit sie vermittelnden Texten auseinandersetzt. [152]

(3) Polizianos Interesse läßt sich als ein primär beschreibendhistorisches definieren. Es geht ihm darum, die Komödie als literarische Gattung und als Form des Theaters geschichtlich zu begründen, mithin antike Auffassung und Praxis dieses Genus zu verstehen. Insofern insistiert er sowohl auf den Theorien der Entstehung der Komödie als auch auf ihrer Untergliederung als Momenten einer historischen Entwicklung. [153]

(4) Zugleich versucht er, die antiken Quellen daraufhin miteinander zu vergleichen, ob sich aus ihnen systematische Beschreibungskriterien, also vor allem Typen von Komödien und ihre Elemente, etwa des Personals oder der Ausstattung, [154] ableiten lassen. Er referiert z.B. voneinander abweichende Gliederungen der Gattung, so die in "comoedia palliata" und "comoedia togata" (die er, wie es die poetologischen Kommentare und Traktate des 16. Jahrhunderts gern tun werden, auch schematisch darstellt) neben der in "comoedia motoria", "stataria" und "mixta". [155] Mehrere Möglichkeiten stellt er auch bei der Beschreibung der inneren Strukturierung der Komödie zusammen.[156]

(5) Besonders wichtig und richtungsweisend für die Weiterentwicklung humanistischer Literaturtheorie ist der Zusammenhang zwischen dem Traktat und dem nachfolgenden Kommentar. Die *Andria* verhält sich wie ein Sonderfall zu dem zuvor historisch

---

ders.: *Aristotle and the Renaissance*, Cambridge, Mass. /London 1983.

[152]Vgl. die Einleitung Lattanzi Rosellis zu ihrer Edition, S. XIII f., sowie den Index auctorum, S. 65 ff.

[153]Vgl. *La commedia antica*, S. 5 ff., S. 13 ff.

[154]Vgl. ebd., S. 15 f., S. 18 ff.

[155]Vgl. ebd., S. 8 ff., S. 12.

[156]Vgl. ebd., S. 12 f.

wie systematisch erörterten Genus. Das zeigt sich daran, daß Poliziano gegen Ende des Traktats mehrfach versucht, Terenz im skizzierten System zu lokalisieren. [157] Das Werk ist die Umsetzung grundsätzlicher, typischer Möglichkeiten, die sich geschichtlich entfaltet haben, in eine spezifische, aus dem Angebot der Möglichkeiten auswählende Form. Daher ist das Einzelwerk interpretierbar, indem man seine besonderen Züge auf das "Modell" zurückprojiziert. Oder umgekehrt formuliert: die poetische Theorie dient zunächst allein der Auslegung des antiken Textes. Obwohl äußerlich bereits aus dem eigentlichen Kommentar herausgenommen, bleibt die systematische Gattungserörterung der impliziten Absicht nach ein Schritt in der Textinterpretation.

Wenn Poliziano aus der Kommentarpraxis heraus ein Bewußtsein für die Sonderstellung des Poetischen entwickelt, so stellt er keinen Einzelfall dar, obschon er eine Art "Seismograph" für bevorstehende Entwicklungen zu sein scheint. [158] Poliziano lehrt, während er die oben besprochenen Kommentare schreibt, am "Studio fiorentino", an dem zu gleicher Zeit bzw. schon früher neben anderen einflußreichen Humanisten auch Cristoforo Landino und Bartolommeo della Fonte unterrichten.[159] Letzterer verfaßt zwischen 1490 und 1492 seine drei Lorenzo de' Medici gewidmeten Bücher *De poetice*, die bislang als erster systematischer Traktat des Humanismus zur Dichtungstheorie gelten – das wurde oben schon kurz erwähnt – und von ihrem Entdecker

[157] Vgl. ebd., S. 19, S. 24, S. 25.

[158] Einen kausalen Zusammenhang zwischen der Trennung von Poetik und Rhetorik und der Aristoteles-Rezeption der Renaissance sieht W. S. Howell. Er erinnert daran, daß schon Aristoteles die Poetik von der Rhetorik (und auch der Logik und der Historiographie) trenne, indem er ihr ein spezifisch dichterisches Element zuweise: die Vermittlung von Wahrheit durch fiktive Handlung. – Vgl. W. S. Howell: *Poetics, Rhetoric and Logic in Renaissance Criticism*, in: R. R. Bolgar (Hrsg.): *Classical Influences on European Culture A. D. 1500-1700*, Cambridge/London/ New York/Melbourne 1976, S. 155-161.

[159] Vgl. Trinkaus, a.a.O. (s. Anm. 37).

Charles Trinkaus ausführlich beschrieben wurden;[160] Ähnlichkeiten der Motivation della Fontes mit den Auffassungen Polizianos und Landinos sind dabei nicht zu übersehen: Trinkaus stellt insbesondere den Traktat als Indiz dafür heraus, daß entgegen einer verbreiteten Forschungsmeinung schon im 15. Jahrhundert das Bedürfnis nach einer gegliederten Dichtungstheorie bestand, das keineswegs den "studia humanitatis" widersprach.[161] Uns scheint, daß Polizianos Texte genau dieses Bedürfnis bereits ein Jahrzehnt früher beweisen. Sie lassen vermuten, daß die systematische Poetik schon einige Zeit vor della Fontes Traktat ihren Platz im Lehrprogramm des "Studio fiorentino" hatte. Nur so erklärt sich die zunehmende Ausweitung der poetologischen Reflexion vom Statius-Kommentar von 1480/81 über die Ovid-Interpretation bis zum Terenz-Traktat von 1484/85.

II LANDINO: KOMPLEMENTARITÄT VON LITERARISCHEM UND POETOLOGISCHEM KOMMENTAR

1 Vergleich mit Polizianos Kommentarverständnis[1]

Bartolommeo della Fonte hat bei seiner Bemühung um Herausbildung eines systematischen Dichtungsverständnisses neben

[160] Charles Trinkaus: *The Unknown Quattrocento Poetics of Bartolommeo della Fonte*, in: Studies in the Renaissance 13 (1966), S. 40-122; ohne den Text della Fontes auch in Trinkaus (s. Anm. 37), S. 88-139.

[161] Ebd., S. 97.

[1] I folgenden Kapitel soll es nur um solche Ähnlichkeiten zwischen Poliziano und Landino gehen, die für die humanistische Kommentierung Typisches erkennen lassen. Gleichwohl bestehen starke methodische Divergenzen zwischen dem vom Kreis um Marsilio Ficino her platonistisch geprägten Landino und dem - auch in seinem Amt als Lehrer am "Studio fiorentino"- jüngeren Poliziano, der wohl schon mit der Wahl der kommentierten Autoren sich unausgesprochen von Landino absetzt. Vgl. zum methodischen Gegensatz zwischen Poliziano, Landino (und Domizio Calderini) Lucia Cesarini Martinelli: *In margine al commento di Angelo Poliziano alle "Selve" di Stazio*, in: Interpres 1 (1978), S. 96-145, v. a. S. 102 ff.

Poliziano einen anderen Vorläufer. Della Fonte selbst lehrte nicht nur am "Studio fiorentino", er war dort vorher auch Schüler Landinos, dessen Vorlesung über die horazische ***Ars poetica*** er im akademischen Jahr 1464/65 hörte und mitschrieb. [2] Mit großer Wahrscheinlichkeit ging also von Landinos Beschäftigung mit Horaz ein wesentlicher Impuls für die Ablösung der Poetik von der Rhetorik aus. Und in der Tat liefern auch Landinos 1482 gedruckte Horaz-Kommentare einen wichtigen Beleg für das ausgeprägte poetologische Interesse des späten Quattrocento. [3] In ihnen zeigt sich das Wissen um einen besonderen, eigenständigen Rang des Poetischen in wenigstens zweifacher Hinsicht:

(1) Dichtung erhebt sich über alle Wissenschaften und Künste, da sie als einzige göttlich inspiriert ist. Der Dichter konkurriert annähernd mit Gott, da er seine Werke fast aus dem Nichts schafft.

(2) Die Werke des Horaz sind nicht nur mustergültige Beispiele dieses hohen Rangs der Dichtung; vielmehr reflektiert Horaz selbst in überlegener Weise über seine Tätigkeit und die der Dichter überhaupt. Die Auslegung der literarischen Werke führt deshalb notwendig zur Poetologie.

---

[2] Vgl. Manfred Lentzen: *Studien zur Dante-Exegese Cristoforo Landinos. Mit einem Anhang bisher unveröffentlichter Briefe und Reden,* Köln/Wien 1971 (Studi italiani, 12), S. 9; Roberto Cardini: *La critica del Landino*, Firenze 1973 (Istituto Nazionale di Studi sul Rinascimento. Studi e Testi. 4), S. 63.

[3] *Christophori Landini Florentini in Q. Horatii Flacci Libros Omnes Ad Illustrissimum Guidonem Feltrium Magni Federici Ducis Filium Interpretationes*, Venetiis 1482. – Das Proömium zum Horazkommentar auch in Cristoforo Landino: *Scritti critici e teorici*, edizione, introduzione e commento a cura di Roberto Cardini, 2 Bde., Roma 1974 (I critici italiani. 1/2). Wir zitieren das Proömium nach dieser Edition, alle übrigen Stellen des Kommentars nach der Ausgabe Venetiis 1483 (= Hain Nr. 8883), da graphisch besser als der Erstdruck.

Zunächst aber finden sich bei Landino die wesentlichen Züge sowohl des Selbstverständnisses als Kommentator wie auch der Form und Schichtung des Kommentierens wieder, die wir anhand der Poliziano-Kommentare beschrieben haben. Im Verlauf des vorangehenden Kapitels wurde schon auf einige Übereinstimmungen hingewiesen. In dem allen Einzelkommentaren zu den horazischen Werken vorangestellten Proömium stellt Landino seine Tätigkeit bewußt und sogar mit einer für ihn typischen Neigung zur Schematisierung in den Kontext der humanistischen Bildungsauffassung: Das höchste der dem Menschen erreichbaren Ziele, "sapientia" mit "eloquentia" zu verbinden, hätten in der Geschichte der Menschheit nur die Dichter erreicht:

> Supremum omnino inter mortales locum ii mihi occupasse videntur, illustrissime Guido Feltri, qui suis diuturnis studiis ac laboriosis lucubrationibus id tandem assecuti sunt, ut summae sapientiae summam eloquentiam coniungerent. [...] Quo quidem in genere si ab ultima hominum memoria ad nostram usque aetatem cunctarum gentium ac nationum historiam revolvamus, solos poetas esse reperiemus, qui non modo et recte senserint et eloquenter scripserint, sed etiam ea ipsa quae litteris mandarunt ab humanitate ad divinitatem divino quodam afflati spiritu transtulisse videantur. [4]

Diese Charakterisierung kehrt mit einer Gewissen Stereotypie in den Proömien zur ***Ars poetica***, zu den ***Sermones*** und zu den ***Epistolae*** wieder [5] und findet sich in ähnlicher Form auch in anderen Kommentaren Landinos.[6] Die Dichter können die im obigen Zitat umschriebene Leistung deshalb erreichen, weil sie einerseits

[4]Horazkommentar, fol. 2 r. (= *Scritti critici*, Bd. 1, S. 198).

[5]Vgl. ebd. fol. 125 r/v., fol. 137 v., fol. 175 v. /176 r.

[6]Vgl. z.B. das Proömium zu seinem 1488 gedruckten Vergilkommentar (*Scritti critici*, Bd. 1, S. 211): "Nam cum et intelligentia, qua omnes disciplinas studio industriaque adhibita assequi possumus, et oratione, qua quae didicerimus alios doceamus, homo a ceteris animalibus differat, nonne in

göttlich inspiriert (wir werden auf diese Bestimmung zurückkommen), andererseits aber gelehrt sind; sie umfassen alle Wissenschaften, auch wenn sie nicht selbst Wissenschaftler sind:

> Nec iniuria doctos appellat poetas. Nam etsi omnis in sua disciplina eruditus doctus iure habeatur: tamen nihil bono poeta doctius est: cum non solum ille humanas omnes doctrinas amplectatur [...].[7]

Die Dichtung stellt hierdurch alles dar, was die Menschen bisher gedacht und getan haben, "quaecumque hactenus homines fecerint: quaecumque egerint: quaecumque cognoverint". [8] Wenn Landino nun betont, als Kommentator von Anfang an besondere Mühe auf die Vermittlung der Lehre wie des Stils der Dichter angewandt zu haben, so will er damit – dasselbe war bei Poliziano zu sehen - seine Auslegung als Dienst an der Erziehung und Veredlung der Menschen verstanden wissen. Seine Bemühungen stützen sich auf eine Pflicht gegenüber der Gesellschaft seiner Zeit.

> [...] duxi in primis boni viri officium esse, ut, siquid in huiuscemodi studiis profecissem, id litteris tradens, ad aliorum usum utilitatemque traducerem. [9]

Denn nicht nur Guidobaldo da Montefeltro, der Adressat der Kommentare, könne von Horaz auf vorzügliche Weise die "bene vivendi praecepta" erfahren; vielmehr finde jeder Mensch, gleich welchen Standes, bei diesem Dichter jede Lebens- und Verhaltensregel:

---

utraque re [...] princeps est P. Maro [...]? "- Vgl. auch das Proömium zum *Aenaeis*-Kommentar ebd., S. 226 ff., bes. S. 227.

[7]Horazkommentar, fol. 11 v.; vgl. auch den Vergilkommentar, *Scritti critici*, Bd. 1., S. 216 f.

[8]Horazkommentar, fol. 125 v.

[9]Ebd., fol. 2 r. (= *Scritti critici*, Bd. 1, S. 198); vgl. Vergilkommentar, ebd., S. 217 (Nutzen für das Gemeinwesen).

> Nam quod porro genus hominum, quis ordo, quae aetas, quis sexus, quae denique conditio ex hoc amplissimo fonte suae vitae officia non hauriat? [10]

Aus dem bisher Erläuterten ergibt sich ein weiterer, ebenfalls an Polizianos Selbstverständnis erinnernder Aspekt. Wenn Landino die Entfaltung des Ideals von "sapientia" und " eloquentia"in die Menschheitsgeschichte einordnet, in die – wie es weiter oben hieß – "cunctarum gentium ac nationum historiam", und wenn er Dichtung als allmähliche Sammlung und Konservierung dessen versteht, was die Menschen bis zu seiner Zeit ("hactenus") gedacht und erfahren haben, so beansprucht er implizite einen überragenden historischen Standort, von dem aus diese Urteile überhaupt erst möglich sind. Innerhalb des fortlaufenden Kommentars, der bei Landino im Prinzip die früher beschriebene Form hat, führt diese Perspektive zu einem primär historischen Interesse an der Antike.

Allerdings ist Landino hierin weniger exakt als Poliziano. Die Dokumentation von Behauptungen philologischer, philosophischer, wissenschaftlicher, rhetorischer Art durch antike Quellen, die Poliziano recht streng verfolgt, findet sich bei seinem Zeitgenossen mit deutlich geringerer Konsequenz, so etwa bei der Definition der Gattung des "carmen". [11] Doch zeigen seine einzelnen Erläuterungen in allen Schichten der Auslegung umso klarer den Versuch einer Rekonstruktion der faktischen antiken Zusammenhänge – der Sprache, des Wissens, der rhetorischen Modelle. Als Beispiel sei eine lexikalisch-grammatische Erläuterung zum Widmungsgedicht der *Carmina* herangezogen:

> Edite: in lucem date id est generate. Est enim edo ex e & do. e in compositione aliquando auget: ut eluceo valde luceo: aliquando vim habet praepositionis extra: ut emitto extra mitto.

---

[10] Horazkommentar, fol. 2 v. (= *Scritti critici*, Bd. 1, S. 202); vgl. Vergilkommentar, ebd., S. 215.

[11] Horazkommentar, fol. 7 v.

Der einzelne Fall wird durch zwei Synonyme erklärt und ist dann Anlaß zu Hinweisen auf allgemeine Prinzipien der lateinischen Wortbildung bzw. Semantik. Landino verrät hier auch sogleich seine weitergehende Absicht: Der Leser soll in ähnlich gelagerten Fällen künftig selbst die philologischen Prinzipien anwenden können:

> Verum ego o lector iam a principio hoc monitum te esse velim: me quando occurrent enodanda vocabula: ea me primo semper loco diligenter interpretaturum: et absolute ut per omnes suas notiones traducturum: ne rursus alio in loco idem saepius repetendum sit. [12]

Auch in Landinos Hermeneutik stehen folglich die punktuelle Texterklärung und die Wiederherstellung des geschichtlichen Hintergrunds vor den Augen des Lesers in einem wechselseitigen Verhältnis zueinander. Dabei läßt sich Landino sogar stärker als Poliziano zu weitausholenden Exkursen in das geschichtlich-enzyklopädische Umfeld einer Textstelle hinreißen. Das springt besonders dann ins Auge, wenn es an sich um die Erklärung einer Metapher im Horaztext geht, also um die übertragene, bildliche Bedeutung eines Ausdrucks, Landino aber den sachlichen Kontext der eigentlichen, wörtlichen Bedeutung schildert. So nimmt er einige Anfangsverse des Widmungsgedichts der *Carmina* ("Sunt quos curriculo pulverem olympicum / Collegisse iuvat[...]") zum Anlaß, zunächst über Wettkämpfe der Antike zu reden, um dann speziell auf den Ablauf der römischen Wagenrennen einzugehen. [13] Nun weicht Landino damit an sich noch nicht von der Intention des horazischen Textes ab, wie wir sie auch heute auffassen würden, denn der Autor baut die Wettkampf-Metapher zu einer Allegorie aus, die für die Bemühungen des Dichters stehen soll. Landino würde also selbst dann noch den Textsinn erklären, wenn er auf Details der Metaphorik einginge,

[12] Ebd., fol. 8 v.

[13] Ebd., fol. 9 r./v.

die bildliche Analogien zum Dichterischen sein sollen. Aber gerade diese Grenze überschreitet Landino – wie allgemein der humanistische Kommentator. Die im Text angesprochene Sache als solche, als historisches Faktum, nicht bloß als "Bildspenderin", wird erläutert. Daher die Ausführlichkeit, mit der Landino auf die römischen Wagenrennen eingeht. Das zeigt sich noch deutlicher dort, wo Horaz die "palma" als bloßes Siegeszeichen nennt, Landino aber darüber hinaus mit geographisch-botanischen Einzelheiten zum Vorkommen der Palme und zu ihren Früchten aufwarten kann. [14]

2 Der quasi-göttliche Rang des Poetischen

Das bisher gerafft Geschilderte ist jedoch nur eine Seite von Landinos Kommentarverständnis. Was wir soeben darstellten, ist im wesentlichen die dem Konzept des "poeta doctus" komplementäre Hermeneutik eines "interpres eruditus". Mit dieser Auffassung konstrastiert bei Landino eine zweite, die zugleich die erste umschließt. Der Dichter ist nicht nur gelehrt, sondern göttlich inspiriert; seine Weisheit und seine Kunstfertigkeit führen vom bloß Menschlichen der "humanitas" weg zum Göttlichen, "ad divinitatem".[15] Mehr noch: während der Mensch nur aus der Materie schaffen kann und Gott aus dem Nichts schafft, steht der Dichter zwischen beiden: Aufgrund des göttlichen "furor" erschafft er seine Werke fast wie aus dem Nichts. [16] Diese in der Forschung mehrfach erörterte Anschauung [17] geht in erster Linie auf zwei vorhumanistische Topoi zurück, auf die platoni-

[14]Ebd., fol. 9 v.

[15]Ebd., fol. 2 r. (= *Scritti critici*, Bd. 1, S. 198)

[16]Ebd., fol. 125 r.; vgl. *Aeneis*-Kommentar, *Scritti critici*, Bd. 1, S. 229.

[17]Vgl. z.B. August Buck: *Dichtung und Dichter bei Cristoforo Landino. Ein Beitrag zur Dichtungslehre des italienischen Humanismus*, in: Romanische Forschungen 58/59 (1947), S. 233- 246; Rainer Weiss: *Cristoforo Landino. Das Metaphorische in den "Disputationes Camaldulenses"*, München 1981 (Humanistische Bibliothek. I, 30); Cardini, a.a.O. und Lentzen, a.a.O. (s. Anm. 2).

sche Enthusiasmuslehre und auf den augustinischen Vergleich des Dichters mit Gott. [18] Da sie aber gerade bei Landino als Zeitgenossen Polizianos und della Fontes eine derartige Bedeutung gewinnt, kann man vermuten, daß sie – was andere Erklärungen nicht ausschließt – auch eine spezifisch platonische Antwort auf das im Umkreis der genannten Florentiner Humanisten entstehende Bedürfnis nach einer gesonderten Einschätzung und Auslegung des Poetischen sein soll. Unabhängig von ihrer historischen Begründung ist sie in jedem Fall Indiz für eine besondere Stellung der Dichtung gegenüber allen anderen die Humanisten beschäftigenden Bereichen. Hieraus ergibt sich für Landino nun aber ein Problem: Wie dem "poeta doctus" eine vor allem auf greifbares Wissen gerichtete Auslegungspraxis entspricht, so muß die höhere Einschätzung des Dichters als "poeta vates" zu höheren Anforderungen auch an die literarische Interpretation führen.

Diese Erweiterung gegenüber den früher dargestellten Schichten des humanistischen Kommentars bringt zunächst einmal die allegorische Deutung, aus der sich ein moralisch-belehrender Sinn, eine "sententia" ableitet. [19] Landino bleibt oft nicht bei der Ausbreitung enzyklopädischen Wissens – wie oben anläßlich der Metaphern "curriculum" oder "palma" – stehen. Vielmehr wird der wörtliche Sinn, ähnlich dem "sensus litteralis" der mittelalterlichen Exegese, überlagert von der Sentenz, der vom Leser anzuwendenden Lehre, quasi einem "sensus moralis". [20] Poliziano hätte sich zum Beispiel bei der Erwähnung der Sage von Daedalus und Icarus wohl mit ihrer Nacherzählung anhand möglichst vieler

---

[18] E. N. Tigerstedt: *The Poet as Creator: Origins of a Metaphor*, in: *Comparative Literature Studies* 5 (1968), S. 455-488.

[19] Vgl. Horazkommentar, fol. 125 v.; *Aeneis*-Kommentar, *Scritti critici*, Bd. 1, S. 230 ff.

[20] Zur mittelalterlichen Exegese vgl. Henri de Lubac: *Exégèse médiévale. Les quatre sens de l'écriture*, 4 Bde., Paris 1959-1964 (Théologie. 41/42/59); Edgar de Bruyne: *Etudes d'esthétique médiévale*, 3 Bde., Brugge 1946, bes. Bd. 2, S. 324; Hennig Brinkmann: *Mittelalterliche Hermeneutik*, Darmstadt 1980, bes. S. 157-162.

antiker Quellen begnügt. Landino leitet dieses Verfahren jedoch über in eine moralische Belehrung: "Sed ut ad vitam moresque fabella reducatur [...] ". [21] Wenngleich der Kommentator hier faktisch eine mittelalterliche Praxis fortsetzt, gelingt es ihm doch, sie mit einer neuen Auffassung zusammenfallen zu lassen, denn er definiert sie völlig im Einklang mit humanistischen Idealvorstellungen. [22] Wir erinnern an die oben bereits zitierte Meinung Landinos, nach der Horaz auf vorzügliche Weise die "bene vivendi praecepta" lehre. Und generell führe die Kenntnis der Dichter, also vor allem ihre Interpretation, zu den vier humanistischen Leitvorstellungen des "ingenium erudire", "consilium augere", des "ornate dicere"und des "recte vivere". [23]

Wir verfolgen die Allegorese hier nicht weiter, da sie in den späteren Kapiteln zur Poetologie im engeren Sinne eine untergeordnete Rolle spielen wird. Für die Ausbildung einer spezifisch humanistischen Poetik erscheint uns eine andere Argumentation Landinos weit folgenreicher. Zum einen sind für ihn ja die von ihm kommentierten horazischen Werke, die *Carmina*, *Epistolae* und *Sermones*, Muster des doppelten Bildes vom Dichter als "eruditus" und "vates". Im humanistischen Sinn ist Landinos Auffassung bereits glaubwürdig, denn sie beruft sich auf einen antiken Beweis, und zudem auf einen der besonders hoch

[21] Horazkommentar, fol. 10 r.

[22] Auch in der Vergilinterpretation übertrifft Landino seine Vorgänger, indem er als erster eine Allegorese erstellt, die in völligem Einklang mit der humanistischen Moralphilosophie steht. Vgl. Craig Kallendorf: *Cristoforo Landino's "Aeneid" and the Humanist Critical Tradition*, in: Renaissance Quarterly 36 (1983), S. 519-546, hier: S. 546.

[23] Horazkommentar, fol. 125 v.; vgl. *Aeneis*-Kommentar, *Scritti critici*, Bd. 1, S. 232: Hier vergleicht Landino den doppelten Sinn der Vergiltexte mit den menschlichen "vivendi genera", der "speculatio" bzw. "vita contemplativa" und der "actio". Der Wortsinn lehre das rechte Verhalten, die "vita civilis", die "mores", die "virtutes". Die rhetorische Gestaltung habe die Aufgabe, uns dazu aufzufordern. Der innere Sinn dagegen läßt uns das "summum bonum" finden, dem alle anderen zum Mittel dienen. Vgl. zum philosophischen Hintergrund auch Lentzen, a.a.O. (s. Anm. 2), S. 137.

geschätzten Musterautoren. [24] Gleichwohl gerät der Kommentator in die dem humanistischen Wissensbegriff immanente Tautologie: Er deduziert sein Dichterbild aus dem Werk eines antiken Autors, will es im nachhinein aber auch durch dessen Autorität bestätigt wissen. Landino hat jedoch ein noch schlagkräftigeres Argument: Horaz schreibe ja auch explizit, als Dichtungstheoretiker nämlich, über die quasi-göttliche Auffassung von Dichter und Dichtung. Bereits im einleitenden Proömium verweist Landino auf die *Ars poetica* als einen Beleg für diese Auffassung:

> Verum illorum [d.h. der Dichter] vim ac furorem latius in eo libro prosequemur; quem Horatius de poetica doctissime ad Pisones scripsit. [25]

Die einzigartige Stellung des Poetischen läßt sich nicht nur aus Horaz' Werken ableiten, sie wird ausdrücklich von ihm selbst postuliert und findet überdies ihren greifbaren Ausdruck in der *Epistola ad Pisones.*

Damit ist aber Landinos Beweiskette noch nicht abgeschlossen. Horaz steht nämlich in seiner doppelten Eigenschaft als Dichter und als Theoretiker in einer geradezu vorbildhaften Position gegenüber dem humanistischen Literaten und Kommentator Landino. Dieser verweist, um sein reziprokes Verhältnis zu Horaz zu verdeutlichen, nicht nur auf seine früheren Kommentare, [26] sondern auch auf seine literarischen Leistungen, auf seine eigene poetische "facultas". [27] Er findet – und auch das ist typisch hu-

---

[24] Vgl. August Buck: *Die Rezeption der Antike in den romanischen Literaturen der Renaissance*, Berlin 1976 (Grundlagen der Romanistik. 8), S. 183 ff.

[25] Horazkommentar, fol. 2 r. (= *Scritti critici*, Bd. 1, S. 198). Landino scheint es vor allem um einen historischen Beleg für die Enthusiasmus-Lehre zu gehen, da Horaz an der betreffenden Stelle der *Ars poetica* (V. 295 ff.) nicht die Lehre selbst bespricht, sondern die verspottet, die sie mißverstehen.

[26] Horazkommentar, fol. 2 r.

[27] Ebd., fol. 125 v.: "Sed poetica facultate in iis dialogis scripsimus: quos sub nomine illustrissimi parentis tui Faltri [sic] Federici in uirgilium edidi-

manistisch – seine eigene Lage in der Person des Horaz widergespiegelt. Es ergibt sich damit die bemerkenswerte Beobachtung, daß hier nicht nur, wie es für den humanistischen Kommentator ohnehin gilt, den Eigenschaften des Dichters die des Exegeten entsprechen, sondern daß den vielseitigen Tätigkeiten des auszulegenden Autors gleichfalls polyvalente Fähigkeiten auf der Seite des Kommentators entgegenkommen. – Die Entdeckung des humanistischen Kommentators, seine eigenen Absichten in denen des auszulegenden Autors wiederzufinden, diesen also als Vorbild der humanistischen Tätigkeiten zu verstehen, wird in der Aristoteles-Kommentierung des 16. Jahrhunderts, vor allem bei Robortello, eine ausschlaggebende Rolle spielen.

3 Landinos Kommentierung der *Ars poetica*: Grundzüge und Folgerungen

Aus diesen Gedankengängen Landinos ergibt sich das Fazit: Dem Bewußtsein einer besonderen Stellung des Poetischen und der Notwendigkeit eines geeigneten Instrumentariums zu seiner Analyse kommt die poetologische Epistel des Horaz entgegen. Für Landino scheint damit die Lücke zunächst gefüllt – während Poliziano aus den gleichen Gründen einerseits auf eine Beschäftigung mit der aristotelischen *Poetik*, andererseits auf die Ausbildung einer gegliederten Literaturtheorie hinlenken will, wie sie auch della Fontes Ziel ist.

Da mit Horaz' *Ars poetica* bereits ein "Beschreibungsmodell" der Dichtung zur Verfügung steht, überrascht es nicht, daß Landino keineswegs neue Auslegungsprinzipien entwickelt, sondern an diesen Text dieselben hermeneutischen Mittel heranträgt wie an die im engeren Sinn literarischen Texte. Sie scheinen zu genügen, um die in der *Ars poetica* enthaltenen Kategorien des

mus. "– Roberto Cardini ist im übrigen der Auffassung, daß Landino in der Tat seine eigene poetische Erfahrung auf die Auslegung der antiken Autoren übertrage; vgl. Cardini, a.a.O. (s. Anm. 2), S. 15.

Dichtungsverstehens und -schaffens zu explizieren, also den Zeitgenossen verfügbar zu machen. Da wir schon mehrfach auf diese Mittel eingegangen sind, begnügen wir uns im folgenden mit einer Zusammenfassung der im Kommentar zur *Ars poetica* vorrangigen Aspekte.

(1) Landino bedient sich der überlieferten Form des Kommentars, die sich in ein die übergreifenden Gesichtspunkte – hier vor allem das Thema "Dichten" und die Intention der *Ars poetica* – besprechendes Proömium [28] und eine nach Lemmata gegliederte fortlaufende Texterklärung [29] unterteilt.
(2) Die Texterklärung umfaßt Erläuterungen zu Sprache, Geschichte, Wissenschaft und Philosophie sowie zur Rhetorik der Antike, die jeweils den Hintergrund des Textverständnisses darstellen.
(3) Auch im Kommentar zur *Ars poetica* neigt Landino zur Ausbreitung seines historischen Sachwissens. So folgt bei der berühmten Passage "Aut prodesse volunt aut delectare poetae [...] " (*Ars poetica*, Verse 333 ff.) auf eine kurze Paraphrase des Inhalts zunächst die rhetorische Bestimmung der Metapher des "punctum" (Vers 343): "Translatio a causis centum viralibus"; diese gibt dann Gelegenheit, recht breit den faktischen Sachverhalt, die Abstimmungsmodi der römischen "centumviri" darzulegen. [30] Für einen heutigen Interpreten hat das mit dem Horaztext als Poetologie wenig zu tun; für Landino ist der Exkurs unerläßlich: Er will den zeitgenössischen Leser in annähernd den Wissensstand versetzen, mit dem Horaz bei seinen Lesern rechnen konnte.
(4) Vor allem die historischen Erläuterungen werden gelegentlich durch Zitate oder Beispiele anderer antiker Autoren gestützt. Sie dienen aber – so etwa bei der Erklärung der Elegie [31] – weniger als

[28] Horazkommentar, fol. 125 r./v.
[29] Ebd. fol. 125 v. -136 v.
[30] Ebd., fol. 133 v.
[31] Ebd., fol. 128 v.

Beweisinstanzen wie bei Poliziano als zur systematischen Sammlung von Einzelinformationen über die antiken geschichtlichen oder literarischen Verhältnisse. Interpretieren bedeutet bei Landino neben der semantischen Explikation vor allem Anhäufung von Wissen. Sie kann zwar nur punktuell geschehen, zielt aber auf ein Verstehen von Zusammenhängen ab. So schließt Landino eine lange Darlegung von Details zu den dramatischen Gattungen mit der Begründung:

> Haec ego prolipsius prosecutus sum: ut & hunc locum: & plures qui sequentur facile intelligantur. [32]

Landinos poetologischer Kommentar stimmt also in wesentlichen Zügen mit dem Dichtungskommentar der Humanisten überein. Aber darüber hinaus gestattet er eine grundlegende Folgerung, die einerseits ein analoges Interesse Polizianos und Landinos an einer selbständigen Dichtungstheorie bekräftigt, andererseits die grundsätzliche Rolle poetologischer Traktate und Kommentare im 16. Jahrhundert erkennen läßt. Landino, der in allen seinen literarischen Kommentaren auf der Suche nach einem "sistema letterario" ist, das hinter den Dichtungen steht, [33] hat – wie erwähnt – mit der ***Ars poetica*** einen Text erschlossen, der sich als antike Umschreibung eines solchen Modells verstehen läßt. Daß er mithin die alte Dichtung durch einen Traktat der gleichen Epoche und die Werke des Horaz durch eine Theorie desselben Autors verstehen will, bestätigt sein primär historisches Interesse. Seine Auslegung – sowohl die Exegese der Dichtungen, als auch das theoretische Modell – bewegt sich der Intention nach ausschließlich in der Antike. Somit spiegelt sich im gesamten Horaz-Kommentar eine Doppelung von Textauslegung und Verstehen der Antike als geschichtlicher Epoche wider, die auch bei Poliziano begegnete: Der Terenz-Kommentar zum Beispiel sollte den Komödientraktat exemplifizieren, zugleich diente dieser dem

[32] Ebd., fol. 129 v.
[33] Cardini, a.a.O. (s. Anm. 2), S. 38.

Verständnis des einzelnen Werks. Landino erklärt die Dichtungen des Horaz gewissermaßen vor dem Hintergrund der *Ars poetica* und sieht umgekehrt die Werke als Exempla der horazischen Theorie.

In einem weiteren Sinn bedeutet Landinos poetologischer Kommentar einen entscheidenden Beitrag zu einem differenzierten Dichtungsverständis: Die *Ars poetica* kommt dem auch an Poliziano beobachteten Bedürfnis nach einer Lösung der Poetik von der Rhetorik insofern entgegen, als sie – so sieht es zumindest Landino – die Differenz zwischen Redner und Dichter, zwischen Rhetorik als Redekunst und rhetorischen Elementen der Poetik betont. Horaz spreche vor allem von der spezifisch dichterischen "inventio" und "dispositio" und nur gelegentlich von der "elocutio", in der der Dichter dem Redner verwandter sei als in den beiden anderen Bereichen.

> Praeterea elocutionis praecepta communia pene cum oratore habet poeta: & a rhetoribus facile illa mutuari potest. Est Enim [sic]: ut Ciceroni quoque placere uideo: finitimus oratori poeta: numeris astrictior paulo. [34]

Daß Landino dies auch mit seinem Kommentar bewußt machen will, läßt sich daran ablesen, daß er immer dann, wenn es um das Verhältnis von Dichter und Redner geht, besonders ausführlich kommentiert. Obgleich er im Einklang mit der Tradition – etwa mit Cicero, wie das obige Zitat zeigt – Begriffe der Rhetorik zur Erklärung poetologischer Fragen heranzieht, folgt gerade aus diesem Verfahren die Erkenntnis der spezifischen Qualität der Dichtung und ihrer Rezeptionsbedingungen:

> Ergo naturalis [ordo] in oratore plerumque perspicimus. Artificiosus autem maxime est poetarum [ordo]. nam ad poetas legendos & doctiores: & ociosiores

[34] Horazkommentar, fol. 126 r.

> accedimus: & siquid semel lectum non intelligatur: eundem locum saepius repetere licet. Quapropter isti artificioso utuntur ordine: ut apud Virgilium videmus. [35]

Auf den ersten Blick scheint dieser Passus allerdings nur einen graduellen Unterschied zwischen den beiden sprachlichen Künsten zu unterstellen. Der Leser von Dichtung ist müßiger als der Zuhörer eines Redners; beim Lesen kann man eine zuerst unverständliche Stelle oft dadurch erklären, daß man im Buch zurückblättert, es mehrmals liest. Der einlinig vom Anfang zum Ende fortschreitenden Rede wird die Auffassung von einem literarischen Werk entgegengestellt, das man potentiell in seinem ganzen Aufbau, seiner ganzen Anlage überschauen kann. Uns scheint, daß Landino hier das dichterische Werk der Tendenz nach als ästhetische Einheit auffaßt und im Prinzip von einer aristotelischen Konzeption nicht weit entfernt ist. – Bei Poliziano zeigte sich eine ähnliche Auffassung am Ende des Ovid-Kommentars: Man kann den Kunstcharakter eines Werks auch in seiner Ganzheit betrachten. – Damit gehorcht die Dichtung aber nicht nur graduell, sondern essentiell anderen Bedingungen als die Redekunst.

Schließlich ließe sich anhand der Formel "ad poetas legendos ... doctiores ... accedimus" noch einmal Landinos weiter oben skizzierte Ansicht vom Dichter als dem gelehrtesten unter den Vertretern aller Künste und Disziplinen aufrollen. Wie sich dort zeigte, ist das "Mehr" an Gelehrsamkeit nicht nur quantitativ zu verstehen, sondern qualitativ: Der Dichter ist der Gelehrsamkeit der anderen deshalb überlegen, weil er sich als einziger auf göttliches Wirken stüzt. Es versteht sich von selbst, daß damit

[35]Ebd., fol. 127 r.; dieselbe Argumentation zu Beginn der fortlaufenden Kommentierung der *Aeneis*; vgl. *Christophori Landini Florentini In P. Vergilii Interpretationes Prohemivm Ad Petrvm Medicem Magni Lavrentii Filivm Foeliciter Incipit*, Florentiae 1487, fol. 85 r. (Tatsächliches Druckjahr nach Cardini 1488; vgl. *Scritti critici*, Bd. 1, S. 205 ff.)

auch die Lektüre, d.h. das Verstehen von Dichtern wesensmäßig andere Voraussetzung verlangt als das der Redner.

Weinberg hat also unrecht, wenn er aus der rhetorische Begriffe verwendenden Form der Horazerklärung bei Landino ein Festhalten an der im Prinzip das Mittelalter kennzeichnenden Identifikation von Rhetorik und Poetik folgert. [36] Hingegen bestätigen unsere Beobachtungen die Meinung, daß paradoxerweise gerade die erneute Hinwendung humanistischer Theoretiker zur Rhetorik am Ende des Quattrocento für die Herausbildung eines von der Rhetorik gelösten Literaturbegriffs verantwortlich ist. Landino ist also ebensowenig wie Poliziano ein Einzelfall. [37]

[36] Bernard Weinberg: *A History of Literary in the Italian Renaissance*, 2 Bde., Chicago 1961, Bd. 1, S. 79 ff.

[37] Francesco Tateo: *"Retorica" e "Poetica" fra Medioevo e Rinascimento*, Bari 1960 (Biblioteca di Filologia romanza, 5), S. 231 f.

Teil B

POETOLOGISCHER KOMMENTAR IM CINQUECENTO

I ROBORTELLO: KONGRUENZ VON KOMMENTAR UND AUSGELEGTEM TEXT

1 Humanistische Umdeutung des Aristoteles

Francesco Robortello veröffentlicht 1548 den ersten der uns überlieferten gedruckten Kommentare zur aristotelischen Poetik. [1] Zwar hatten schon sieben Jahre zuvor Bartolomeo Lombardi und Vincenzo Maggi ihre öffentlichen Vorlesungen über denselben Text begonnen; [2] die schriftliche Fassung ihrer Exegese wurde

---

[1] *In Librum Aristotelis De Arte Poetica Explicationes. Paraphrasis In Librum Horatii, Qui Vulgo De Arte Poetica Ad Pisones Inscribitur (1548)*, Nachdruck München 1968 (Poetiken des Cinquecento. 8). – Der vollständige Titel des Erstdrucks enthielt bezeichnende Hinweise auf die Absicht des Kommentators: *Francisci Robortelli Vtinensis in librum Aristotelis De Arte Poetica Explicationes. Qui ab eodem Authore ex manuscriptis libris, multis in locis emendatus fuit, ut iam dificillimus, ac obscurissimus liber, à nullo ante declaratus, facilè ab omnibus possit intelligi.* Zu Robortellos Kommentar vgl. Bernard Weinberg: *Robortello on the "Poetics"*, in: R. S. Crane et al. (Hrsg.): *Critics and Criticism: Ancient and Modern*, Chicago 1952, S. 319-348; ders.: *A History of Literary Criticism in the Italian Renaissance*, 2 Bde., Chicago 1961, Bd. 1, S. 388-404.

[2] Vgl. Weinberg: *A History*, S. 373-383.

aber erst 1550 publiziert, [3] und nicht nur die Vehemenz, mit der Maggi sich gegen Robortello zur Wehr setzt, [4] deutet darauf hin, daß dieser bereits Leitlinien für eine intensive Beschäftigung mit Aristoteles gezogen hatte, die weit über das 16. Jahrhundert und auch über Italien hinausreichen würde. In gewissem Sinne ist seine Rolle für die ***Poetik*** des griechischen Philosophen vergleichbar mit der Cristoforo Landinos für die horazische ***Ars poetica***, die erst seit dessen Kommentar von 1482 von zahlreichen Humanisten erläutert wird, im 16. Jahrhundert – und dies nicht nur von Robortello oder Maggi – auch parallel zur ***Poetik*** des Aristoteles. [5] Robortellos einzigartige Leistung beschränkt sich jedoch nicht auf die des Initiators; Weinberg nennt ihn neben Minturno, Scaligero und Castelvetro (wir würden noch Patrizi hinzusetzen) zu Recht einen der "most prominent of Cinquecento critics"[6]: er ist in der Tat einer der kritischsten unter den humanistischen Theoretikern der Literatur.

Wir sagten, Robertello setze "Leitlinien" für nachfolgende Kommentatoren. Damit meinen wir nicht, daß er aufgrund seiner Erstlingsleistung zur Autorität werde. Das wird er vielmehr dadurch, daß er – in einem im vorigen Kapitel für den humanistischen Kommentar generell postulierten Sinne – seine Auslegung als rigorose Erprobung der Möglichkeiten humanistischen Kommentierens durchführt. Die Beharrlichkeit, mit der er die Tragweite und Tragfähigkeit der vor allem im Quattrocento etablierten Prinzipien der Kommentierung überprüft, mußte eine Herausforderung für jeden bedeuten, der zu Aristoteles Neues

---

[3] Vincenzo Maggi/Bartolomeo Lombardi: *In Aristotelis Librum De Poetica Communes Explanationes (1550)*, Nachdruck München 1969 (Poetiken des Cinquecento. 4).

[4] Siehe unten Kap. II.

[5] Zur Verknüpfung aristotelischer mit horazischer Poetologie im 16. Jhdt. vgl. Marvin T. Herrick: *The Fusion of Horatian and Aristotelian Literary Criticism, 1531-1555*, Urbana 1946 (Illinois Studies in Language and Literature, vol. 32, no. 1).

[6] Weinberg: *A History* (s. Anm. 1), S. 66.

sagen wollte, der also den von Robortello bereits erkundeten "Spielraum" des Aristoteleskommentars erweitern wollte auf die Grenzen des dem Kommentar überhaupt Möglichen hin. Wenn wir daher Robortello vergleichsweise ausführlich besprechen und auf Details eingehen, die wir bei anderen Theoretikern nicht noch einmal behandeln werden, dann aus diesem Grund: Es soll vor Augen geführt werden, wie hier ein einzelner Gelehrter die Auslegung eines ausgesprochen schwierigen literaturtheoretischen Traktats als Bewährungsprobe vorgefundener Kommentarprinzipien erfährt.

Angesichts der exponierten Stellung Robortellos wird man zunächst nach den Gründen fragen müssen, die ihn und wohl auch seine Nachfolger zur Kommentierung des Aristoteles bewegen. Hier ist zuvor daran zu erinnern, daß sich das Interesse an einer gegliederten Dichtungstheorie, gelegentlich verbunden mit einem Interesse an der *Poetik*, bereits bei Humanisten des 15. Jahrhunderts zeigte. Der vorige Teil stellte das exemplarisch anhand von Poliziano und Landino dar. Entsprechend dem humanistischen Prinzip des besonderen Erkenntniswerts der "Quellen"konnte sich dieses Desiderat nur auf antike Texte richten; seit Landino zunächst auf die *Ars poetica*, die, da sie schon das Mittelalter hindurch grundsätzlich verfügbar war, einen Vorsprung gegenüber dem aristotelischen Traktat hatte, dessen Original nach gegenwärtigem Wissen um die Mitte des 15. Jahrhunderts bekannt wurde.[7] Beide Texte sind willkommene Antworten auf das Bemühen, eine Lücke in der literarischen Theoriebildung zu schließen, wobei die aristotelische Schrift aufgrund ihrer sprachlichen wie inhaltlichen Schwierigkeiten ohne Zweifel die größere Herausforderung an die Kommentatoren bedeutete. Man verstellt den Blick auf die Motive der Theoretiker, wenn man zunehmend antihumanistische Tendenzen in deren Hinwendung zu der ehemals scholastischen Autorität erkennen will.[8] Das Interesse

[7]Siehe oben Teil A, Kap. I, Anm. 151.

[8]Siehe z.B. Giancarlo Mazzacurati: *Prologo e promemoria sulla "scoperta"*

der Kommentatoren richtet sich nämlich gerade nicht auf den Aristoteles, der dem Mittelalter als höchste philosophische, besonders metaphysische und logische Instanz gegolten hatte, sondern auf einen Autor, der als Vorbild, als Analogon humanistischer Bemühungen gedeutet werden konnte.

Wir sind damit bei Robortellos Begründung für sein von ihm selbst als bedeutend erachtetes Vorhaben. Im Widmungsbrief an Cosimo II., den er dem Usus der Zeit entsprechend dem Vorwort zum Kommentar der ***Poetik*** voranschickt, versucht er zu zeigen, daß Aristoteles in zweifacher Hinsicht wertvoll innerhalb der humanistischen Ziele ist: aufgrund seiner besonderen methodischen Fähigkeiten und aufgrund seiner übergreifenden geistesgeschichtlichen Leistung. Aristoteles' Darlegungen der einzelnen "artes" – so Robortello – seien nämlich durchaus nicht immer originell; vieles äußere er weder als einziger noch als erster. Doch er habe das, was andere vor ihm verstreut und ungeordnet niedergelegt hätten, zusammengefaßt und damit gewissermaßen auf ein höheres wissenschaftliches Niveau gebracht. Seine Leistung sei es,

arteis [sic] eas, quae antea ab alijs confusè, ac pertur-

della "Poetica" (1500-1540), in: G. M.: *Conflitti di culture nel Cinquecento*, Napoli 1977 (Le forme del significato. 21), S. 1-41, bes. S. 1 f.: "[...] questi anni [d.h. die Zeit um 1540] pongono di fronte ad una esperienza d'arte che si lascia precedere dalla propria teorizzazione dottrinaria, prestabilire dalla propria metodologia, sottoponendosi ad essa fino a limiti che talvolta si sono denunciati paralizzanti e occlusivi. Quella critica "retorica" che in età umanistica si era esercitata *a posteriori* [...] ora tende a separarsi da essi [d.h. von den antiken Texten]." – Im übrigen ist mehrfach die ältere Meinung widerlegt worden, nach der die Humanisten durchweg Platon bevorzugt und sich von Aristoteles distanziert hätten und nach der eine aristotelische Orientierung Ausdruck einer nichthumanistischen Haltung wäre. Zur Bedeutung der Aristoteles-Rezeption für den Humanismus vgl. z.B. Eugenio Garin: *L'umanesimo italiano. Filosofia e vita civile nel Rinascimento*, Bari [7]1978 (Universale Laterza. 3), S. 7 ff.; Paul Oskar Kristeller: *Humanismus und Renaissance*, hrsg. von Eckhard Keßler, übers. a. d. Engl. von Renate Schweyen-Ott, 2 Bde., München 1974/76 (Humanistische Bibliothek. I, 21/22), Bd. 1, S. 30 ff; Charles B. Schmitt: *Aristotle and the Renaissance*, Cambridge, Mass. /London 1983.

> batè tractatae fuerunt, ad certam quandam rationem, ac seriem redigere (fol. ij v.).

Und das gilt auch für die Dichtung und ihre Grundlagen; er hat sie als erster systematisch behandelt. Robortello betont das auch im fortlaufenden Kommentar mehrfach, so etwa dort, wo er auf die Argumentationsweisen des Aristoteles eingeht: Der griechische Philosoph habe bewußt eine gewisse Methode der Darstellung angewandt, da niemand zuvor den Gegenstand "methodisch" behandelt habe (S. 4). Ähnliches begegnet bei der Kommentierung der "Erzählweisen"; Aristoteles übernehme ihre Theorie an sich von Platon, stelle sie aber systematischer dar, wie er überhaupt manche Einzelheit "ingeniosè" von seinem Lehrer herhole (S. 25). Aber er übertreffe seine Vorgänger durch die Fähigkeit, das Übernommene zu sammeln, zu gliedern und alles miteinander zu verflechten – "collocauit, disposuit & cuncta complexus est" (ebd.).

Nun mag Robortellos Insistieren auf dem Systematiker Aristoteles auf den ersten Blick doch an die scholastische Haltung erinnern; aber besteht nicht dennoch ein wesentlicher Unterschied zwischen der mittelalterlichen Perspektive und der Robortellos? Aristoteles nimmt ja nicht eine Konzeption vorweg, die danach durch eine zeitlos gültige Wahrheit bestätigt wird, sondern er erscheint in erster Linie als Zielpunkt, Höhepunkt einer vor seiner Zeit liegenden philosophischen Entwicklung. Seine Schriften, und dazu zählt auch die *Poetik*, werden zum Vorbild einer gelungenen "Renaissance" – wenn dieser Begriff als erneutes Sammeln und Verknüpfen von zuvor Verstreutem verstanden wird. [9] Aristoteles hat also vor allem in bezug auf die literarische Theoriebildung

[9]Soweit wir sehen, sind die Renaissancehumanisten nicht prinzipiell systemfeindlich. Ihre Skepsis betrifft deduktive Systeme im Sinne der Scholastik. Dagegen gehört das Ordnen, Gliedern des Vorgefundenen, des gewissermaßen – wie zu zeigen sein wird – induktiv aus der Antike Hergeholten durchaus zu den Zielen des Humanismus. Vgl. auch die in Teil A, Kap. I, S. 36 zitierte Ansicht Poggios.

das bereits erreicht, was für die Theoretiker des italienischen Humanismus noch weitgehend Postulat ist. Er beweist ihnen aber zugleich, daß das Postulat zu realisieren ist.

Diese Spiegelung der humanistischen Absicht in der Leistung des Aristoteles bekommt dadurch ein besonderes Gepräge, daß Robortello sein Bild des griechischen Philosophen einbaut in das Lob Cosimos als eines der verdienstvollsten Förderer jener Absicht. Dabei ist vor allem hervorzuheben, daß der Kommentator die Bemühungen um eine Wiederbelebung der Antike in Florenz und Pisa ausdrücklich als Rezeptionsvorgang beschreibt: Unter Lorenzo und später unter Cosimo wurde nach Besiegung der Heiden die antike Philosophie in Italien aufgenommen – "in Italiam veniens ab illis recepta" – und zu neuer Blüte gebracht (fol. iiij r.); die "artes" erhielten ihre ursprüngliche Schönheit zurück (fol. iiij v.)

Die humanistische Neubewertung des Aristoteles geschieht jedoch noch in anderer Hinsicht; nicht nur sozusagen als Vergleich zwischen seiner Rolle und der der Humanisten, sondern durch unmittelbare Übertragung humanistischer Fähigkeiten auf ihn. An einer der oben erwähnten Stellen sprach Robortello davon, daß Aristoteles ästhetische Theorien "ingeniosè" von Vorläufern übernehme; und in seiner ebenfalls bereits genannten Formulierung "collocauit, disposuit & cuncta complexus est" steckt eventuell die rhetorische Dreigliederung von "inventio", "dispositio" und "elocutio". Solche Ausdrücke, die eigentlich die philosophischen, wissensbezogenen oder rhetorischen Merkmale des humanistischen Gelehrten bezeichnen, begegnen nun in fast unüberschaubarer Fülle in allen Teilen des Kommentars. Aristoteles verfahre in seiner Ordnung des zuvor Disparaten "aptè", "distinctè", "doctè" und "sapienter" (fol. iij r.). Und etwas später heißt es ähnlich, er beschreibe "totam hanc poetarum facultatem aptè, distinctè, ordinatè" (ebd.). An anderer Stelle wird ihm zuerkannt, er verfahre mit "ingenium", "artificiosè", mit "ratio" und "ordo" (S. 25). Immer wieder stellt Robortello diese beiden

Seiten heraus: Aristoteles schreibt nicht nur gelehrt, sondern auch stilistisch hervorragend, [10] und das bedeutet in humanistischem Kontext zunächst: begrifflich adäquat. Doch scheint der Kommentator auch die Schönheit der aristotelischen Diktion zu schätzen, wenn er nach einer Erklärung abschließend meint:

> atque sic patet, opinor, pulcherrimus hic locus Aristotelis. (S. 147)

Man schenkt in der Forschung vorrangig der Tatsache Beachtung, daß das Cinquecento sich die "Lehren" der *Poetik* aneignet, und isoliert betrachtet sieht dieser Aneignungsvorgang durchaus fragwürdig, wenn nicht naiv aus. Dabei wird nicht genügend bedacht, daß dieser Übertragung zumindest bei Robortello der Versuch vorausgeht, die eigene Rolle als Theoretiker der Dichtung in der Figur des Aristoteles und seiner Leistung wiederzuerkennen, sich selbst hierin zu definieren. Die Kommentierung der *Poetik* durch Robortello ist zunächst einmal – in moderner Terminologie – Selbstdeutung des Humanisten; und erst in einem zweiten Schritt folgt aus ihr die Frage nach der Übertragbarkeit der aristotelischen Theorie auf die eigene Zeit.

Man kann diese Feststellung auf den Kommentar als solchen übertragen; er gibt dem Kommentator immer wieder Gelegen-

[10] Weitere Beispielstellen: S. 119 (artificium), S. 157 (ingeniosus), S. 164 (artificiosè), S. 165 u. 184 (artificium), S. 237 (ingeniosus, artificiosus). – Vor Robortello war Aristoteles schon von Leonardo Bruni und Lorenzo Valla ähnlich umgedeutet worden. Bruni hebt in *De interpretatione recta* den rhetorisch- stilistischen Glanz des Aristoteles hervor, den die mittelalterlichen Übersetzer zerstört hätten. Auch Valla lehnt die einseitige mittelalterliche Interpretation des Aristoteles ab, hebt aber demgegenüber dessen rhetorische Bedeutung hervor: Aristoteles sei der erste, der Eloquenz mit Weisheit berbinde. – Vgl. Hermann Goldbrunner: *Leonardo Brunis Kommentar zu seiner Übersetzung der pseudo-aristotelischen Ökonomik: Ein humanistischer Kommentar*, in: August Buck/ Otto Herding (Hrsg.): *Der Kommentar in der Renaissance*, Boppard 1975 (Deutsche Forschungsgemeinschaft. Kommission für Humanismusforschung. Mitteilung 1), S. 99-118, hier S. 102; Hanna-Barbara Gerl: *Rhetorik als Philosophie. Lorenzo Valla*, München 1974 (Humanistische Bibliothek. I, 13), S. 70f.

heit, sich selbst darzustellen, das heißt: nicht nur die ***Poetik***, sondern das eigene interpretierende Tun zu verstehen. Oft ist daher gar nicht exakt auszumachen, ob Robortello primär von Aristoteles als Objekt der Auslegung oder von sich selbst als dem deutenden Subjekt reden will. Er stellt sich mit dem Philosophen auf eine Stufe, sieht sich aufgrund seiner vergleichbaren Rolle und Fähigkeiten als ihm ebenbürtig. So verteidigt er an einer in der zeitgenössischen Diskussion offenbar umstrittenen Stelle – sie betrifft die "Lösung" innerhalb des Aufbaus der Tragödie – die Vollständigkeit des aristotelischen Textes und stützt diese Ansicht mit Hinweisen auf die besonderen philosophischen Qualitäten des Aristoteles und auf dessen Methode. Zugleich kehrt er dabei sich selbst als den besonders scharfsinnigen Leser hervor, der mit jedem zu disputieren wagen kann, der anderer Meinung ist. Robortello macht sich zum Anwalt des Aristoteles, ist ihm also überlegen, kann dies aber auch nur deshalb, weil er den "Gelehrten" Aristoteles auf seiner Seite hat: Wer den Text der ***Poetik*** – so Robortello – ebenso aufmerksam läse wie er, würde von selbst das methodisch hervorragende Vorgehen des griechischen Philosophen erkennen:

> Mihi semper fuit certame[n], eritque semper de hac re cum hominibus, qui, cum librum Aristotelis hunc attentè non legerint, neque methodi connexionem, seriemque obseruarint vnquam, conantur tamen temere, nulla allata ratione, aut loco demonstrato, qui interruptus sit, proferre mancum esse, ac mutilum. (S. 208)

Überhaupt führt Robortello bei Diskussionen über umstrittene Begriffe oder Passagen der ***Poetik*** gleichermaßen seine eigene wie die Autorität des Aristoteles an. Wenn er, wozu er sich als kritischer Kommentator recht häufig entschließt, von seiner eigenen Meinung abweichende Interpretationen anführt – solche Passagen beginnen meistens mit Formulierungen wie:

Dicat aliquis fortasse [...] (S. 272)

oder

Sed obiiciat se mihi fortasse hoc loco aliquis [...] (S. 282) –,

dann kann er derartige Antithesen mit zwei verschiedenen, aber für ihn offenbar völlig gleichwertigen Formeln widerlegen; er entgegnet entweder nach dem Muster "Respondeo tamen [...]"[11] oder mit "Respondet Aristoteles [...]". [12] Gewiß, diese Unterscheidung scheint eine bloße Spitzfindigkeit zu sein, da es sich, wie man meinen könnte, um nur geringfügige Nuancen der Formulierungen handelt. Doch sind sie gerade aufgrund ihrer offensichtlichen Austauschbarkeit für Robortellos Haltung bezeichnend: Er versucht, sich mit äußerster Umsicht dem Text des Aristoteles zu nähern, um dessen Aussagen in aller Eindeutigkeit herauszuschälen. Aber es ist immer er selbst, der gelehrte Kommentator, der dazu in der Lage ist. Selbst bei Robortellos gelegentlicher Behandlung spezifischer methodischer Züge des Aristoteles ist diese Haltung noch erkennbar. Wenn er zum Beispiel die Verknüpfung einer Definition mit der Erläuterung einzelner Begriffe dieser Definition als charakteristisches Verfahren des Aristoteles bezeichnet –

In hoc contextu Aristoteles facit id, quod sui moris est vbique, post definitionem declarat quasdam voces ignotas [...]. (S. 55) –

so beschreibt er zugleich, wie man unschwer erkennt, ein für den humanistischen Wort-für-Wort-Kommentar typisches Vorgehen. Oder wenn er das Anführen von Beispielen als Mittel zum besseren Textverständnis herausstellt –

Hoc vt facilius intelligatur exemplum affert Aristoteles [...]. (S. 319) –,

[11] Vgl. z.B. S. 58, 90, 138, 140, 154, 174, 204, 272, 282.
[12] Vgl. z.B. S. 226, 270, 275, 277.

trifft er auch damit eine Tendenz, die genau genommen seine eigene wie überhaupt die Kommentierweise seiner Zeitgenossen, nicht zuletzt die Textauffassung der systematischen Traktate zur Literaturtheorie charakterisiert. (Wir werden auf diesen Aspekt im 8. Abschnitt ausführlicher eingehen.)

Im Text findet sich ein weiteres Indiz dafür, daß Robortello Denken und Darstellungsweise des Aristoteles in Übereinstimmung mit seinem eigenen Vorgehen auffaßt, nämlich in Form der fünf Traktate, die er dem *Poetik*-Kommentar (und der Horaz-Paraphrase) hinzufügt. Er will dort die von Aristoteles nicht behandelten Gattungen Satyrspiel, Epigramm, Komödie, Spottgedicht und Elegie erklären, indem er die poetologischen Prinzipien der *Poetik* "weiterdenkt", extrapoliert. Auf dem Titelblatt formuliert er selbst, daß er diese Traktate anhänge,

> ut nihil quod ad poeticam spectaret desiderari posset: Nam in iis scribendis Aristotelis methodum [auctor] seruauit, & ex ipsius Libello de arte Poetica principia sumpsit omnium suarum explicationum. (nicht paginierte Seite nach S. 322)

Man erkennt hier, daß es vom *Poetik*-Kommentar bis zur systematischen Poetologie nur ein Schritt ist. Vor allem rechtfertigt das Bild eines humanistisch-gelehrten Aristoteles als herausragender Persönlichkeit die Überzeugung von einem relativ homogenen Denken dieses so verstandenen "Gelehrten"[13] und damit eine Reihe weiterer Vorgehensweisen Robortellos, die den Übergang zum poetologischen System ebnen:

> - die Erklärung schwieriger Passagen der Poetik durch Rückgriff auf andere Stellen dieses Textes, also durch Analogieschlüsse aufgrund der vorausgesetzten Homogenität der Theorie;

[13] Hier ist an Polizianos Definition der "auctoritas" im Proömium zum Ovid-Kommentar zu erinnern (siehe Teil A, Kap. I, S. 64 f).

- den Rückgriff auf andere Aristoteles-Schriften aus demselben Grund wie auch deshalb, weil der griechische Philosoph auch in anderen Disziplinen Sinnbild einer gelungenen "Renaissance" ist;
- den eklektischen Rückgriff auf andere Autoren, denn da das hohe Niveau der aristotelischen Schriften auf der Zusammenfassung und Ordnung der Meinungen anderer Philosophen beruht, darf der ihm ebenbürtige Kommentator in entsprechender Weise verfahren.

Diese Tendenzen sollen hier zunächst nur erwähnt werden; sie werden im Verlauf der folgenden Abschnitte genauer besprochen.

Robortello legitimiert sein Kommentieren also als Nachahmung der Haltung des Aristoteles, obgleich natürlich die Parallelisierung faktisch in der umgekehrten Richtung, vom Humanismus in Richtung auf die Antike geschieht: Robortello stilisiert den griechischen Autor nach dem Muster des Humanisten. Auch wenn es also den Anschein hat, daß Robortello sich auf eine vorweg gegebene Autorität stützen will und sich von der mittelalterlichen Orientierung an Aristoteles nur durch die Umdeutung von dessen Qualitäten unterscheidet, ist es doch tatsächlich der Humanist, der dem Aristoteles seine "auctoritas" verleiht, ist es somit der Kommentator, der sich gewollt oder ungewollt bereits mit dieser Einschätzung über den Philosophen erhebt.

2 Die Selbsteinschätzung des Kommentators

Auf dem Umweg über die Würdigung des Aristoteles beschreibt Robortello bereits zu einem beträchtlichen Teil seine eigenen Voraussetzungen und Leistungen. Diese Merkmale ergänzt er jedoch durch explizite Ausführungen über das Kommentieren, seine Bedingungen, seine Möglichkeiten und Grenzen.

Auffällig ist die Deutlichkeit, mit der er seinen Lesern, vor allem im Vorwort "Ad Lectorem" (fol. v v./vi r.), die Rolle des Kommentators zum Bewußtsein bringt. Dabei lassen sich wenigstens drei verschiedene Weisen der Selbstreflexion voneinander trennen: die Bestimmung des eigenen Verhältnisses zur Tradition, Überlegungen zu den geistig-methodischen Voraussetzungen eines fähigen Kommentators und die Artikulation seines subjektiven Anteils an der Deutung.

Robortello konnte ja mit vollem Recht einen hohen Neuheitsanspruch erheben, und er entwickelt in der Tat ein entsprechendes Selbstbewußtsein von seiner Arbeit. Zuvor setzt er sie aber offen der gelehrten Kritik aus und fordert sogar, an früheren Gelehrten – und dabei geht er wiederum bis zu Aristoteles zurück – gemessen zu werden. Im Zusammenhang mit der in der gesamten humanistischen *Poetik*-Rezeption vielfach erörterten Frage, ob Aristoteles' Traktat als vollständig oder fragmentarisch betrachtet werden müsse, trennt er scharf – und das zeigt uns bereits seine vergleichsweise differenzierte Haltung – zwischen dem äußeren Zustand des überlieferten Textes und der methodisch-inhaltlichen Seite der Schrift. Sie sei zwar unvollständig überliefert (S. 4), hingegen in bezug auf die Methode und die Verkettung der Erörterungen vollständig. Robortellos primäre Absicht sei es, diese innere Lückenlosigkeit darzustellen, sie durch seinen Kommentar klar hervortreten zu lassen. Die Gelehrten mögen urteilen, ob er dem Aristoteles in dieser Hinsicht tatsächlich gefolgt sei:

> His ego rationibus; adiumentisque usus fui in hoc Aristotelis libro explicando; nam quin integer sit; planè nihil dubito; quatenus ad Methodi; disputationumque seriem pertinet; Quid fuerim assecutus, docti iudicabunt; nam ego praeter summam diligentiam, et uigilantiam, nihil mihi arrogabo unquam. (fol. vi r.)

Die bewußt doppelgesichtige, auch mit rhetorischen Topoi spielende Haltung, die uns bereits begegnete und uns noch mehrfach beschäftigen wird, tritt hier besonders deutlich hervor: Robortello will nicht mehr als Sorgfalt und Aufmerksamkeit für sich beanspruchen. Zugleich sollen ihn diese bescheidenen Qualitäten befähigt haben, den zuvor ja als Inbegriff humanistischer Geistesschärfe definierten Aristoteles angemessen verstanden zu haben, also selbst dessen Niveau zu besitzen.

Ähnlich zweiseitig stellt sich seine Beziehung zu Vorgängern im engeren Sinne, also zu Philologen und Kommentatoren vorhumanistischer und humanistischer Zeit dar. Zunächst fordert Robortello vom Kommentator, sich kritisch mit früheren Übersetzungen und Auslegungen auseinanderzusetzen: ihre Fehler vor allem hälfen bei der eigenen Bemühung, denn sie seien Hinweise auf solche Textstellen, bei denen besondere Sorgfalt angezeigt sei. Auch hier betont Robortello übrigens, daß Aristoteles bei der Entwicklung seiner philosophischen Theorien ebenso verfahren sei:

> [...] etiam si priores interpretes lapsi sunt aliquando; adiuuant tamen suo errore, & lapsu caeteros, monentque, ut diligentius sibi caueant; & accuratius omnia perspiciant [...] (fol. v v.)

Robortello scheint sich gegen eine verbreitete Neigung humanistischer Kommentatoren zu wenden, die bereits zu ihrem Text vorliegende Kommentare anderer Verfasser zum Anlaß nehmen, den Vorgänger in polemischer Weise ihre Irrtümer vorzuhalten, deren Leistung damit zu schmälern und die eigene relativ zu vergrößern. Zu denken wäre etwa an Poliziano und seine oft heftige Kritik an den Kommentaren Domizio Calderinis zu Ovid und Statius. [14] Er lehnt damit aber auf der anderen Seite auch

[14] Vgl. Lucia Cesarini Martinelli: *In margine al commento di Angelo Poliziano alle "Selve"di Stazio*, in: Interpres 1 (1978), S. 96-145; Konrad Krautter: *Der 'Grammaticus' Poliziano in der Auseinandersetzung mit zeitgenössischen Humanisten. Zur Entwicklung der Philologie aus den 'studia humanitatis'*, in: August Buck/ Klaus Heitmann (Hrsg.): *Die Antike-Rezeption in den Wissenschaften während der Renaissance*, Weinheim 1983 (Deutsche Forschungsgemeinschaft. Kommission f. Humanismusforschung. Mitteilung 10), S. 103-116. – Robortello nimmt hier auch – ohne das beab-

die “einfachere“ Haltung – etwa Landinos – ab, nach der nur das zu kommentieren sei, was die Vorgänger ausgelassen haben, nach der also das Wissen über den zu interpretierenden Text additiv vervollständigt oder wenigstens erweitert werden kann. Für Robortello ist die Deutung ein langer, den einzelnen Kommentator auch überschreitender Vorgang, der sowohl Infragestellung der Tradition als auch Kontinuität ihr gegenüber einschließt. Sein Interpretieren bedeutet nicht nur Reflexion über den Text, sondern zugleich Reflexion über frühere Deutungen des Textes. Erst die neuere Hermeneutik hat diese Abhängigkeit des Interpreten von der Deutungsgeschichte als wesentlichen Faktor seines Vorurteils wieder herausgestellt. [15] Einem Humanisten wie Robortello scheint sie aber bereits in ihrer methodischen Tragweite bewußt gewesen zu sein.

Hierher gehört auch seine Beobachtung, daß der Beitrag des einzelnen Kommentators zur “Deutungsgeschichte“ immer nur begrenzt sein kann. Zur *Poetik* des Aristoteles habe etwa Averroës nur eine fehlerhafte fragmentarische Übertragung geliefert; der in bezug auf die Antike weit erfahrenere Giorgio Valla habe in seiner Übersetzung die Schwierigkeit, die “Eisglätte“ (“glacies“, “lubricitas“) vieler Stellen nicht erkannt und sei daher oft gestolpert (“lapsus“); Alessandro Pazzi schließlich korrigiere manches davon, irre aber gleichfalls noch häufig. Wenn man nun beiden Philologen, Valla und Pazzi, dankbar sein müsse, da sie mit ihren Fehlern den Weg zu den schwierigen Stellen gebahnt hätten, so werde er, Robortello, dennoch nicht frei von Irrtümern

---

sichtigen zu können – seinem Nachfolger Maggi den Wind aus den Segeln; Maggi läßt nämlich seinen eigenen *Poetik*-Kommentar mit einer ausführlichen Kritik an Robortello beginnen, mit der er dessen gesamten Kommentar diskreditieren will. Vgl. unten, Kap. II, S. 183 ff.

[15] Vgl. v. a. Hans-Georg Gadamer: *Wahrheit und Methode. Grundzüge einer philosophischen Hermeneutik*, Tübingen [4] 1975, S. 250ff.; Hans Robert Jauß: *Literaturgeschichte als Provokation der Literaturwissenschaft*, in Rainer Warning (Hrsg.): *Rezeptionsästhetik. Theorie und Praxis*, München 1975 (Uni-Taschenbücher. 303), S. 126-162.

sein. Er hoffe seinerseits auf einen Nachfolger, der ihn auf seine Fehler hinweise:

> Lapsos ego eos ostendam multis in locis; labar et ipse. Vtinam non desit, qui mihi parem gratiam aliquando referat; & placidè lapsum subleuet [...]. (fol. vi r.)

Es gibt für ihn nicht "den" Interpreten, sondern nur eine lange Reihe von Deutern, die alle partiell Recht haben. Möglicherweise repräsentiert Robortello hier eine grundsätzliche Haltung der Epoche. Die Fülle von Kommentaren zur *Ars poetica* des Horaz wie zur *Poetik* des Aristoteles mag in ihr eine unter gewiß mehreren Erklärungen finden. Man greift Horaz oder Aristoteles immer wieder von neuem auf aus der Einsicht in die wesensmäßige Unabgeschlossenheit der einzelnen Interpretation. Allerdings darf dieses Bewußtsein nicht modernistisch überinterpretiert werden. Auch wenn der einzelne Interpret die Unvollständigkeit seiner Deutung betont, steht dahinter doch die im Cinquecento noch unerschütterte Überzeugung, daß die fortgesetzte Deutung irgendwann das Ziel einer vollständigen Erklärung des Textes erreichen wird. Wie bereits in der Einleitung bemerkt wurde, mag die Sinnfindung für den Humanisten problematisch, verwickelt und langwierig sein; trotzdem relativiert er deswegen nicht den Sinn eines Textes an sich.

Für die genannte Einsicht in die Unabgeschlossenheit einer einzelnen Deutung spricht auch, daß viele der Horaz- und Aristoteleskommentatoren die vielfache Kommentierung bewußt, teilweise sehr ausführlich ansprechen. So weiß etwa Francesco Luisini, daß ihm bereits viele "docti homines" in der Kommentierung der *Ars poetica* vorausgegangen sind, Gelehrte, die unter größter Anstrengung und Mühe die Schätze ihres Geistes zusammengetragen haben. [16] Und dennoch bleibt der Traktat des Horaz

---

[16] Francesco Luisini: *In Librum Q. Horatii Flacci De Arte Poetica Commentarius (1554)*, Nachdruck München 1969 (Poetiken des Cinquecento. 19), fol. 2 r.

ein "liber obscurissimus", [17] das Luisini zugleich ein "dignum librum" nennen kann, würdig nämlich seiner Erklärungen. [18]

Vor ihm konnte Jacopo Grifoli bereits auf eine Fülle von Vorgängern zurückblicken: "Artem enim poeticam Horatij multi iam sunt interpretati". [19] Es scheint daher, so fährt er fort, als könne er nur zwei Dinge tun: bereits Geleistetes ("acta") bloß wiederholen oder die vorangegangenen Deutungen kritisieren ("aliorum iudicia reprehendere"). Das eine wäre aber ebenso dumm wie das andere arrogant, so daß er sich um eine gemäßigte Interpretationsweise – also einen offenbar beide Extreme meidenden Mittelweg – bemüht habe ("meae interpretationis modum temperaui"); [20] sein Ziel sei es, ohne einen der anderen Kommentatoren zu beleidigen seinen Beitrag zum gemeinsamen Nutzen ("ad communem fructum") beizusteuern. [21] Er habe die Freiheit seines Urteils (!) im gleichen Maß beansprucht, wie er jedem anderen dessen freies Urteil zubilligen müsse.

> Equidem iudicij mei libertate ita sum usus, ut suam omnibus reliquerim. [22]

Wie sehr Grifoli sich hier um Vermittlung zwischen dem Objektivitätsanspruch jeder Interpretation und der Subjektivität des Urteilens bemüht, zeigt auch die Fortsetzung seiner Gedanken. Jeder hat zu allen Zeiten das Recht, seine Meinung über umstrittene Dinge zu äußern, aber nur unter der Voraussetzung, daß er sich nicht von leichtfertigen Vermutungen, sondern von soliden

[17] Ebd., fol. 3 r.

[18] Ebd., fol. 2 r. – Es sei auch an die hermeneutische Aufwertung der "obscuritas" seit dem frühen Humanismus erinnert; vgl. oben den 3. Abschnitt der Einleitung.

[19] [Jacopo Grifoli:] *Q. Horatii Flacci Liber De Arte Poetica Iacobi Grifoli Lucinianensis Interpretatione Explicatus (1550)*, Nachdruck München 1967 (Poetiken des Cinquecento. 3), S. 6.

[20] Ebd.

[21] Ebd., S. 7.

[22] Ebd.

Begründungen leiten läßt. Die Auseinandersetzung mit einem Text ist für Grifoli ein Zusammenspiel der Meinung des Einzelnen und einer postulierten Allgemeingültigkeit der Deutung:

> At licuit semper, semperque licebit de rebus dubijs suam cuique sententiam explicare. cum presertim non leuibus quibusdam coniecturis ducti, sed firmis argumentis [...]. [23]

Von einer fast witzigen Seite her sieht Aldo Manuzio der Jüngere, der offenbar bereits Luisini zu dessen Kommentar angeregt hatte[24] das Problem. Er meint in bewußter Überzeichnung, es hätten schon so viele über Horaz geschrieben, daß die *Ars poetica* mittlerweile vielleicht mehr Interpreten als Verse habe:

> Ita enim multi in Horatij Artem Poeticam scripsere, merito ut dubitari possit, plures ne uersus sint, an interpretes. [25]

Er könne also die Zahl der Kommentare nur noch vergrößern. Aber er bietet trotzdem zwei Rechtfertigungen an. Zum einen bemerkt er rhetorisch, die bloße Erweiterung der Kommentarfülle durch den seinigen bedeute schon deshalb etwas, weil seine Schrift im Titel den Namen seines Gönners Bartholomaeus Capra trage.[26] Zum anderen aber leitet er seine Widmungsvorrede an ihn mit einem Hinweis auf die Verschiedenartigkeit der menschlichen Urteile über die Texte antiker Autoren ein; zwar schreibt er – wiederum rhetorisch – diese Erkenntnis seinem Adressaten zu, macht sie sich aber auch zu eigen:

---

[23]Ebd.

[24]Luisini, a.a.O. (s. Anm. 16), fol. 2 r.

[25]Aldo Manuzio: *In Q. Horatii Flacci Venusini Librum De Arte Poetica Commentarius (1576)*, Nachdruck München 1969 (Poetiken des Cinquecento. 20), fol. * ij v.

[26]Ebd., fol. * iij r.

> In explanandis antiquorum scriptis uaria esse hominum iudicia, BARTHOLOMAEE CAPRA, praeclare nosti. [27]

Aber seine bewußte Übertreibung der Kommentarsituation läßt ein drittes, unausgesprochenes Argument vermuten: daß ein historisch ferner Text wie der des Horaz (von vornherein ist ja nur von den "antiquorum scripta" die Rede) in der Tat so vielschichtig, so "dunkel" sein mag, daß die Zahl der Deutungsversuche sich mit gewissem Recht der der Verse des Traktats annähern kann.

Ein letztes und innerhalb der Epoche spätes Beispiel sei angeführt, das die bisherigen Beobachtungen recht deutlich illustriert: In der Auslegung eines Textes kann der einzelne Kommentator nur seinen begrenzten Beitrag liefern, der vorangehende Deutungen ergänzt bzw. korrigiert und der seinerseits dennoch durch nachfolgende ergänzt bzw. korrigiert werden muß. Antonio Riccoboni faßt im Vorwort zu seiner gegen Castelvetros Kommentar [28] gerichteten Aristotelesübersetzung von 1587 diesen Vorgang fast wie eine langfristige Diskussion auf, in der eine als falsch angesehene Meinung oder Haltung nicht im Raum stehen bleiben darf, auch wenn zuvor richtige Ansichten geäußert wurden. Die *Poetik* habe, so führt er aus, ein schweres Schicksal erlitten; zunächst sei sie von bedeutenden Kommentatoren erklärt worden, die sich bewährter Interpretationsweisen bedient hätten. Doch dann habe auch Castelvetro, ein zweifellos äußerst scharfsinnisinniger Mann, sich an die Auslegung des Textes begeben, mit dem Resultat, daß dessen spitzfindige Überlegungen nun die Dichtungstheorie zur verworrensten, unklarsten, schwierigsten und dunkelsten aller Künste gemacht hätten. [29] Man

[27] Ebd., fol. *ij r.

[28] Lodovico Castelvetro: *Poetica d'Aristotele vulgarizzata et sposta*, Wien 1570 und Basel 1576. Vgl. unten Kap. III.

[29] Antonio Riccoboni: *Poetica Aristotelis Latine Conversa (1587). Com-*

sieht hieran zugleich, wohin die erörterte humanistische Ambivalenz zwischen sujektivem Urteil und objektivem Textsinn in der Auflösung des Humanismus führt: Einerseits – bei Castelvetro – zur Dominanz des subjektiven Standpunkts, der den kommentierten Text mehr und mehr überlagert, in einer Weise, die die Zeitgenossen vielleicht noch deutlicher bemerkten als der heutige Leser. Andererseits zu einem letzten Festhalten an der humanistischen Überzeugung, daß der reine, ursprüngliche Sinn nur im Text selbst zu finden ist: Riccoboni setzt dem Kommentar Castelvetros eine lateinische Übersetzung der aristotelischen ***Poetik*** entgegen. [30]

Zurück zu Robortello und zu den von ihm verlangten Bedingungen des Interpretierens. Welche Voraussetzungen muß der Kommentator im einzelnen mitbringen? Es ist nur folgerichtig, daß Robortello der für Vor- und Nachwelt verantwortungsvollen Rolle des Einzelinterpreten entsprechend einen hohen Maßstab an sich selbst anlegt. Der Kommentator soll neben allgemein für den Gelehrten typischen Fähigkeiten vor allem über
- eine scharfe Urteilskraft,
- einen möglichst weiten theoretischen Horizont,
- eine Vielfalt im historischen Wissen,
- eine große Belesenheit und
- Reflexion der dem kommentierten Text immanenten Methoden

verfügen.

Ausgehend von der zu seiner Zeit verbreiteten Ansicht, die ***Poe-***

---

pendium Artis Poeticae Aristotelis (1591), Nachdruck München 1970 (Poetiken des Cinquecento. 22), fol. *4. – Riccobonis Ansicht bestätigt – am Rande bemerkt – zwei Beobachtungen: 1. Die früheren Kommentatoren – er spielt sicher auch auf Robortello an – applizieren humanistische ("bewährte") Bedeutungsprinzipien auch nach der Meinung des späten Cinquecento. 2. Das Ziel der Kommentierung lag in der Erhebung der Poetik zu einer geordneten, klaren Theorie, zu einem gegliederten System.

[30] Gleichwohl zeigt diese Übersetzung Züge des Kommentars, ja sogar der systematischen Dichtungstheorie: Riccoboni gliedert den Text logisch-inhaltlich durch Zwischenüberschriften, versucht ihn also auch äußerlich sichtbar als Systematik erscheinen zu lassen.

tik des Aristoteles sei so dunkel, daß sie vielleicht niemand ganz verstehen könne (eine ähnliche Ansicht herrschte ja über die *Ars poetica*, wie oben zu sehen war),

> librum hunc Aristotelis de arte poëtica obscurißimum esse adeò, ut à nullo posset satis intelligi (fol. v v.)

betont er, wie sehr ihm bewußt sei, daß ein so schwieriger Text Klugheit, Eifer, Wachsamkeit, sorgfältiges Suchen, Spürsinn und genaues Erforschen voraussetzt.

> Sciebam equidem in tanta rerum obscuritate homine in primis opus esse sagace, ac bene nauo, qui nuspiam dormitaret, omnia diligenter perscrutaretur, subodoraretur, perquireret [...]. (fol. vi r.)

Dies alles sind Forderungen, die man als typisch für die humanistische Gelehrsamkeit bezeichnen kann, wenngleich Robortello sich doch sichtlich um Differenzierung der allgemeinen Qualitäten bemüht und sie in den darauffolgenden Erörterungen vor allem nicht als abstrakte Postulate stehen läßt, sondern sie im Blick auf die praktische Arbeit des Interpreten konkret ausfüllt. Zum typisch humanistischen Charakter der obigen sechs Eigenschaften gehört auch, daß sie sich ausnahmslos auf das geistige Vermögen des Individuums beziehen. Noch mehr wird dieses in seiner entscheidenden Funktion jedoch durch den Begriff des "iudicium" herausgestellt. Mit der Urteilskraft des Einzelnen steht oder fällt dessen Auslegung. Sie ist notwendig, um auf der einen Seite die dem Text inhärenten Probleme genau zu durchdenken und um diese auf der anderen Seite angemessen darstellen und begründen zu können. Die persönliche Urteilskraft entscheidet sowohl über die Erkenntnis, das Verstehen wie über die Weitervermittlung an den Leser:

> Habeat praeterea [qui libros explicat], excogitatas quaestiones, nam eas aptè effingere, ac constituere maximi est iudicij [...]. (fol. v v.)

Diese Bedingung zeigt sich auch in umgekehrter Weise. Wenn er, so meint Robortello, sich in seinen Auslegungen geirrt haben sollte, so gehen diese Irrtümer nicht auf Unkenntnis der Probleme, d.h. der Schwierigkeiten des Textes zurück, sondern allein auf mangelnde Urteilsfähigkeit.

> Si erraui, non difficultatis ignoratione, sed iudicio planè erraui. (ebd.)

Mehr noch: Aristoteles habe seinen Traktat absichtlich so verfaßt, daß er nicht jedem, sondern nur den scharfsinnig Urteilenden zugänglich sein sollte, ja daß er sogar die Urteilsfähigkeit herausfordern und schärfen würde:

> Fuit ab eo uiro conscriptus, qui cum posset omnia apertißimè proferre; maluit tamen ita scribere, ut tardos, desidesque homines à suorum librorum lectione deterreret, defatigaret, reijceret, retunderet; Ingeniosos autem, & acutos magis oblectaret, inuitaret, incitaret, exacueret. (ebd.)

An der *Poetik* scheiden sich also gewissermaßen die Geister, die klarsichtigen von den schwerfälligen. Der Traktat ist somit vom Cinquecento auch als Prüfstein für die Möglichkeiten des gelehrten Denkens aufgefaßt worden; und Robortello stellt sich ausdrücklich auf die Seite derer, die sich in diesem Sinn von der *Poetik* kühn provozieren lassen, wenn er Licht in jene Probleme des Textes zu bringen glaubt, "quae alij reiecerant propter obscuritatem" (ebd.).

Bis hierher sind Robortellos Postulate noch immer verhältnismäßig abstrakt; es gelingt ihm aber, den allgemeinen Anspruch durch verschiedene Einzelforderungen an den Kommentator auszufüllen – sie wurden oben bereits kurz erwähnt. Der Interpret muß zunächst über ein Gesamtverständnis des Textes verfügen; er muß bis zu einem bestimmten Grade bereits das

Ganze verstanden haben, bevor er sich an die eigentliche Auslegung gibt. Andernfalls – so Robortello – besteht die Gefahr, daß die Einzelfragen des kommentierten Textes nicht in der rechten Relation oder Gewichtung gegenüber dem übergreifenden Thema erscheinen:

> [...] cùm saepè periculum sit; ne inanes, aut leuiores, minusque ad rem, de qua agitur, pertinere uideantur; aliundeque enasci, quàm ex authoris proposito; [...]. (ebd.)

Hinter dieser Forderung steht, wie der Schluß der zitierten Stelle zeigt, die humanistische Suche nach der "intentio" oder dem "propositum auctoris", die jedoch – das war in Polizianos Ovid-Kommentar zu sehen [31] – mit dem "Thema"des Textes, seiner übergreifenden "Idee" zusammenfällt. Aber nur auf den ersten Blick wiederholt Robortello das traditionelle Schema des Kommentarproömiums; wir meinen, daß er es um einen entscheidenden Schritt in Richtung auf eine kritische Reflexion des Schemas weiterentwickelt. So gehört zum erwähnten Gesamtverständnis vor allem das Erkennen der inneren Struktur, der Gliederung des Textes, denn von ihr muß der Kommentator sein Vorgehen, seine "Methode" abhängig machen:

> Postremò libri totius, omniumque disputationum partitionem, quae mirificè illustrant omnia, habent in promptu, quam sequantur: ut ad eius normam ueluti quandam totam methodum perpendere possint. (ebd.)

Zwei Dinge müssen hier hervorgehoben werden: Robortello scheint erstens sagen zu wollen, daß jedem Text aufgrund seiner Struktur bereits der Maßstab ("norma") seiner Interpretation mitgegeben ist. Sicher hat Robortello damit keine subjektive Relativierung der Interpretation im Sinn, doch ist wohl nicht

---

[31] Vgl. Teil A, Kap. I, S. 61 f.

abzustreiten, daß ihm zufolge der Interpret nicht ein vorgegebenes Deutungsschema an den Text herantragen kann; er muß vielmehr sein Vorgehen erst im Zusammenspiel mit dem Text entwickeln. Zweitens betont er – und auch das klingt recht modern – die Rolle der Methodenreflexion; der Exeget soll aufgrund der Textkenntnis die nötige Verfahrensweise "gründlich erwägen" ("perpendere"). Das zeigt aber zugleich, daß er bei aller Hervorhebung der Individualität eines Kommentators vor Subjektivität warnt. Daher erscheint ihm die Mühe der methodischen Überlegung besonders groß für den Interpreten, der nicht auf Vorgänger zurückgreifen kann. Die Wahl der Methode ist also nicht ganz beliebig dem Einzelnen anheimgestellt, im Idealfall müßte jeder Kommentator eines bestimmten Textes zum selben Verfahren gelangen. Trotzdem: es bleibt auch dann die Abhängigkeit der Auslegungsweise vom kommentierten Text.

Die enge Textbezogenheit der Deutung ist bestimmend auch bei den übrigen Fähigkeiten, die das Gesamtverständnis voraussetzt. Robortello spricht an einer späteren Stelle seines Vorworts von "Methode" in einem zweiten Sinn; es ist hier die dem Text bzw. seinem Inhalt, seinen Argumentationen innewohnende Methode, die "methodus Aristotelis", die der Interpret ebenfalls aufmerksam beachten muß. Die *Poetik* verlangt einen Kommentator,

> qui [...] methodum Aristotelis, quam in hoc libro conscribendo seruauit, sedulò obseruaret (fol. vi r.).

Zwischen diesen beiden Bedeutungen von "methodus"in Robortellos Vorwort muß klar unterschieden werden. Die "Methode" des Kommentators, von der oben die Rede war, ist nicht – wie man aufgrund der Verwendung desselben Terminus vermuten mag – einfach die Umsetzung der "Methode" des kommentierten Autors; Robortello ist sich wohl der Verschiedenheit beider theoretischer Ebenen bewußt. Vielmehr stellt die "methodus Aristotelis" eines von mehreren Textelementen dar, die erst in ihrem Zusammenwirken die "methodum interpretis" bestimmen. Die dem Text immanente Methode steht als Objekt der Deutung auf derselben Stufe wie die Erkenntnis der Textgliederung oder auch das im Text enthaltene Wissen. [32] Diese umfassende historische Sachkenntnis ist die letzte der von Robortello vorausgesetzten Fähigkeiten. Aber er meint hier wohl nicht mehr die universale Gelehrsamkeit, die der Humanismus seit seinen Anfängen auch vom Kommentator forderte, [33] die aber in ihrer diffusen Weite sicher immer Utopie geblieben ist. [34] Das humanistische Ideal konkretisiert sich in einer Epoche der Bilanz, wie sie das Cinquecento darstellt, auf das real Notwendige und Mögliche. Robortello fordert umfassendes, aber textbezogenes Wissen. Der Interpret der aristotelischen Poetik soll nämlich, um das zur Diskussion stehende Sachgebiet zu beherrschen, die alten Dichter eifrig lesen und die ganze antike Bühnenkunst vor Augen haben; er fordert, daß der Kommentator

> Antiquitatem omnem teneret scenicam praesertim; diligenter lectitaret, aut lectitasset potius, omnia ueterum poëtarum scripta [...] (fol. vi r.).

Wie weit er selbst in seinem Kommentar diese Forderung erfüllt hat, will er seinen Lesern durch Angabe jeder benutzten Quelle offenlegen. Wo Aristoteles seinerseits andere Autoren zitiert, habe er solche Stellen im Rahmen seiner Möglichkeiten verifiziert. (Von seinem textkritischen Vorgehen im eigentlichen Sinn wird noch zu handeln sein, und ebenso davon, daß er mit den "Omnia ueterum poëtarum scripta" speziell die auf die *Poetik*

[32] Der Vollständigkeit halber sei angemerkt, daß im Kommentar wenigstens noch eine dritte Bedeutung von "methodus" vorkommt, nämlich als das planvolle Arbeiten des Dichters. Vgl. z.B. S. 210: "Pergit adhuc Aristoteles tradere methodum, ordinemque quo progredi debet poeta ad scribendas tragoedias."

[33] Vgl. Teil A, Kap. I, S. 43 ff.

[34] Bezeichnend ist hier die Skepsis, die Minturno in *De poeta* gegenüber dem Ideal einer universalen Bildung äußern wird. Vgl. unten Teil C, Kap. II, S. 336. – Zum realitätsfernen Charakter des humanistischen Postulats vgl. auch Kristeller, a.a.O. (s. Anm. 8), Bd. 2, S. 223 f.

beziehbaren literarischen Beispiele meint.) Wiederum setzt sich Robortello also freimütig der Kritik seiner gelehrten Zeitgenossen aus:

> Et quamuis ingenij mei imbecillitatem optimè nossem: conatus tamen sum, quicquid uigilantia, & labore potui aßiduo assequi in ueterum lectione; in qua non inficior me multos annos uersatum; id totum in medium afferre. Si quo loco ex antiquis authoribus loca citantur; perquisiui diligenter; ac multa sane inueni; (ebd.)

Solche Freimütigkeit setzt voraus, daß der Kommentator bei aller rhetorischer Bescheidenheit ("quamuis ingenij mei imbecillitatem optimè nossem"), die zu den typischen Bestandteilen nicht nur der Proömien humanistischer Exegeten gehört, [35] von der Solidität seiner eigenen Leistungen fest überzeugt sein kann. Dieses Selbstbewußtsein kommt im eigentlichen Kommentar zur *Poetik* immer wieder zum Vorschein. Robortello sieht sich auch dort zu Recht als Vermittler und weiß, wie sehr die Qualität der Erläuterungen von seiner Zuverlässigkeit abhängt – so zum Beispiel bei der Erörterung des griechischen Terminus der "parodiai":

> *Quantum ego perspicere potui*: Ii poetae vocabantur ab antiquis Parodi, qui vilissima tractabant argumenta, & maledicentiae plenissima. (S. 22; unsere Hervorh.)

Robortello macht deutlich, daß er expliziert, was der Text als bekannt voraussetzt. Der Kommentator – und das ist überhaupt eine seiner wichtigsten Aufgaben – hat eine Wissensdifferenz zu überbrücken; doch die Kenntnisse sind nicht einfach zugänglich, sie erfordern Nachforschungen des Kommentators. Sein Wissen ist ausschlaggebend für die Folgerungen, die der Leser aus Formulierungen des aristotelischen Traktats ziehen wird.

[35] Vgl. Ernst Robert Curtius: *Europäische Literatur und lateinisches Mittelalter*, Bern/München [9] 1978, Kap. 4, §§3 und 4, S. 93 ff.

An manchen Stellen ist er sich in einem erstaunlichen Maß seiner Sache sicher, also von der Richtigkeit – und das heißt auch: Verbindlichkeit – seiner Interpretationen überzeugt. Gerade aus seinen genauen Nachforschungen und der kritischen, viele methodische Schwierigkeiten reflektierenden Haltung bezieht er offenbar die Überzeugung, seine Deutungen ausreichend fundiert zu haben. Das Ausmaß seiner persönlichen Bemühungen garantiert ihm, wie es scheint, eine generelle Nachvollziehbarkeit seiner Folgerungen. So sagt er an einer Stelle:

> Hic est Aristotelis sensus, vt puto; qui volet, conferat cum contextu [d.h. mit dem Originaltext] singula, quae à nobis dicta sunt, & perspiciet omnia esse verissima. (S. 24)

Anders ausgedrückt: Die Bemühungen des Interpreten als eines urteilenden Individuums richten sich auf die Erkenntnis literaturtheoretischer Prinzipien, die von allen Individuen einsehbar sind. Die Verstehensleistung des Einzelnen als eines Einzelnen ist also umso mehr wert, je deutlicher sie nicht an das Subjekt gebunden ist, sondern allgemeine Einsichten offenlegt. (Auch dieser Aspekt wird weiter unten näher zu betrachten sein.)

Hieraus leitet Robortello auch das weiter oben [36] erwähnte Recht ab, gegen mögliche Einwände nicht nur Aristoteles selbst zu Wort kommen zu lassen, sondern seine eigene, als allgemeingültig vorausgesetzte Meinung anzuführen. Und hieraus resultiert gleichfalls seine Neigung, die Auslegungen explizit als seine Gedankengänge hinzustellen -

> Nunc redeo ad institutum sermonem vnde sum digressus. (S. 138 u. ö.) –,

schließlich aber auch seine Freiheit, Folgerungen mit gewissen Vorbehalten auszudrücken:

---

[36] Vgl. oben S. 115

> Sed ego *crediderim* [...] (S. 138)
> Hanc *ego* discrepantiam, quam mihi perspexisse *videbar* [...], exponere *volui.* (S. 206)
> Hunc *ego* locum Aristotelis ita intelligendum *puto* [...] (S. 211)
> [...] nam satis, *opinor*, patet tota Aristotelis praeceptio [...] (S. 225)
> [...] vt *ego* interpretandum *puto* [...] (S. 284)

Sein vorsichtiges Zögern unterstreicht an solchen Stellen ja nur sein bedächtiges, umsichtiges Vorgehen.

3 Das Gesamtverständnis als Voraussetzung der Deutung

Bislang ging es hauptsächlich um solche Voraussetzungen des Kommentierens, bei denen es sich um implizite oder explizite Postulate des Autors, um seine Selbstbestimmung handelte. Im folgenden dagegen wird nach der Realisierung dieser Konzeptionen zu fragen sein. Dabei ist es sinnvoll, die Beobachtungen in Anlehnung an Robortellos Forderungen zu gliedern.

An erster Stelle ist an seine Ansicht zu erinnern, derzufolge der Deutung ein Gesamtverständnis des interpretierten "Themas" vorauszugehen habe, ein Vorverständnis, aufgrund dessen sich eine ausgewogene Beziehung der Einzelprobleme zum übergreifenden Sachzusammenhang ergeben soll. Im Fall des *Poetik*-Kommentars bedeutet dies, daß Robortello der fortlaufenden Texterklärung eine Skizze der Poetik als wissenschaftlicher Disziplin vorausschickt (S. 1-4); andere Kommentatoren – Maggi, Lombardi, Vettori – werden ihm in diesem Vorgehen folgen, aber in Einzelheiten davon abweichende Lösungen finden. Nun ist ja die Erörterung der übergreifenden Fragestellung des kommentierten Textes, verglichen mit der Tradition des vorhumanistischen wie des humanistischen Kommentars nichts an sich Neues – wir wiesen oben schon darauf hin. Robortellos Skizze der Poetik nimmt die Stelle ein, die im herkömmlichen Accessus oder Proömium der "intentio" oder dem "propositum" zufiel. Aber der Kommentator geht hier weit hinaus über die Erklärung, um welches Thema es sich im auszulegenden Text handle. Der Systemcharakter der Poetik als Disziplin, den der Humanismus schon im 15. Jahrhundert intendierte und der nun auf der Grundlage des aristotelischen Textes realisiert werden soll, wird ja bereits gewissermaßen als "Arbeitshypothese" vorausgesetzt. Die Zirkularität der Deutung wird mithin von Robortello deutlicher akzeptiert, als das bei der Erörterung des "propositum auctoris" notwendig war. Bemerkenswert ist dabei, daß er einen systematischen Charakter der Poetik zunächst nur im Rahmen der aristotelischen Schriften definiert, dann aber in einem weitergehenden, überhistorischen Sinn, indem er die Auffassungen des Aristoteles mit platonischen wie mit horazischen logisch zu vereinbaren versucht. Gleichzeitig erscheint in seiner Argumentation das Phänomen der Dichtung zunächst als Teil der Rhetorik, dann aber zunehmend als eigenständiger Bereich. (Auch in dieser Hinsicht kann man bei Maggi und Lombardi etwas Ähnliches beobachten.) [37]

Ganz im Sinne rhetorischer Tradition ordnet Robortello die poetische "facultas" zu Beginn in die fünf rhetorischen Genera ein: Dichtung wird als fabulierende Sprachkunst definiert, als "oratio ficta et fabulosa" (S. 1 f.). Dabei stützt er sich, seinen eigenen Angaben nach, auf die Kriterien des Aristoteles, nämlich auf die *Rhetorik* und die *Topik*. Etwas später dagegen ist die Poe-

[37] Die Überzeugung von einer gegenüber der Rhetorik selbständigen Poetik (als Tendenz war sie bereits in Teil A zu beobachten) findet sich auch im fortlaufenden Kommentar mehrfach. So etwa an einer Stelle, wo Robortello einen Widerspruch zwischen Auffassungen Aristoteles' und Ciceros in bezug auf das Wahrscheinlichkeitsprinzip erörtert. Cicero gestehe auch dem Historiker zu, die Wahrheit durch Wahrscheinliohes auszuschmücken. Das bringt Robortello – wir können auf seine Diskussion im einzelnen nicht eingehen – schließlich zu einer Trennung der Rhetorik als Mittel der Gestaltung sowohl von der Poetik als auch von der Historiographie (S. 90; Ähnliches auch S. 113, 126, 223).

tik nicht mehr in der Redekunst enthalten, sondern ihr insgesamt, dem "sermo persuadens", als "sermo imitans" entgegensetzt;

> [...] dicimus in poêtice finem esse, sermonem imitantem, sicut in rhetorice sermonem persuadentem. (S. 2)

Und auch in dieser Ablösung kann sich Robortello auf Aristoteles berufen, insoweit als er die Selbständigkeit der Dichtung am Begriff der Nachahmung festmacht.

Auf diese Weise verschafft er sich aber nicht nur einen glaubwürdigen Beleg für seine Behauptung; er hat zugleich – andeutungsweise zumindest – die ***Poetik*** des Aristoteles dessen anderen Schriften zugeordnet. Doch er geht noch weiter, indem er sie auch in Beziehung zur platonischen Philosophie stellt: Wenn die poetische "facultas" Erfindung und Nachahmung als indirekte Darstellung bedeutet, dann muß der Dichter über eine starke Vorstellungskraft verfügen; die aber sieht Robortello in Platons "furor poeticus" beschrieben (S. 3). Die Inspirationslehre wird nicht nur mit der aristotelischen Nachahmung harmonisiert – das wird ja in der Renaissance mit wechselnder Akzentuierung häufig versucht –, sondern ihr logisch vorangestellt.

Ganz ähnlich zieht Robortello eine Verbindungslinie von Aristoteles zu Horaz: Indem er die alte Anschauung von der Dichtung als einer leichter faßbaren Philosophie aufgreift, die den "poeta philosophus", "doctus" oder "eruditus" vorraussetzt,[38] stellt er Nachahmung und Erfindung des Dichters in den Dienst der Belehrung und insbesondere der moralischen Besserung der Menschen (S. 3 f.). Wie man vor allem an diesem Gedankengang sieht, bringt Robortello in seinem systematischen Abriß keine grundsätzlich neuen Meinungen vor, vielmehr faßt er offenbar alle ihm aus der Tradition bekannten Ansichten zusammen, so wie sie

[38]Vgl. August Buck: *Der Begriff des "poeta eruditus" in der Dichtungstheorie der italienischen Renaissance*, in A. B.: *Die humanistische Tradition in der Romania*. Bad Homburg/Berlin/ Zürich 1968, S. 227-243.

sich seit dem ausgehenden Mittelalter, besonders seit Boccaccios Göttergenealogien, [39] auch durch die zahlreichen Traktate zur Verteidigung der Dichtung ziehen. [40]

Fassen wir die genannten Aspekte zusammen; Robortellos "Vorverständnis" als Teil des Kommentars bedeutet dreierlei:

- Er will darlegen, was Aristoteles selbst als "Vorverständnis" von der Poetik voraussetzt und was vermutlich dem antiken Leser geläufig war. Auf diesem Weg will er die "desuetudo" seiner eigenen Zeit gegenüber dem Gegenstand und damit die vermeintliche, nämlich nur relative Dunkelheit der ***Poetik*** verringern (vgl. fol. v v.).
- Er faßt zusammen, was bis zu seiner Zeit über die Dichtung gedacht wurde, beschreibt also – modern gesprochen – seinen eigenen "Rezeptionshorizont" wie den seiner gelehrten Leser.
- Er zielt darauf ab, die Gesamtheit des Wissens von der Dichtung als System einer selbständigen Disziplin zu erweisen, das sich durch die Auslegung der aristotelischen Poetik erschließt.

---

[39] Giovanni Boccaccio: *Genealogie deorum gentilium libri*, a cura di Vincenzo Romano, 2 Bde., Bari 1951 (Scrittori d'Italia. 200/201). – Vgl. August Buck: *Boccaccios Verteidigung der Dichtung in den "Genealogie deorum"*, in: G. Tournoy (Hrsg.): *Boccaccio in Europe. Proceedings of the Boccaccio Conference, Louvain, December 1975*, Leuven 1977 (Symbolae. Series A. 4), S. 53-65; Ermanno Scuderi: *Boccaccio e la difesa della poesia*, in: Orpheus 15 (1968), S. 183-199.

[40] Vgl. August Buck: *Italienische Dichtungslehren vom Mittelalter bis zum Ausgang der Renaissance*, Tübingen 1952 (Beihefte zur Zeitschrift für romanische Philologie. 94), Kap. III, 2, S. 67 ff.; Weinberg: *A History* (s. Anm. 1), Kap. VII, Bd. 1, S. 250 ff. – Vgl. auch Antonio Stäuble: *Francesco da Fiano in difesa della poesia*, in: Bibliothèque d'Humanisme et Renaissance 26 (1964), S. 256 f., Anm. 3, sowie Vf.: *Dichtungstheorie in der italienischen Renaissance. Ein Bericht über ihre Erforschung seit 1960*, in: Romanistisches Jahrbuch 32 (1981), S. 48-68, bes. S. 50, Anm. 10 und S. 60-62.

Auch diese Aspekte werden im weiteren Verlauf des Kapitels näher zu betrachten sein.

4 Textkritik. Der Stellenwert philologischer Vorarbeit

Durch die wichtige, für das Verstehen entscheidende Rolle, die Robortello der Textkritik zuerkennt, erweist er sich in ausgezeichneter Weise als Fortsetzer humanistischen Kommentierens. Doch hat das Philologische im engeren Sinn bei ihm nicht mehr den Eigenwert, den ihm mancher Philologe des 15. Jahrhunderts zuzuerkennen scheint. Dort fällt die Rezeption des antiken Textes häufig mit seiner rein philologischen Wiederherstellung zusammen; Textkritik ist dort Deutung. Mit der Beseitigung falscher Lesarten verschwinden Sinnentstellungen, die ursprüngliche Bedeutung wird freigelegt. Noch mehr als bei Poliziano wird bei Robortello nun die textkritische Überprüfung zum bloßen Mittel, zu einem unter vielen Schritten der Auslegung, ja zu deren Vorstufe. Sie legt den Sinn nicht frei, sondern macht ihn allenfalls sicherer zugänglich. Gleichwohl gilt sie Robortello als unumgänglich, besonders in folgenden Punkten: Der Kommentator muß Zitate im kommentierten Text soweit als möglich verifizieren und die Quellen ermitteln. Verderbte, das Verständnis verstellende Lesarten soll er durch Vergleich mit anderen Handschriften oder durch Rückgriff auf die Meinungen anderer korrigieren. Schließlich hat er offenzulegen, welche Bücher, also Codices, er benutzt und wo sie zu finden sind. [41] Besonders diese Forderung zeigt, wie sehr es Robortello nicht nur auf den Text selbst, sondern auf Objektivität, oder besser: Intersubjektivität und damit auf Nachprüfbarkeit seiner Behauptungen durch den gelehrten Leser ankommt:

[41] Robortello bezeichnet den in der Medici-Bibliothek gefundenen Codex aus der Hand Polizianos ("Politiani manu descriptus", fol. vi r.) als den verläßlichsten; ihm war also bekannt, daß schon Poliziano die *Poetik* studiert hatte.

> Si quo loco ex antiquis authoribus loca citantur; perquisiui diligenter; ac multa sane inueni; alijs, quae inuenire non potui; quàmuis pauca sunt, ex non dißimilibus lucem addere conatus sum. Loca deprauata quàmplurima correxi (uti mihi uideor) ex manuscriptorum librorum lectione, & sententia doctißimorum authorum, qui de eadem re scripserunt; Quatuor enim ego usus sum libris; tribus manuscriptis [...] (fol. vi r.)

Hiernach folgen die Beschreibung und die Angabe des Standorts der Manuskripte. Robortello hält sich im fortlaufenden Kommentar tatsächlich recht genau an seine Grundsätze. Einige Hinweise dazu mögen genügen. Er weist von Zeit zu Zeit – als wolle er auch den Leser an die philologischen Voraussetzungen seiner Arbeit erinnern – darauf hin, daß er bei seiner Auslegung Manuskripte vor Augen hat. [42] Dem Übersetzer Alessandro Pazzi, mit dem er durchweg streng ins Gericht geht, hält er unter anderem vor, er übersetze nicht nach dem Manuskript, sondern nach dem "vulgatus liber". [43] An anderen Stellen führt er vor, in welcher Weise, aufgrund welcher Kriterien er bei zweifelhaften Passagen die vorhandenen Codices miteinander vergleicht. [44] Immer wieder diskutiert er Lesarten, jedoch – das erwähnten wir schon – ohne dabei die wichtigere inhaltliche Deutung aus dem Blick zu verlieren. [45] Und schließlich sucht er dort, wo Aristoteles sich mit kurzen Hinweisen oder bloßen Anspielungen auf theoretische oder literarische Texte begnügt, nach Möglichkeit die Quellen auf, verifiziert die Zitate und gibt sie oft im Wortlaut wieder. [46]

---

[42] Vgl. z.B. S. 132, 147 u. ö.

[43] Vgl. S. 240 u. ö.

[44] Vgl. S. 187, 189, 191 u. ö.

[45] Vgl. S. 209, 236 f., 243, 253, 261, 263 f., 285, 288, 293, 296, 308, 311, 312.

[46] Vgl. S. 294 ff.

Neun Jahre nach dem Aristoteles-Kommentar veröffentlichte Robortello seinen Traktat *De Arte Sive Ratione Corrigendi Antiquorum Libros*, [47] in dem er die gleichen Grundsätze detaillierter darlegt und vor allem die Textkritik erstmals als Methode, ja als wissenschaftliche Disziplin ("ars") darstellen will. [48] Es verwundert zunächst, daß der erste textkritische Traktat des Humanismus erst 1557 erscheint, nachdem seit fast zwei Jahrhunderten humanistische Philologie praktiziert wird. Das späte Entstehungsdatum zeigt aber ein weiteres Mal, daß die humanistischen Methoden wohl erst jetzt so weit gereift sind, daß sie als systematisch beschreibbar aufgefaßt werden können. In der Tat sucht Robortello auch hier nach einem Gefüge von Kriterien, da nur ein methodisches Vorgehen Voraussetzung eines richtigen Verstehens sein könne. [49] Aufgrund dieser exemplarischen Haltung gewinnt der Traktat Bedeutung nicht nur für die Geschichte der Textkritik; er wirft vielmehr ein Licht auch auf das Interpretationsverständnis des späteren Humanismus im allgemeinen. Die Argumentationen Robortellos, vor allem die zur Illustration herangezogenen Beispiele zeigen zum einen, daß der Traktat aus der Kommentarpraxis heraus entstanden ist und auch der Auseinandersetzung mit der *Poetik* und der *Rhetorik* des Aristoteles wohl viel verdankt. Zum anderen formuliert Robortello seine Grundsätze fast überall so, daß die Textkritik zwar als separate "Methode", aber doch immer in den umfassenden Prozeß der Auslegung verwoben erscheint.

So legt er bereits zu Beginn seiner Ausführungen dar, daß "praecepta" dazu dienen, eine Sache besser zu verstehen (sie sind somit nicht, wie in bezug auf das Cinquecento oft mißverstanden wird, "Vorschriften"). Denn genaue Präzepte liefern Kriterien, die einen Gegenstand, einen Wissens- oder Lebensbereich glie-

---

[47] *Francisci Robortelli Utinensis De Arte Sive Ratione Corrigendi Antiquorum Libros Disputatio*, introduzione, testo critico, traduzione, commentario, indici a cura di Giuseppe Pompella, Napoli 1975.

[48] Ebd., S. 39.

[49] Ebd.

dern helfen. Erst solchermaßen gewonnene Kriterien ermöglichen Urteile. [50] Genau dieser allgemeinen Bedingung untersteht nun auch die Textkritik: Die philologische Korrektur antiker Texte ist deshalb wichtig, weil Worte Wissen vermitteln und wir ohne den korrekten Text kein Wissen von den Dingen erhalten; ohne dieses ist wiederum kein Verstehen mglich, denn oft verstellt ein einziges korrumpiertes Wort einen wesentlichen Begriff. [51] Wie schon im Aristoteles-Kommentar beschreibt Robortello damit zugleich die grundsätzliche Zirkularität des Verstehens; die Textkritik führt letztlich zu Erkenntnissen, aber der Emendator muß bereits ein breit angelegtes Wissen, "infinitam eruditionem" mitbringen, er muß zuvor viel gelesen haben – einschließlich der neuesten Äußerungen zu einem Problem. Er muß also – in heutiger Terminologie – auf dem aktuellen Stand der Forschung sein.[52] Er soll die Antike als solche kennen, dann im besonderen die antike Graphie und die antiken Sprachen (Lexik und Grammatik). Die Kenntnis dieser Dinge aber erhält er aus der Lektüre antiker Werke:

> Nam ingenium habere bene subactum et excultum, multis esse instructum disciplinis, perlegisse antiquos grammaticos, qui veterum loquendi rationem observarunt, evolvisse ipsos auctores diligenter, antiquitatis totius notionem habere, interiora haec sunt, in animoque eius sita, qui hoc profitetur. [53]

Robortello belegt die Gültigkeit dieses Prinzips an zahlreichen Textbeispielen, in denen in der Tat nur ein differenziertes, bei der textkritischen Arbeit vorauszusetzendes Wissen wiederum zu Wissen führt.

---

[50] Ebd.
[51] Ebd., S. 39 f.
[52] Ebd., S. 40.
[53] Ebd., S. 44.

5 Der "contextus": der originale, einmalige Wortlaut

Robortello demonstriert in seinen Beispielen aber auch eine weitere Bedingung seiner Auffassung von Interpretation, die zugleich zum *Poetik*-Kommentar zurückführt. Wie er Kriterien der Emendation jeweils aus dem Zusammenhang der Antikekenntnis ("antiquitatis totius notio") gewinnt, so verliert er bei der Überprüfung eines einzelnen Passus nie den Kontext aus dem Auge. Mit einer auffälligen Vorliebe greift er zum Begriff "contextus"[54] als Bezeichnung eines Wortlauts des Originaltextes. Daß er damit den längeren, den Sinn einschließenden Zusammenhang meint, zeigt auch die Tatsache, daß er daneben für die kürzere Textstelle den üblichen Terminus "locus" verwendet.[55]

Im Kommentar zur *Poetik* ist der "contextus", auf den Robortello stets hinlenkt, zunächst einmal der Originaltext, dem das einzelne Wort, der einzelne Passus sich einfügen.[56] Bei der vielfachen Verwendung des Terminus im Laufe seiner Kommentierung sind aber zwei Schattierungen seiner Bedeutung unterscheidbar: Robortello weist seine Leser beharrlich darauf hin, daß jedes interpretierte Textfragment nur im größeren Zusammenhang Sinn trägt und nur dort, das heißt an seinem einmalig festgelegten Platz interpretierbar ist. Er betont außerdem, daß es nur einen einzigen, historisch situierten Kontext gibt, den Text des Aristoteles. Dieser Kontext ist unter dem Aspekt seines Sinns

---

[54]Silvia Rizzo (*Il lessico filologico degli umanisti*, Roma 1973) verzeichnet den Terminus nicht, er scheint nicht zum geläufigen Vokabular der humanistischen Textkritik zu zählen. Wohl führt sie "textus" an, doch auch hier liegt die bei Robortello meistens anzunehmende Bedeutung "Textzusammenhang" wohl nur gelegentlich vor. – Vgl. Rizzo, S. 9 ff.

[55]Ein besonders typisches Beispiel in Robortello: *De Arte*, a.a.O. (s. Anm. 47), S. 47.

[56]Daß Robortello "contextus" als Terminus mit einer eng umschriebenen Verwendung verstanden wissen will, zeigt auch eine auffällige Korrektur, die er an einer Stelle in Pazzis Übersetzung vornimmt. Pazzi gibt dort den Handlungszusammenhang eines literarischen Werks als "rerum contextum" wieder, während Robortello dafür die Formulierung "constitutionem rerum"vorschlägt (S. 72 f.).

letztlich in keiner Weise in eine andere Form zu transponieren. Wohl deshalb verzichtet Robortello im Gegensatz zu Maggi darauf, außer dem griechischen Text, der lateinischen Übersetzung und der Erläuterung noch eine die Aussage, die "Sentenz" herauslösende Paraphrase zu liefern, obgleich das dem Usus seiner Zeit nicht widersprochen hätte. Er scheint gegenüber dem rein theoretischen Diskurs der ***Poetik*** eine Haltung einzunehmen, die man eher gegenüber einem poetischen oder zumindest metrisch gebundenen Text erwartet, etwa gegenüber der horazischen ***Ars poetica***. So unterstreicht zum Beispiel Pomponio Gaurico, einer der zahlreichen Horaz-Exegeten, der den Text der ***Ars poetica*** durch eine semantisch-explizierende Paraphrase erläutert, daß er damit den Originaltext und seine metrische Gestalt nicht ersetzen wolle. Der Leser müsse sich bewußt bleiben, daß die Paraphrase als Herausstellung der "sententiae" im Grunde keine adäquate Wiedergabe eines solchen Textes sei:

> [...] scis enim quam ineptißima res sit si poetarum uersus in sua uerba resoluas. [57]

Robortello scheint in bezug auf den aristotelischen Traktat noch weiter zu gehen. Für ihn gibt es offenbar keine Bedeutung, keinen Inhalt der ***Poetik***, der außerhalb des Textes läge.

Man könnte dagegen nun einwenden, daß Robortello sich höchst inkonsequent verhalte, wenn er trotz dieser Einsicht dem Aristoteleskommentar eine Horaz-Paraphrase anhängt. Doch hat man bei diesem scheinbaren Widerspruch wohl den unterschiedlichen Stand der Horaz- bzw. Aristoteles-Kommentierung zu seiner Zeit zu berücksichtigen. Als erstem Kommentator des gegenüber der Horaz-Epistel ungleich problematischeren Aristoteles-Traktats muß es ihm darum gehen, den Text der

---

[57] Pomponio Gaurico: *Super Arte Poetica Horatii (1541)*, Nachdruck München 1969 (Poetiken des Cinquecento. 16), fol. Aii v. - Nach Weinberg (*A History* – s. Anm. 1 –, S. 89) wurde der Kommentar Gauricos bereits 1510 veröffentlicht.

Poetik zunächst einmal als solchen zu beschreiben, ihn gewissermaßen überhaupt erst als Gegenstand einer künftigen Kritik zu etablieren. Die *Ars poetica* hatte dagegen nicht nur Landino, sondern eine Reihe weiterer Humanisten nach ihm kommentiert. Sie war längst zu einem Inventar geläufiger Anschauungen über die Literatur geworden und wurde dann oft in diesem Sinne in die Aristoteles-Kommentare einbezogen. Die Zusammenstellung und Paraphrasierung der in der *Ars poetica* enthaltenen Meinungen oder gar "Lehren" waren übliche Verfahren der Kommentierung.[58] (Eine ähnliche "Verflachung" des theoretischen Anspruchs blieb auch der *Poetik* nicht erspart.) Robortello konnte seine Paraphrase als Rekapitulation von Gedanken betrachten, die sich als Allgemeingut vom Text des Horaz weitgehend gelöst hatten. Umgekehrt muß es dann umso mehr das Bewußtsein von seiner verantwortungsvollen Rolle für eine künftige humanistische, am Wort orientierte Aristoteles-Kritik sein, das ihn hier zu einer rigorosen Haltung bringt: Der Sinn der *Poetik* ist nur im Originaltext auffindbar; nur diesen kann es gegenwärtig zu deuten gelten. Der Kommentar bekommt dadurch aber die paradoxe und trotzdem folgerichtige Aufgabe, sich letztlich überflüssig zu machen. Er führt nicht vom Text weg, sondern auf den Text hin - "ut [...] liber [...] facilè ab omnibus possit intelligi", wie der letzte Teil des Titels bereits sagt. Die Frage, ob die intensive Kommentarpraxis der Humanisten nicht dem Prinzip der Rückkehr zu den "fontes" widerspreche, stellt sich zumindest bei Robortello nicht; sein Kommentar ist eine Annäherung an die "Quelle".

Zur Erläuterung des Gesagten seien einige Textstellen herangezogen. In einer noch recht allgemeinen Form begegnet das Kontextbewußtsein bei einem interpretatorischen Problem aufgrund einer textkritischen Schwierigkeit. Robortello versucht eine Klärung durch Konjektur, da ihm keines seiner Manuskripte weiterhilft, und kommt dann zu einer zunächst verblüffend wir-

[58]Vgl. Weinberg, ebd., Kap. III und IV; s. auch oben Anm. 5.

kenden Folgerung. Selbst wenn eine Handschrift die von ihm vermutete Lesart verzeichnete, würde die strittige Stelle an sich nicht klarer; der Grund: was Aristoteles meint, steht ohnehin außer Zweifel, es erklärt sich nämlich, wenn man weiterliest, also den Zusammenhang heranzieht (S. 11). Ganz ähnlich verfährt er einige Seiten später; dort diskutiert er die fehlerhafte Übersetzung Pazzis, die er – wie er mit einem gewissen Ausdruck der Überlegenheit zugibt – zunächst nicht verstanden habe. Erst als er im aristotelischen Text weitergelesen habe, sei ihm der Sinn klar geworden, auch hier somit wieder durch den Kontext (S. 13).

Immer wieder geben ihm die Übersetzungen Pazzis und Vallas Gelegenheit, deren Fehler und Unschärfen "in contextu" zu erörtern und zu widerlegen. [59] Das gilt selbst dann, wenn er dem Übersetzer zugesteht, den Sinn richtig getroffen zu haben.[60] So habe Pazzi an einer Stelle "Rectè quidem, si sensum respicias" formuliert, aber "sensus" scheint nur den halben Sinn zu meinen, denn Robortello fährt fort: "sed verba [Aristotelis] sonant hoc" (S. 39). [61] Hier schwingt gewiß auch die den Humanisten seit Petrarca eigentümliche neue Sensibilität für die sprachlich-

[59] Vgl. S. 22 f., 24, 28, 29 u. ö.

[60] Vgl. auch S. 56: Pazzi übersetze sinngemäß, entferne sich aber vom Wortlaut.

[61] Die Trennung zwischen einer zugestandenen inhaltlichen Richtigkeit und der mangelhaften Rücksicht auf den Wortlaut bestimmt auch den Tenor in Robortellos Kritik an der Averroës-Paraphrase der *Poetik*. Averroës schreibe, so wiederholt er des öfteren, "doctè", "aptè ", "ingeniosè " (S. 73, 74, 76, 227, 230, 235, 242); er fasse also die Meinung des Aristoteles richtig oder gar scharfsinnig auf und gebe sie angemessen wieder: "Habet Averroes in sua paraphrasi verba quaedam ingeniosè excogitata, & aptè prolata ad locum hanc explicandum. " (S. 74) Aber er schreibe bedauerlicherweise ein barbarisches Latein, so daß Robortello meistens darauf verzichte, ihn im Wortlaut zu zitieren. Man müsse die gleichen, richtig erfaßten Aussagen "aptioribus verbis" wiedergeben (S. 76). Robortello lehnt Averroës also keineswegs pauschal ab, er zeigt vielmehr eine bemerkenswert vorsichtige, abwägende Haltung gegenüber der mittelalterlichen Philologie. Er fordert, man solle doch, bevor man einen zu kritisierenden Autor gänzlich zurückweise, prüfen, ob er teilweise nicht weiterhin von Nutzen sein könne (S. 73).

stilistischen Qualitäten eines alten Textes mit. Man denke an Petrarcas Begeisterung für Cicero, dessen Sprache er genoß, ohne sie ganz zu verstehen. [62] Weiter oben war in bezug auf Robortello schon zu beobachten, wie er bei Aristoteles auch die Schönheit des Stils hervorhebt. [63] An der soeben zitierten Stelle ist jedoch ein anderer Grund maßgeblich: Der ursprüngliche Text ist in jedem Fall klarer als die Übersetzung. Mehr noch: er scheint für Robortello die letzte, einzig unwiderlegbare Beweisinstanz bei Interpretationsproblemen zu sein. Deutungsvorschläge enden oft mit einem Hinweis auf den Wortlaut des Textes:

> Hic est verus (ut opinor) Aristotelis sensus in illis verbis [...]. (S. 24)

Oder noch expliziter an den folgenden Stellen:

> Hic est Aristotelis sensus, vt puto; qui volet, conferat cum contextu singula, quae a nobis dicta sunt, & perspiciet omnia esse verissima. (ebd.)
> Conferat haec cum Graeco contextu qui volet [...]. (S. 36)
> [...] intueatur quilibet per se, & conferat cum Graeco contextu. (S. 44)

Meinungen – scheint Robortello sagen zu wollen – können differieren unter der Vielzahl der Leser; Urteile müssen sich aber auf den Text selbst gründen:

> Videre est in Aristotelis contextu ipso, & rem totam diiudicare. (S. 31)
> Haec ita vertit Paccius [...] Sed iam declarandus est

[62] Petrarca: *Sen.* XV, 1; vgl. August Buck: *Die antiken Autoren aus der Sicht Dantes und Petrarcas*, in A. B.: *Studia humanitatis. Gesammelte Aufsätze 1973-1980. Festgabe zum 70. Geburtstag*, hrsg. von Bodo Guthmüller, Karl Kohut, Oskar Roth, Wiesbaden 1981, S. 97-108, bes. S. 102 f.

[63] Vgl. oben S. 113.

contextus. (S. 51)
Nos contextum declarabimus (S. 36)

- und weder eine Paraphrase noch eine Übersetzung, so darf man beim letzten Beispiel ergänzen. [64]

6 Der textimmanente Zusammenhang der Aussage

Neben dieser Auffassung vom Kontext als dem sprachlichen Gefüge, in dem der einzelne Wortlaut auf verbindliche Weise mit dem Ganzen "verwoben" ist, lassen sich bei Robortello drei weitere Arten von Kontextbewußtsein durchgängig feststellen. Kontext ist hier dann jedoch zunehmend im übertragenen, metaphorischen Sinn zu verstehen; der Terminus "contextus" taucht dabei nicht auf, gleichwohl andere Vokabeln, die Sinnverknüpfungen, -verbindungen, -kohärenzen umschreiben. Es ist einmal der Kontext als der innere, das heißt zum Beispiel inhaltliche, logische oder methodische Zusammenhang des aristotelischen Traktats; dann die Beziehung seiner poetologischen Theorie zu seinem gesamten Denken als Ausdruck seiner gelehrten Persönlichkeit; und schließlich die Einbettung der *Poetik* in Wissen, Denken und Realität der Antike, insbesondere in ihre Literaturauffassung und ihren "Literaturbetrieb", also in die geistes- und realgeschichtliche Umgebung. Jede einzelne Deutung Robortellos kann man als ein Einfügen der interpretierten Textpassage in mindestens einen dieser - mit dem bereits besprochenen - insgesamt vier "Kontexte" verstehen. Wir wenden uns zunächst dem zweiten zu, dem textimmanenten Aussagezusammenhang.

An manchen Stellen, das sei vorweg bemerkt, erscheint die in sich zusammenhängende Aussage der Poetik zwar als auf einer anderen Ebene als der "contextus" des Wortlauts angesiedelt, aber doch fast so eng auf ihn bezogen wie etwa "signifiant" und

---

[64]Weitere Beispielstellen zum Terminus "contextus": S. 46, 47, 74, 79, 80, 83, 96, 132, 142, 151, 269. Terminologisch allgemeiner gehaltene Hinweise Robortellos auf die Wichtigkeit des Wortlauts z.B. S. 56 f., 70 f., 92.

"signifié" in der strukturalistischen Sprachtheorie seit Saussure. Der Konnex der Bedeutung geht aus dem des Wortlauts hervor; daher führt eine falsche Übersetzung des Aristoteles durch Pazzi nicht nur zu einer unangemessenen Wiedergabe des Wortlauts, sondern auch zu falschen Zusammenhängen:

> Haec non satis aptè conuersa sunt; nam ita debebant verti, & connecti cum prioribus [...]. (S. 46)

Ähnliches liegt vor, wenn Robortello bei der Analyse einer aristotelischen Argumentation an den "contextus" erinnert:

> Ex hoc contextu eliciuntur duo conclusa. Sed prius connectenda haec sunt cum superioribus. (S. 16, fälschlich als "20" paginiert)

Einen durchgängigen "Konnex"- vgl. die Formulierungen "connecti", "connectenda" usw. - des Sinnes, der Aussage kann Robortello annehmen, da er davon ausgeht, daß der überlieferte Text der ***Poetik*** zwar nur Teil eines ursprünglich umfangreicheren Traktats (S. 4 Mitte), in sich aber vollständig ist und damit einen lückenlosen Gedankengang ("seriem") wiedergibt:

> [...] nam quin integer sit; planè nihil dubito: quatenus ad Methodi, disputationumque seriem pertinet [...]. (fol. vi r.)

Auch am Schluß des Kommentars wiederholt er, was seine Absicht gewesen sei: die "Methodi seriem Aristotele'ae" nachzuvollziehen und nachzuweisen, daß das nicht verlorengegangene Fragment der ***Poetik*** in sich "integer" sei (S. 322).

Einen ersten, recht groben Ausdruck findet diese Absicht in der Gliederung des Textes, der ja als ein vollständiger Anfang, Mitte und Schluß haben muß. Bereits im oben erwähnten Vorwort an den Leser rechnet Robortello zu den Voraussetzungen des Kommentators die Fähigkeit, die Gliederung und die inhaltliche Strukturierung des Textes zu überblicken, da von ihr die dem Text angemessene methodische Einstellung abhänge (fol. v v.). In der Tat befolgt er wie andere Postulate auch diesen Punkt seines Vorworts. Dabei weist er auf die Struktur oder den Aufbau des Textes nicht hin, um einzelne Teile voneinander zu trennen und auf diese Weise gesondert, das heißt klarer betrachten zu können, [65] sondern vielmehr, um auch auf diesem Weg den gedanklichen Zusammenhang des Traktats gegenwärtig zu halten. Hierher gehört es, wenn Robortello den Beginn der *Poetik* bzw. die erste der von ihm kommentierten Passagen zwar nicht als Proömium oder Exordium im traditionellen Sinn, aber doch als "propositio dicendorum" bezeichnet (S. 5), die letzte entsprechend als Epilog (S. 322). Beide Bezeichnungen meint er nicht pauschal als bloße Synonyme für den Anfang und den Schluß des Textes; er hebt mit ihnen hervor, daß die beiden Passagen, wie er im einzelnen dann auch zu erläutern vermag, auf spätere Themen vorausweisen oder auf vorangehende zurückblicken. In beiden Fällen interessieren ihn vornehmlich übergreifende inhaltliche Bezüge innerhalb des gedanklich komplexen Traktats. In ähnlicher Absicht weist er häufig am Ende größerer Sinnabschnitte auf deren "epilogi" hin; [66] er zielt damit unzweifelhaft auf eine Zusammenschau nicht nur der Darlegungen des Aristoteles, sondern seiner eigenen Erläuterungen ab, die durch die Ausführlichkeit und Fülle der Einzelbeobachtungen oft Gefahr laufen, vom Leser nicht mehr überblickt zu werden.

Seine Absicht hält Robortello auf eine weitere, viel eindringlichere Weise wach. Die Form des Kommentars zwingt ihn dazu, den aristotelischen Text in kürzere oder längere Passagen auf-

[65] Einen solchen Zweck hatte die formale Gliederung wohl eher in der mittelalterlichen Deutung; vgl. Bruno Sandkühler: *Die frühen Dantekommentare und ihr Verhältnis zur mittelalterlichen Kommentartradition*, München 1967 (Münchner romanistische Arbeiten. 19), S. 24 ff., 41 ff. – Darauf, daß die Einteilung eher der Auslegung des Teils als dem Ganzen dient, scheint eine von Sandkühler (S. 42) zitierte Formulierung Hugos von St. Victor hinzudeuten: "Partiendo dividimus, quando ea quae confusa sunt distinguimus."

[66] Vgl. z.B. S. 32, 100, 125, 164, 222, 266, 312.

zusplittern, die den Lemmata des fortlaufenden Kommentars im früher (oben Teil A) besprochenen Sinn entsprechen. Damit nun dieses rein äußerlich notwendige Vorgehen nicht auch zu einer Auflösung des Gedankengangs führt, bindet er immer wieder das einzelne Fragment und seine Auslegung an vorangehende an. Im Vergleich zu Maggi und Lombardi, bei denen eine scheinbar ganz ähnliche Verknüpfung auf eine reine Sukzession, ein Nacheinander der gedanklich-inhaltlichen Schritte hinausläuft, [67] kann man bei Robortello sehr deutlich verfolgen, daß er mit der Verkettung der künstlich voneinander getrennten Passagen ihre logisch-argumentative Verschränkung, also eher ihr "Ineinander" als ihr Nacheinander intendiert. Das jeweils separat von ihm Erläuterte soll stets auf seinen Ort im systematischen Gefüge des Textes zurückgeführt werden. Gewiß deutet er auch auf die Reihenfolge der Gedanken hin:

> Postquam Aristoteles inuenit genus commune omnium partium poëticae, inuestigat vniuscuiusque differentias. (S. 9)
> Postquàm de iis dixit poêtices partibus, quae simul harmonia, & numero imitantur; nunc de iis loquitur, quae numero tantum imitantur [...]. (S. 12)

Doch charakteristischer für seine Auslegung und auch häufiger ist die Verflechtung der Erläuterungen miteinander; ja die Verflechtung erscheint gar als Voraussetzung der weiteren Auslegung, besonders in den ersten drei der folgenden Belege:

> Connectenda haec sunt cum superioribus, postea declaranda. (S. 19)
> Consequitur nunc vt haec quae sunt in contextu declaremus, connectamusque cum superioribus. (S. 80)
> Hic primum obseruandum est, quomodo haec contexantur cum iis, quae multò ante ab Aristotele dicta

[67] Vgl. unten Kap. II.

fuerunt [...]. (S. 97)
Haec ita cum superioribus connecti debent [...]. (S. 21, fälschlich als "17" paginiert)
Tùm in superioribus, tùm in his, quae consequuntur, duo sibi proposuit declaranda Aristoteles. (S. 34)
Connectuntur haec cum superioribus, sic [...]. (S. 49)
Coniunguntur haec cum superioribus sic [...]. (S. 69, vgl. S. 89)
Connectuntur cum iis, quae superius dicta sunt, in hunc modum [...]. (S. 133)

usw.

Wie dicht Robortello in all diesen Fällen die einzelnen Ausführungen tatsächlich miteinander verknüpft, das nachzuweisen würde ein Eingehen auf die jeweils erörterten dichtungstheoretischen Inhalte erfordern, aber zu weit von unserem eigentlichen Interesse wegführen. Um das Gewicht der genannten Tendenz zu verdeutlichen, haben wir daher absichtlich eine größere Anzahl von Beispielen gebracht, die sich beliebig vergrößern ließe.

Hierher gehört auch Robortellos Fähigkeit, thematisch Zusammengehöriges selbst über größere Distanz hinweg aufeinander zu beziehen, also explizite Querverweisungen in seinen Erläuterungen anzubringen. Das geschieht zum Beispiel mit solchen Formeln: [68]

[...] vt postea suo loco commodius dicemus [...]. (S. 69)
De omnibus his quoniam antè copiosè exposuimus [...]. (S. 11)
Sed de his postea suo loco copiose. (S. 60)
Nec sanè de hac re plura dicam hoc loco, tùm quia superius multa dicta fuerunt, & paulò post dicentur multò plura. (S. 114)

[68] Weitere Beispiele etwa S. 69, 167, 208, 270.

Sed de hac re fortasse copiosius agemus, cum de Epopoeia loquemur. (S. 201)

Auch hier ist natürlich mit der Absichtserklärung noch nicht gesagt, daß Robortello auf die angekündigten Themen wirklich eingehen wird, doch deutet die besonders oft wiederkehrende Ausdrucksweise "suo loco" allein schon darauf hin, daß er eine systematische Orientierung des Lesers wenigstens intendiert. Nun will der Kommentator, neben der zuvor erwähnten inhaltlichen Abfolge, den gedanklichen Konnex nicht nur als lineares Fortschreiten des Wortlauts verstanden wissen, sondern zugleich als komplexe logische Analyse der aristotelischen Argumentation. Daher nehmen die expliziten Verknüpfungen oft die Form einer logischen Aufschlüsselung der Erörterungen an. Im Einzelfall lassen sich diese drei Tendenzen – Sukzession, Verschränkung und logische Systematisierung der Inhalte – oft kaum voneinander trennen; im Gegenteil: sie erscheinen häufig gleichzeitig. Im ersten der folgenden Beispiele trifft die logische Explikation mit dem Hinweis auf die gedankliche Abfolge, im zweiten mit der inhaltlichen Verknüpfung zusammen:

Postquàm Aristoteles quid diuersum, quidque commune sit inter tragoediam, & epopoeiam declarauit, adducit in medium quaedam conclusa, quae tum ad epopoeiam; tum ad tragoediam pertinent. (S. 51)
Connectuntur haec cum superioribus, atque ex iis deducuntur, in hunc modum. Postquàm declarauit Arist[oteles] in tragoediis tria inesse [...] colligit ex his duo esse fabularum tragicarum genera [...]. (S. 102)

Ein solcher mehrfacher Konnex manifestiert sich mehr oder weniger auch an anderen Stellen:

Haec alia pars est inductionis, per quam probat singillatim in omni genere poêseos eam cerni differentiam,

> quae à materie, & rebus sumitur [...]. (S. 22)
> Conclusio autem disputationis totius haec est. [...] Haec conclusio deducitur ex superioribus, vnde fuerat digressus Aristoteles, qui miro tamen artificio connectit omnia, sicuti videre est. (S. 96)

Robortello, dessen Leistung hinsichtlich der logisch-inhaltlichen Verknüpfung nicht zu unterschätzen ist, erweist sich hier – trotz des andernorts oft unübersehbaren Selbstbewußtseins als ein zugleich bescheidener Kommentator, der den "kunstvollen" Zusammenhang allein dem aristotelischen Text zuschreibt. Ähnliches meint er an der folgenden Stelle, an der ihm das Sichtbarmachen gedanklicher Bezüge wichtiger ist als die manchmal allzu schematisch fortschreitende Kommentierung:

> Ego verò verba haec Aristotelis interpretans postposui, ne Orationis meae cursum in tam artificiosa me[t]hodo explicanda cogerer saepe interrumpere. (S. 59)

Auch hier würde natürlich erst eine genaue Erörterung der kommentierten literaturtheoretischen Begriffe Robortellos Leistung in ihrer ganzen Breite zum Tragen bringen. Doch scheint es an der Zeit, auf ein weiteres, in einigen der obigen Zitate impliziertes Problem und damit auf das Kontextbewußtsein im dritten Sinne einzugehen.

7 Das persönliche Denkgefüge des kommentierten Autors als Zusammenhang

Es wird aufgefallen sein, daß in den angeführten Textpassagen gehäuft Termini der philosophischen Logik auftauchen. Da ist von "deductio " und "inductio" die Rede, von "genus" und "differentia", von einer "conclusio disputationis", vom "adducere in medium" usw. Ist Robortello, der bisher alle Merkmale eines humanistischen Kommentators zeigt, am Ende doch ein scholastischer Exeget? Manches scheint den Verdacht nahezulegen, daß hier Anspruch und Realisierung empfindlich auseinanderklaffen. Denn in der Tat trifft sich Robortellos Ausdrucksweise in einer zunächst schwer einzuordnenden Weise mit der des Mittelalters, wenn er – wie in den obigen und zahlreichen weiteren Fällen - Kategorien der aristotelischen Logik zur Deutung heranzieht. Dem scholastischen Mittelalter hatte die Logik des Aristoteles als umfassende Methode philosophischer und theologischer Argumentationen gegolten – ähnlich wie dessen Metaphysik Inbegriff des entsprechenden Seinsverständnisses war.[69] Trotzdem wäre Robortellos Absicht bei der ausführlichen Einbeziehung logischer Prinzipien mißverstanden, würde man ihn aufgrund der genannten Berührungspunkte als Fortsetzer mittelalterlicher Lehrtraditionen einstufen. Denn es geht ihm in erster Linie nicht um logische Prinzipien als universale Urteilskriterien, sondern zunächst um Kategorien der Analyse, die aus der gleichen Quelle, nämlich von derselben Person und damit aus demselben Denken stammen wie der zu analysierende Text. Daß diese Kategorien dann doch über den Text hinaus gültig sein können, erscheint im Rahmen des *Poetik*-Kommentars als unerheblich. Robortello will also mit der logischen Analyse gar nichts Textfremdes hereinbringen, sondern die *Poetik* ausschließlich auf das Denken, die Argumentationsprinzipien und -methoden ihres Autors zurückführen. Seine logische Analyse bewegt sich mithin durchaus im Rahmen humanistischer Auslegung, insofern als diese ja in der Herauslösung einer "intentio auctoris" auf den gedanklichen Entwurf eines Textes aus ist, der diesem immanent ist, aber doch vom Autor als ihn konzipierender Person ausgeht.[70]

Daß genau dies Robortellos Ziel ist, wird bereits deutlich in seinen Überlegungen zum Stellenwert der logischen "Methoden"

[69] Vgl. Etienne Gilson: *History of Christian Philosophy in the Middle Ages*, London 1955. – Zum Einfluß speziell der aristotelischen Logik auf den Humanismus zwischen dem späten 14. und dem frühen 16. Jahrhundert vgl. Kristeller, a.a.O. (s. Anm. 8), Bd. 1, S. 136 f.

[70] Vgl. dazu oben, Teil A, Kap. I, Abschnitt 6 die Überlegungen zu Polizianos Ovid-Proömium.

der Begriffsdefinition, die sich am Beginn des Kommentars an seinen Überblick über die Poetik als wissenschaftliche Disziplin anschließen. Schon der Ort, an dem er dies tut, bestätigt die obige Behauptung, nämlich innerhalb des Vorspanns zur eigentlichen Texterläuterung, der ja proömialen Charakter hat, wie auch bei der Besprechung des "Gesamtverständnisses" zu sehen war. Hinzu kommt die übergeordnete Begründung, die sich in das gleichfalls weiter oben behandelte humanistische Aristotelesbild einfügt: der griechische Philosoph ist der erste, der die – von Robortello zuvor als eigenständige Disziplin skizzierte – Poetik methodisch darstellt. Vor ihm seien literaturtheoretische Themen nur verstreut überliefert gewesen:

> Cum igitur Arist[oteli] esset pertractandum de poetice quae ab aliis *μεϑοδικως* non fuerat ante tractata; necesse fuit ut in ea scribenda, methodo uteretur. Alioqui omnia fuissent confusè tradita. (S. 4)

Robortello will im folgenden der Einfachheit halber das griechische Wort "methodus" beibehalten; er betont das offenbar, da er "Methode" auch noch in anderer Bedeutung verwendet, nämlich sowohl als Verfahrensweise des Kommentators wie auch – aber nur gelegentlich – als Kunstfertigkeit des Dichters. [71] Mit Methode als logischer Anlage eines Textes meint er dagegen in klarer Übereinstimmung mit einer verbreiteten Auffassung seiner Zeit[72]

---

[71] Vgl. oben S. 129 f. sowie Anm. 32.

[72] Hier sei besonders auf den 1558, also zehn Jahre nach Robortellos Kommentar erschienenen Traktat *De methodo* von Jacopo Aconcio verwiesen, "die erste Schrift, die im Titel verspricht, über Methode schlechthin als Weise der Forschung und Lehre in den Wissenschaften zu handeln". – Jacobus Acontius: *De methodo, hoc est de recta investigandarum tradendarumque artium ac scientiarum ratione. Über die Methode, d.h. über die rechte Forschung und Lehre in den Künsten und Wissenschaften*, übers. von Alois von der Stein, mit einer Einleitung und Anmerkungen versehen von Lutz Geldsetzer, Düsseldorf 1971 (Instrumenta philosophica. Series hermeneutica. 4), S. V. – Wie überhaupt in der wissenschaftlichen Traktatliteratur des 16. Jahrhunderts Logik und Methode des Lehrens zu verschmelzen neigen (vgl. ebd.,

die Art und Weise, in der der menschliche Geist die Problemstellungen einer Sache wahrnimmt,

> per quod mens hominum proprias uniuscuiusque rei quaedam quaestiones percipit (S. 4).

Die Methoden in diesem Sinn seien entwickelt worden als Wegweisungen des Geistes und der Reflexionen:

> Inventae autem fuerunt methodi, ut essent ueluti uiae quaedam menti cogitationique hominum. (ebd.)

Methoden des "artificiosè ordinateque scribendi" gebe es schließlich vier: die "methodus resoluens", "diuidens", "definiens" und "demonstrans". Es sind, wie man sieht, in der Tat aristotelische Verfahren der Begriffsbestimmung und der Beweisführung. Grob umschrieben bedeuten sie für Robortello etwa folgendes: Die "methodus resolvens" geht induktiv vom Besonderen ("a posterioribus") auf das Allgemeine ("ad priora"); die "methodus dividens" bestimmt die innere Unterteilung einer Sache (eines "genus" im logischen Sinn) in Arten; die "methodus definiens" zielt auf die Abgrenzung der gleichartigen Dinge ("genera") gegeneinander, während die "methodus demonstrans" gefundene Definitionen durch Beweise belegt (S. 4 f.). Die so bestimmten Verfahrensweisen sollen nun auf den Text des Aristoteles angewandt werden:

S. XXIV), definiert auch Aconcio "Methode" als der Logik besonders affin: "Dubitandum sanè mihi esse non videtur, quin Methodus ad logicam referri debeat, quando & definiendi & diuidendi, & colligendi leges complectitur, quae omnia satis constat ad Logici officium pertinere: vt igitur intelligi commodè quid sit Methodus possit, definiri ac diuidi Logicam oportet. " (Ebd., S. 11)

Zu Begriff und Auffassung von "Methode" in der Renaissance vgl. auch Neal W. Gilbert: *Renaissance Concepts of Method*, New York/London [2] 1963. – Neben dem Verhältnis von Methode und Logik (Dialektik), dem der größte Teil der Darstellung gilt, behandelt Gilbert die antiken und mittelalterlichen Quellen der Renaissancetheorien, die Geschichte des Terminus und auch den Einfluß, den der Humanismus auf die Methodenauffassung der Epoche ausübte.

> Cum igitur ita sese habeant methodi, applicamus ea, quae dicta sunt, ad rem. (S. 5)

Hier entsteht nun erneut ein Problem dadurch, daß Robortello - was bisher unerwähnt blieb – bei der Skizzierung der Methoden sich gar nicht direkt auf Aristoteles bezieht, sondern auf Johannes Philoponus, einen Aristoteles-Kommentator, der wohl zu Beginn des 6. Jahrhunderts an der Alexandrinischen Schule wirkte. Hat man also noch einmal ein Indiz für eine eher traditionsgebundene und gegen eine echt humanistische Haltung Robortellos? [73] Mit Philoponus verläßt er sich ja auf einen zwar antiken, aber doch schon innerhalb der christlichen Dogmatik stehenden Kommentator der Schriften des Aristoteles, etwa der *Analytica*, und geht nicht, wie man erwartet, zu den "Quellen" zurück. Aber auch hier spricht Robortello, wenngleich nur kurz, das Problem selbst an; er will den genannten Verdacht offenbar selbst widerlegen, und allein diese Absicht zeigt, daß er sich eben nicht als bloß kompilierender Kommentator versteht. Wenn wir seine nicht ganz leicht verständliche Begründung recht interpretieren, dann will er nämlich auf Philoponus nicht aufgrund einer diesem zuzuschreibenden Autorität ("dignitas" und "praestantia") zurückgreifen, sondern weil er in dessen Kommentar einen antiken Usus der Unterscheidung logischer Beziehungen tradiert sieht:

> [...] non quidem, ut ex eo dignitas, & praestantia sit diiudicanda sed qualis sit usus, quem ipsarum [d.h. der Methoden] alia prius alia posterius, alia deinceps nobis praebeat in rebus scribendis, ac cognoscendis [...]. (S. 4)

Urteilt man zu Robortellos Gunsten, dann mag er davon überzeugt gewesen sein, daß der antike Kommentator, der selbst ari-

[73] Die gleiche Schwierigkeit besteht S. 6 f., wo Robortello zur Klärung logischer Probleme auf die *Physik* in der Kommentierung durch Philoponus und auf die *Topik* in der Kommentierung durch Alexander von Aphrodisias zurückgreift.

stotelische Philosophie fortsetzt, nur ein von Aristoteles ausgehendes Verfahren beschreibt, also doch in gewissem Sinn auf die "Quelle" zurückführt. Das erscheint ihm besonders deswegen unzweifelhaft, weil Aristoteles offenkundig in der *Poetik* die von Philoponus kommentierten logischen Methoden, zumindest drei von ihnen, anwendet:

> Habet igitur Aristoteles in hoc libello tres simul methodos: Resoluentem, diuidentem, definientem, quae in ipso libelli contextu facillime possunt perspici. (S. 5)

Da die Methoden sich im aristotelischen Wortlaut ("in ipso libelli contextu") niederschlagen, erweisen sie sich für Robortello als ursprünglich aristotelisch. Philoponus hat ihm folglich nur dazu gedient, das Denken des Aristoteles zu rekonstruieren, das sich parallel in dessen logischen Schriften wie in der *Poetik* manifestiert und das zugleich Ursprung eines antiken Usus ist.

Im Laufe seiner Erklärungen löst nun Robortello sehr häufig die von ihm eingangs erörterten Methoden aus den Gedankengängen der *Poetik* heraus; er weist nach, daß mit Hilfe der drei logischen Verfahren die gedanklich-argumentativen Prinzipien des Aristoteles als des Autors der *Poetik* erkannt werden können. Dieser Ansatz ist Ausgangspunkt für die durchgängigen logisch-inhaltlichen Verknüpfungen, von denen weiter oben schon die Rede war. Wir gehen auf Beispiele nicht nochmals ein, da sie nur zur Wiederholung der wesentlichen Beobachtungen führen könnten. [74] Eine einzige Stelle sei jedoch herausgegriffen, an der Robortellos Haltung in besonders plastischer Deutlichkeit hervortritt: Er berichtet vom Streit mit einem Gelehrten, der aufgrund der vermeintlichen inhaltlichen Zusammenhanglosigkeit einer Passage der *Poetik* eine Lücke im Text unterstellte.

---

[74] Auf einige anschauliche Beispiele der logischen Analyse bzw. der Anwendung der "Methoden" auf den Text sei dennoch verwiesen: S. 6, 30, 31, 32, 56, 70 f., 84 f., 91, 93, 95 f., 104, 128, 192 usw.

Robortello hingegen versucht, aus der umstrittenen Textstelle die der Argumentation des Aristoteles unterliegende "Methode" herauszulösen, und kann damit seines Erachtens beweisen, daß ein logischer Zusammenhang sehr wohl da ist, damit aber auch die textkritischen Zweifel an der betreffenden Stelle widerlegt sind:

> Ego cum totam methodum Aristotelis ipsi patefacere conatus essem, apertè demonstraui, locum non esse interruptum. (S. 208)

Er werde auch künftig – so fährt er fort – den Streit mit niemand fürchten, der die ***Poetik*** nicht aufmerksam liest, nämlich ihre "methodi connexionem, seriemque" nicht beachtet und deshalb das Buch als fragmentarisch und unbrauchbar bezeichnet. Umgekehrt formuliert: Wer die Prinzipien des Autors als Denkgefüge erkennt, der muß die bruchlose Vollständigkeit der ***Poetik*** erkennen, und das sind zugleich ihre textuelle Lückenlosigkeit wie ihr systematischer Charakter. Derjenige würde auch den daraus resultierenden unvergleichlichen Nutzen des Werks einsehen und niemand mehr von seiner Lektüre abraten:

> Vtinam aliquando methodum Aristotelis perpendant, nam sententiam, satis scio, mutabunt, neque alios deterrebunt, sicuti adhuc facere conati sunt, ab huius elegantissimi libri lectione. (ebd.)

Der Rückgriff auf aristotelische Prinzipien logischer Darstellung des Themas ist jedoch nur ein Beispiel oder besser: ein Sonderfall innerhalb einer umfassenden Verfahrensweise Robortellos. Im Kommentar greift er nicht nur – an sich sogar relativ selten – auf logische Schriften des Aristoteles zurück, etwa die beiden ***Analytiken*** oder die ***Topik***. Ungleich häufiger zieht er andere aristotelische Werke heran, besonders oft die ***Rhetorik***, aber auch gern die ***Ethik*** und gelegentlich die ***Politik***. Zitate aus den übrigen Schriften, etwa aus ***De Anima***, der ***Physik***, der ***Metaphysik*** oder den ***Problemata***, beschränken sich auf Einzelfälle, die im Rahmen unserer Überlegungen übergangen werden können. Noch etwas anschaulicher: Nach der Anzahl der Referenzen steht die *Rhetorik* mit gut sechzig Prozent der Aristoteles-Zitate an der Spitze und wird gefolgt von *Ethik* und *Politik* mit zusammen etwa 25 Prozent. Der Grund für das unterschiedliche Gewicht der einzelnen Schriften liegt auf der Hand: Die *Rhetorik* behandelt von der Sache her in vielen Punkten an die *Poetik* angrenzende Fragen, so daß Aristoteles selbst gelegentlich auf seine Schriften zur *Rhetorik* verweisen kann (etwa in Poetik 1456 a). Die sachliche Verwandtschaft wird noch gefördert durch die besonders hohe Stellung der Rhetorik im Humanismus. Aus einem ähnlichen Grund liegt der Rückgriff auf die *Ethik* und auf die *Politik* als angewandte Ethik nahe. Ihnen muß sich ein humanistischer Kommentator, der zugleich mit der rhetorischen Prägung menschlicher Fähigkeiten die "sapientia" als Orientierungsgröße vor Augen hat, gleichfalls affin fühlen. Indem der Kommentator von vornherein die *Poetik* in der Nähe der Rhetorik einerseits, der Ethik andererseits lokalisiert, wird seine Auslegung ein weiteres Mal zur Selbstdeutung oder Selbstdefinition des humanistischen Gelehrten. Wenngleich also das Anhäufen einer fast endlosen Reihe von Parallelstellen auf den ersten Blick eher nach Kompilation aussieht, erweist sich Robortello durch seine Präferenzen als zeitgebundener und zeittypischer Exeget. Doch handelt es sich ja bei dem Rückgriff auf die anderen aristotelischen Texte ohnehin um ein in der Forschung bekanntes humanistisches Verfahren. [75] Eine im kommentierten Text dunkle, schwierige Passage wird mit Hilfe einer der Bedeutung oder der Wortwahl nach ähnlichen, aber ausführlicheren oder als klarer angesehenen Formulierung eines anderen Werks desselben Autors verglichen. In der Tat lassen manche Stellen auch bei Robortello vermuten, daß er dort bloß den einen Text (die *Rhetorik* oder *Ethik*) auf den anderen (die *Poetik*) projiziert, um den letzten durch die Formulierungen des ersten semantisch zu ergänzen. Da wird zum Beispiel ein im *Poetik*-Kontext

[75] Vgl. z.B. Weinberg: *A History* (s. Anm. 1), S. 38 ff.

unklarer, die dramatische Aufführungsweise betreffender Begriff durch den klareren Kontext einer anderen Schrift erläutert mit der Begründung:

> nam sic accipere videtur Aristoteles haec verba in Problematibus, vt paulò post adnotabimus. (S. 124)

Ähnliches gilt für diese Stelle:

> Nunc videndum breuiter, quid per MORES Aristoteles intelligat in tragoedia [...].

Es folgen einige Definitionen des "Ethos"-Begriffs aus der ***Poetik***, in denen unter anderem wiederum der zu bestimmende Unterbegriff der "Prohairesis" (***Poetik*** 1450 b), der individuellen "Neigung", auftritt; daraufhin die Ergänzung:

> De hac saepe mentio fit in Ethicis, & in ipso statim initio Libri primi, ab Aristotele. (S. 60)

Das erwähnte Prinzip gilt auch für die Diskussion von "Eleos" und "Phobos" in der Tragödie; Robortello zitiert dazu die ***Politik***, in der Aristoteles die Zusammenhänge "multo apertius" erkläre (S. 52 f.) Oder es scheint, wie oben schon angedeutet, der herangezogene Paralleltext eine begriffliche "Lücke" in der ***Poetik*** ausfüllen zu sollen; etwa dann, wenn zunächst eine Passage der ***Rhetorik*** zitiert wird:

> Ait igitur Aristoteles eodem libro secundo Rhetoricorum [...].

und es danach heißt:

> Verùm de his hactenus; nam satis, opinor, patet tota Aristotelis praeceptio. (S. 225)

Der einfachste und vielleicht häufigste Fall ist jedoch der Hinweis auf die Ähnlichkeit von Formulierungen in der ***Poetik*** und einer anderen Schrift:

> Sic etiam libro secundo Rhetoricorum ait, vbi loquitur de indignatione. (S. 126)
> Eodem modo locutus est Aristoteles libro secundo Rhetoricorum vbi locos enthymematum apparentium demonstrat, cum ait [...]. (S. 226)

Robortellos Einstellung ist aber keineswegs so naiv, wie sie anhand der Beispiele scheinen könnte. Auch hinter den obigen Formulierungen steht ein interpretatorischer Weg, der komplizierter ist als die bloß mosaikartige Ergänzung des Sinns zweier Texte. Man erinnere sich daran, daß dem humanistischen Kommentator der kommentierte Autor idealiter immer gegenwärtig ist. Parallelen bedeuten partielle Berührungspunkte zweier Aussagen, die, gerade weil sie in unterschiedlichen Kontexten stehen, in einem quasi-syllogistischen Schritt die gedanklichen Leitvorstellungen des Autors herausfinden lassen. Nur so ist zu erklären, warum ein Text die Aussage des anderen beweisen kann; sie müssen auf denselben Prinzipien – das heißt Denkprinzipien des Autors – beruhen, wie an der folgenden Stelle, an der es um die Wirkungsbedingungen der dramatischen Handlung geht, die anhand der *Poetik* erläutert, dann mit der*Rhetorik* belegt werden:

> In tragoedia [...] commiserationem, terroremque concitare oportet; at concitari haec non possunt, nisi res fuerint commiserabiles, & horribiles, fiunt autem huiusmodi, si aptis sententiis exprimantur. Quòd autem à rebus sententiae ducantur probat Aristoteles de probationibus loquens libro secundo Rhetoricorum, cum ait [...]. (S. 225)

Dasselbe gilt für eine Stelle, die die dramatische Wirkung des Paralogismus betrifft; auch dort fährt Robortello nach der Erläuterung des *Poetik*-Textes fort:

> Aristoteles lib[ro] Rhetoricorum II. non longè à fine, locum similem demonstrat apud oratores in causis. (S. 191 f.)

Ganz explizit ist die Rückführung der Parallelen auf dieselben argumentativen Prinzipien an Stellen wie den folgenden:

> Ex his facilè perspici potest, quantum Aristoteles tribuat fabulae, seu argumento, non dissimili ratione libro tertio Rhet. ad Theod. ait [...]. (S. 61)
> Quatenus verò illa inuenire poëtam oportere dixit Aristoteles, his autem rect vti; non dissimili ratione locutus est libro primo Rhetor. [...]. (S. 157)

Wie hier die Vergleichbarkeit der Texte auf die Vernunftgründe oder in den vorigen Beispielen auf Beweisgründe zurückgeführt wird, so verbürgt generell das Denken des Autors als ein vom Kommentator als einheitlich vorausgesetztes, weil an dieselbe Person gebundenes Gefüge die Einheit auch des Gesamtwerks.[76]

Halten wir fest: Robortello versucht, die Poetik einerseits als ein in sich kohärentes System zu erklären und andererseits sie als Teil eines sie umgreifenden und daher sie bestimmenden philosophischen oder zumindest literaturtheoretischen Zusammenhangs zu erweisen. Nur unter dieser Annahme ist es ihm möglich, komplementär zu der aufgezeigten Perspektive auch Extrapolationen im Hinblick auf die von Aristoteles nicht behandelten Themen und Gattungen zu ersuchen. Wenn anhand der Analysen erst einmal die textimmanenten wie die textüberschreitenden Prinzipien geklärt sind, und zwar sowohl die formalen, logisch-argumentativen wie die inhaltlichen, dichtungstheoretischen Prinzipien, dann kann Robortello versuchen, die nicht überlieferte Fortsetzung der *Poetik* zu rekonstruieren, in der sich die theoretischen Leitlinien des vorhandenen Textes fortsetzen

[76] Ähnlich erklärt Ester Dolce den scheinbaren Aristotelismus in Scaligeros *Poetices libri septem* (und Entsprechendes ließe sich auf weitere Theoretiker der Epoche übertragen): Aristoteles wird bevorzugt, weil seine vielseitige philosophische Tätigkeit eine einheitliche Denkstruktur erkennen läßt, die eine umfassende Begründung der Dichtung ermöglicht. – Vgl. E. D.: *Sulla poetica di G. C. Scaligero*, in: *Studi in onore di Alberto Chiari*, Brescia 1973, Bd. 1, S. 447-482, hier: S. 450.

müßten. Denn er verfügt dann über eine Basis, auf der er – und mit ihm zahlreiche andere Literaturtheoretiker des Cinquecento [77] – eine Beschreibung weiterer Gattungen aufbauen kann. Er selbst legitimiert die an den Aristoteles-Kommentar und die Horaz-Paraphrase anschließenden Traktate ***De Satyra***, ***De Epigrammate***, ***De Comoedia***, ***De Salibus*** und ***De Elegia*** genau in diesem Sinn; sie sind Anwendung von "methodus" und "principia" der ***Poetik***:

> Quae omnia addita ab authore fuerunt, ut nihil quod ad poeticam spectaret desiderari posset: Nam in iis scribendis Aristotelis methodum seruauit: & ex ipsius Libello de arte Poetica principia sumpsit omnium suarum explicationum. (fol. aa i r. [nach S. 322])

8 Der historische Hintergrund als übergreifender Zusammenhang

Darzustellen bleibt nun der vierte und letzte der bei Robortello als Erklärungskriterien gedachten "Kontexte". Er besteht darin, daß die ***Poetik***, die in ihr ausgedrückte Theorie sowie das Denken des Aristoteles in die Antike als historisches Bezugsfeld eingefügt werden. Robortello rekonstruiert gewissermaßen die Antike partiell, nämlich insoweit, als sie auf die ***Poetik*** einwirkt und als diese umgekehrt auf jene als ihr Umfeld verweist. Man hat es folglich mit einem interpretatorischen Schritt des Kommentators zu tun, der ähnlich, aber in einer vergleichsweise weniger reflektierten Form im vorigen Teil bei Poliziano und Landino begegnete und sich vor allem in den Sacherläuterungen niederschlug. [78] Dort wurde schon bemerkt, daß die Antike als separate geschichtliche Größe begriffen, wenn auch in sich relativ wenig differenziert

[77] Daß man bei diesem Versuch insgesamt nicht zu einem Konsens gelangt, zeigt implizite, daß die Theoretiker die Möglichkeit einer Rekonstruktion der aristotelischen Leitgedanken wohl höher als realiter machbar eingeschätzt hatten.

[78] Vgl. oben Teil A, Kap. I, S. 76 f.

wird. [79] Spürbarer noch als dort – obwohl längst nicht mit der Schärfe, in der sie Patrizi sieht [80] – wird nun die Distanz zu dieser Epoche als Verstehensbarriere erfahren. Der Kommentator sieht sich vor der schwierigen Aufgabe, diesen historischen Abstand zwar nicht zu beseitigen (er macht ihn im Gegenteil oft erst bewußt), aber doch mit seinen Erläuterungen zu überbrücken. Wenn Robortello wiederholt auf die "antiquitas" der Phänomene eingeht, die Aristoteles ins Spiel bringt, dann zielt er jedesmal auch auf das Anderssein der Epoche gegenüber der eigenen ab: auf das andere Denken wie auf die andere Lebenswirklichkeit der Antike. Das zeigen etwa solche Formulierungen:

> Harmonia & numero vtuntur auletice, & citharistice, & lyrice: itidem, & quae fistulis vtitur. De omnibus his [...] antè copiosè exposuimus; quaecunque ad ipsarum spectabant ***antiquitatem, & usum*** [...]. (S. 11)
> Verum de hac saltationum ***antiqua consuetudine*** satis dictum est. (S. 12)
> [...] nam per Socraticos sermones cum Aristoteles intelligat sermones eos, qui vocantur Dialogi; explicandus est ***eorum vsus, & antiquitas omnis.*** (S. 14)

Die Überbrückung der Distanz geschieht, wie man an diesen und vielen anderen Stellen ablesen kann, im Hinblick auf das Publikum, genauer: auf seinen Wissens- und Verstehenshorizont. Robortello geht davon aus, daß seine Leser sich darin von den ursprünglichen Adressaten des Aristoteles unterscheiden, daß ihnen mit dem originären historischen Umfeld auch die seinerzeit als selbstverständlich voraussetzbaren Kenntnisse und Erfahrungen verlorengegangen sind. [81]

---

[79] Vgl. Teil A, Kap. I, S. 57.

[80] Vgl. unten Teil C, Kap. III, S. 380 f.

[81] Das Bewußtsein dieser Schwierigkeit ist auch anderen Literaturtheoretikern eigen; nicht nur der Kommentar, sondern auch der poetologische Traktat wird mit ihr gerechtfertigt. So gesteht zum Beispiel Capriano sowohl der *Poetik* als auch der *Ars poetica* ihren Nutzen zu; doch seien beide Schriften

> Obscuritatem [d.h. der *Poetik*] auget desuetudo earum rerum, quae olim usitatißimae erant apud ueteres in pangendo, & recitando omni poematum genere, quae enim nos ignoramus, ea ueluti paßim cognita profert Aristoteles. (fol. v v.)

Wie verfährt Robortello nun im einzelnen, um zwischen den beiden Horizonten zu vermitteln? Wir behaupteten oben, seine Projektion des kommentierten Textes auf den historischen Hintergrund sei differenzierter als in den Kommentaren des Quattrocento. Das ist zunächst so zu verstehen, daß Robortello völlig darauf verzichtet, elementares Wissen zu vermitteln. Bei ihm kommt nirgendwo der Verdacht auf, er wolle mit der Textinterpretation zugleich allgemeine Geschichtskenntnisse lehren. Vom historischen Hintergrund wird durchweg nur das wirklich Ungewöhnliche, ungebräuchlich Gewordene erläutert, in einigen der obigen Beispiele etwa die antike Verbindung von Dichtung und Musik, von Dichtung und Tanz, antike Instrumente usw. Die größere Differenziertheit der Sacherläuterungen ist aber auch in einem anderen Sinn zu verstehen: Poliziano oder Landino reduzierten die Schwierigkeit einer Textstelle dadurch, daß sie Einzelwissen an den Text herantrugen; eine Beziehung zwischen Text und geistigem oder sachlichem "Kontext" wurde jeweils punktuell hergestellt und wirkte daher immer etwas zufällig. In Robortellos Kommentar hingegen erscheint diese Beziehung als zwingend und notwendig; dazu trägt sicher auch der besondere Charakter des

---

für den Leser des 16. Jahrhunderts zu kurz gefaßt. Aristoteles und Horaz setzten Dinge als bekannt voraus, die aufgrund des Wandels der Zeiten und des Niedergangs der Bildung unbekannt geworden seien: "[...] diedero invero precetti sustanzialissimi et importantissimi [...]; ma con tanta brevità e tanto ristrettamente lo fecero, presupponendo molte cose per notissime le quali a noi oggidì sono incognitissime per le variazioni de' secoli e per la lor altezza [...]. "– Giovan Pietro Capriano: *Della vera poetica [1555]*, in: Bernard Weinberg (Hrsg.): *Trattati di poetica e retorica del Cinquecento*, 4 Bde., Bari 1970-74 (Scrittori d'Italia. 247/248/253/258), Bd. 2, S. 293-332, hier: S. 328.

kommentierten Textes bei. Robortello faßt ja, wie er bei seiner Erörterung der Definitionsmethoden verdeutlicht, die poetische Theorie unter anderem als eine induktive Theorie auf: die Kriterien, mit denen er die Dichtung beschreibt und gliedert, entstehen "quasi per inductionem" durch eine von den "singularibus" bzw. "posterioribus", das heißt von den Einzelfällen, dem Besonderen ausgehende Abstraktion:

> Resoluens methodus progreditur à singularibus, ad ea, quae [...] à nobis ultimae species uocari possunt, ab iis postea ad genera [...]; et sic deinceps semper à posterioribus ad priora, ***quasi per inductionem*** quandam. (S. 4; unsere Hervorh.)

Wenn aber dem Leser, wie erwähnt, dieser Hintergrund des "Besonderen" nicht mehr geläufig ist, dann muß Robortello in seinen Eräuterungen den quasi-induktiven Schritt von jenem zu den allgemeinen Behauptungen über die Dichtung wieder explizit machen. Dazu kommt, daß nach Robortellos Auffassung allgemeine Prinzipien einer Sache grundsätzlich nur dann weitergegeben, das heißt auch: verstanden werden können, wenn sie sich auf die Anschauung möglichst vieler Einzeldinge stützen. Jemand kann die Charakteristika etwa eines Löwen nur dann lehren, wenn er selbst vorher einen Löwen gesehen hat, und seine Lehre bleibt nur so lange glaubhaft, als sie wiederum in der Anschauung verifiziert werden kann. Robortello beschreibt mit diesem Beispiel, das er nach seinen Angaben aus den aristotelischen ***Analytiken*** nimmt, nichts anderes als eben ein induktives Verfahren:

> [...] omnis qui alterum docet, habet aliquid ante cognitum, animoque comprehensum, itaque docet vt ab vniuersali aliqua re progrediatur, quam ex multis singularibus paulatim collegerit, ac perspexerit, vtpote si quis doceat Leonem esse animal quadrupedes, magnum, fuluum [...]; non posset talia docere, nisi antea Leonem vidisset [...]. Qui verò discit, & audit docentem; aut ante leonem inspexit, aut inspiciet postea.

> [...] Si postea viderit, quam ab illo audierit; memor illius descriptionis; cernit singula in leone esse; quae audierat [...]. (S. 29)

Hier zeigt sich auch, wie eng Robortellos Methode, die auf die humanistische Bevorzugung des Faktischen zurückgeht, zugleich Grundsätzen der ihm zeitgenössischen Wissenschaften verwandt ist. Wenn Robortello die Beobachtung des Besonderen zum Ausgangspunkt allgemeiner Prinzipien macht, dann entspricht er – gewollt oder ungewollt – Forderungen nach dem Primat der "esperienza", wie sie Leonardo da Vinci besonders nachdrücklich erhebt: [82]

> Sicché voi, speculatori, non vi fidate delli autori, che hanno sol co' l'immaginazione voluto farsi interpreti fra la natura, ma co' gli effetti delle sue esperienze hanno esercitati i loro ingegni. [83]
>
> Ma a me pare che quelle scienze sieno vane e piene di errori, le quali non sono nate dall'esperienza, madre di ogni certezza, e che non terminano in nota esperienza [...]. [84]

Auch für Leonardo sind übergreifende Maßstäbe oder Gesetze ("ragione") der Wirklichkeit nur über die Erfahrung des Einzelnen, Besonderen zugänglich:

[82] Zur Rolle der Erfahrung bei Leonardo vgl. Ernst Cassirer: *Das Erkenntnisproblem in der Philosophie und Wissenschaft der neueren Zeit.* Bd. 1, Berlin [3] 1922, S. 318-328, bes. S. 325: "Die Erfahrung selbst ist nichts anderes als die äußere Erscheinungsform der Vernunftbeziehungen und Vernunftgesetze. "– Zur Verwandtschaft zwischen Humanismus und Wissenschaften in der Renaissance vgl. August Buck: *Der humanistische Beitrag zur Ausbildung des naturwissenschaftlichen Denkens,* in: A. B.: *Die humanistische Tradition* (s. Anm. 38), S. 165-181, bes. S. 167 f.

[83] Leonardo da Vinci: *Frammenti letterari e filosofici,* a cura di Edmondo Solmi, Firenze 1979, S. 93.

[84] Ebd., S. 95.

E questa è la vera regola, come li speculatori delli effetti naturali hanno a procedere, e ancora che la natura cominci dalla ragione e termini nella sperienza, a noi bisogna seguitare in contrario, cioè cominciando – come di sopra dissi – dalla sperienza, e con quella investigare la ragione. [85]

Robortellos Einbeziehung der mannigfachen sachlichen und theoretischen historischen Hintergründe der *Poetik* hat grundsätzlich die Funktion, deren quasi-induktive Entstehung zu explizieren und zugleich für den Leser verifizierbar zu machen. Dabei ist er natürlich im Gegensatz zum Naturwissenschaftler auf schriftliche Zeugnisse angewiesen; er kann – um auf obiges Beispiel zurückzugreifen – die Antike nicht wie einen Löwen zu Gesicht bringen. Doch versucht er tendenziell, dem Leser durch die herangezogenen Schriften eine nahe Anschauung der vorauszusetzenden Fakten und Ansichten zu ermöglichen. Je plastischer und ausführlicher das Publikum sie vor Augen hat, umso weniger wird die *Poetik* als bloß deduktive oder gar spekulative Theorie erscheinen. Aus diesem Grund muß auch der Kommentator den antiken faktischen Hintergrund, vor allem die Bühnenkunst, beherrschen, und er kann das durch intensive Lektüre erreichen:

Antiquitatem omnem teneret scenicam praesertim; diligenter lectitaret, aut lectitasset potius, omnia ueterum poëtarum scripta [...] (fol. vi r.)

Diese unumgängliche Bedingung, die eine echte "Induktion" natürlich ausschließt, des nur mittelbaren Zugangs zur Antike wird dann besonders spürbar, wenn Robortello nicht direkt auf von Aristoteles genannte Quellen zurückgreifen kann, sondern sie durch Interpolation rekonstruieren muß. Das ist dort der Fall, wo es um antike Dichter vor Homer geht, deren Texte Robortello nicht hat, die aber von anderen bezeugt werden. Oder dort, wo

[85] Ebd., S. 92. – Vgl. auch S. 89 (Nr. XLV), S. 90 (Nr. XLVII) und S. 91 (Nr. LIV).

von Homers *Margites* und anderen ihm zugeschriebenen Werken die Rede ist, die gleichfalls nicht überliefert sind, aber der *Poetik* als faktische Voraussetzungen gedient haben (vgl. S. 35). An einer anderen Stelle versucht Robortello in ähnlicher Weise, einen in der *Poetik* erwähnten, ihm aber nicht bekannten Text durch Sammeln weiterer Zeugnisse gewissermaßen so einzukreisen, daß er im Schnittpunkt der greifbaren Quellen indirekt dessen Gestalt und Bedeutung erschließen kann (S. 94 f.).

Doch sind dies seltene Ausnahmen; insgesamt bestätigt seine Art, Quellen anzuhäufen und dem Leser zur Verfügung zu stellen, die übergeordnete Absicht, das antike Bezugsfeld der *Poetik* möglichst nahe zu bringen. Hierfür spricht zum ersten die wiederum humanistisches Vorgehen fortsetzende, bei Robortello mit pedantischer Konsequenz eingehaltene Regel, keine Behauptung über antike Zustände oder antikes Denken aufzustellen, die nicht aus einer alten Quelle hervorgeht. Überall ist der Kommentator in seiner Argumentation "antiquorum testimonio" gebunden; die Bemerkung

> Verissimum quidem illud esse demonstrauimus antiquorum testimonio [...]. (S. 137)

könnte auf fast jeder Seite des Kommentars stehen. Und in der Tat findet man eine Unzahl ähnlicher Formulierungen, die entweder als Einleitung einer Beweisführung durch das Zeugnis der Antike oder als ihre Zusammenfassung fungieren, ja gelegentlich geradezu den Wert einer Schlußfolgerung besitzen:

> Talem fuisse morem apertè demonstrabo postea ex veterum scriptis. (S. 18)
>
> De phallis profero, quae legi apud veteres. (S. 39)

Robortello verweist nach diesem Satz zunächst generell auf "Graecos" und "Latinos", um dann Zitate aus Livius, Plutarch, Athenaios und anderen anzuschließen (S. 39 f.). Zu erinnern ist auch an die schon in Polizianos Kommentaren beobachteten kürzeren Formeln, über die man leicht hinwegliest, die aber dem Leser gegenwärtig halten sollen, daß er in den alten Quellen Beweisinstanzen vor sich hat:

> Is [d.h. Aeschylus] ***vt testatur Pausanias***, per somnium Baccho monitus coepit tragoedias scribere. De eo Quintilianus ***haec scribit.*** (S. 41)
> Fuisse etiam satyricen poêsin scenicam per se, *cog[n]osci potest* ex superiore loco, *quem citaui* ex Vitruuio. (S. 43)

Immer wieder wird also die Schriftlichkeit der Zeugnisse betont. Urteile, so läßt sich dieses Prinzip zusammenfassen, können sich nur auf greifbares Material stützen. Man mag den Eindruck haben, daß wir hier auf recht trivialen und hinlänglich bekannten Zügen der humanistischen Exegese insistieren; doch glauben wir, daß die Funktion dieser nur scheinbar beiläufigen und trivialen Formeln leicht unterschätzt wird. Kommentatoren wie Robortello stellen mit dem Aufspüren der Quellen und den expliziten Verweisungen auf sie ein Material zur Verfügung, das am Anfang einer induktiven Literaturtheorie und -geschichtsschreibung steht, wie sie in einigen der poetologischen Traktate des Cinquecento – nicht in allen – verwirklicht werden.

Dem quasi-induktiven Vorgehen dient des weiteren die Bemühung um Vollständigkeit der Dokumentation. Je dichter das Netz alter Zeugnisse, umso schlüssiger die aus ihnen abgeleiteten dichtungstheoretischen Prinzipien; denn erst die Fülle von Quellen macht dem Leser das "Bild" der Antike vollständig, dessen "Anschauung" Voraussetzung für sein Verständnis der ***Poetik*** ist. Robortello füllt in dieser Absicht oft ganze Seiten mit Verweisungen auf Quellen und Zitaten daraus (vgl. S. 14 f, ; S. 17 usw.).

Und schließlich muß Robortello, wenn er das von ihm selbst erläuterte, oben erwähnte Beispiel des Löwen ernst nimmt, auf Nachprüfbarkeit der induktiven Schritte bedacht sein. Es genügt dem Kommentator nicht, sich selbst als gelehrt auszuweisen; er will durch das Anhäufen von Belegen nicht bloß dokumentieren. Vielmehr zitiert er Quellen in extenso, um das in ihnen vermittelte Wissen oder Denken dem Leser möglichst ursprünglich vor Augen zu stellen. Das humanistische Zitieren ist paradoxerweige ein mittelbares Verfahren, das Unmittelbarkeit anstrebt. Auch die folgenden, ein Zitat einleitenden Formulierungen könnten daher an zahlreichen anderen Stellen des Kommentars stehen:

> Verba, quibus haec explicantur, putaui apponenda, ***vt magis vnicuique sint in promptu.*** (S. 53)
> [...] ***potest quiuis***, opinor, ***in his verbis facilè perspicere***, Harmoniam, & Rhythmum accomodari consueuisse ad Sermonem; qui prius recitatus fuisset ab Histrionibus. (S. 19)

Dem widersprechen auch solche Stellen nicht, die das Gegenteil der soeben genannten Tendenz zu belegen scheinen, an denen Robortello nämlich theoretische oder dichterische Quellen gerade nicht wörtlich zitiert, sondern nur auf sie verweist:

> De instrumentis autem his, & machinis copiosè ***qui volet, legat*** apud Iulium Pollu[cem] lib[ro]IIII. & Vitruuium. (S. 18)
> [...] haec verò, quae à me dicuntur, verissima esse, ***obseruare potest vnusquisque*** in veterum scriptis. (S. 50)
> Haec commodè ***poterit quilibet*** attentè legens apud Sophoclem obseruare. (S. 193)
> Idem ***per se quiuis poterit obseruare***, haec vestigia secutus, in Aiace eiusdem Sophoclis. (S. 196, fälschlich als "186"paginiert)
> Plura autem de his ***legat qui volet*** apud Plutarchum in *Homero.* (S. 254)
> [...] non erit autem difficile, etiam me tacente, omnia nosse [...]: ***videat igitur qui volet.*** (ebd.)

Als Kommentator erschließt Robortello dem Leser den Weg in das "Umfeld" der Voraussetzungen der Poetik - vielleicht im Bewußtsein, daß eine wirkliche Vollständigkeit der Dokumentation illusorisch wäre,[86] sicher aber in der Absicht, sich wie Aristoteles primär an gelehrte Leser zu richten, [87] die des Griechischen mächtig sind und ihrerseits die Quellen auffinden können, um von dort aus die Induktion der dichtungstheoretischen Kriterien nachzuvollziehen. Das Antikebild, das Robortello als Ausgangspunkt der aristotelischen Induktionen entwirft, läßt sich grob in drei Felder untergliedern: 1) Er beschreibt die äußeren Bedingungen der Dichtung; 2) er vergleicht die *Poetik* mit dem antiken Literaturbegriff; 3) er vergegenwärtigt die antike Literatur bzw. Dichtung als Korrelat der Dichtungstheorie.

Die "desuetudo" der Cinquecento-Leser, von der an einer oben bereits zitierten Stelle (fol. v v.) die Rede ist, beruht vor allem darauf, daß sie die faktischen, äußeren Voraussetzungen für Literatur und Theater der Antike nicht kennen; Robortello muß also zunächst den antiken "Literaturbetrieb" erläutern. Daß dieses Ungewohnte zur Zeit des Aristoteles das Gewohnte, Übliche war, zeigt sich an drei Begriffen, die der Kommentator zur Beschreibung dieses Komplexes mit Vorliebe heranzieht: "usus", "consuetudo" und "mos". Wir zitierten schon einige Formulierungen, in denen die Alterität der Antike im Zusammenhang mit solchen Termini angesprochen wurde; Robortello erläuterte

---

[86] Das ließe dann allerdings auch vermuten, daß Robortello den Abstand zur Antike doch als unaufhebbar erkennt, weil das "Bild"der Epoche fragmentarisch bleibt. Wir finden hierzu keine explizite Äußerung; doch scheint signifikant zu sein, daß er die Rekonstruktion des antiken "usus", der "consuetudo", des "mos" (vgl. dazu das Folgende) besonders intensiv in den ersten Teilen des Kommentars verfolgt, während sich in den späteren Teilen knappe Verweisungen auf Quellen häufen, anhand derer der Leser sich selbst die Antike vergegenwärtigen soll.

[87] Vgl. fol. v v.: "Fuit ab eo uiro conscriptus, qui cum posset omnia apertißimè proferre; maluit tamen ita scribere, ut tardos, desidesque homines à suorum librorum lectione deterreret, defatigaret, reijceret, retunderet; Ingeniosos autem, & acutos magis oblectaret, inuitaret, incitaret, exacueret."

“antiquitatem, & usum“ (S. 11); er sprach von “antiqua consuetudine“ (S. 12), erklärte “vsus, & antiquitas omnis“ (S. 14) eines Problems. Die Beispiele lassen sich um ein Vielfaches vermehren – ein Indiz dafür, welch wichtigen Platz Robortello der Rekonstruktion der antiken Rezeptionsbedingungen als Voraussetzungen eines rechten Verstehens der ***Poetik*** zuerkennt:

> Haec volui pauca hoc loco exponere de more saltationum poêticarum; vt quae dicturus sum postea, ***apertius intelligantur***. (S. 18)
> [...] quo loco ***sciendum*** veteres poêtas in Theatro gloriae causa inter se certare ***consueuisse*** recitatione poêmatum. (S. 71)
> ***Adnotandum*** etiam illud, cùm ait olim Clepsydram recitari ***consueuisse*** poẽmata tragica [...]. (S. 78).
> Hanc ***consuetudinem*** saepe exprimit Demosthenes in suis orationibus. (ebd.)
> Diligenter hi sunt adnotandi versus, quia facilè ex iis ***cognosci poterit*** qualia fuerint apud veteres dramata Satyrica. de quibus breuiter profero, quid sentiam. ***Mos fuit apud veteres Graecos*** scribere poêmata quaedam [usw]. (S. 137)
> [...] consueuerant enim poêtae veteres tragici dramata etiam Satyrica aliquando scribere [...]. (ebd.)
> Poẽtae veteres, qui tragoedias scripserunt; non tantum ipsas calamitates, quae acciderant, colligere, eoque modo exprimere solitos in suis fabulis, quo acciderant, ***consueuisse***; sed etiam alias ex aliis calamitates confingere [...]. (S. 139)
> [...] improbat Aristoteles ***morem*** soluendi fabulas, quo saepe veteres ***vsi fuerunt***, ex machina; inducentes Deum, Deam'ue loquentem. (S. 177)

Das letzte Beispiel ist besonders aufschlußreich, da es zeigt, daß Robortello sehr deutlich die Wertungen des Aristoteles von dessen Beschreibungen zu trennen vermag; das normative Urteil folgt erst aus der Deskription der Praxis des antiken Theaters.

Neben dem Faktischen, Äußerlichen steht das Denken der Antike über Dichtung, also ihr Literaturbegriff. Er hat eine doppelte Beziehung zur *Poetik*: einerseits insoweit, als er im Traktat des Aristoteles vorausgesetzt wird, andererseits insoweit, als er sich in anderen poetologischen und rhetorischen Schriften, vor allem bei Platon, Horaz, Cicero und Quintilian niederschlägt. Diese Trennung ist jedoch an sich künstlich, denn Robortello faßt auch unter diesem Aspekt die Antike als ferne, aber als in sich relativ homogene Geschichtsepoche auf. Der Literaturbegriff, der der *Poetik* vorausgeht, und jener, der sich in anderen literaturtheoretischen Zeugnissen niederschlägt, sind für ihn auf dasselbe "Denken" zurückzuführen, das als System begriffen werden kann. Das "Denken der Antike" verhält sich folglich ganz ähnlich zur *Poetik* wie das "Denken des Aristoteles", das im vorigen Abschnitt erörtert wurde.

Allerdings hat es gelegentlich den Anschein, als ziehe Robortello andere antike Theoretiker der Literatur als bloße Parallelen zur *Poetik* des Aristoteles heran, als gehe er also additiv-kumulierend mit den verschiedenen Aussagen um. Oft scheinen andere Autoren nur zur Bekräftigung der aristotelischen Meinungen zitiert zu werden, da sie "dasselbe sagen":

> Haec autem verba [Ciceronis] eò libentius adscripsi, quòd simillima sunt iis, quibus vtitur Aristoteles [...]. (S. 63)
> Plutarchus quoque in libro de Audiendis poetis. his verbis [...]. (S. 82)
> Horatius quoque ad Pisones scribens ait [...]. (S. 199)

Auffälligerweise wählt Robortello solche Formulierungen, die eine bloß verbale Übereinstimmung suggerieren, seltener als solche, die auf eine Kongruenz des Denkens zwischen Aristoteles und anderen Autoren hinauslaufen. Genauer gesagt: es geht Robortello – wie bei seinen Vergleichen zwischen der *Poetik* und anderen aristotelischen Schriften – um das Auffinden übergreifender Prinzipien. Aristoteles und der als Parallele zitierte Autor reden nicht nur verbal ähnlich, sondern über die gleiche Sache, das gleiche Problem.

> De hac eadem re Cicero libro de Officio III. his verbis loquitur [...]. (S. 82)
> Sed idem Hermogenes de eadem re loquens adhuc apertius ait [...]. (S. 157)

Von der Entsprechung im Wortlaut über die Entsprechung in der Problemstellung führt Robortellos Blick schließlich zur Äquivalenz der theoretischen Prinzipien. Die Äußerungen der verglichenen Autoren verweisen auf entsprechende Strukturen, auf denselben Punkt im ihnen gemeinsamen, idealen "Denksystem":

> *Non dissimili ratione* Cicero [...] dixit [...]. (S. 64)
> *Nec alia ratione adductus* ait Cicero Libro primo de Inuentione [...]. (S. 66)
> *Non dissimili ratione* dixit Hermogenes [...]. (S. 151)
> *Neque aliò respexisse* puto Horatium, cum ait [...]. (S. 173)
> *Non dissimili ratione* locutus est Horatius cum ait [...]. (S. 215)
> usw.

Besondere Beachtung verdient schließlich Robortellos Umgang mit Beispielen, die er aus der antiken Dichtung heranzieht. An ihm kann man eine wichtige Tendenz ablesen, die zugleich zur Zusammenfassung der erörterten "Kontexte" der *Poetik* und zu einer Gesamteinschätzung des Verstehensprozesses bei Robortello führen wird.

Hier ist zunächst zu bedenken, daß Aristoteles selbst zur Illustration seiner Kriterien immer wieder auf Beispiele aus der älteren griechischen Dichtung rekurriert. Man könnte daher meinen, daß Robortellos Kommentierung sich unter diesem Gesichtspunkt in der Explikation der von Aristoteles meistens nur knapp angesprochenen oder auch nur erwähnten Beispiele erschöpft. Eine solche Auffassung würde etwa diese ein literarisches Beispiel abschließende Formulierung nahelegen:

> Iam satis illustratus est Aristotelis locus obscurus, tùm explicatione verborum, tùm exemplis allatis. (S. 181)

Aber Robortello geht sowohl in der Zahl der Beispiele als auch in der Genauigkeit ihrer Ausdeutung weit über das im Traktat Angelegte hinaus. Wie bei den beiden vorangehenden Aspekten, der "consuetudo" der Antike und ihrem Literaturbegriff, haben auch die literarischen Exempel die Funktion, Ausgangspunkte von Induktionen zu sein. Robortello macht sich methodisch zu eigen, was er an einer Stelle seines Kommentars über die Rolle von Exempeln im menschlichen Reden äußert; seine eigenen Beispiele meint er offensichtlich als "Anschauungsmaterial", das dem Verstehen vorausgeht:

> [...] nos in nostro sermone vti exemplis, vt citius, & facilius intelligant auditores id, de quo loquimur. Exempla verò nihil aliud esse, quàm similitudines quasdam rerum; quae iam multò ante ceciderint sub sensum [...]. (S. 30)

Robortello will zeigen, daß die Dichtungstheorie des Aristoteles sich aus realen literarischen Werken herleitet. Ihre Kriterien entstehen durch Abstraktion aus den dichterischen Texten. Damit wird aus dem literarischen Exempel mehr als eine Illustration der Theorie, es wird zum "typischen" Beispiel, also zum dichterischen Phänomen, aus dem typische, systematische Kriterien induziert werden. Es ist daher logischer Ausgangspunkt der Theorie, nicht ihr Anhängsel. [88] Robortello erweist damit die ***Poetik*** primär

[88] Vgl. die Beispiele an folgenden Stellen: S. 119 ff., 172, 173, 180, 185 f., 187, 188 f., 257, 262.

gerade nicht – wie oft mißverstanden wird – als Dichtungslehre im Sinne einer Anweisungspoetik, [89] sondern als Lehre vom Interpretieren der Dichtung. Dabei besteht Interpretation in der Projektion des literarischen Werks auf ein Raster von typischen, allgemeinen Strukturen. Das bedeutet sowohl, daß für Robortello bereits Aristoteles die von ihm einbezogene Dichtung deutet, indem er die *Poetik* verfaßt, als auch, daß der Traktat umgekehrt zu einem Deutungsmodell schlechthin für Dichtung wird. [90]

Daß Robortello die *Poetik* in der Tat so auffaßt, wird besonders dann deutlich, wenn er ein als Ausdruck eines Typus gedachtes Beispiel nicht nur ausführlich zitiert, sondern es zusätzlich mit kommentierenden Hinweisen versieht, das Beispiel also mit den Kriterien des Aristoteles aufschlüsselt. So gibt er etwa, um das

[89] Robortello versteht die *Poetik* auch normativ – wir meinen allerdings, erst an zweiter Stelle –, als Theorie also, die zum Verfassen dichterischer Texte anleiten kann. Vgl. z.B. den in Anm. 32 zitierten Passus; ähnlich: S. 178, 181, 183, 197, 200 f., 204, 206, 214 f. 219, 261, 262 u. ö. Nur muß man trotzdem vorsichtig sein gegenüber der verbreiteten Meinung, das Cinquecento habe in die an sich deskriptive *Poetik* einen normativen Charakter hineingelegt. Die neuere Forschung zeigt, daß die Vermischung deskriptiver und normativer Urteile schon im aristotelischen Text, nicht erst in seiner humanistischen Auslegung stattfindet. Vgl. dazu Manfred Fuhrmann: *Einführung in die antike Dichtungstheorie*, Darmstadt 1973; Ada B. Neschke: *Die "Poetik" des Aristoteles. Textstruktur und Textbedeutung*, 2 Bde., Frankfurt a. M. 1980; Werner Söffing: *Deskriptive und normative Bestimmungen in der "Poetik" des Aristoteles*, Amsterdam 1981 (Beihefte zur "Poetica". 15).

[90] Noch weitergehend hatte zuvor Giraldi Cinzio in einem Brief über seine *Didone* die Funktion des literarischen Beispiels in der *Poetik* gedeutet: Ihm zufolge greift Aristoteles auf den sophokleischen *Ödipus* nicht als "Anschauungsmaterial" zurück, sondern weil jener dieses Stück als "Idee" der Tragödiendichtung betrachte. Obgleich das nicht ganz der Auffassung Robortellos entspricht, schwingt dabei doch die Vorstellung mit, daß sich in der *Poetik* typische Züge der griechischen Dichtung niederschlagen: "E se Aristotile si scelse questa favola come per Idea del compor tragico, fece egli ciò con quel giudizio ch'egli ha usato in tutte le altre sue composizioni; perchè questa materia è veramente fra le altre singolare." Giovambattista Giraldi Cinzio: *Lettera sulla tragedia [1543]*, in Weinberg: *Trattati* (s. Anm. 81), Bd. 1, S. 469-486, hier: S. 484.

Prinzip der Anagnorisis bzw. Wiedererkennung in der Tragödie zu erklären, einen Text aus der *Elektra* des Sophokles wieder, den Aristoteles nur nennt, und analysiert diesen Passus durch eingeschobene Bemerkungen der folgenden Art:

> In his versibus *licet perspicere* Orestem cognoscentem Electra. (S. 115)
> Agnitio verò fit ex signo hoc [...]. (ebd.)

Noch detaillierter wird ein Auszug aus der *Iphigenie* des Euripides erläutert (S. 115 f.). Deutlicher als Aristoteles zeigt Robortello dem Leser, in welchen dichterischen Phänomenen – wir würden heute vielleicht von "Textsignalen" reden – sich ein zuvor erörtertes Prinzip niederschlägt, an den genannten Stellen ist es die dramatische Peripetie oder der zu ihr gehörende Moment der "agnitio". Ebenso verfährt er, wenn er die theoretische Definition der Handlungsepisode auf die *Odyssee* anwendet und den homerischen Text vollständig in seine einzelnen Episoden gliedert (S. 207).

Robortello erklärt hier nicht mehr nur den Aristoteles-Text, er wird gewissermaßen zum Dichtungskommentator.[91] Das scheint ihm selbst klar zu sein, da er am Schluß eines wiederum recht detailliert aufgeschlüsselten Passus aus dem *Ödipus* des Sophokles bemerkt:

> Haec igitur peritè, artificioseque ita sunt à Sophocle scripta; vt nihil quod ad actionem primariam pertinebat, spectatores subterfugeret. (S. 196, fälschlich als "186" paginiert)

Mit der Äußerung, Sophokles schreibe "peritè, artificioseque", bindet er das literarische Werk an dichtungstheoretische Kategorien, mit dem Hinweis auf den Zuschauer hingegen erweist er diese Beziehung, also das Verhältnis des Besonderen zum Allgemeinen, als einen Verstehensvorgang.

---

[91] Der Frage, wieweit Robortello dabei auf Kommentare zu den bei Aristoteles erwähnten Werken zurückgreift, kann hier nicht nachgegangen werden.

Er exerziert an den genannten und anderen Stellen dem Leser vor, in welcher Weise Dichtung interpretiert werden kann: Jeder soll mit Hilfe der *Poetik* als einer Methode der Literaturinterpretation in die Lage versetzt werden, Texte zu deuten. Damit ist eine These des vorigen Teils bestätigt, nach der der poetologische Kommentar wie die systematische Literaturtheorie aus dem literarischen Kommentar hervorgehen. Robortello selbst bindet, wie zu sehen war, durch Anwendung der systematischen Prinzipien auf die antike Dichtung die *Poetik* des Aristoteles an den Dichtungskommentar an, durch den extensiven Rückgriff auf als typisch verstandene Beispiele dagegen an die systematische Literaturtheorie.

9 Weiterführende Überlegungen

Versuchen wir von hier aus eine Gesamtbeurteilung von Robortellos Auslegung. Er faßt zunächst die *Poetik* als einen feststehenden, einmaligen Wortlaut auf, als Kontext im eigentlichen Sinn. Der ist seinerseits Ausdruck eines sinnvollen, logischen Zusammenhangs, eines methodisch durchdachten Systems. Diese einzelne Theorie wird dann eingefügt in das Denken des Autors überhaupt, wie es sich in dessen anderen Schriften niederschlägt. Und schließlich verweisen poetische Theorie und Philosophie des Autors auf den geistes- und kulturgeschichtlichen Zusammenhang der Antike. Es scheint Robortello darum zu gehen, eine Literaturtheorie zu ermitteln, die von der Antike insgesamt verbürgt ist. Die *Poetik* des Aristoteles dient dabei gleichsam als Fluchtpunkt, als perspektivische Ausrichtung, ohne die Robortellos Suche nach einer humanistisch legitimierten Literaturtheorie ziel- und orientierungslos würde. Der "Aristotelismus", der sich aus dieser Perspektive ergibt, erscheint dadurch nicht als willkürliche Bindung an eine Autorität, sondern als Notwendigkeit. [92]

[92] Offenbar meint Montano etwas Ähnliches, wenn er behauptet, daß es allein dem Aristotelismus gelungen sei, tragfähige Antworten auf die literarästhetischen Fragestellungen des Humanismus zu geben. – Vgl. Rocco

Robortellos Perspektive im Zusammenspiel der vier "Kontexte" kann schematisch so dargestellt werden:

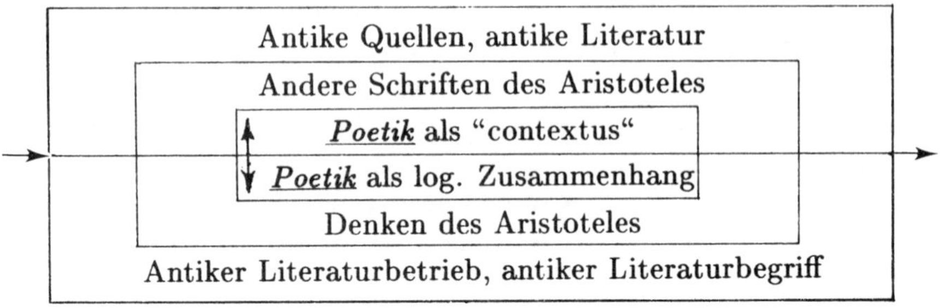

Ein solches Schema ist wie alle schematischen Reduktionen angreifbar; aber vielleicht hilft es den mehrfachen Wert der *Poetik*-Kommentierung für das Cinquecento leichter erkennen. Der aristotelische Traktat wird zum einen durch die ihn umgebenden Zusammenhänge hindurch klarer verstehbar, da er ansatzweise historisch situiert wird. Zum anderen dient er damit als Ausgangspunkt einer Literatur- und Geistesgeschichtsschreibung. Nochmals kann man daran sehen, wie die selbständigen Dichtungstheorien des 16. Jahrhunderts unmittelbar aus diesem Auslegungsprozeß folgen, ja eine komplementäre Fortsetzung einer Kommentierung wie der Robortellos bedeuten. Das obige Schema müßte, um dies zu verbildlichen, erweitert werden: Die humanistischen Traktate zur Literaturtheorie systematisieren einerseits den Auslegungsprozeß, das Beziehungsfeld zwischen der *Poetik* des Aristoteles, dem Denken des Aristoteles und dem Denken der Antike. Aber sie wollen auch, wie etwa bei Castelvetro, Minturno oder Patrizi zu zeigen sein wird, neben dieses ein modernes oder ein universales Analogon setzen: eine Entsprechung zur aristotelischen Poetik, deren Korrelat jedoch entweder das

---

Montano: *L'estetica del Rinascimento e del Barocco*, Napoli 1962 (Quaderni di critica e testi. 1), S. 125 f. – Auch Klaniczay begründet den Durchbruch der aristotelischen *Poetik* damit, daß sie "eine geniale Antwort auf einige grundlegende Fragen" geben konnte. – Vgl. Tibor Klaniczay: ***Renaissance und Manierismus. Zum Verhältnis von Gesellschaftsstruktur, Poetik und Stil***, Berlin 1977, S. 138.

zeitgenössische oder das in der ganzen Geistesgeschichte entfaltete Denken wird. Nach dem Vorbild der antiken Poetik wird eine Literaturtheorie entwickelt, die auf einen modernen Literaturbetrieb hinlenken soll.

II MAGGI UND LOMBARDI: BEWAHRUNG DER KOMMENTARTRADITION

1 Allgemeine Charakterisierung

Im Kommentar Vincenzo Maggis und Bartolomeo Lombardis zur aristotelischen *Poetik*, [1] der größtenteils vor der Publikation des Robortello-Kommentars, zum kleineren Teil danach entstanden ist, [2] findet sich vieles von dem wieder, was wir bei Robortello beobachten konnten. Generell läßt sich sagen, daß beiden Exegesen die Fortsetzung des humanistischen Kommentierens und seiner wesentlichen Merkmale, wie sie in Teil A beschreiben wurden, gemeinsam ist. Beide versuchen die Anwendung der überlieferten Auslegungsprinzipien auf die *Poetik* und stellen mit allerdings entgegengesetzten Konsequenzen fest, daß eine Anpassung der Tradition an die Besonderheiten des Textes nötig ist. Während bei Robortello daraus die Einsicht erwächst, daß die Methode der Interpretation vom jeweiligen Text bestimmt wird, beschränkt sich Maggis und Lombardis Applikation auf eine Variation der überlieferten Prinzipien, die aber als solche nicht angetastet werden. Ihr Kommentar, ganz besonders Maggis "annotationes", erscheinen im Vergleich zur flexibleren Lösung Robortellos wie eine Rückkehr oder zumindest ein Festhalten an der im engeren Sinn

---

[1] Vincenzo Maggi/Bartolomeo Lombardi: *In Aristotelis Librum De Poetica Communes Explanationes (1550)*, Nachdruck München 1969 (Poetiken des Cinquecento. 4). Im Original (Venetijs 1550) folgt auf den obigen Titel: *Madii Vero In Evndem Librum Propriae Annotationes. Eiusdem de Ridiculis: Et in Horatii librum de arte Poetica interpretatio. In fronte praeterea operis apposita est Lombardi in Aristotelis Poeticam praefatio.*

[2] Vgl. ebd., S. 16. Siehe auch Bernard Weinberg: *A History of Literary Criticism in the Italian Renaissance*, 2 Bde., Chicago 1961, Bd. 1, S. 373 ff.

philologischen Tradition des 15. Jahrhunderts, an der Haltung eines Lorenzo Valla oder des Poliziano der beiden *Miscellanea*-Sammlungen. Für unser Vorgehen ist ein Blick auf diese eher konservative Einstellung doppelt wichtig: Sie zeigt, daß der Spielraum des Kommentars im 16. Jahrhundert weiter ist als der von Robortello ausgemessene, das heißt, daß er die Tradition stärker einbeziehen kann, als es bei jenem Kommentator der Fall ist. Nicht alle Kommentatoren machen Robortellos Modifikationen mit. (Im nächsten Kapitel wird zu zeigen sein, daß dieser Spielraum sich auch in der entgegengesetzten Richtung über Robortello hinaus erweitert, auf einen noch freieren Umgang mit der Kommentartradition hin.) Der Vergleich mit Maggi und Lombardi läßt umgekehrt Robortellos Neuerungen in der Lösung interpretatorischer Probleme noch klarer hervortreten, als es die bloße Beschreibung vermochte.

Bei Maggi und Lombardi findet man vor allem diese Tendenzen Robortellos nicht wieder:

- das ausgeprägte Bewußtsein von der hermeneutischen Schlüsselrolle des Kommentators,
- den engen Zusammenhang von Wortlaut und Inhalt des ausgelegten Textes,
- das Bewußtsein für "Kontexte"überhaupt, das heißt für übergreifende inhaltliche Zusammenhänge wie für den historischen Hintergrund als Korrelat des Textes,
- die Erkenntnis des induktiven Charakters der Poetik und damit ihrer primären Funktion als Verstehensmodell.

Stattdessen sind bei ihnen folgende Züge wesentlich:

- eine absichtlich starke Begrenzung des Spielraums des Kommentators,
- die Annahme einer Trennbarkeit von Wortlaut und Inhalt des Textes, die sich vor allem in der Paraphrase (den "explanationes ") niederschlägt,

- beim Wortlaut eine Betonung der punktuellen, im engen Sinn philologischen Erläuterung (Parallelen anderer Autoren betreffen zum Beispiel meistens den Wortgebrauch),
- beim Inhalt die Herausstellung der zum Dichten anleitenden Lehre des Aristoteles (literarische Beispiele werden daher auf ihre Regelkonformität hin überprüft).

Es fehlt ihnen also vor allem die Fähigkeit Robortellos, in Zusammenhängen zu denken und aus solchem Blickwinkel heraus den Text der *Poetik* zu verstehen. Sie sind der vorwiegend punktuell beobachtenden und beurteilenden Perspektive der humanistischen Philologie verhaftet. Interessant ist nun aber, daß diese Konzentration auf das einzelne Wort, den einzelnen Begriff als Wissensträger und -vermittler ihren Blick für die Notwendigkeit einer begrifflichen Genauigkeit in Hinsicht auf eine brauchbare Literaturtheorie schärft. Sie sehen nämlich, was Robortello wohl nicht in diesem Maße spürt, daß es nicht ausreicht, Aristoteles zu verstehen, um eine zu seiner *Poetik* analoge moderne Theorie zu gewinnen. Sie erkennen zu Recht, daß Aristoteles begrifflich manchmal mehrdeutig ist, man aber eindeutige Begriffe benötigt, will man einen theoretisch haltbaren Konsens erreichen. Damit überschreiten sie zumindest in diesem Punkt Robortellos Haltung und bahnen – allerdings noch sehr rudimentär – den Weg zu einer späteren begrifflichen Kritik an der *Poetik*, wie sie etwa Patrizi ausbauen wird.

2 Maggis Kritik an Robortello

Doch sollen zunächst die fundamentalen Unterschiede Maggis und Lombardis gegenüber Robortello besprochen werden. Zwischen das Proömium ("prolegomena") und den fortlaufenden Kommentar ("explanationes" und "annotationes ") ist eine zehn Seiten lange Auseinandersetzung mit Robortellos Kommentar eingeschoben. Vermutlich ist es derjenige Teil von Maggis Ausführungen, der als letzter, sicher erst unmittelbar vor der Drucklegung entstanden ist. Offenbar hat der Autor seine "Obiectiones quaedam adversus Robortelli explicationem in primum Aristotelis contextum" in dem Gefühl geschrieben, daß sein eigener Kommentar völlig zu überarbeiten gewesen wäre. Stattdessen sichert er seine Exegese im voraus gegen den Verdacht ab, bloße Wiederholung von längst Publiziertem zu sein, und stellt sie als die erste kritisch fundierte *Poetik*-Auslegung hin. Die ganze Kritik an Robortello zielt darauf ab, dessen Vorgehen als philologisch untauglich zu erweisen und den Verfasser als Kommentator zu diskreditieren. Sie basiert, obgleich mit großem Geschick durchgeführt, auf einem – vielleicht sogar beabsichtigten – Mißverständnis dessen, was Robortello unter humanistischer Philologie versteht. Das aber zeigt wiederum, wie vage, offen die Prinzipien dieser Philologie – textkritische Haltung, Belegen durch Originalzitate, Begründung durch antike Gewährsleute usw. – offenbar waren; so offen, daß innerhalb ihres Spielraums einander widersprechende Ansichten mit gleichem Recht legitimiert werden konnten.

Maggi berichtet zunächst – und schon dabei bemerkt man den polemischen, zumindest ironischen Tenor –, daß Robortellos Veröffentlichung wie ein plötzliches Hemmnis auf die eigene, damals fast vollendete Arbeit gewirkt habe. Als er sie dann einsehen konnte, habe er die Auslegungen Wort für Wort mit dem aristotelischen Text verglichen und sehr bald erkannt, daß Robortello ihm nicht, wie befürchtet, die Arbeit abgenommen, ihm die Mühe vielmehr noch vergrößert hatte. Denn nun müsse er auch noch Robortello widerlegen. Dazu unterzieht er die Erklärung des ersten Textabschnitts der *Poetik* durch Robortello einer genauen Analyse, die mehrfach auf den Vorwurf mangelnder philologischer Exaktheit hinausläuft.

Die Kritik an Robortello enthält in Maggis eigener Zusammenfassung etwa zwölf Punkte:

Nam ut omnia summatim exponamus, Aristotelem

in libro Poetices exordio non uti falsò asseuerat. Diminutè explicat, quae ab Aristotele proponuntur dicenda: et quem ipse facit contextum secundum, in explicationibus tamen primi sui contextus praeter rationem inculcat. Prauam libri diuisionem affert. singillatim etiam in membris diuisionis labitur. Partes quales, quae poematis sunt, fabulae partes esse dicit: & quae Tragoediae sunt partes quantae, ei particulae Aristotelis attribuit, in qua de omnibus generum Poetices partibus quantis determinare proponit. Quae uerò minimè praetermittenda, ab eo tamen sunt praetermissa, haec colligimus. Verbum, POETICA, num pro Poesi, an pro Poetica arte sumat in orationis contextu, nequaquam distinxit. De uerbo, IPSA, quod in graeca serie legitur, in latina uerò Paccii uersione desyderatur, nihil meminit. Verbum, FACVLTATEM, aut praetermisit, aut non rectè explicuit. Praetermisit quoque uerbum, QVO PACTO. uerbum, FABVLA. denique totam eam partem, quae dicit, DE OMNIBVS ITEM, QUAECVNQVE AD HANC VIAM ET RATIONEM PERTINENT. (S. 25)

Aus den zwölf Vorwürfen, von denen bezeichnenderweise die Hälfte, nämlich die letzten sechs sich auf die Einzelworterläuterung beziehen, seien vier herausgegriffen: Robortello meint in seinem Kommentar, der erste Satz der *Poetik* könne nicht als Exordium bezeichnet werden, wie Aristoteles überhaupt seinen Schriften gewöhnlich kein Proömium vorausschicke. Er nennt den Satz stattdessen eine "propositio dicendorum". [3] Maggi will ihn dagegen in jedem Fall als Proömium oder Exordium verstanden wissen. Es sei zum einen falsch, daß ein Proömium der

[3]Francesco Robortello: *In Librum Aristotelis De Arte Poetica Explicationes. Paraphrasis In Librum Horatii, Qui Vulgo De Arte Poetica Ad Pisones Inscribitur (1548)*, Nachdruck München 1968 (Poetiken des Cinquecento. 8), S. 5.

Gewohnheit des Aristoteles widerspreche; das zeigten namhafte Kommentatoren seiner Schriften: Averroës, Johannes Philoponus, Alexander Aphrodisias. Zum anderen definiere Aristoteles selbst im dritten Buch der ***Rhetorik*** das Exordium ganz im hier anzuwendenden Sinn:

> Initium (inquit) orationis in oratione soluta prooemium dicitur [...]. Causa prooemii nulla est alia, quàm, ut is, qui audit, quasi ante cognoscat qua de re habiturus sit uerba qui dicit. (S. 18)

Man sieht leicht, daß Robortello und Maggi in der Sache dasselbe meinen. Beide werten den ersten Satz der ***Poetik*** als Vorausdeutung auf die zu erörternden Themen. Doch Robortello möchte den Terminus – aufgrund einer Distanzierung vom mittelalterlichen schematischen Umgang mit ihm? – offenbar nicht für einen einzigen Satz bemühen, schreibt also einem Exordium wohl größeres Gewicht zu; das entspräche durchaus der humanistischen Aufwertung der rhetorischen Vorrede.[4] Maggi hat dagegen primär nicht die faktische Funktion des Beginns in Hinsicht auf die übergreifende Textstruktur im Blick, sondern die Definition des einzelnen Terminus, verbunden mit der Erfüllung eines vorgegebenen Schemas.

In eine ähnliche Richtung geht eine zweite Kritik: Robortello erörtere ohne vernünftigen Grund ("praeter rationem", S. 25) bereits in seinen Erläuterungen zur ersten Textpassage Probleme und Begriffe, die erst zur zweiten Passage gehörten. Robortello – so können wir hinzufügen – macht das nicht nur hier, sondern auch andernorts bewußt und reflektiert, um Zusammenhänge herauszustellen oder, wie er selbst an einer Stelle sagt,

> ne Orationis meae cursum in tam artificiosa me[t]hodo explicanda cogerer saepe interrumpere. [5]

[4] Vgl. Tiziano Zanato: *Saggio sul "Comento"di Lorenzo de' Medici*, Firenze 1979 (Biblioteca dell' "Archivum Romanicum". I, 153), S. 11 ff.

[5] Robortello, a.a.O., S. 59.

Maggis Perspektive ist schematisch, punktuell; ein Begriff hat nach seiner Auffassung dann erläutert zu werden, wenn er auftritt.

Hieraus geht auch ein dritter Kritikpunkt hervor: Maggi kreidet seinem Vorgänger an, in den Erläuterungen zum ersten Textabschnitt wichtige Wörter zu übergehen, neben "ipsa", "facultatem", "quo pacto" auch den Terminus "fabula", also das lateinische Äquivalent zum aristotelischen "Mythos". Kein Zweifel, daß es sich um einen der zentralen Begriffe der aristotelischen Theorie handelt; doch wird er hier am Anfang von Aristoteles ja noch nicht thematisiert. Wohl deshalb erklärt Robortello ihn nicht zu Beginn seines Kommentars, sondern erst dort, wo er inhaltlich gefüllt wird und damit im eigentlichen Sinn zur Debatte steht. Maggi hingegen erläutert den Text, wie gesagt, punktuell; er erklärt Wörter dort, wo sie auftreten, kommentiert sie also eher als "Vokabeln", nicht als dem Textinhalt zugeordnete "Begriffe". Sein Vorgehen erinnert an jene Form des humanistischen Sprachkommentars, in der mit der Interpretation zugleich eine Art Latein- oder Griechischunterricht geboten werden soll und auftretende Wörter unabhängig von ihrem tatsächlichen Gewicht im Kontext unter grammatischen, semantischen und syntaktischen Aspekten erläutert werden. [6]

Welche unterschiedlichen philologischen Präferenzen die beiden Kommentatoren setzen, zeigt auch der letzte Kritikpunkt Maggis. Er wirft Robortello vor, den Schlußteil des ersten Satzes der *Poetik* nicht oder verwirrend zu erklären. Es ist der Teil, in dem Aristoteles erklärt, in seinem Traktat auch "de omnibus item, quaecunque ad hanc uiam & rationem pertinent" zu reden – so lautet die Pazzi-Übersetzung, die sowohl Robortello als auch Maggi und Lombardi wiedergeben. Im Original findet sich anstelle von "uiam & rationem" der Begriff "methodos"; Maggi meint daher, man solle besser übersetzen: "quaecunque

[6] Vgl. oben Teil A, Kap I, S. 75 f.

ad hanc methodum pertinent“ (S. 23). Nun benutzt er diesen eigenen Vorschlag, um nachzusehen, was Robortello denn zum Begriff “Methode“ sagt, und referiert die auch im vorigen Kapitel dargestellte Erörterung der Definitionsmethoden. [7] Robortello behaupte – so lautet Maggis Darstellung –, Aristoteles wende drei Methoden (resolvens, dividens, definiens) an, und meine, dies könne man “in contextu“ leicht erkennen (S. 24). [8] Bei Robortello heißt dies, wie ebenfalls oben nachgewiesen werden konnte: im Zusammenhang des Originaltextes; er will also sagen, daß im ganzen Traktat die logischen Methoden stets auftauchen. Bei Maggi bedeutet “contextus“ jedoch etwas völlig anderes; es ist, wie auch der Titel seiner Kritik an Robortello zeigt, der jeweils kommentierte, relativ kurze Textabschnitt einer “particula“. Da nun auf Robortellos Methodenerörterung in der Tat der erste Satz der *Poetik* als erster “contextus“ in Maggis Sinn folgt und da in diesem ersten Satz bei Aristoteles der fragliche Begriff “methodus“ vorkommt, schließt Maggi fälschlich, Robortello erkläre mit der Erörterung diese Stelle. Dadurch müssen natürlich Widersprüche entstehen: Zum einen redet Aristoteles nur von einer “Methode“, Robortello aber von dreien. Zum anderen bezieht Maggi zu Recht den Begriff “methodos“ im ersten Satz der *Poetik* auf die Dichtungstheorie und ihre Prinzipien als solche; damit können natürlich die logischen Methoden nicht identisch sein. Er sieht folglich nicht, daß Robortello, wenn er die “Methoden“ erörtert, nicht von dichtungstheoretischen Kriterien redet, sondern von Aristoteles' Darbietung der Dichtungstheorie. Daher muß Maggi unweigerlich zu dem Schluß kommen, daß Robortello zwei der Natur nach verschiedene Dinge vermischt: Wenn Aristoteles die Definitionsmethoden für die “Methoden“ der Dichtungstheorie hielte, wer würde dann diese als eine “methodische“ Theorie bezeichnen können? [9]

---

[7] Vgl. Robortello, a.a.O., S. 4 f.; siehe auch oben Teil B, Kap. I, S. 155.

[8] Vgl. Robortello, a.a.O., S. 5.

[9] Maggi will damit nicht etwa sagen, daß Aristoteles nicht nach den Prinzipien seiner Logik verfahre; an anderer Stelle (S. 16) weist er selbst auf sie

> cui nam haec doctrina methodica uideretur? nulli quidem, ut arbitror. nullus enim esset ordo, & omnia confusè, neque secundum rei naturam essent tradita. Doctrinam igitur poeticam Aristoteles nequaquam methodum appellauit, quoniam dum diuidit, utatur methodo diuidente; aut dum definit, utatur methodo definiente. Quare multa quidem de methodis ab hoc uiro [d.h. von Robortello]dicta sunt; nihil tamen expressum uidetur, quod ad uocem, methodum, quae in orationis contextu ponitur ab Aristotele, explicandam pertineat. (S. 25)

Robortello ist deshalb angreifbar, weil er in der Tat "Methode" nicht nur in zwei, sondern in drei verschiedenen Bedeutungen verwendet: für die Art und Weise, in der Aristoteles die Dichtungstheorie darlegt, für das Vorgehen des Dichters und für das Vorgehen des Kommentators. [10] Innerhalb seines Kommentars wird diese Unschärfe jedoch deshalb nicht gefährlich, weil die jeweils gemeinte Sache klar ist. Robortello geht offenbar davon aus, daß sein Leser – wie er selbst in bezug auf die ***Poetik*** – immer den Kontext berücksichtigt. Maggi dagegen kennt dieses Kontextbewußtsein nicht und mißversteht Robortellos Terminus "contextus". Er "klebt" zudem hier wie bei allen zuvor genannten Kritikpunkten am einzelnen Wort und verstellt sich den Blick auf übergreifende Sinnbezüge. Er erkennt daher weder, wo er bei gleicher Terminologie von Robortello abweicht ("contextus", "methodus"), noch, wo er bei unterschiedlichen Begriffen in der Sache dasselbe meint wie sein Vorgänger ("exordium").

---

als Grundlagen auch der *Poetik* hin.

[10] Vgl. dazu oben Teil B, Kap. I, S. 129 f. und Anm. 32.

3 Das Gesamtverständnis

Die enge Bindung Maggis und Lombardis an die philologischen Prämissen des Quattrocento-Humanismus mag zu einem gewissen Teil von den äußeren Bedingungen ihrer Kommentierung herrühren. Lombardi und nach ihm Maggi trugen ihre Auslegung ursprünglich auf Initiative der Paduaner "Accademia degli Infiammati"- Maggi später auch in Ferrara - öffentlich vor. [11] Ihr Kommentar sollte zunächst der Unterweisung Studierender dienen; sie hatten daher von ähnlichen Voraussetzungen auszugehen wie etwa Poliziano in seinen Kommentar-Vorlesungen im "Studio fiorentino", [12] indem sie sich nämlich an ein gemischtes Publikum von "adolescentes"und "viri" richteten (vgl. S. 3), die keine hochgebildeten Gelehrten waren, sondern der Lehre noch bedurften.

Doch auch ohne Berücksichtigung dieser äußeren Faktoren erscheint ihre Haltung nicht als ein formalistisches Festhalten an der Tradition um ihrer selbst willen. Die beiden Kommentatoren sind nämlich, auch wenn sie ihr Selbstverständnis deutlich weniger reflektieren als Robortello, durchaus in der Lage, ihre Position in sich stimmig zu legitimieren. Das zu leisten ist vor allem die Aufgabe von Lombardis "Praefatio" (S. 1-11). In ihr versucht er, die Poetik als humanistische Disziplin und die aristotelische *Poetik* als Text bzw. als Theorie einander zuzuordnen.[13]

---

[11] Vgl. Weinberg, a.a.O. (s. Anm. 2), S. 373; s. auch Maggi/ Lombardi fol. *ij r.: "Is igitur [Lombardi], nonus iam hic agitur annus, ubi in Patauina Inflammatorum Academia [...] Poetices Aristotelis librum publicè cùm explanare uoluisset [...] in medio uitae cursu morte praereptus est [...]."- S. 1: "De Poetica, eiusque partibus cùm mihi dicendum esse, & ea de re librum Aristotelis ex uestra, Inflammati, uoluntate interpretandum intelligam: primùm laudo uos [...]." Zur Rolle dieser bedeutenden Akademie vgl. Richard S. Samuels: *Benedetto Varchi, the "Accademia degli Infiammati", and the Origins of the Italian Academic Movement*, in: Renaissance Quarterly 29 (1976), S. 599-634.

[12] Siehe oben Teil A, Kap. I, S. 58 f. und S. 69.

[13] Vgl. auch oben in Anm. 11 das zweite Zitat.

Dadurch schickt er dem fortlaufenden Kommentar in ähnlicher Weise wie Robortello ein Gesamt- oder Vorverständnis des Gegenstandes voraus. Zwar begründet er das im Unterschied zu seinem Vorgänger nicht ausdrücklich als Teil des Verstehensprozesses; und die "Praefatio" geht auch rein äußerlich, also in der gedruckten Fassung des Kommentars, nicht der Exegese unmittelbar voraus, sondern steht separat noch vor den "Prolegomena" Maggis. Trotzdem muß man zu dem Schluß kommen, daß sich die Haltung, die Maggi und Lombardi in den fortlaufenden Erklärungen zeigen, direkt auf ihr in der "Praefatio" artikuliertes Vorverständnis zurückführen läßt: Sie sehen die Poetik vorrangig unter dem Aspekt ihrer Bedeutung im humanistischen Lehrprogramm. Wir zeichnen im folgenden gerafft die Entwicklung dieses Vorverständnisses und seine Konsequenzen für die Kommentierung nach.

Lombardi vergleicht die Poetik zunächst mit benachbarten Fächern: mit der Grammatik, der Rhetorik und der Logik, lokalisiert sie also ganz offensichtlich – in Übereinstimmung mit der humanistischen Auffassung – im Trivium. Die Poetik erhebt sich über alle drei Disziplinen; es ist nicht etwa die Dichtung, die aus der Sprache hervorgeht, sondern umgekehrt gehen Sprache und Grammatik aus der Dichtung hervor; denn wie Aristoteles bezeuge, waren die Dichter die ersten, die "prudenter"redeten. Die grammatischen Regeln seien dagegen a posteriori entstanden, als "postea confectae regulae" (S. 1). Ebenso umschließe die Dichtung auch die Rhetorik – "Oratoriam autem facultatem [...] est complexa Poesis" (S. 2). Wiederum ist es nicht die Dichtung, die ihren sprachlichen Schmuck aus der Rhetorik holt, sondern die Redner finden die ihren Zielen angemessenen Mittel vorzugsweise bei den Dichtern; ja, ursprünglich sei jede Rede poetisch gewesen. Auch hierfür fänden sich Belege bei Aristoteles. Schließlich sei auch die Logik in der Dichtung gegenwärtig; zum einen in der Rede der Personen, etwa ihren Argumentationen, zum anderen in der dichterischen Gestaltung, in der Struktur des Werks;

vor allem in der Tatsache, daß Dichter nie Falsches, Absurdes oder Doppeldeutiges, sondern nur Wahres oder Wahrscheinliches schrieben. Nochmals ist Aristoteles derjenige, der in seiner ***Poetik*** diesen Zusammenhang festgestellt hat (S. 2).

Nach der Lokalisierung im Trivium vergleicht Lombardi die Poetik mit allen weiteren "artes"; auch hier hält er sich an bekannte Anschauungen, wie sie etwa in Polizianos ***Praefatio in Homerum*** begegneten. [14] So sei zum Beispiel die Naturphilosophie in der Dichtung enthalten, wie die Werke Homers bewiesen (S. 2 f.); die Dichter seien ursprünglich auch Theologen gewesen (S. 3); Dichtung habe eine enge Affinität zur Musik (S. 4 f.); aber ähnlich verhalte sie sich zu Astrologie, Geographie, Physionomie, Ethik ("uitae mores"), Politik, Ökonomie, zu allem, was die öffentlichen wie die privaten Dinge betreffe, zu Moralphilosophie (S. 5), Architektur und zur übrigen Baukunst, zu Malerei und Medizin (S. 5 f.): Sie alle seien in der Dichtung enthalten, so daß die Vertreter dieser Disziplinen Gewinn aus der Lektüre von Dichtung ziehen könnten.

In zweifacher Weise ordnet Lombardi seinen Gegenstand dem Gesichtspunkt der Lehre unter. Die Dichtung ("poesis") ist Quelle einer vielseitigen, umfassenden Belehrung, während die Poetik ("ars poetica") das richtige Dichten lehrt, ebenso wie die Grammatik den rechten Sprachgebrauch, die Rhetorik das rechte Reden vermittelt. Zudem hängen beide Ebenen der Unterweisung eng zusammen, denn die Poetik lehrt, wie man durch Dichtung belehrt, das heißt, wie man aus den Vorgaben der anderen "artes" ein richtiges Gedicht ("poema") macht,

> ut per Poeticam unam rectè certò ex illa tanta doctrinarum omnium materia opus ac poema confici possit [...] (S. 7)

Nun ist für Lombardi das Buch des Aristoteles die optimale, perfekte Darstellung der so als Lehre definierten "ars poetica":

---

[14]Siehe oben Teil A, Kap. I, S. 50 ff.

> Cùm igitur ex hoc ipso libello, qui de Poetica inscriptus est, perfecta cognitio, & de Poesi, & de hac ipsa arte Poetica habeatur, hinc planè admirabilis utilitas. (ebd.)

Die Theorie des Aristoteles ist nicht eine unter mehreren möglichen, sondern die Dichtungstheorie schlechthin und macht alle anderen "artes poeticae" überflüssig:

> Quare illud etiam auguror [...] fore ut ad uitam reuocata Aristotelis Poetica, & in clarissima luce posita [...] de medio tollantur aliorum omnes Poeticae. (S. 11)

Damit begründet er zugleich ein normatives Vorverständnis der *Poetik*. Es ist wichtig zu sehen, daß die normative Deutung des Traktats, obwohl sie nicht sein maßgebliches Verständnis im Cinquecento darstellt, auch nicht einfach Willkür der beiden Kommentatoren, sondern eine Konsequenz der Einbettung der Disziplin in das humanistische Bildungs- und Lehrkonzept ist, also auf eine durchaus ursprüngliche Haltung der Humanisten zurückgeht.

Das von Lombardi in der "Praefatio" entwickelte Vorverständnis beherrscht auch die von Maggi verfaßten "Prolegomena" (S. 13-16), eine Vorrede nach dem Muster des auch von Poliziano, Landino, Calderini und anderen humanistischen Exegeten fortgeführten "accessus ad auctores". [15] Maggi will hier, wie er betont, dem Usus der "probati Aristotelis interpretes" folgen und dementsprechend die Punkte erörtern, die dem Zuhörer – es handelt sich ja um eine Vorlesung – beim Verständnis des Gegenstandes zu helfen pflegen, "ea [...] quae ad totius rei intelligentiam plurimùm auditorem adiuuare solent". Das sind im einzelnen das "scriptionis propositum", das er weiter unten aristotelisch

[15] Siehe oben S. 60 ff., auch zur Herleitung der im folgenden referierten Termini v. a. aus Servius und Boethius.

in “finis“ und “materia“ gliedert, die “utilitas“, die “inscriptio“, “quo ordine auctor legi debeat“– hiermit ist der Platz der ***Poetik*** innerhalb der Schriften des Aristoteles gemeint, und aus ihm ergeben sich für Maggi auch “dictio“ und “sententia“ des Werks –, weiter die “divisio“, die “doctrinae via“ und schließlich “quàmque haec sub facultatem cadat“, das heißt, welchem Teil der Philosophie die poetische Lehre zuzuordnen ist (S. 13). Im Vergleich zu Landino, besonders aber zu Poliziano ist bezeichnend, daß die dort recht auffällige Bemühung um eine humanistisch reflektierte Neubewertung der überkommenen Aspekte bei Maggi keine Entsprechung hat. Außer der zitierten, recht globalen Äußerung findet sich, soweit wir sehen, nicht der geringste Ansatz zu einer Legitimation der erörterten Punkte oder gar zu einer grundsätzlichen Überprüfung ihres Sinns, sie sind für ihn offenbar noch ebenso selbstverständlich wie für die mittelalterliche Kommentarpraxis. In dieser Hinsicht wirkt Maggi traditionsgebundener als das Quattrocento.

Noch bezeichnender ist die Applikation dieser Aspekte auf den Text. Dabei hat es zunächst den Anschein, als verstehe Maggi die ***Poetik*** doch nicht nur als eine Schaffenslehre, sondern wie Robortello primär als eine Interpretationslehre. Dieser Eindruck ergibt sich daraus, daß der Kommentator den Zweck des Traktats gleich zweifach (durch die Ausdrücke “intelligentia“ und “Nouerit“ im folgenden Zitat) mit dem Verstehen oder Erkennen gleichsetzt. Wer das Buch des Aristoteles begreife, werde Einsicht in das Vermögen, das Wesen und andere Eigenschaften der Dichtung bekommen:

> Vtilitas autem multiplex sequitur ex huius libri intelligentia. Nouerit enim qui hanc habebit, Poesis uim atque naturam, caeteraque, quae in exordio Philosophus dicenda proponit. (S. 13)

Auch in der Auslegung des ersten Abschnitts der ***Poetik***, auf den Maggi hier verweist, scheint er einen deskriptiven Teil von einem normativen trennen zu wollen:

> Prima pars erit de Poesi in uniuersum: cuius commune ponit id, in quo Poeseum omnium genera conueniunt. [...] Alia pars erit in qua de Poeseos generibus pertractat. [...] Alia pars erit, ubi de legibus aut arte Poetica docet Aristoteles. quo planè loco rectè fabulam conficiendi regulae traduntur: ex cuius recta ratione Poesis etiam rectè se habere dicitur (S. 27 f.)

In diesem wie im vorangehenden Zitat ist "Poesis" die Bezeichnung für die Dichtung insgesamt, die sich Robortello sehr wohl als ein an sich beschreibbares Phänomen vorstellen kann, die Maggi aber, wie man in der weiteren Erörterung der "Prolegomena" erfährt, nur als zur "ars poetica" komplementären Begriff auffaßt. Wenn er von "Poesis" spricht, meint er damit den Endpunkt des auf Belehrung abzielenden und zugleich selbst lehrbaren, nämlich nach den Regeln der "ars poetica" verlaufenden Schaffensprozesses. Robortello zeigt in seiner Interpretation primär, wie Aristoteles theoretische Prinzipien aus der Dichtung herleitet. Maggi dagegen läßt umgekehrt das richtige Verständnis der Regeln ("recta ratione") der Einsicht in die richtige Dichtung, in das Machen der Dichtung vorausgehen ("rectè fabulam conficiendi regulae [...], ex cuius recta ratione Poesis etiam rectè se habere dicitur"). Die Gewichtung der logischen Interdependenz der ersten beiden Aussagen im Einleitungssatz der Poetik – er beginnt in der von Robortello wie von Maggi und Lombardi benutzten Pazzi-Übersetzung so:

> De Poetica, eiusque generibus, quam facultatem singula habeant, & quo pacto ut recte Poesis se habeat componi fabulas oporteat [...] dicamus.

– die Gewichtung dieses Satzes könnte kaum gegensätzlicher sein als in den beiden Kommentaren. Man sieht hier die entscheidende Bedeutung des Vorverständnisses für die ganze Deutung. Während Robortello bemüht ist, umsichtig den Intentionen des Textes zu folgen und primär diese nachzuzeichnen, gibt Maggi seiner eigenen Absicht den Vorrang.

Es ist allerdings auch hier unwahrscheinlich, daß er sein Vorurteilreflektiert. Denn er unterstellt in den "Prolegomena" Aristoteles im voraus, den Begriff "Poetik" doppeldeutig zu benutzen, sowohl für die Dichtung insgesamt, die Maggi "Poesis" nennt, als auch für ihre Gesetze (S. 14). Wieweit das gerechtfertigt ist, soll hier unberücksichtigt bleiben. Klar ist jedoch auch bei dieser expliziten Trennung, daß daraus keine Gleichrangigkeit der beiden Begriffe folgt, daß Maggi vielmehr wiederum die Dichtung als Phänomen zugunsten ihrer Gesetzmäßigkeiten in den Hintergrund drängt. Bei der Erörterung der "inscriptio" behauptet er nämlich, der Titel *De poetica* sei elliptisch zu verstehen, wie das auch bei anderen Titeln üblich sei ("quoniam ut in Odyssea inscriptione suppleri debet actio", ebd.); man müsse ihn durch das Nomen "methodus" vervollständigen. Der Traktat handle "DE METHODO POETICA, id est De doctrina, quae ratione rectoque ordine incedens Poesim docet" (ebd.); sie lehre die Dichtung bzw. das Dichten (Poesis) auf der Basis von Vernunftprinzipien und eines gegliederten Vorgehens. Die Fortsetzung der Gedanken aus Lombardis "Praefatio", nämlich die Einordnung in eine Bildungsabsicht, ist deutlich genug. Nur ist sie hier folgenschwerer als dort, da sie hier nicht bloß thesenartig postuliert, sondern als Auslegung des Aristoteles-Textes ausgegeben wird.

"Methodus" ist folglich bei Maggi die dichterische Anwendung von Schaffensgesetzen; das macht verständlich, warum er die dem Traktat inhärente "Methode" – die zumindest Robortello als "methodus" betrachtet – nicht nur anders nennen muß, sondern auch unter anderem Vorzeichen sieht. Die Darstellungs- und Argumentationsmittel, die Aristoteles nach Maggi benutzt, sind im wesentlichen dieselben wie bei seinem Vorgänger: vor allem "ratio" und "exemplum" (Behauptung und Beispiel), "definitio", "divisio" und "inductio" (S. 16). Aber sie werden entsprechend der anderen Vorgabe nicht als Art und Weise, den Gegenstand "Dichtung" aus seinen Voraussetzungen herzuleiten, sondern als "doctrinae via" (ebd.) verstanden, mithin als didaktische Mittel des Lehrers Aristoteles.

Welche Konsequenz ergibt sich nun aus der bewußten Einbettung der ***Poetik*** in eine im Trivium verankerte Lehrabsicht? Wenn Poetik als Unterrichtsfach innerhalb der "studia humanitatis" vor allem Dichtungslehre bedeutet, dann mag der Text des aristotelischen Traktats wohl ihr bestmöglicher Ausdruck, aber nicht unlösbar mit ihr verknüpft sein; denn der Traktat ist ein historisches Zeugnis, seine Aussage soll jedoch noch für die Hörer und Leser Maggis und Lombardis gültig sein. Bei allem Mangel an Reflexion über das eigene Tun scheint das, wie nochmals hervorgehoben sei, nicht unhumanistisch zu sein, wenn man davon ausgeht, daß die Antike Bildungsvorbild der eigenen Zeit ist. Vielleicht rührt der Mangel an Reflexion gerade von der Gewißheit her, sich völlig im Einklang mit humanistischen Idealen zu befinden. Aber für die Auslegung hat das zur Folge, daß die Aussage des Traktats implizite als vom Wortlaut trennbar aufgefaßt wird. So können beide Seiten des Textes auch relativ getrennt erklärt werden, was in der Tat in Maggis und Lombardis Kommentar geschieht. Zum einen wird die noch für die Gegenwart des Publikums gültige Doktrin herausgelöst (in der "explanatio"), zum anderen wird der Wortlaut im engen Sinn philologisch erläutert (in den "annotationes"). Die Kommentierung der "verba" weist dabei auf, in welcher Weise sich aus dem Wortlaut die Aussage ergibt. Im Gegensatz zu Robortello, bei dem der Kommentar zum Text hinführen und sich selbst überflüssig machen soll, lenkt die Exegese Maggis und Lombardis durch den Wortlaut des Textes hindurch zur Doktrin, also der Tendenz nach vom Wortlaut weg.

4 Die "explanationes": Paraphrasierung des Sinns als Form der Auslegung

Das zweifellos auffälligste Indiz für die Trennbarkeit von Wortlaut und Inhalt bei Lombardi ist die Paraphrase. In den "explanationes", die jeweils dem griechischen Text und der lateinischen Übersetzung folgen und den "annotationes" vorausgehen, zielen sie hauptsächlich darauf ab, die Aussage der *Poetik* als Doktrin herauszustellen. Wie es im Humanismus durchweg wohl keine grundsätzlich neuen Gestalten des Kommentars gibt, so ist auch die Paraphrase, die vielleicht allgemeinste, offenste und unbestimmteste Form der Exegese, eine Fortsetzung mittelalterlicher Praktiken:[16] Es sei hier daran erinnert, daß man von der *Poetik* vor ihrer Wiederauffindung im 15. Jahrhundert, neben der (den Humanisten unbekannten) Übersetzung durch Wilhelm von Moerbeke, nur die Paraphrase des Averroës hatte. In der humanistischen Auslegung verhält sich die Paraphrase in gewissem Sinn komplementär zur fortlaufenden Erklärung, so auch bei Maggi, dessen "annotationes" letztere Form zugrundeliegt. Beide Gestalten der Kommentierung – der Frequenz nach sicher die häufigsten – sind nicht absolut gegensätzlich; sie können sich ergänzen und sogar miteinander verschränkt sein. Aldo Manuzio der Jüngere nennt sie zu Beginn seines Horaz-Kommentars als die humanistischen Interpretationsweisen schlechthin, sieht aber beide für sich genommen als unzulänglich an, da sie dem Kommentator die Möglichkeit lassen, Deutungsschwierigkeiten aus dem Weg zu gehen. Folgerichtig verbindet Manuzio selbst beide Formen in seiner Auslegung der *Ars poetica* miteinander:

> alij enim toti sunt in explicanda uerborum proprietate, & in colligendis ueterum testimonijs, qui

[16] Vgl. Bruno Sandkühler: *Die frühen Dantekommentare und ihr Verhältnis zur mittelalterlichen Kommentartradition*, München 1967 (Münchner romanistische Arbeiten. 19), S. 22. Sandkühler nennt die Paraphrase als fünfte Form neben der fortlaufenden Interlinearglosse, der fortlaufenden Marginalerklärung, den Quaestiones und der Textgliederung.

> eodem uocabulo sint usi: alij, dum interpretis officio fungi uolunt, Paraphrasim potius texunt. Interim utrique scriptoris sententiam, quam breuibus uerbis se dilucidare profitentur, in quoque super omnia maximam operam ponere deberent, contemnunt [,] obscuros locos saepe, ut scopulos, uitant.[17]

Bei Manuzio folgt die Worterklärung auf die Paraphrase, sie kann grundsätzlich aber auch in der Paraphrase selbst untergebracht sein; auch das findet sich in Lombardis und Maggis "explanationes" gelegentlich. Umgekehrt kann die Paraphrase im fortlaufenden Kommentar enthalten sein, so etwa in Polizianos Ovid-Interpretation, in der der Leser durch die Paraphrase auf den inhaltlichen Zusammenhang der isolierten Lemmata und die sie umgreifende rhetorische Absicht aufmerksam gemacht wird.[18] Sie ist, kurz gesagt, wohl die flexibelste, zugleich aber auch am wenigsten festgelegte Form des Kommentars, die den Interpreten in geringerem Maße als die Wort-für-Wort-Kommentierung zur Rechenschaft über den Grad seiner Gelehrsamkeit zwingt und ihm möglicherweise ein hohes Maß an Willkür einräumt.

Das liegt vor allem an der erwähnten Trennung von Wortlaut und Inhalt, die sie voraussetzt; deren Folgen werden besonders spürbar, wenn in der Paraphrase keine theoretische Prosa, sondern ein Text mit metrischer Gestalt und rhetorisch-poetischen Sprachformen wiedergegeben wird. Das ist der Fall in Pomponio Gauricos und Giovanni Battista Pignas Kommentierungen der *Ars poetica*, die im Unterschied zu Landino, Antonio Mancinelli, Jacopo Grifoli, Francesco Luisini oder Tommaso Correa auf die

---

[17] Aldo Manuzio: *In Q. Horatii Flacci Venusini Librum De Arte Poetica Commentarius (1576)*, Nachdruck München 1969 (Poetiken des Cinquecento. 20), fol. *ij r./v.

[18] Vgl. Angelo Poliziano: *Commento inedito all'epistola ovidiana di Saffo a Faone*, a cura di Elisabetta Lazzeri, Firenze 1971 (Istituto Nazionale di Studi sul Rinascimento. Studi e Testi. 2), S. 14 f. – Siehe auch oben Teil A, Kap. I, Anm. 113.

Erklärung einzelner Lemmata verzichten. Das führt nicht nur zu einer oft sehr weit ausholenden, ja abschweifenden Umschreibung der horazischen Aussagen wie bei Pigna, [19] sondern vor allem zu ihrer Umstellung und zu einem Wechsel der sprachlich-begrifflichen Ebene. Horaz hat ja "keinen dichtungstheoretischen Traktat verfaßt [...], sondern ein Kunstwerk", das der Gattung des Lehrgedichts wie der der Versepistel verpflichtet ist. [20] Die Charakteristika dieser Form – Metrik, Bildlichkeit, Demonstration durch Exempla, mehrsträngige Themenführung, Verzicht auf Systematik – treten in der kommentierenden Paraphrase zurück gegenüber dem Herausarbeiten einer logisch-systematischen Reihenfolge der oft eher impliziten Argumente. Eine Gegenüberstellung des horazischen Textes und der Paraphrase Gauricos mag dieses Problem veranschaulichen.

Den berühmten Anfang der Epistel kennzeichnet eine gedrängte Verkettung "häßlicher" Bildfragmente; Horaz türmt ein monströses Element über das andere, bis diese Klimax sich, im fünften Vers, mit einem Ausbruch des Lachens löst. Das theoretische Postulat, das erst später folgt, wird ex via negativa vorweg in poetisch-rhetorischer Form exemplifiziert; die daraus resultierende Spannung steigert seine Überzeugungskraft; zu dieser Spannung gehört auch, daß die Anrede der Adressaten erst im fünften Vers erfolgt.

> Humano capiti cervicem pictor equinam
> iungere si velit et varias inducere plumas
> undique conlatis membris, ut turpiter atrum
> desinat in piscem mulier formosa superne,
> spectatum admissi risum teneatis, amici?
> credite, Pisones, isti tabulae fore librum

[19] Giovanni Battista Pigna: *Poetica Horatiana (1561)*, Nachdruck München 1969 (Poetiken des Cinquecento. 7).

[20] Manfred Fuhrmann: *Einführung in die antike Dichtungstheorie*, Darmstadt 1973, S. 100.

> persimilem cuius, velut aegri somnia, vanae
> fingentur species, ut nec pes nec caput uni
> reddatur formae. [usw.].

Der Kommentator beginnt dagegen mit der Anrede und läßt sogleich eine Explikation des bei Horaz ja nur implizit vermittelten Postulats folgen. Die bildliche Exemplifizierung wird, in ihrem quantitativen Gewicht verringert, von Gaurico erst im fünften Satz aufgegriffen, nämlich nach der logisch allgemeineren Bestimmung, um was für eine Art von Bild es sich handelt. Zudem gibt der Kommentator den horazischen Text von vornherein als eine unmittelbare Belehrung aus, übersetzt ihn in einen theoretischen Diskurs. Er überspringt damit die rhetorisch-bildliche Textschicht, die ja, wie gesagt, die Wirksamkeit der Doktrin erst ausmachen soll; er überspringt die mittelbare Belehrung:

> PRimum igitur Inquit Pisones: si optimorum Poetarum nomen consequi studetis: quam maxime uobis cauendum esse puto: id quod in omnibus rebus agendis solet esse primum. Ne uelut egroti quum somniant uanas idaeas mente concipiatis. Tale siquidem opus futurum est: quales eius species animo praeuolitaverint. Nunquam enim aut Phidias Olympium Iouem tam digne finxisset: aut apelles cois Venerem tam praeclaram pinxisset: ni formas illas animo praeuidissent. Ridebitur quidem Poetae liber: qui uanas species comminiscitur: haud aliter quam Pictoris tabula: que monstrum aliquod non antea uisum exhibeat. Habere enim oportebit: si hominem reddere uolet speciem hominis: sin autem equum: equi. [21]

In dieser Paraphrase begegnen dem Leser nur wenige Formulierungen, in denen er den Wortlaut des Originals wiedererkennt (etwa: "Ne uelut egroti quum somniant", "uanas idaeas" bzw.

[21] Pomponio Gaurico: *Super Arte Poetica Horatii (1541)* [[1] 1510], Nachdruck München 1969 (Poetiken des Cinquecento. 16), fol. A iii r.

"species", "finxisset", "Ridebitur quidem"). Dazwischen schieben sich Begründungen und Folgerungen, die der horazische Text nicht expliziert. Hinzu kommen des weiteren Exemplifikationen, die bereits Gauricos gelehrte Ausdeutungen darstellen. In ihnen wetteifert der Kommentator gewiß auch mit dem kommentierten Autor; von einer Jupiter- oder Venus-Darstellung ist zum Beispiel in der entsprechenden horazischen Passage keine Rede. Gaurico will sowohl sein historisches Wissen – etwa über Phidias und Apelles – als auch seinen eigenen Einfallsreichtum demonstrieren. Aus solchen Gründen betonten wir oben die hermeneutische Offenheit der Paraphrase: Die Spanne zwischen Wortlaut des Autors und seiner "Übersetzung" in einen eher abstrakten, folgerichtigen Diskurs kann so groß sein, daß dieser unreflektierte Zwischenraum mancher Subjektivität Platz gewährt. [22]

Nach diesen grundsätzlichen Überlegungen zurück zu Maggi und Lombardi. Die Kluft zwischen Wortlaut und Inhalt und damit die Gefahr der Willkür ist bei ihnen zweifellos geringer als bei einer Horaz-Paraphrase; sie übertragen Theorie in Theorie. Dennoch gelten auch für ihre "explanationes" die beiden genannten Bedingungen der logischen Umgruppierung und des Wechsels der Sprechebene. Die schwer definierbare, wandelbare Gestalt der Paraphrase zeigt sich bereits in ihrer Kommentierung der drei ersten "particulae" der ***Poetik*** (S. 27-38). Sie seien als Beispiele herausgegriffen, weil sie ja im Unterschied zu späteren, die man ebensogut heranziehen kann, weniger "Hintergrund" voraussetzen, das methodisch Wesentliche daher leichter ins Auge springt. Wir vergleichen zunächst Übersetzung und Paraphrase des ersten Textabschnitts. Die von Maggi und Lombardi zitierte Übersetzung von Alessandro de' Pazzi hat den folgenden Wortlaut:

> DE POETICA, eiusque generibus, quam facultatem singula habeant: & quo pacto, ut rectè poesis se ha-

[22] Gaurico warnt allerdings seine Leser selbst vor der Gefahr, die aus der Trennung von Form und Inhalt resultiert. Vgl. ebd. fol. A ii v.

> beat, componi fabulas oporteat; ex quot etiam quibusque partibus constet: de omnibus item, quaecunque ad hanc uiam, & rationem pertinent, dicamus, initio secundum naturam sumpto primùm à primis. (S. 27)

Die Kommentatoren beginnen die "explanatio" – wie oben bereits in anderem Zusammenhang erwähnt – mit einer rhetorischen Bestimmung des Stücks als Proömium der ***Poetik***:

> HOC EST totius libri Poetices exordium; siquidem tum dicenda proponendo, tum ordinem, quo in docendis propositis uti statuit, commonstrando, ad sequentia promptè excipienda praeparat auditores. (ebd.)

Es fällt nicht beim ersten Blick auf, daß bereits diese Definition eine Paraphrase darstellt, insofern nämlich, als jede Paraphrase eine semantische Explikation bedeutet. Maggi und Lombardi stellen die als implizit gedachte Absicht des Aristoteles heraus und tun dies, indem sie seine Definition des Exordium umschreiben, wie Maggi sie in der Kritik an Robortello (S. 18) schon nach der ***Rhetorik*** zitierte. [23] – Es folgt dann eine Unterteilung der Übersetzung in fünf Einzelaussagen sowie ihre knappe, aufgrund der Verknüpfungsformeln "id est", "hoc est " äußerst stereotyp wirkende Umschreibung:

> Quae uerò in sequentibus tractabuntur, haec sunt: DE POETICA, IPSA'QUE, EIVS'QUE GENERIBVS. id est de Poesi in uniuersum, atque de unaquaque specie singillatim: quorum omnium facultatem, hoc est naturam, ostendet. ET QUO PACTO COMPONI FABVLAS OPORTEAT. id est de fabulae conficiendae legibus, ut Poesis rectè se habeat. [usw.] (ebd.)

---

[23] Siehe oben S. 185 f.

Man erkennt hier, mit welch einfachen, daher unscharfen Mitteln die Paraphrase arbeitet: Wörter werden durch Synonyme ersetzt, "poetica" durch "de Poesi in universum", "facultas" durch "natura", "genus" durch "species ", wobei auf terminologische Genauigkeit offenbar wenig Rücksicht genommen wird; "species" und "genus" bezeichnen gerade nicht dieselbe Begriffsebene! [24] Nun gehen die Kommentatoren in einer dritten Weise auf den Text ein; sie leiten aus der Verbindung der ersten beiden Auslegungen eine Gliederung der ganzen *Poetik* ab. Da der erläuterte Satz für Maggi und Lombardi ein vollwertiges Proömium ist, dieses aber auch die "divisio" eines Textes angibt (vgl. S. 23), muß den einzelnen Aussagen, den einzelnen syntaktischen Gliedern die Struktur des Traktats entsprechen:

> In quot autem partes Liber hic sit diuidendus, ex antepositis est sumendum. Prima pars erit de Poesi in uniuersum [...] Alia pars erit, in qua de Poeseos generibus pertractat [...] Alia pars erit, ubi de legibus aut arte Poetica docet Aristoteles [...] Alia pars erit, in qua partes, quae quantae sunt, docentur [...] Postrema pars erit de Poetices annexis appendiculis'ue [...]. (S. 27 f.)

Den abschließenden, vierten Teil der Paraphrase bildet eine Zusammenfassung:

> Vt autem summatim capita dicam, de Poesi, de arte Poetica, et de Annexis Aristoteles se pertractaturum in sequentibus pollicetur. (S. 28)

Der erste, dritte und fünfte der zuvor genannten Gliederungspunkte der Poetik werden hier stillschweigend zu Hauptteilen, der zweite und vierte zu Unteraspekten erklärt.

---

[24] Das ist umso merkwürdiger, als Maggi an mehreren Stellen seiner "annotationes" auf terminologischer Genauigkeit insistiert und Aristoteles dabei auch Unschärfe vorwirft. Vgl. unten Abschnitt 5.

In vier Schritten wird also die Aussage immer weiter ausholend umschrieben, wobei der vierte Schritt sich mit dem ersten trifft und dadurch der kommentierte Beginn der *Poetik* wie eine Paraphrase des ganzen Traktats erscheint. Maggi und Lombardi legitimieren in der ersten "particula", ohne das auszusprechen, ihr Verfahren im Grunde mit Aristoteles: Er selbst fängt sein Buch mit einer inhaltlichen Umschreibung an! So wird auch der scheinbar auf Formales, Rhetorisches abzielende Beginn dazu benutzt, den Primat des Inhalts zu untermauern.

Bei der zweiten "particula" fällt die eigentliche Paraphrase vergleichsweise kurz aus, und das liegt daran, daß Teile des Textes bereits in der vorangegangenen "explanatio" angesprochen wurden, also die Reihenfolge der aristotelischen Gedanken verändert ist.

> Übersetzung:
> Epopoeia sanè, Tragoediaeque poesis, Comoedia insuper, ac Dithyrambica: tum pleraque illarum, quas ad tibias, citharas'ue accomodamus; omnes prorsus in hoc uno conueniunt, ut imitatio sint.
> Explanatio:
> Absoluto prooemio, quod primum in eo proposuerat, iam aggreditur. hoc autem est, ut de Poesi in uniuersum doceat. cuius naturam explicaturus, id tanquam manifestum assumpsit, genera omnia Poeseos in hoc uno communi, quod est imitatio conuenire. (S. 33)

Stattdessen wird die Umschreibung hier – abgesehen von wenigen und kurzen Erläuterungen zur Wortwahl des Übersetzers – durch die Kommentierung einzelner Stichwörter ergänzt, die ihrerseits vor allem die Grundtendenz der Paraphrase, nämlich die semantische Explikation, fortsetzen; die Paraphrase wird hier also (die grundsätzliche Möglichkeit erwähnten wir schon) zum erstenmal durch die Kommentierung von Lemmata erweitert.

Wieder anders verfahren die Kommentatoren bei der dritten "particula". Hier hat die explikative Funktion der Paraphrase wohl die charakteristischste Gestalt. Die Übersetzung beginnt folgendermaßen:

> Tribus autem differunt inter se;

Die Explanatio formuliert dasselbe so um:

> Cùm generum Poeseos conuenientiam in superiore parte posuerit Aristoteles, eorum nunc inter se triplicem esse differentiam ostendit. (S. 37)

Aus Pazzis "autem", durch das sich diese "particula" auf die vorangehende bezieht, machen Maggi und Lombardi einen temporalen Nebensatz, in dem sie an die vorige Aussage erinnern, deren "explanatio" schon drei Seiten zurückliegt, dem Hörer der Vorlesung also noch weniger gegenwärtig ist als dem Leser des gedruckten Kommentars. Beim Hauptsatz dagegen weicht die Formulierung vom Originaltext nur in der Sprechhaltung ab – über sie wird noch ausführlicher zu reden sein –, was zunächst nur zu einer quantitativen Zunahme der Aussage führt.

Primär quantitativ ist der Unterschied auch beim nächsten Teil der Paraphrase.

> Übersetzung:
> aut quòd genere diversis imitantur,
> Explanatio:
> Prima quidem est, cùm ea, quibus imitantur, genere differunt.

Dann folgt jedoch eine Erläuterung des genannten Prinzips, das heißt des Begriffs "genus" durch ein anschauliches Beispiel, das zwar von Aristoteles selbst stammt, bei ihm aber nicht an dieser Stelle, sondern erst in der nächsten "particula" herangezogen wird und auch dort in knapperer Formulierung als bei den Kommentatoren:

> [...] ceu si coloribus ac lineis pictor equum imitetur, ac pingat quem etiam poeta uerbis exprimat, hae duae imitationes inter se distabunt, ea inquam quae pictoris est, & quae poetae, penes res, quibus imitantur, siquidem pictor, & coloribus & lineis, poeta uerò uerbis utitur. (ebd.)

Maggi und Lombardi wollen hier im Hinblick weder auf die abstrakten Prinzipien noch auf irgendein Hintergrundwissen etwas an den Text herantragen, das nicht vom Autor selbst formuliert würde. Sie verändern allenfalls, wie dies auch bei Gaurico zu beobachten war, die Reihenfolge der Gedanken, ordnen etwa die abstrakte Aussage und das Exempel einander nach ihrer logischen Hierarchie zu. Anders ausgedrückt: sie erklären nur, was Aristoteles zwar erst später sagt, aber ihrer Ansicht nach an dieser Stelle schon im Sinn haben muß. [25]

Aus den Einzelbeobachtungen ergibt sich bisher: Die "explanatio" besteht in einer rein semantischen Auffächerung der Aussage. Sie "expliziert" daher in geringerem Maße, nämlich vorwiegend textimmanent, als etwa Robortellos Exegese. Denn auch dieser erläutert, was Aristoteles nur implizit sagt. Doch ist die Explikation bei ihm viel weiter gefaßt als ein Nachvollzug faktischer, geschichtlicher Voraussetzungen, durch den die Aussagen der *Poetik* primär in ihrer historischen Relevanz erscheinen. Bei Maggi und Lombardi hingegen betrifft die Explikation hauptsächlich den theoretischen Diskurs als solchen, der dadurch viel leichter als historisch nicht gebunden erscheinen kann. Die Doktrin kann somit als eine zeitlos gültige, auch noch für die Gegenwart der Kommentatoren und ihrer Hörer brauchbare hingestellt werden. Historische Aspekte werden von Maggi und Lombardi natürlich nicht ignoriert, doch bringen sie diese, vor allem als sprachliche Erläuterungen, in den "annotationes" unter, die durch ihren Platz jeweils hinter den "explanationes" und

[25] Unverständlich bleibt, warum Maggi ein ganz ähnliches Vorgreifen Robortello zum Vorwurf macht. Vgl. oben S. 186.

durch die Verwendung deutlich kleinerer Drucktypen den Charakter von "Anmerkungen " sekundärer Bedeutung bekommen.

Die Paraphrase hat neben der semantisch-explikativen eine zweite, bei Maggi und Lombardi ungleich wichtigere Aufgabe zu erfüllen, die auch viel stärker als die bisher beschriebene auf humanistische Leitvorstellungen verweist. Auch diese Funktion spiegelt sich in der Form der "explanationes" wider: In ihnen geschieht nämlich eine wesensmäßige Umwandlung der Sprachform, ein Wechsel der Sprechebene. Die theoretische Rede mit ihren Behauptungen, Argumentationen und Exemplifikationen wird zum Bericht von der Lehre des Aristoteles; ja, gelegentlich nimmt dieser Bericht Züge narrativer Prosa an. Das bewirken wenigstens drei Faktoren: die Übertragung der Aussagen in indirekte Rede, die Einführung einer quasi-narrativen Zeitabfolge und die Vergegenwärtigung des Aristoteles als eines Lehrenden.

Bei der Beschreibung des Robortello-Kommentars hatte sich eine stete Neigung zur Verknüpfung der einzelnen Text- wie Kommentarteile ergeben; die Bemühung um logisch-argumentative Verflechtung dominierte deutlich gegenüber einem bloßen Nacheinander der gedanklichen und exegetischen Schritte. In Maggis und Lombardis "explanationes" ist das Verhältnis umgekehrt. Auf logischen Verbindungen insistieren die Kommentatoren recht selten, und selbst dann lassen sie sich, wie im folgenden Beispiel, von der zeitlichen Reihung kaum trennen:

> Concludit demum ex supra expositis rationibus, fabulam esse principium, hoc est basim, ac fundamentum, & ueluti animam Tragoediae [...]. (S. 113)

Präziser formuliert: mit der Wendung "Concludit... ex supra expositis rationibus" wird im Unterschied zu Robortellos Vorgehen keine als bei Aristoteles nur implizit vorhanden gedachte Struktur herausgelöst; vielmehr handelt es sich um die semantische Auffächerung eines "igitur", das sich in der Pazzi-Übersetzung findet. Dominant scheint die temporale Komponente zu sein, und das gilt mit wenigen Ausnahmen für alle "explanationes". Die gedanklichen Schritte der Doktrin werden mit einer Reihe stets gleich lautender Formeln zum Nacheinander verbunden. Besonders häufig verwenden Maggi und Lombardi die Konstruktionen "Cùm... nunc... ", "Hactenus... nunc... ", "Superius... nunc (oder deinde)... ", seltener "Postquam... nunc... ". Gern wird die Sequenz der Gedanken auch durch Verwendung des Plusquamperfekts oder des Ablativus absolutus ausgedrückt, so in der oben zitierten Paraphrase der zweiten "particula" ("Absoluto prooemio... "). Eine anschauliche Vorstellung von der zeitlichen Folge, die diese Art der gedanklichen Verkettung bewirkt, mögen die Anfänge der "explanationes" der dritten bis siebten "particula" vermitteln (alle Hervorhebungen von uns):

> *Cùm* generum Poeseos conuenientiam in superiore parte posuerit Aristoteles, eorum *nunc* inter se tripligem esse differentiam ostendit. (S. 37)
> Poeses tribus inter se differe ***dixerat superius***; ***nunc*** primam Poeseum differentiam [...] exemplo confirmat. (S. 39)
> Poeseos species omnes tribus instrumentis [...] imitari ***superius dixerat***: ne uerò omnes omnibus uti quispiam existimaret, subiunxit [...] (S. 49)
> Ea, quibus imitantur poetae, tria esse ***docuit superius***. [...]. Subiunxit ***deinde*** [...]. (S. 51)
> *Cùm* autem in praecedente particula Epopoeiam tum soluta oratione, tum etiam metris imitationem ***facere dixerit*** [...], se nobis Aristoteles meritò ***nunc*** excusat [...]. (S. 52 f.)

Man kann diese Verkettung den ganzen übrigen Kommentar hindurch verfolgen. Dabei wird man auch feststellen, daß nicht nur die Anfangssätze der "explanationes", sondern die gesamte jeweilige Paraphrase von einer indirekten Sprechhaltung geprägt wird. Die Behauptungen, Folgerungen und Exemplifikationen des Aristoteles (bzw. der Pazzi-Übersetzung) werden ersetzt durch einen

Bericht oder eine "Erzählung" von diesen Behauptungen, Folgerungen und Exemplifikationen. Der Satz "Tribus... differunt inter se" wird zu "eorum... inter se triplicem esse differentiam ostendit", das heißt: der Hauptsatz wird zur Infinitivkonstruktion (oder, in anderen Fällen, zum Nebensatz), zu der eine Inquit-Form ("ostendit") hinzutritt.[26] Durch diese auf den ersten Blick rein formal-syntaktische, daher harmlos wirkende Änderung haben die Kommentatoren aber nun eine entscheidende Möglichkeit, das Verständnis ihrer Hörer oder Leser zu lenken, indem sie den Inquit-Formen eine bestimmte, wiederkehrende Färbung geben. [27]

Die obigen fünf Beispiele zeigen, daß zunächst eher neutrale Verben vorherrschen: "ostendit", "dixerat", "confirmat", "subiunxit", "explicauit", "declarat", "recenset", "demonstrat", "enumerauit" und Ähnliches. Das gilt für ungefähr das erste Drittel der insgesamt 157 "particulae". Verben, die dem Bedeutungsfeld der Belehrung, Ermahnung oder Anweisung entstammen, tauchen nur vereinzelt auf.[28] Ab dem 49. Abschnitt dagegen nehmen solche Ausdrücke stark zu; insbesondere kehren die Verben "docere", "monere" und "admonere" häufig wieder.[29] Damit bewirkt die Paraphrase als semantische Auffächerung nun nicht mehr eine nur quantitative Erweiterung; vielmehr wird hier der Inhalt auch qualitativ modifiziert. Die Theorie der *Poetik*

[26] Auch Gaurico beginnt seine Horaz-Paraphrase in indirekter Rede: "Primum igitur Inquit Pisones: [...]." Vgl. oben S. 201.

[27] Daß Inquit-Formen den Leser lenken und beeinflussen, ist in der neueren Narrativik seit Lämmert, Stanzel, Booth und anderen zur "communis opinio" geworden. Daß es aber etwas ähnliches auch in einem anderen Genus geben kann, scheint uns deshalb besonders bedenkenswert zu sein, da man es hier ja nicht mit fiktiven Vorstellungen, sondern theoretischen Behauptungen zu tun hat, die Leser- oder Hörerlenkung daher nicht nur ästhetische Konsequenzen hat.

[28] S. 28 "docet", "docentur"; S. 51 "docuit"; S. 54 "nos admonitos uoluit"; S. 85 "admonuit"; S. 95 "admoneret".

[29] Vgl. S. 124, 129, 135, 140, 141, 145, 147, 151, 154, 167, 173, 185, 201 usw.

soll als Handlung des Aristoteles erscheinen, seine Doktrin gewissermaßen als in den Vorgang des Belehrens eingebettet vorgeführt werden.

Ein Beispiel: Wenn etwa im Text Aristoteles selbst auf eine andere Schrift verweist, dann gehen die Kommentatoren nicht nur der Parallele nach – so macht es Robortello –, sondern zeigen den Hörern und Lesern die Verweisung geradezu als didaktische Handlung:

> Übersetzung:
> Tametsi de sententia in ijs, quos de Rhetorica scripsimus, libris: ut quod eius uiae & rationis magis proprium sit, disseruimus.
> Explanatio:
> Verùm pro iis, quae ad sententiam pertinent, relegat lectorem ad ea, quae in libro secundo de Rhetorica dicta sunt [...]. (S. 204)

Das führt schließlich dazu, daß Aristoteles nicht nur Autor des Traktats ist, sondern als Lehrer, das heißt als Person vergegenwärtigt wird, die durch die Kommentatoren hindurch sich artikuliert. Die Doktrin wird ausdrücklich an die Person des Aristoteles gebunden. Maggi und Lombardi verwirklichen hier, was zuvor auch Gaurico mit seiner Horaz-Paraphrase beabsichtigte; er erklärt seinem Adressaten Francesco Pucci:

> Itaque quum & hoc qua ratione melius fieri poßit, animo reuoluerem: placuit horatium ipsum ita tibi loquentem inducere: ut resolutis numeris: & idaeis permutatis Pisones suos edocentem audire uidearis [...]. [30]

So eindeutig die Bemühung um personale Vergegenwärtigung des Aristoteles bei Maggi und Lombardi ist, so merkwürdig widersprüchlich mutet das Bild an, das sie insgesamt entwerfen. Denn

[30] Gaurico, a.a.O. (s. Anm. 21), fol. A ii v.

der Lehrer Aristoteles bleibt für sie stets der vollkommene, höchste Philosoph (z.B. S. 10, S. 25), der Führer im Bereich der Poetik (S. 11), kurz der "Philosophus"[31] im mittelalterlichen, besonders im scholastischen Sinn, über den bereits Leonardo Bruni spöttisch geredet hatte:

> Hos tamen si quis roget, cuius auctoritate ac praeceptis in hac sua praeclara sapientia nitantur: *Philosophi*, dicunt. Hoc autem cum dicunt, Aristotelis intelligi volunt. [...] Haec dicit, inquiunt, Philosophus; huic contradicere nefas est, idemque apud illos valet et *ipse dixit* et veritas [...]. [32]

Zugleich suchen Maggi und Lombardi aber eine Unmittelbarkeit gegenüber dem "Philosophus", die als solche ganz und gar unscholastisch ist und an die Haltung eines Bruni, eines Salutati oder eines Poggio gegenüber dem Altertum erinnert: Die historisch ferne Autorität wird im Kommentar gleichsam wieder zum Leben erweckt, so daß Aristoteles mit den Hörern redet wie die antiken Autoren mit Petrarca. [33]

---

[31] Einige Beispielstellen aus den "explanationes": S. 33, 40, 50, 60, 68, 79, 88, 91, 94, 95, 96, 97, 101, 102, 104, 129, 130, 135 usw. Man erkennt, daß die Frequenz von "Philosophus" ungefähr im gleichen Maße zunimmt wie die der Verben der Belehrung. Fast immer sind diese sogar auf den "Philosophus" bezogen.

[32] Leonardo Bruni Aretino: *Ad Petrum Paulum Histrum Dialogus*, in: Eugenio Garin (Hrsg.): *Prosatori latini del Quattrocento. I. Coluccio Salutati, Leonardo Bruni Aretino, Francesco Barbaro*, Milano/Napoli/Torino 1976 (Classici Ricciardi. 8), S. 44-99, hier: S. 56.

[33] [...] quanta (oro te) gratia claris ac probatis scriptoribus est habenda, qui multis ante nos in terra versi divinis ingeniis institutisque sanctissimis nobiscum vivunt, cohabitant, colloquuntur [...]." Francesco Petrarca: *De remediis utriusque fortunae*", zweisprachige Ausgabe in Auswahl, übers. und kommentiert v. Rudolf Schottlaender, Bibliographie v. Eckhard Keßler, München 1975 (Humanistische Bibliothek. II, 18) S. 52.

5 Die "annotationes": Vom Wortkommentar zur Begriffsdefinition

Die genannten Tendenzen der "explanationes" setzen sich in den ihnen jeweils folgenden "annotationes" fort: die Paraphrase als quantitative Erweiterung und als qualitative Modifikation der Aussage, das doppeldeutige Bild des Aristoteles, die Erklärung der *Poetik* als eines Lehrtextes. Bezeichnend ist der Anfang der "annotationes" zum 75. Abschnitt; die "explanatio" hat bereits den dozierenden Aristoteles auftreten lassen, was Maggi aber noch deutlicher hervorheben will:

> Praeceptum Aristotelis hoc loco est, quo pacto fabulis iam receptis uti rectè possimus. Hoc autem praeceptum circa ignorantiam & scientiam uersatur. [...] hoc enim est, quod Philosophus dicit, SUSCEPTIS RECTE VTI. [usw.] (S. 166)

Selbst dort, wo Maggi in scheinbarer Übereinstimmung mit Robortello den aristotelischen Text durch Einbeziehung oder Zitieren dichterischer Texte expliziert, ordnet er das Verhältnis von dichterischer Theorie und Praxis stets dieser Leitidee unter. Er überprüft nicht die theoretischen Prinzipien anhand literarischer Texte, aus denen jene sich induzieren lassen; er überprüft umgekehrt die Dichtung mit Hilfe der aristotelischen Doktrin. Ihn interessiert primär, in welchem Maße die von Aristoteles genannten Autoren regelkonform verfahren: Wenn man Euripides mit der *Poetik* vor Augen liest, versteht man ihn nicht etwa besser, sondern vermag ihm mühelos seine Fehler anzukreiden:

> Quod si rectè nos Aristotelis praecepta attendamus, dum Euripidem legimus, quando is à recta deuiat, nullo negotio deprehendemus. (S. 158)

An sich wollen Maggis "annotationes" jedoch etwas anderes darstellen, nämlich eine zur Paraphrase komplementäre, sie ergänzende Erläuterung im Sinne der fortlaufenden Worterklärung. Daher finden sich in ihnen vor allem die elementaren Merkmale der philologischen Kommentierung wieder. Maggi überprüft den griechischen Text und korrigiert ihn durch Emendation und Konjektur. Er setzt sich mit der lateinischen Übersetzung Pazzis auseinander und schlägt auch hier Verbesserungen vor. Sein Hauptinteresse gilt jedoch zweifellos der sprachlichen, das heißt der grammatischen, lexikalischen und semantischen Erklärung einzelner Wörter. Typisch für seine "annotationes" ist die einleitende Markierung der Erläuterungsabschnitte durch das Wort "verbum":

> Verbum IPSA'QUE, quod in latina tralatione [sic] desyderatur, ea ratione ab Aristotele positum fuisse putamus, ut [...] (S. 29)
> Verbum FACVLTAS, habitudinem ac responsum quoddam ad id operis, cuius facultas dicitur, referre uidetur. (ebd.)
> Verbum SINGVLA, non ad genera solùm, uerùm etiam ad Poeticam referri debet. (S. 30)
> Verbum METHODVS à Simplicio inter initia libri Physicorum ex Alexandri sententia sic declaratur [...] (S. 31)

usw.

Maggi richtet seine Aufmerksamkeit vorrangig auf die sprachliche Gestalt von Begriffen, ihre syntaktische Zuordnung sowie ihr Vorkommen in anderen Texten und bei anderen Autoren. [34] Des-

[34]Merkwürdig, daß Maggi seine Erläuterungen meistens auf die lateinische Übersetzung bezieht, nicht wie Robortello auf den griechischen Wortlaut. Man hat in dieser Abweichung von der strengen humanistischen Praxis sicher ein Zugeständnis an die Hörer und Leser zu sehen, bei denen die Kommentatoren offensichtlich keine oder nur geringe Griechisch-Kenntnisse voraussetzen konnten. Trotzdem spricht Maggis Vorgehen ein weiteres Mal dafür, daß er den Textsinn als etwas relativ Fixes ansieht, das nicht untrennbar von der sprachlichen Formulierung abhängt.

halb kommentiert er – wie weiter oben erwähnt – Wörter oft dort, wo sie im Text vorkommen, unabhängig davon, ob sie vom Autor bloß genannt – womöglich als ausdrückliche Vorausdeutung auf ihre spätere Besprechung – oder ob sie als Begriffe auch inhaltlich thematisiert werden. Das gilt zum Beispiel gleich zu Beginn der *Poetik* für die Termini "fabula" (S. 30) oder "natura" (S. 32), auf deren Rolle innerhalb seiner poetischen Theorie Aristoteles erst später eingeht. Zu dieser eingeengten philologischen Perspektive paßt auch, daß für Maggi der "contextus" innerhalb der "annotationes" gleichbedeutend mit "locus" ist, also eine begrenzte Textstelle, nicht etwa den ein Wort umgebenden und inhaltlich determinierenden Zusammenhang meint. [35] Es paßt auch dazu, daß in Fortsetzung der Kommentarpraxis des Quattrocento Wissen stets punktuell angebracht und bezeichnenderweise durch die stereotype Formel "sciendum est... " – gelegentlich auch durch das allgemeinere "animadvertendum est..." – eingeleitet wird. Und wenn wir von "Wissen" reden, dann ist darunter wiederum vor allem philologisches, nicht sachliches Wissen über das Altertum zu verstehen. So beziehen sich auch Parallelstellen aus anderen Schriften des Aristoteles oder anderer Autoren meistens auf die Wortverwendung. [36] Ein Sachkommentar, der schon bei Poliziano zum unentbehrlichen Korrelat des rein philologischen Wissens wurde und bei Robortello gar zum Bezugsrahmen der inhaltlichen Deutung, ist bei Maggi vergleichsweise selten.

Es überrascht bei dieser einseitigen Akzentuierung des sprachlichen Kommentars nicht, daß Maggi an den wenigen Stellen, an denen er auf die Aufgaben des Interpreten eingeht, seine Grenzen auch ausdrücklich recht eng zieht. In den "annotationes"

---

[35]Siehe z.B. S. 39 und passim. – Wir erwähnten oben (S. 188), daß "contextus" daneben auch das jeweils in einer "particula" besprochene Textfragment, also auch dann nicht den übergreifenden Zusammenhang, bedeuten kann.

[36]Charakteristisch etwa der Kommentar zum Terminus "epopoeia", S. 34 ff.

zur 19. "particula" versucht er, die von Aristoteles (*Poetik* 1448 b) beschriebene merkwürdige Tatsache, daß real Abstoßendes, etwa ein Kadaver, in der künstlerischen Nachahmung Gefallen hervorruft, logisch zu erklären; er führt die aristotelische Behauptung auf den in den *Analytiken* definierten Syllogismus zurück:

> Sciendum est in omni ratiocinatione, syllogismo'ue conficiendo, tribus terminis opus esse, ut in primo Priorum resolutoriorum libro declarat Aristoteles [...]. (S. 73)

Dabei treffen sich der reale Gegenstand und seine Nachahmung im "idolum", in der geistigen Vorstellung als dem "medius terminus", die beide gleichermaßen hervorrufen. Dieser Gedankengang wird von Maggi jedoch recht knapp dargelegt, als wolle er ihn nur andeuten, ohne selbst ganz von seiner Interpretation überzeugt zu sein; dann schließt er die "annotationes" mit der Bemerkung:

> Difficultates autem, quae huc afferri possent, consultò praetereo, ne Poetices interpretis limites transgrediar. (ebd.)

Der Seitenhieb gegen Robortello ist nicht zu übersehen. Dieser erblickt ja seine interpretatorische Aufgabe nicht zuletzt im Sichtbarmachen der logisch-argumentativen Zusammenhänge der *Poetik*, deren bloße Vorstufe die rein philologische Arbeit ist. Für Maggi sind aber mit derartigen Deutungen die Grenzen eines Kommentators der *Poetik* bereits erreicht; man kann umgekehrt folgern: die Zuständigkeit des Interpreten liegt diesseits logisch-argumentativer Verknüpfungen, sein Tätigkeitsfeld ist die reine Worterklärung.

Ein weiteres Mal äußert er Bedenken gegenüber einer zu weit ausholenden Interpretation. Bei der 42. "particula" geht er der Frage nach, wie die tragische Wirkung mit der grundsätzlich "erfreuenden", unterhaltenden Absicht der Dichter vereinbar sei, wie man also – so könnte man ergänzen, denn Maggi expliziert das nicht – Aristoteles mit Horaz versöhnen könne. Das führt ihn zu einer längeren Erörterung einiger menschlicher Affekte, auch der Furcht und des Mitleids, aber nicht mehr als poetologische, sondern als ethische Probleme. Wieder bildet eine Rechtfertigung des Kommentators den Schluß der Darlegung:

> Haec fortè limites Poeticam interpretantis excedere uidentur: sed rerum, quas explicabamus, affinitate coniunctioneque ducti, non alienum ab instituto nostro duximus, ea nunc interponere. (S. 113)

Maggi vertritt zwar die Ansicht, an dieser Stelle mit der moralphilosophischen Thematik die Grenzen des Interpreten nicht überschritten zu haben, da der erörterte Aspekt aufgrund direkter Verwandtschaft mit der Poetik verknüpft sei; die Überzeugung von der primär belehrenden Funktion der Literatur gibt zweifellos den Hintergrund dieser Rechtfertigung ab. Doch kann man dem Zitat auch entnehmen, daß ein solcher Fall die Ausnahme bleiben soll. Wenn man sich daran erinnert, daß Lombardis Vorrede die Ethik wie auch die Logik aufs engste mit der Dichtung verflochten waren, [37] dann erkennt man noch deutlicher, daß hier kein dichtungstheoretisches, sondern ein rein hermeneutisches Problem angesprochen ist: Die Auslegung der *Poetik* soll nicht mit der Dichtungstheorie verwechselt werden; die Herleitung poetologischer Zusammenhänge aus der punktuellen Wortinterpretation liegt nicht mehr innerhalb der eigentlichen Kompetenz des Kommentators. [38] Der hat sich vielmehr dem kommentierten Text unterzuordnen und will sich allenfalls zum Sprachrohr des ausgelegten Autors machen.

Maggis bewußte Selbstbeschränkung, sein Verzicht auf eine extensive Auslegung ermöglicht ihm zugleich aber eine intensivere Worterklärung. Seine ausführliche Kommentierung des

---

[37] Siehe oben S. 191 f.

[38] Das Gegenteil zu dieser Haltung: Castelvetros Kommentar zur *Poetik*; vgl. unten Kap. III.

Stichworts "numerus" (S. 42-48) kann das veranschaulichen. Sie zeigt in der Vielseitigkeit der herangezogenen Aspekte deutliche Züge der humanistisch-philologischen Exegese, die das einzelne Stichwort zum Anlaß sowohl für sprachdidaktische wie für enzyklopädische Exkurse nimmt. Maggi unterscheidet zunächst zwei Grundbedeutungen voneinander: "Zahl" bzw. "Zählbarkeit" und "Rhythmus "; dabei führt er auch vor, wie sich die zweite als Verhältnis von Maß und Bewegung semantisch aus der ersten herleitet (S. 42). Dann legt er wie immer anhand antiker Quellen dar, in welchen einzelnen Wirklichkeitsbereichen "Rhythmus" vorkommt: im Tanz, im Pulsschlag, im Gesang, in der Musik, in der Lyrik, in der Rede (S. 43). Von der medizinischen bis zur metrischen Bedeutung gibt er einen Überblick über das gesamte semantische Feld; aber nur scheinbar hat dieses Vorgehen mit der Wortkommentierung der ***Poetik*** wenig zu tun. Maggi geht es nicht, wie man auf den ersten Blick meinen könnte, um das vielfältige Sachwissen, das er in seiner Erörterung berührt; wir beobachteten bereits, daß der Sachkommentar bei ihm generell eine untergeordnete Rolle spielt. Es geht ihm ausschließlich um die Semantik des Wortes. Er selbst begründet sein Vorgehen so:

> Vox, NVMERVS, graecum uerbum ῥυθμός exprimit. sed cùm uox Rhythmus Latinis quoque sit abundè familiaris, multaque sint à nobis de rhythmo enarranda, clarioris doctrinae gratia, graeca nos uoce potius utemur quàm latina: quoniam uox numerus plura significat. (S. 42)

Die ausführliche semantisch-lexikalische Analyse dient der gleichen Absicht wie die Bevorzugung des eindeutigen Terminus "Rhythmus" gegenüber dem mehrdeutigen "numerus"; Maggis begriffliche Abgrenzung zielt – "clarioris doctrinae gratia" – auf Eindeutigkeit der Terminologie ab. Die Tendenz, begriffliche Mehrdeutigkeiten zu vermeiden, bestimmte ja zu einem großen Teil die Kritik an Robortello; dieser benutzte etwa "methodus" in drei verschiedenen Bedeutungen und ging offenbar davon aus, daß der jeweils zutreffende Sinn unmißverständlich aus dem Kontext hervorgehe. Maggi erkennt hingegen nur eine der drei Bedeutungen an, muß ihn daher falsch verstehen; und es ist nicht auszuschließen, daß er dieses Mißverständnis – gewissermaßen als ein heuristisches Mißverständnis – bewußt provoziert.

Daß es sich bei der semantischen Abgrenzung um eine leitende Absicht handelt, zeigt keine Stelle besser als der Anfang der "annotationes" zum ersten Abschnitt: Maggi stellt seine Wortkommentierung gleich zu Beginn unter das Zeichen der Begriffsanalyse:

> Explicandae primùm hic essent quatuor hae uoces, Poetica, Poesis, Poema, Poeta, quid singula sint, quot modis accipiantur, & quomodo inter se differant. (S. 28)

Das ist umso auffälliger, als nur die ersten beiden der vier Termini in der kommentierten Textstelle vorkommen; die anderen zwei treten hinzu, da wiederum – wie im Fall von "numerus" –nur eine vollständige Behandlung des semantischen Feldes eine präzise Definition des einzelnen Begriffes erlaubt, dessen Bedeutung sich aus der Opposition zu den übrigen drei ergibt.[39] Mit Hilfe antiker Zitate zum Vorkommen der einzelnen Wörter versucht Maggi, zu ihrer eindeutigen Verwendung zu gelangen, Bedeutungsüberschneidungen also auszuklammern; im antiken Sprachgebrauch sucht er einen Konsens zu entdecken. Ganz entsprechend wird er später, in der Erläuterung zur 9. "particula", die Polysemie von "poeta" erörtern, indem er jeder Art des Dichtens einen anderen Typ von Dichter zuordnet. Denn, so begründet er, Mangel an begrifflicher Abgrenzung führe zu Verstehensschwierigkeiten:

[39] Die begriffliche Unterscheidung von "poesis" und "poetica" begegnet auch in Lombardis Vorwort, S. 7, sowie in Maggis Kritik an Robortello, S. 20 ff.

Siquis igitur sit, qui poetae nomen cùm multiplex sit, unico tantùm modo capiat, is necessario multos in labyrinthos incidere cogetur. qui uerò uocem hanc, poeta, multiplicem in suas secuit significationes, uniuersa negotii huius incommoda (uero siquidem uerum omni ex parte consentaneum est) euitabit. (S. 57)

Die andernorts eng definierte ureigenste Aufgabe des Kommentators, das "negotium" der Worterklärung, verstrickt den Deuter in ein "Labyrinth" von Bedeutungen, wenn er den semantischen Verzweigungen der "vox multiplex" nicht einzeln nachgeht. Nochmals ergibt sich, wie bei der Person des Aristoteles, eine zweiseitige Konsequenz aus der Haltung des Kommentators. Maggi wirkt einerseits äußerst traditionsgebunden durch sein Festhalten an der alle übrigen Aspekte verdrängenden Rolle der sprachlichen Auslegung, ja er scheint noch hinter den bedeutenden Kommentatoren der letzten Quattrocento-Jahrzehnte zurückzubleiben, die tendenziell von einer Wechselseitigkeit zwischen Sprachkompetenz und Sachwissen ausgingen. Maggi "klebt" am einzelnen Wort. Ihm mangelt es zudem an dem für Robortello charakteristischen Gespür für sprachliche und nichtsprachliche "Kontexte". Aber diese vergleichsweise starke, gelegentlich rückständig anmutende Beschränkungen des Blickfeldes erweist sich zum anderen als ein besonderer methodischer Vorteil, der in die Zukunft vorausweist. Maggi stellt eine der ersten Manifestationen einer philologischen Entwicklung dar, die sich bei anderen Theoretikern, dort aber dann im Rahmen einer systematischen Literaturtheorie, weiterverfolgen ließe. Die oben als letzte beschriebene Gliederung des Begriffsfeldes "poesis/poema/poetica/poeta" findet sich zum Beispiel sehr ähnlich bei Bernardo Tasso, etwas anders bei Orazio Toscanella wieder. [40] Die eigentliche Konsequenz aus dieser Entwicklung

[40] Bernardo Tasso unterscheidet in bewußter Absetzung von Aristoteles zwischen "poesia", "poetica" und "poema". Die erste sei dabei die universale Materie des ganzen Gedichts, des "poema", während die "poetica" die Kunst

wird aber schließlich Francesco Patrizi in der ***Deca disputata***, dem zweiten Buch seines Traktats ***Della poetica***, ziehen.[41] Er bestätigt damit, was sich bei Maggi recht zögernd artikuliert: Die Suche nach einer intersubjektiv verständlichen Terminologie bedeutet die Erkenntnis, daß eine dichtungstheoretische Diskussion nur sinnvoll ist, wenn ihr ein begrifflicher Konsens vorausgeht. Sie ist, nach Robortellos Begründung eines induktiven Textverständnisses, ein weiterer Anstoß zur Ausbildung einer "wissenschaftlichen" Literaturtheorie. Besonders hervorzuheben ist dabei die Tatsache, daß dieser Impuls nicht erst in den systematischen Literaturtheorien, sondern aus den Notwendigkeiten der Kommentarpraxis heraus entsteht.

III VETTORI UND CASTELVETRO: VERSELBSTÄNDIGUNG DER POETOLOGISCHEN THEORIE

1 Die beginnende Ablösung der Theorie von der *Poetik* bei Vettori

Mit Robortello hatte man einen Typ von Kommentator vor sich, den eine klare Ausgewogenheit seiner Absichten kennzeichnet: Seine Auslegung wurde bestimmt durch eine enge Beziehung zwischen Wortlaut und Inhalt des interpretierten Textes einerseits, durch eine gleichermaßen enge Anlehnung des Kommen-

---

sei, die die Dichter beherrschen müßten, denn die Materie ("poesia") sei von sich aus ungeordnet ("confusa"). Vgl. Bernardo Tasso: *Ragionamenti della poesia [1562]*, in: Bernard Weinberg (Hrsg.): *Trattati di poetica e retorica del Cinquecento*, 4 Bde., Bari 1970-74, (Scrittori d'Italia. 247/248/253/258), Bd. 2, S. 567-584, hier: S. 569.
In Orazio Toscanellas stichwortartiger Zusammenstellung dichterischer Definitionen begegnet die Dreiteilung mit etwas anderen Bedeutungen: "poetica" ist hier die Kunst an sich, "poesia" die Gestalt eines ganzen Werks, etwa von Ovids *Metamorphosen*, "poema" (merkwürdigerweise) eine kleinere Versdichtung oder der Teil eines größeren Werks. Vgl. Orazio Toscanella: *Precetti della Poetica [1562]*, ebd., S. 559-566, hier: S. 561.

[41] Siehe unten Teil C, Kap. III, Abschnitt 4.

tars an die besonderen Gegebenheiten des Textes andererseits; diese Anlehnung beruhte auf der intellektuellen Gleichrangigkeit von Autor und Kommentator. Lombardi und vor allem Maggi verkörperten insofern eine Gegenposition hierzu, als bei ihnen der Kommentator sich als reiner Philologe dem Text unterzuordnen hatte, ihn sprachlich explizierte, um die so offengelegte Aussage dann vorwiegend selbst reden zu lassen. Pietro Vettori und Lodovico Castelvetro bilden ihrerseits Gegensätze zu diesen exemplarischen Haltungen. Castelvetro entfernt sich wie Maggi von Robortellos Lösung, jedoch in der genau entgegengesetzten Richtung. Der Kommentator ist dem interpretierten Autor nicht unter-, sondern übergeordnet. Im Vergleich zu diesen drei Grundhaltungen läßt sich Vettoris Kommentar von 1560 als eine Misch- oder Übergangsform charakterisieren; [1] er vereinigt sowohl Züge von Robortellos als auch von Lombardis und Maggis Haltung, bereitet aber deutlich Castelvetros Position vor, indem er die Ablösung, Verselbständigung der ausgelegten, übergreifenden Literaturtheorie vom Einzeltext, also von der aristotelischen *Poetik* fördert. Zugleich werden einige humanistische Grundforderungen, wie sie Maggi noch einmal konsequent vorführen wollte, hier zum Teil infragegestellt. Das gilt etwa für den Zusammenfall von "eloquentia" und "sapientia", von Wortlaut und Inhalt. Robortello richtete seine Aufmerksamkeit auf die Untrennbarkeit der beiden Seiten; Maggi war überzeugt, daß der klare Wortlaut von sich aus den Inhalt offenlegt; Vettori wird dagegen einen Widerstreit zwischen beiden Seiten sehen und die sprachlich-rhetorische Seite der Auslegung zugunsten des Inhalts vernachlässigen. Der Analyse von Castelvetros Kommentar sei daher ein kurzer Blick auf Vettoris Selbstverständnis vorausgeschickt.

Vettoris Einschätzung seiner Aufgabe stellt sich zunächst

[1] Pietro Vettori: *Commentarii In Primum Librum Aristotelis De Arte Poetarum (1560)*, Nachdruck München 1967 (Poetiken des Cinquecento. 9). – Zur allgemeinen Charakteristik von Vettoris Kommentar vgl. Bernard Weinberg: *A History of Literary Criticism in the Italian Renaissance*, 2 Bde., Chicago 1961, Bd. 1, S. 461-466.

als recht problematisch dar; vor allem in der Definition seines Verhältnisses zu den Vorgängern mischen sich rhetorische Wendungen, topische Formeln in schwer aufzulösender Weise mit der wirklichen Absicht. Überraschend ist etwa, daß weder Robortello noch Maggi kritisiert oder – wie das bei anderen Kommentatoren üblich ist – wenigstens als unzureichend, also ergänzungsbedürftig hingestellt werden. Beide werden vielmehr mit höchstem Lob überschüttet. Robortello wird als erfahrener Gelehrter beschrieben, der in mühevoller, harter Arbeit die meisten Interpretationsprobleme beseitigt habe:

> In idem opus non multo post [d.h. nach Alessandro de' Pazzi] Franciscus Robortellus toto pectore incubuit: qui & annis, & eruditione florens, consumptis in tam praeclaro, arduoque opere plurimis vigiliis, hunc librum primus scriptis suis illustrauit. plurimumque caliginis inde sustulit atque dissipauit [...]. (fol. bi v.)

Vor allem seine Belesenheit und seine Kenntnisse der griechischen Autoren werden hervorgehoben:

> cum enim multa ille legisset, fabulasque omnes omnium poëtarum diligenter versasset, ac sedulo in primis Graecos scriptores, in quibus varia, multiplexque doctrina existit, volutasset, bene paratus in hanc palaestram venit, quare non sine causa, magnam inde laudem, gloriamque reportauit. (fol. bi v. /bij r.)

Auch in Maggis Würdigung wird die Breite der Gelehrsamkeit angesprochen, besonders aber steht – und das wohl zu Recht – die Genauigkeit, die scharfe Beobachtung von Details im Vordergrund:

> Descendit statim in eandem arenam egregiè & ipse alia parte ornatus, ac scientia omnia subtili comitatus, Vincentius Madius. qui cum aetatem omnem in

> grauioribus libris eiusdem auctoris contriuisset, atque in celeberrimis gymnasiis scripta ipsius interpretatus esset, laborem etiam hunc viribus suis indignum non existimauit, atque in eo sustinendo omne ingenij sui robur contendit: hic & singulas sententias diligenter examinauit, ac quae obstare illic, pugnareque inter se uidebantur, cognouit: adhibitaque diligentia plurima nodos plures dissoluit, atque extricauit. (fol. bij r.)

Wie man sieht, erkennt Vettori deutlich die Unterschiede der beiden und auch, daß Maggi sich als Robortellos Rivale auffaßt, er will aber wohl beide Kommentare als komplementär zueinander verstehen. Bei solch uneingeschränktem Lob für die schon vorliegenden Interpretationen zur *Poetik* stellt sich fast von selbst die Frage, was denn für Vettori noch zu tun übrig bleibt. Er versucht nun keineswegs, irgendeinen bislang übersehenen Aspekt des Traktats als besonders erklärungsbedürftig herauszustellen – auch das ist bei anderen Kommentatoren durchaus üblich –, sondern setzt seine Rechtfertigung fast nur mit Wendungen affektierter Bescheidenheit fort. Mit Blick auf seine Vorläufer entschuldigt er sich gar für sein anmaßendes Unterfangen; er lobe Robortello und Maggi, weil er die Unzulänglichkeit des eigenen Geistes besser nicht zeigen könne. Daß er nicht mit den beiden wetteifern wolle, würden auch seine Ausführungen, also seine fortlaufende Kommentierung, beweisen:

> qui non ita fortasse idoneus huic operi, neque par tanto oneri sustinendo, tamen illud suscepi, & quasi cum illis contendere voluisse, possum existimari. à qua sane mente, consilioque longè semper afui: [...] quod sanè verum esse, atque ita prorsus se habere, res ipsa vt arbitror, ratioque, quam in hac scriptione mea secutus sum, declarabit [...]. (ebd.)

Seine Interpretation habe er nicht auf eigenen Antrieb, sondern nur auf Drängen von Freunden hin veröffentlicht; er selbst sei mit Zögern und Unsicherheit an die Sache herangegangen:

> Accesserunt postea preces amicorum, assiduaeque ipsorum voces. vt quidquid & ipse inuenissem ad hoc studium illustrandum aptum, diuulgarem, & cum amatoribus ipsius maximis communicarem: ego enim, vt timidè semper ac pedetentim ad hoc opus accessi, & in singulis ipsius partibus multum haesitaui [...] (ebd.)

Eine derartige Häufung von Understatements gegenüber der eigenen Leistung – es handelt sich wohlgemerkt nicht um eine Widmungsvorrede, in der ein solches Verhalten allerdings dem Usus entspräche – soll womöglich als Ausdruck ihres Gegenteils verstanden werden. Nicht nur der Hinweis darauf, daß seine Ausführungen ihren Rang von selbst offenlegten, sondern die Gesamtanlage des Vorworts an den Leser zeigt Vettoris Überzeugung von seiner Überlegenheit gegenüber den anderen Kommentatoren und selbst gegenüber Aristoteles – einer Überlegenheit, die vor allem aus seinem ausgeprägten historischen Bewußtsein hervorgeht. Vettori beginnt sein Vorwort nämlich mit einem mehrere Seiten umfassenden geschichtlichen Abriß der Dichtung, die bei den Hebräern beginnt, bei den Griechen aber ihre größte Entfaltung erfährt. Sein Blick richtet sich aber nicht auf die Dichtung als isoliertes Phänomen, vielmehr wird sie im humanistischen Sinn als Teil einer Kultur- und Geistesgeschichte aufgefaßt: Dichtung wirkt auf die ganze menschliche Kultur und alle Studien innerhalb eines Gemeinwesens zurück, wie es das alte Athen exemplarisch darstellt:

> in ea enim praecipuè vrbe, domo profecto quadam Musarum, florebant & studia reliqua doctrinae, & haec in primis elegans, & polito homine digna, disciplina. Quare rectè existimatur amplus ille grandisque poëta dixisse, nec sine causa tantum huic ciuitati, praeclarisque ipsius institutis tribuisse, qui affirmauit Athenas Graeciae Graeciam esse, quod vt vniuersa Graecia cunctae Barbariae praestaret, ita haec vna

> Graeciae ciuitas reliquas omnes eius gentis ciuitates dignitate, ac gloria superaret. (fol. a iiij r./v.)

Ähnliches gilt für die Epoche der lateinischen Dichtung, die wortwörtlich als "Rezeption" der griechischen Kultur definiert wird. Dabei führt der Rezeptionsprozeß – gewiß als Vorbild der Renaissance gemeint – zur Veredlung der Sitten: [2]

> Sed Romana etiam respublica, quae gens grauis in primis, & seuera fuit, duramque admodum, atque asperam vitam diu coluit, quippe cum in militaribus laboribus tota occupata foret, cito haec studia recepit: poëtasque in magno honore, ac pretio habuit. (fol. a iiij v.)

Der Überblick über die historische Entwicklung von Literatur und ihrer kulturellen Wirkung ist im übrigen keine bloße Aufreihung von Epochen, Namen oder Werken; der Tendenz nach will Vettori sich in die Kultur des Altertums zurückversetzen.

---

[2] Vettori greift hier einen für das Selbstverständnis der Renaissanceliteratur außerordentlich wichtigen Gedanken auf, den zuvor Vida in seinem Traktat *De Arte Poetica* von 1527 dargelegt hatte: Die Griechen haben bereits die Wirkung von Kunst entdeckt und diese Erkenntnis an die Römer weitergegeben; zugleich verfeinern diese aber das "Rezipierte". Daher sei es auch heute keine Schande, die Antike nachzuahmen, d.h. den Rezeptionsvorgang der Römer analog zu wiederholen:

> "[...] egregias artes ostenderit esto
> Graecia, tradiderit Latio praeclara reperta,
> Dum post in melius aliunde accepta Latini
> Omnia rettulerint, dum longe maxima Roma
> Ut belli studiis, ita doctis artibus omnes,
> Quod Sol cumque videt terrarum, anteiverit urbes."

Marco Girolamo Vida: *De arte poetica*, translated with commentary, & with the text of ca. 1517, edited by Ralph G. Williams, New York 1976, Buch 2, Vers 552-557, S. 78-80. – Zur Bedeutung von lat. "recipere", auch in der Renaissance, vgl. Ludwig Schrader: *Rabelais und die Rezeption der Antike. Deutungs-Probleme im Humanismus*, in: Romanische Forschungen 92 (1980), S. 1-49. hier: S. 2.

Man möchte sein geschichtliches Bewußtsein, wäre das nicht ein offensichtlicher Anachronismus, geradezu "historistisch" nennen:

> Et sanè cum mecum diligenter cogito: menteque, quae fuerit vita eorum, qui tunc Athenis aetatem degebant, reuoluo, fortunatos illos, beatosque fuisse iudico. (fol. a iiij r.)

Eigentlicher Zielpunkt dieses Abrisses ist jedoch die Gestalt des Aristoteles; dieser wollte – so sieht es Vettori – den umfassenden Wert, den Reichtum der Dichtung aufweisen. Und er habe diese Aufgabe auf vollständige und vollkommene Weise bewältigt:

> Hanc igitur artem, tantopere generi humano utilem, cum ipsam ualde probaret: & quantos fructus ferre posset, praeclarè videret, iudicio suo ac cognitione multa pulcherrimarum rerum ornare voluit Aristoteles [...]. (fol. a vi r.)
> Incubuit igitur ille in hanc rem toto animo, atque, vt existimare licet, quod conatus est absoluit, cumulateque perfecit: omnesque partes poëtices subtiliter pertractauit. (fol. a vi v.)

Vettori sieht Aristoteles als Bewahrer eines exemplarischen Kulturhöhepunktes, deutet ihn damit ähnlich wie Robortello aus dem Interesse der Renaissance an einer wiederherzustellenden eigenen Kultur heraus. [3] Aus dem Verstehen und der Nachahmung von Aristoteles' Leistung soll dem zeitgenössischen Gelehrten und Dichter die Fähigkeit erwachsen, der eigenen Literatur den im aristotelischen Traktat enthaltenen Rang wiederzugeben. Wie bei Robortello dient die *Poetik* daher zunächst einmal dazu, das Universum der alten Dichtung zu verstehen; die antiken Dichter können mit ihrer Hilfe besser gedeutet werden: [4]

---

[3] Siehe oben Kap. I, S. 110 f.
[4] Siehe Kap. I, S. 175 ff.

> Non falsò etiam fortasse putaret, qui crederet hunc doctissimi viri laborem magis profuisse ad scripta veterum poëtarum iudicanda [...]. (ebd.)

Aber bei Vettori schwingt, da sein größeres Interesse nicht der bloßen Rezeption, sondern der zeitgenössischen Produktion von Dichtung gilt, sofort eine normative Auffassung mit, die an Maggis und Lombardis Bewertung der *Poetik* erinnert:

> [...] uirtutesque, ac vitia illorum intelligenda, quàm nouum aliquem, qui in eo studio cum laude versatus sit, informasse, & perfectum vndique, atque absolutum reddidisse [...]. (ebd.)

Aristoteles markiert in doppelter Weise einen Kulminationspunkt der Literaturgeschichte; er faßt die vorhergehende Dichtung theoretisch zusammen, prägt aber auch die spätere, indem er Richtlinien gibt; er wolle

> quae ipsius [d.h. der Dichtkunst] tractandae optima ratio esset, amatoribus illius indicare: gratiaeque multum ipsi, ac dignitatis aduersus eos, qui eam non magnopere diligerent, conciliare. nam non deerant etiam qui, eam colentes in aliqua re, ignoratione ducti, peccarent: quos corrigere, atque in veram viam reducere, rectum esse existimauit. (fol. a vi r.)

Während Robortello und Lombardi den Kommentaren zur *Poetik* einen systematischen Abriß der Dichtungstheorie vorausschicken, in dem sie die Dichtung in das Gefüge anderer Disziplinen einordnen sowie in sich gliedern, hat Vettori ein primär geschichtliches Vorverständnis des aristotelischen Traktats. Die Deutung der *Poetik* ist Deutung der Literaturgeschichte. Daß in diese Deutung eine Wertung, also eine normative Haltung einfließt, scheint uns demgegenüber sekundär zu sein.

Aber die Auslegung der *Poetik* hat bei Vettori einen zweiten Zweck, den wir ebenfalls schon nannten: Sie ist Voraussetzung einer Aristoteles-Imitatio. Die Erkenntnis seiner mustergültigen Leistung muß letztlich der eigenen Zeit, dem 16. Jahrhundert dienen. Wie Vettori in der Antike das hohe Niveau der Dichtung mit einer Blüte der allgemeinen Kultur verbunden sieht (vgl. fol. a iiij v.), so postuliert er für jede Epoche, auch für die eigene Gegenwart, einen Nutzen hochrangiger Dichtung (fol. b ij r./v.). Aber: Vettori kann selbst nicht dichten, folglich dem Gemeinwesen nicht auf schöpferisch-künstlerische Weise nützen. Er will daher indirekt der Dichtung dienen, indem er anderen zeigt, wie man dichtet:

> Cum igitur elegans hoc studium tantum adiumenti ceperit à nostris hominibus: nec tantum inuenti sint apud nos, qui magnificè, praeclareque ipsum coluerint, sed etiam palmam ex eo tulerint, cur non debui & ipse, siquid opis ipsi adferre possem, valde conari. & cum eximium carmen scribere non valeam: nec etiam fortasse rectè id faciendi rationem aliis tradere, eum saltem, qui summo ingenio praeditus hoc fegit, artemque hanc docuit atque omni eleganti supellectile locupletauit, scriptis meis adiuuare: & praecepta, quae dedit, vetustate ipsa, & praeterea aliis malis corrupta multum, atque obscurata, sedulitate mea illustrare? (fol. b iij r.)

Hier ist der Übergang von der Auslegung zur anleitenden Theorie, von der Rezeption zur Produktion von Literatur so unmittelbar und explizit wie fast nirgends sonst greifbar; und das liegt wohl daran, daß es Vettori gelingt, in seinem Selbstverständnis die Haltungen sowohl Robortellos als auch Maggis und Lombardis miteinander zu verknüpfen: die humanistische Neubewertung des Aristoteles und die normative Bewertung der Literaturtheorie. Zugleich nimmt Vettori aber auch einen Gedanken Castelvetros vorweg: die Überbietung der aristotelischen Leistung. Der Lehrer Aristoteles, den Maggi und Lombardi in den "explanationes" in den Mittelpunkt stellten, [5] wird hier verdrängt von Vettori, der nicht mehr als dienender Kommentator, sondern seinerseits als lehrender Theoretiker auftritt und dabei über die Schrift des Aristoteles hinausgeht. Er will den Kommentar durch weiterführende Studien zur Literaturtheorie ergänzen:

> [...] habeam tamen instituta quaedam alia, quae valeant aliquid ad artem hanc ipsam ornandam, commodiore tempore illa diuulgabo, vt nulla re, qua possim, desinam ipsam expolire, si modo id, quod conatus sum, vllam in partem efficere potui, atque praestare. (fol. b iij r.)

An diesem Punkt der Argumentation ist es nur folgerichtig, wenn Vettori die Aussage des aristotelischen Traktats für wichtiger hält als den sprachlich-rhetorischen Wortlaut, jene also hiervon ablösen will (vgl. ebd.). Die Dunkelheit eines Textes wie der ***Poetik*** rühre oft von einer einseitigen Einstellung des Lesers her, der in falscher Überschätzung des Sprachlichen den Inhalt zu sehr dem Stil unterwerfe; man lasse sich vom Stil blenden und verstehe die Aussage nicht. Die "granditas verborum" sei gar wie ein Schleier, der den Sinn verdecke:

> Eodem igitur pacto acuti sensus Aristotelis non poterunt indagari, si granditate verborum specieque, tanquàm velis quibusdam, operti fuerint atque adumbrati. Qua in re fortasse plures, non parum lapsi sunt, qui diu versati in illo scriptore, verborumque splendore, ac copia diligenter notata, stilum Ciceronianum huc transtulerunt, atque in hoc potius studium omne suum: quàm in sensibus philosophi exprimendis posuerunt. (fol. b iij v.)

Vettori ist hier beileibe kein Gegner der Rhetorik; seinen ***Poetik***-Kommentar bezeichnet er selbst als ein eher beiläufiges Ergebnis seiner Interpretation der aristotelischen ***Rhetorik*** (vgl. fol.

---

[5] Siehe Kap. II, S. 210 ff.

b ij r.). Er zieht sicher auch nicht die grundsätzliche Gültigkeit der Verbindung von "eloquentia" und "sapientia" in Zweifel. Vielmehr scheint er die Konsequenz aus einer Gefahr des späten Humanismus, speziell der fortgeschrittenen Aristoteles-Deutung zu ziehen, die im Absinken jener Verbindung zum Selbstzweck, zur bloßen Stilübung liegt. Vettori denkt offenbar an *Poetik*-Auslegungen in Form rhetorischer Disputationen, wie sie an zeitgenössischen Akademien üblich waren. Paradigmatisch sind hier etwa die (nach Vettoris Kommentar entstandenen) *Tre lezioni sulla poetica*, die Baccio Neroni um 1571 vor der Florentiner Accademia degli Alterati vermutlich im Rahmen einer *Poetik*-Kommentierung hielt. [6] Bereits Neronis einleitende Bemerkungen zur ersten und zur dritten seiner Disputationen sind bezeichnend: Die Lösungen der gestellten Probleme scheinen ihm offenkundig zu sein; seine Sorge gilt deshalb primär der rhetorischen Angemessenheit seiner Darbietung der Themen:

> Tutta volta se le cose per se stesse assai chiare et approvate da uomini di grande autorità, hanno ancora di poco aiuto d'altri di bisogno, questa son certo che pochissimo di mie difese o prove avrà di mestiero. [...] poi che secondo gli ordini di questa Accademia è tocco a me per sorte a ragionare "Se il verso è necessario nella poesia", ancor che mi paia affaticarmi per mostrar e provare una cosa che per se stessa la tengo chiara di sorte che, se io avessi sentito alcuno che dicesse chiamarsi poeta uno che non avesse scritto in versi, l'arei reputato per uomo di poco giudizio [...].[7]

Aber auch in den weiteren Argumentationen wird sichtbar, daß die auszulegende Theorie den Charakter des "Problematischen" verloren hat und zum rhetorischen Vorwand geworden ist. Es

[6]Baccio Neroni: *Tre lezioni sulla poetica.* in: Bernard Weinberg (Hrsg.): *Trattati di poetica e retorica del Cinquecento*, 4 Bde., Bari 1970-74 (Scrittori d'Italia. 247/248/253/258), Bd. 2, S. 613-628.

[7]Ebd., S. 615 und S. 624 f.

geht dem akademischen Redner nicht um Wahrheitsfindung, also um ein echt hermeneutisches Anliegen, da der Widerstreit von These und Antithese von vornherein entschieden ist. In seiner Auslegung bewährt sich nicht die aristotelische Theorie, sondern der Redner selbst und seine Eloquenz. Der Interpret dient in derartigen Fällen – wie Vettori meint – mehr sich selbst als dem Verständnis des Hörers:

> qui nanque in praeceptis alicuius artis, rebusque subtilibus, atque obscuris vertendis, elegantias sermonis sectaretur, hic studio illo suo (vt opinor) potius officeret, quàm lectorem adiuuaret [...]. (fol. b iij r.)

Vettori sieht, daß der Humanismus in der Überschätzung des Sprachlich-Rhetorischen sich selbst zu überwinden droht, und will, wenn sich schon die beiden Prinzipien humanistischer Bildung auseinanderentwickeln, doch eher die philosophische Lehre der Antike retten:

> eruditio enim doctrinaque abscondita hinc petitur, non flores, ornatusque sermonis ab his auctoribus expectantur. (fol. b iij v.)

Der Traktat des Aristoteles soll nicht eine kunstvolle Diktion vermitteln, sondern Wissensinhalte; nur so bleibt der Autor für Vettori weiterhin als exemplarischer Theoretiker diskussionswürdig, ohne zur Selbstverständlichkeit zu werden. Hieran zeigt sich auch, worin Vettoris Tendenz zur Ablösung der poetologischen Theorie vom Text der ***Poetik*** sich gegenüber Maggis und Lombardis sehr ähnlich scheinender Trennung des Inhalts von der Textgestalt unterscheidet: Die beiden letzteren Kommentatoren halten die von Aristoteles ausgedrückte Theorie bereits für die bestmögliche Poetologie, wie besonders in Lombardis "Praefatio" zu sehen war. Ernsthaft über diese Theorie debattieren kann man dann konsequenterweise nicht; die Erörterung wird zur rhetorischen Pflichtübung. Vettori dagegen hält zwar die Leistung des

Aristoteles ebenfalls für vollkommen, doch nur in der historischen Sicht. Für die Gegenwart ist die *Poetik* ergänzungsbedürftig. Er löst die Aussage daher als Ausgangspunkt einer Aristoteles überschreitenden künftigen Debatte aus der Textgestalt heraus. Die *Poetik* soll Gegenstand einer entwicklungsfähigen, produktiven Diskussion bleiben.

2 Castelvetro: Bewußtsein der Überlegenheit

Die Haltung, die Vettoris Kommentar zur aristotelischen *Poetik* prägt, verstärkt sich bei Lodovico Castelvetro, [8] obwohl sich dieser keineswegs als Fortsetzer Vettoris versteht. Alle Einzelzüge seiner Exegese gehen aus einer gegenüber den vorherigen Versuchen neuartigen Überzeugung von einer relativen Selbständigkeit des Kommentators hervor. Daß er als erster Aristoteles-Kommentator das Italienische verwendet, kann auch als ein Indiz dieser Haltung gelten. Der Interpret Castelvetro erweitert den Spielraum der bis dahin praktizierten Möglichkeiten der Auslegung: Robortello präzisiert die allgemeinen Charakteristika des humanistischen Gelehrten auf die besondere Tätigkeit des Kommentators hin; er treibt die Auslotung seiner Fähigkeiten nur so weit voran, daß sie noch an den auszulegenden Text gebunden bleiben (auch wenn sich die Auslegung als solche einer weiterführenden dichtungstheoretischen Absicht einfügt). Castelvetro verzichtet auf eine derartige Eingrenzung. Auch er setzt

[8] Wir zitieren nach der kritischen Edition: Lodovico Castelvetro: *Poetica d'Aristotele vulgarizzata e sposta*, a cura di Werther Romani, 2 Bde., Roma/Bari 1978/79 (Scrittori d'Italia. 264/265). – Vor dieser Ausgabe existierten nur zwei Drucke aus dem 16. Jahrhundert (Wien 1570 und posthum Basel 1576). Zum Verhältnis dieser beiden Drucke vgl. die "Nota critico-filologica" von Werther Romani, a.a.O., Bd. 2, S. 386 ff. – Der Wiener Erstdruck wurde 1967 photomechanisch nachgedruckt: Lodovico Castelvetro: *Poetica d'Aristotele Vulgarizzata, Et Sposta (1570)*, München 1967 (*Poetiken* des Cinquecento. 1). – Zu Castelvetros Kommentar und Dichtungstheorie vgl. Weinberg: *A History* (s. Anm. 1), S. 502-511; ders.: *Castelvetro's Theory of Poetics*, in: R. S. Crane u. a. (Hrsg.): *Critics and Criticism: Ancient and Modern*, Chicago 1952, S. 349-371.

die ganze Bandbreite des humanistischen Deutungsinstrumentariums ein, bindet seine Argumentationen aber nicht an die reine Texterklärung. Vielmehr ordnet er den Text seinen hermeneutischen und im allgemeineren Sinn gelehrten Fähigkeiten unter. Pointiert könnte man formulieren: Die verschiedenen Schritte der Auslegung sind bei Castelvetro nicht Mittel des Textverständnisses, sondern der ausgelegte Text ist Mittel innerhalb eines ihn einschließenden Modells des Dichtungsverständnisses.

Eine solche Haltung setzt ein hohes Überlegenheitsbewußtsein voraus, Überlegenheit sowohl gegenüber dem aristotelischen Text als auch gegenüber den vorausgegangenen Kommentatoren. Mehr als bei anderen Interpreten muß bei Castelvetro die Geringschätzung der eigenen Leistung als rhetorische Floskel aufgefaßt werden. Allzu flüchtig und vereinzelt ist etwa sein Hinweis auf das ihn unterstützende Licht der göttlichen Gnade, als daß man daraus die Inspiriertheit des Kommentators ableiten könnte; Castelvetro will

> interpretare secondo quel lume che ci sarà prestato dalla benignità divina in tante tenebre e oscurità [...]. (I, 9)

Ebenso ist es angesichts seines umfangreichen und anspruchsvollen Vorhabens eine offensichtliche Untertreibung, wenn er dem "sottile ingegno" und dem "agume della mente" seiner Vorgänger den eigenen schwachen Geist, "le forze del debile mio intelletto" (I, 2) gegenüberstellt. Fast dieselbe Formel kehrt später in der übertrieben bescheidenen Einschätzung der "debili forze del mio ingegno" (I, 13) wieder. Gerade das soeben angesprochene Verhältnis zu den Vorläufern ist bezeichnend; Castelvetro charakterisiert nicht, wie das bei Robortello oder Vettori der Fall ist, jeden für sich, hebt nicht die spezifischen Fähigkeiten Averroes', Vallas, de' Pazzis, Robortellos, Maggis, Vettoris oder Segnis hervor, sondern spricht ihnen pauschal dieselbe Geistesschärfe und dieselbe vielseitige Gelehrsamkeit zu. Sie sind ohne

Unterschied "uomini forniti di sottile ingegno e di varia dottrina" oder "valentuomini"; sie tun sich alle hervor "con il loro perspicace agume della mente e con tutto il loro gran sapere" (I, 2). Weniger als die ihm vorangehenden Interpreten sieht er sich als einen in einer längeren Kette von Deutern; vielmehr setzt er sich als Einzelner von den anderen wie von einer homogenen Gruppe ab. Und es ist wiederum ein bloßer Topos der Kommentartradition, wenn er einräumt, daß auch er seinerseits wohl noch manches unerklärte Problem der *Poetik* seinen Nachfolgern überlassen werde (vgl. I, 2; I, 13); sein Anspruch ist, wie zu zeigen sein wird, faktisch doch auf Schließung möglichst aller interpretatorischer Lücken gerichtet, mehr noch: auf eine dem Aristoteles zumindest kongeniale Weiterentwicklung der *Poetik* auf eine vollständige Theorie hin.

Doch bleiben wir noch bei seinem Verhältnis zur Tradition der *Poetik*-Kommentierung. Es ist in doppelter Weise zu kennzeichnen, einerseits als alle vorangehenden Positionen einbeziehende Bilanz, andererseits als deren kritische Überschreitung. Wäre der Begriff nicht bereits überstrapaziert, so könnte man dieses Verhältnis treffend als eine die vorhandenen Kommentare "aufhebende" Haltung umschreiben. Castelvetro überprüft die vorangangenen Deutungen, stimmt ihnen, wo er es für geboten hält, zu, widerlegt sie aber noch lieber. Das ist nicht unbedingt "Widerspruchsgeist" [9] zu nennen, eher eine recht offene, weil eindeutig reflektierte Ziele verfolgende Auseinandersetzung mit den anderen Exegeten, hinter der oft unausgesprochen ein radikales

[9] Vgl. Manfred Fuhrmann: *Einführung in die antike Dichtungstheorie*, Darmstadt 1973, S. 202. - Als "Widerspruchsgeist" erscheint Castelvetros Haltung, wenn man sie von ursprünglichen Intentionen und Inhalten der *Poetik* her beurteilt. Aber Castelvetro befaßt sich wie Vettori von vornherein mit der *Poetik* nur insoweit, als sie den Bedürfnissen seiner eigenen Zeit noch etwas zu sagen hat. Von der Renaissance her beurteilt ist daher sein "Widersprechen" nicht gewaltsame Umdeutung, sondern beharrliches Fragen nach der Aktualität des Traktats und Hervorheben der Interessenunterschiede zwischen Antike und Neuzeit.

Fragen nach der Brauchbarkeit der aristotelischen Theorie für die eigene Zeit steht. [10] Zustimmung wie Widerspruch werden durchweg von einer rationalen Argumentation gestüzt, die dem Leser detailliert offengelegt wird, wie etwa an dieser Stelle, an der Castelvetro mehrere syntaktische Deutungen eines Ausdrucks im Blick auf ihre theoretischen Konsequenzen hin vergleicht:

> ***Si dubita*** a quale delle tre cose già dette, o favole o ciascuna delle spezie o poesia, si debbono referire queste parole. ***Alcuno degli 'nterpreti*** le referisce alle favole [...] ***Ma non pare*** che queste parole si possano referire alle favole ***per due ragioni*** [...] Per che ***alcuno altro degli 'nterpreti*** le referisce a ciascuna delle spezie. La qual cosa similmente ***non possiamo approvare per due ragioni***: [usw.] (I, 20 f.; unsere Hervorh.)

Ungewöhnlich im Vergleich zu anderen Kommentatoren und damit bezeichnend für die Andersartigkeit von Castelvetros Position ist auch die verbal-explizite Hervorhebung, daß es sich um Vorgänge des Deutens und des Argumentierens handelt. Das kennzeichnet sehr viele seiner Auseinandersetzungen mit seinen (im Gegensatz zur soeben zitierten Stelle meist namentlich an-

---

[10] Nicht zustimmen können wir der Meinung Melzis, die Schärfe von Castelvetros Urteilskraft werde durch die Polemik gegen andere Kritiker getrübt. – Vgl. Robert C. Melzi: *Castelvetro's Annotations to the Inferno. A New Perspective in Sixteenth Century Criticism*, The Hague/Paris 1966, S. 176. – Auch gegenüber Castelvetros Bemühung um logisch stringente Argumentation ist Melzi skeptisch. Zwar bemerkt er zu den beiden Dante-Exegesen des Autors: "Quite frequently the two commentaries are spiritually linked through the application of the same strict logic that marks Castelvetro's reasoning throughout his life." (Ebd., S. 48) Aber wenig später beobachtet er bei ihm einen "desire for logic, pushed ad absurdum" (ebd., S. 49) und kritisiert, "Castelvetro tries to be too 'wissenschaftlich'"(ebd., S. 50). Angemessener bezeichnet hingegen Scrivano Castelvetros Rationalismus als "ragionevolezza" und sieht zugleich eine Affinität zu den zeitgenössischen Wissenschaften ("scienze"). – Vgl. Riccardo Scrivano: *Il razionalismo critico di Lodovico Castelvetro.* in: La rassegna della letteratura italiana 63 (1959), S. 259-263, hier: S. 260.

gesprochenen) [11] Vorgängern. Auch an der folgenden Stelle begnügt sich Castelvetro nicht mit der Begründung seiner eigenen Deutung und ihres Beweises durch ein antikes Zeugnis, er widmet zuvor den abweichenden Argumentationen anderer Interpreten und dem Nachweis ihres Irrtums breiten Raum:

> Ma perchè alcuni vogliono che i *Mimi* di Sofrone [...] fossero scritti in verso, e altri che i *Mimi* del predetto Sofrone con que' di Xenarco e co' *Ragionamenti* di Platone [...] sieno contenuti sotto il nome dell'epopea [...]; sarà bene che dimostriamo quanto gli uni e gli altri s'ingannino, non solamente per questo testo [...], ma ancora per quello citato da Ateneo, dichiarandolo e intendendolo come si dee. (I, 33)

Keine Frage, daß hier auch der Wille zur Überbietung mitspielt, aber er ist gerechtfertigt: Kein anderer Kommentator beweist allein in der Wortwahl seiner Erörterungen, wie sehr er sich selbst als Deuter versteht. Richtet man einmal die Aufmerksamkeit darauf, wie häufig Castelvetro Begriffe aus dem Bereich der Interpretation verwendet, so erscheint die erstaunlich hohe hermeneutische Sensibilität, die ihn von seinen Vorgängern trennt, noch klarer:

> Queste parole non sono da ***interpretare*** che Aristotele ***voglia dire*** [...] (I, 19; unsere Hervorh., auch im folgenden)
> Queste parole adunque [...] si deono ***sporre*** [...] (ebd.)
> [...] sì come egli stesso [d.h. Aristoteles], quasi ***sponendo*** se stesso, poco appresso usa questa voce *δύναμιν* per ***significarci*** gli stormenti [...] (ebd.)
> E queste parole, *λόγοις ψιλοῖς*, non sono ***da sporre*** "per prosa" a partito niuno [...]. Ora sono ***da prendere*** qui nell'uno de' due modi [...] (I, 31)

[11] Vgl. z.B. I, 9 (Vettori); I, 11 (Robortello); I, 40, 69, 74, 86 (Vettori); I, 190 (Scaligero); I, 211 (Peletier du Mans).

> Nè qui, se pogniamo ben mente, [Aristotele] aveva bisogno di *φιλοῖς* in quanto si ***significa*** "nudità"per volerci ***significare*** la solitudine delle parole separate dall'armonia e dal numero, perciochè ci era *μόνον* che ***significa*** ciò a apertamente, sì come ancora lo ***significa*** poco prima in quelle parole [...] (I, 32) usw.

Das letzte Beispiel macht sichtbar, daß Castelvetros interpretatorische Wachsamkeit aus der Erkenntnis herrührt, daß Worte vermittelnde Funktion haben, daß sie Sinn setzen. Gewiß gehört zum Typus des humanistischen Kommentars von Anfang an auch die semantische Erklärung, doch steht ursprünglich eher die Überzeugung hinter ihr, daß die Wortsinne sich von selbst erklären, wenn man den antiken Wortschatz partiell rekonstruiert hat. Castelvetro hebt dagegen – und damit verstärkt sich eine Tendenz, die bereits bei Robortello spürbar war [12] – einen Zeichencharakter des Wortes hervor, der nicht unbedingt von selbst "funktioniert", sondern in gewissem Maße arbiträr sein kann ("per volerci significare"). Die Rolle der "sposizione" gewinnt dadurch an Gewicht: sie wird gleichbedeutend mit der Explikation dieser Verweisung vom Wortlaut auf den Wortsinn.

Wie sehr Castelvetro seinen Blick für die Bedingtheit des Verstehens geschärft hat, zeigt auch ein weiterer Zug seiner Darlegungen. Er fragt in seinen Erörterungen immer wieder nach der Verständlichkeit des aristotelischen Textes bzw. der Theorie für den Leser; oder er deutet manche Aussage der *Poetik* gar dahingehend, daß Aristoteles sie nur anführe, um dem Verstehen seines Lesers entgegenzukommen, das heißt, um im voraus Fragen zu beantworten, die der Leser stellen könnte. Bezeichnend ist der folgende Passus; Castelvetro deutet die grundlegende aristotelische Definition der Dichtung als Mimesis und die Abgrenzung der dichterischen von anderen künstlerischen Nachahmungen primär nicht unter dem Aspekt der logischen Herleitung, son-

[12] Vgl. Kap. I, S. 146 f.

dern er will die Art und Weise der Definition mit ihrem Nachvollzug durch den Leser in Einklang bringen, so als habe Aristoteles selbst gleichzeitig mit der Darlegung der Theorie bereits an ihre Auslegung gedacht. Castelvetro expliziert damit zwar auch den Gedankengang des Autors, aber zugleich den des um Verständnis bemühten Lesers. Er expliziert parallel zum Text den Deutungsvorgang; kurz: er beschreibt seine Auslegung als Auslegung:

> Ma *perché non pare che il lettore s'appaghi* che si sia trovata la maniera generale della poesia e detto simplicemente che sia rassomiglianza, se la predetta maniera non si sepera con certa distinzione dall'altre rassomiglianze, conciosia cosa che la pittura e la scoltura e altre arti sieno altresì rassomiglianza non pertenente a poesia [...], Aristotele, *per sodisfare pienamente al lettore*, seperando la rassomiglianza della poesia da quella che non è di poesia con certa differenza, dice che per rassomiglianza di poesia intende quella rassomiglianza che ha per materia i migliori, i piggiori e i simili, e per istormento le parole, il ballo e 'l suono, e per modo il racconto e la rappresentazione e 'l mescolamento del racconto e della rappresentazione. (I, 25)

An einer anderen, vom Problem her ganz ähnlich gelagerten Stelle – auch hier geht es um die Verständlichkeit der Definition, und zwar des Epos, für den Leser – trennt Castelvetro noch schärfer als oben zwischen den beiden hermeneutischen Perspektiven, die im Spiel sind: zwischen der des Aristoteles, der an implizite Fragen seines Lesers denkt, und seiner (Castelvetros) eigenen, in der er überprüft, wieweit Aristoteles sich tatsächlich verständlich gemacht hat oder dunkel bleibt:

> Ma perché potevano nascere intorno a questa spezie nella mente del lettore due dubbi, prima che si proceda più oltra gli solve. L'uno era se l'epopea, cioè

> quella poesia che rassomiglia con parlare solo, si può distendere in prosa [...]; a che rispondendo Aristotele che no, usa molta modestia [...], dicendo solamente che ciò non è cosa usitata né ricevuta communemente. L'altro dubbio era se l'epopea [...] e l'altre spezie che sono cognominate dalla gente dalla varietà delle maniere de' versi debbano essere reputate diverse spezie di poesia [...]; a che similmente risponde che no, dimostrando che la maniera del verso non opera che altri si possa domandar poeta, ma la rassomiglianza [...].

Bis hierher geht es also um Aristoteles als Deuter seiner eigenen Theorie. Hierüber lagert sich dann die Deutung Castelvetros und seiner zeitgenössischen Leser:

> Ma perché questo testo è reputato alquanto oscuro, tenteremo, prima che diciamo altro, in isponendolo pianamente di dargli alquanto di luce. (I, 31)

Dieses Verfahren setzt sich dann noch weiter fort. Castelvetro führt im Detail ("isponendolo pianamente") vor, auf welchem Weg Aristoteles sich verständlich zu machen bemüht ist, so etwa in dieser Formulierung:

> ma perché altri non credesse che egli intendesse della prosa, soggiunse ἢ μέτροις, "cioè con misurati versi", sponendosi ἢ per "cioè", sì come è cosa usitata di farsi appo Aristotele; (ebd.)

Ein weiteres Beispiel für dieses Nacheinander von Deutung der aristotelischen Selbstauslegung und Deutung der verbleibenden Dunkelheit sei angeführt:

> Questa è la risposta [d.h. des Aristoteles] che si dà alla seconda domanda o dubbio [d.h. des Lesers], che era se il verso può formare per sé la poesia [...]. Ora

> risponde Aristotele che non è da tener conto niuno del verso quanto è all'essenzia della poesia [...].

Aber obgleich Aristoteles sich selbst – so meint Castelvetro – klar genug ausdrückt, streiten sich die zeitgenössischen Kommentatoren über die Deutung der Stelle, so daß Castelvetro nun in einem zweiten Schritt das Mißverständnis seiner Zeitgenossen zu erörtern hat:

> Ma perché qui ha un lunghissimo *ὑπέρβατον*, non considerato né riconosciuto dagli spositori, è avenuto che essi hanno errato gravemente e si sono allontanati dal verace sentimento dell'autore, e spezialmente Pietro Vittorio, rendendolo oscuro là dove era chiarissimo. (I, 40)

Die häufige Transposition des theoretischen Diskurses der *Poetik* in eine Art Frage-und-Antwort-Spiel zwischen Aristoteles und dem von ihm anvisierten Leser [13] geht ohne Zweifel auf das dialogische Verhältnis zurück, das die Humanisten gegenüber dem Buch, besonders gegenüber den antiken Autoren, einnehmen und das wir auch in unserem Zusammenhang vielfach beobachten konnten.[14] Aber wie unterschiedlich sind die Konsequenzen aus diesem bei Petrarca, Bruni oder Poggio noch sehr emphatischen Verhältnis bei Maggi und bei Castelvetro! Läßt der eine den Hörer fast ganz zurücktreten zugunsten eines beeindruckenderen Bildes des Lehrers Aristoteles, [15] so sieht der andere vor allem den die Theorie nachvollziehenden, überlegenden, fragenden, kurz: um Verstehen bemühten Rezipienten. Auch wenn Castelvetro sich mit der Auflösung des Textes in einen Frage-Antwort-Dialog

[13] Zum Vergleich einige weitere Beispielstellen: I, 124 f., 183 ff., II, 114 f.

[14] Vgl. z.B. August Buck: *Vom humanistischen Umgang mit Büchern*, in: A. B.: *Studia humanitatis. Gesammelte Aufsätze 1973-1980. Festgabe zum 70. Geburtstag*, hrsg. von Bodo Guthmüller, Karl Kohut, Oskar Roth, Wiesbaden 1981, S. 162-165.

[15] Vgl. Kap. II, S. 210 ff.

scheinbar in die Situation des dem Aristoteles zeitgenössischen Lesers zurückbegibt, tut er das doch aus seiner typisch humanistischen Haltung heraus; er transponiert sein eigenes Verhältnis zum Buch, das eine Entdeckung erst der Renaissance ist, auf den antiken Autor.

Eine zweite Überlegung ist hieran anzuschließen. Trotz der soeben geäußerten Einschränkung sieht Castelvetro den Frage-Antwort-Dialog als eine von Aristoteles vorweggenommene Selbstdeutung. Diese aber läßt Castelvetro ja stets von seiner Auslegung überlagern. Diese Doppelung beweist, daß Castelvetro eine Rangfolge der beiden hermeneutischen Standpunkte voraussetzt: Seine humanistische Deutung ist dem Selbstverständnis des Aristoteles überlegen. Damit spaltet sich sein Gefühl des Vorsprungs sowohl gegenüber der Antike als auch gegenüber den kommentierenden Vorläufern in zwei Aspekte. Castelvetro erweist sich einerseits als de facto der Kommentartradition überlegen, da sein Bewußtsein vom Interpretieren einen zuvor nie erreichten Grad erlangt. Andererseits zeichnet seinen Kommentar durchweg auch der Wille zur Überlegenheit aus, zum Abstand von den anderen Kommentatoren (darauf gingen wir schon ein), besonders aber von Aristoteles und der *Poetik*. Aufgrund dieses auch explizit manifesten Überlegenheitswillens ist bei ihm noch weniger als bei anderen Exegeten das Selbstverständnis als Interpret vom Vor- oder Gesamtverständnis des interpretierten Textes zu trennen. Es ist daher an diesem Punkt zunächst seine Haltung zur *Poetik* und zu Aristoteles zu klären, bevor weitere Konsequenzen aus seiner Selbstauffassung gezeigt werden können.

3 Der Kommentar als Rekonstruktion eines "idealen" Textes

Robortello und Lombardi stellten ihren Auslegungen Skizzen einer primär systematischen Gesamtkonzeption der Literaturtheorie voran; bei Vettori war dagegen zu beobachten, wie die *Poetik* vorrangig aus historischer Einstellung heraus zum Brennpunkt der dichtungsgeschichtlichen Entwicklung im Rahmen einer Kulturgeschichte wurde. Castelvetro teilt mit Vettori nicht nur die Auffassung von der Verselbständigung des Kommentators, sondern auch das historische Vorverständnis des aristotelischen Textes. Aber im gleichen Maße wie er im Vergleich zu Vettori die Rolle des Interpreten noch erheblich aufwertet, relativiert er die Bedeutung der *Poetik*: Sie ist für ihn zwar der vergleichsweise überzeugendste unter den wenigen Beiträgen der Antike zur Literaturtheorie, doch gleichwohl nur ein historisches Dokument von bedingter Aussagekraft und Gültigkeit. Zu dieser Relativierung bringt ihn zunächst seine historische Distanz, die er wiederum deutlicher wahrnimmt als seine Vorgänger, klarer noch als Robortello. Mehrfach weist er seine Leser darauf hin, daß Aristoteles keine universalen Prinzipien darlege, sondern nur jene Auffassungen und Formen der Dichtung berücksichtige, die zu seiner Zeit vertreten bzw. praktiziert wurden: [16]

> Ma Aristotele ebbe riguardo solamente a quello che era in uso a' suoi tempi e non a quello che si sarebbe potuto o si doveva fare secondo la proporzione [...]. (I, 33)

[16]In der Folgezeit wird die historische Relativierung der aristotelischen Theorie offenbar zu einer weithin akzeptierten Anschauung. Explizit und Castelvetros Formulierungen sehr ähnlich findet sie sich z.B. in Nicolò Rossis Traktat zur Komödie von 1589. Rossi geht unter anderem der zu seiner Zeit umstrittenen Frage nach, ob Komödien in Versen oder Prosa zu schreiben seien; umstritten deshalb, weil man bei Aristoteles die Versform empfohlen sah. Rossi verteidigt demgegenüber den bereits praktizierten modernen Usus, Komödien in Prosa zu verfassen; das verstoße nicht gegen Aristoteles, der nämlich nur beschreibe, was damals in Griechenland üblich gewesen sei. Wenn man dem heutigen Dichter die Prosa empfehle, stimme man mit einem tieferen Prinzip der aristotelischen Theorie überein: der Deskription des zeitgenössisch Üblichen. – Vgl. Nicolò Rossi: *Discorsi intorno alla comedia*, in Weinberg: *Trattati* (s. Anm. 6), Bd. 4, S. 27-57, hier: S. 36. Die gleiche Argumentation auch S. 39 f. in bezug auf Intermezzi. – Zur Debatte um Prosa- und Verskomödie vgl. Peter M. Brown: *Prose or Verse in Comedy: a Florentine Treatment of a Sixteenth-Century Controversy*, Hull 1973 (University of Hull. Inaugural Lectures).

Deshalb könne man beispielsweise den platonischen Dialogen zwar prinzipiell einen dramatischen Charakter zusprechen – um dieses Problem geht es an der zitierten Stelle nämlich –, aber Aristoteles habe das nicht sagen wollen. Zwar bezeuge Plutarch, daß einige platonische Dialoge dramatisiert worden seien, aber zur Zeit des Aristoteles habe das noch nicht stattgefunden. Und ähnlich deutet er die aristotelische Fragestellung, ob Epen in Prosa verfaßt werden könnten; Aristoteles verneine das, nicht aus grundsätzlicher Ablehnung, sondern

> dicendo solamente che ciò non è cosa usitata né ricevuta communemente. (I, 31)

Deshalb dürfe man auch Aristoteles nicht vorhalten, daß er einige Formen der Dichtung übergeht, denn:

> Ora non è da ignorare che Aristotele truova qui solamente le spezie della poesia che s'usavano in pubblico per diletto del popolo a' suoi di [...]. (I, 25)

Und wenig später erklärt er mit dem gleichen Argument, warum es bei Aristoteles nicht die grundsätzlich denkbare Verbindung von Dichtung und Tanz (ohne Begleitung von Flöte und Kithara) gebe:

> [...] Aristotele lo tralascia [...] poiché l'arte del fiuto e della citara non s'usava mai che non fosse accompagnata dal ballo [...]. (I, 28)

Selbst die Beschränkung des Traktats auf Theater, Epos und gesungene Lyrik, die andere Kommentatoren auf den fragmentarischen Zustand der *Poetik* zurückführen, schreibt Castelvetro der Absicht des Aristoteles zu, nur die allgemein praktizierte Dichtung darzustellen:

> [...] Aristotele in tutto questo libro non parla d'altra poesia che di quella che s'usava in pubblico, il che abbiamo detto un'altra volta, o recitando, come

l'epopea si recitava per gli dicitori o rapsodi, o rappresentando, come si faceva la tragedia e la comedia per gli buffoni e rassomigliatori, o cantando, come si facevano i ditirambi. (I, 75)

Aristoteles beschreibt also jeweils nur den Usus seiner Zeit; seine Theorie hat daher, ähnlich wie für Robortello, induktiven Charakter. Aber Robortello und Castelvetro meinen trotz ihrer Konvergenz nicht dasselbe. Die Induktion bedeutete bei jenem den Nachweis, wie sich aus der Dichtungspraxis die allgemeinen Prinzipien der *Poetik* herleiten; sie war Verstehen der Dichtung durch die ihr folgende Theorie. Bei Castelvetro soll der Hinweis auf den Usus der Antike die Abhängigkeit der Theorie von einer erst partiell entfalteten Dichtungspraxis erweisen; wenn der Spielraum der antiken Dichtungsformen gegenüber dem für den Renaissancekommentator denkbaren eingeschränkt war, dann gilt das auch für die ihn widerspiegelnde Theorie.

Castelvetro relativiert die Geltung der *Poetik* aber in einer zweiten, noch einschneidenderen Weise: Die aristotelische Schrift ist gar kein dichtungstheoretischer Traktat, sondern nur eine Vorarbeit zu ihm, eine Art provisorisches Notizbuch. Daß die *Poetik* aber in ihrer überlieferten Gestalt ein Fragment ist, hatten auch die anderen Kommentatoren erkannt. Sie hielten den Text für das erste eines ursprünglich zwei oder sogar drei Bücher umfassenden Traktats über die Dichtung. Es genügt, sich an Robortellos Auffassung zu erinnern; er bedauerte zwar die unvollständige Textüberlieferung, hob aber die innere gedankliche Vollständigkeit des vorhandenen Bruchstücks immer wieder hervor. [17] Gerade diesen Punkt bestreitet nun Castelvetro von vornherein; die *Poetik* sei gerade deshalb so schwer zu deuten, weil sie gedanklich unvollständig und ungeordnet sei, weil Aristoteles manche Ansichten nicht konsequent zu Ende gedacht habe und weil er sogar widersprüchliche Meinungen habe stehen lassen. Aufgrund

[17] Siehe Kap. I, S. 118.

dieses Befunds schließt Castelvetro, daß man auch nicht partiell die ***Poetik*** vor sich habe, die Aristoteles selbst in seiner ***Rhetorik*** erwähne (vgl. I, 11) und deren Existenz auch Diogenes Laertius in seinen biographischen Schriften bezeuge (I, 9), sondern nur ihren Entwurf. [18] Er sei überzeugt,

> che questo libretto sia una prima forma rozza, imperfetta e non polita dell'arte poetica, la quale è verisimile che l'autore conservasse perché servisse in luogo di raccolta d'insegnamenti e di brievi memorie per poterle avere preste quando volesse ordinare e compilare l'arte intera [...]. (I, 3)

– so versichert er bereits in der Widmungsvorrede. Dasselbe wiederholt er zu Beginn seines Kommentars: der Text sei

> una simplice raccolta d'insegnamenti poetici non distinti né ordinati secondo arte (I, 11)

oder:

> una prima forma rozza e non polita dell' ***Arte poetica*** che intendesse di fare da prima Aristotele, la quale poi, non sodisfacendogli pienamente, avesse ritenuta e conservata perché gli fosse in luogo d'un raccoglimento di materia e d'apparecchio da potere poscia adoperare a comporre i libri della ***'Mpresa dell'arte poetica.*** (I, 11 f.)

Castelvetro ist natürlich nicht so naiv, den Stoffsammlungscharakter der ***Poetik*** nur hypothetisch zu behaupten; er demon-

---

[18] Diese Meinung Castelvetros wird wiederum – am Ende des Jahrhunderts – Pomponio Torelli in seinen eigenen Kommentaren zu Aristoteles bekämpfen; die ***Poetik*** sei keine Skizze, sondern Teil eines fertigen Buchs, also in sich vollständiges Fragment. – Vgl. Guido Vernazza: ***Poetica e poesia di Pomponio Torelli***, Parma 1964 (Fonti e studi. II, 1), S. 22.

striert von vornherein eindringlich, daß er trotz seiner gewagten These die Spielregeln des humanistischen Kommentators einhalten will, das heißt, daß er in der ausführlichen Begründung seines Standpunkts sowohl Aristoteles selbst, als auch andere antike Zeugen und schließlich auch seine Vorgänger Robortello und Vettori zu Wort kommen läßt. Hier soll nicht in extenso auf diese Rechtfertigung eingegangen, sondern nur einer ihrer Aspekte hervorgehoben werden, der für Castelvetros interpretatorischen Standpunkt wesentlich ist: Aristoteles habe in dieser "raccolta d'insegnamenti" gar nichts an sich Außergewöhnliches hinterlassen, denn es handle sich bei dieser Sammlung um eine, wie der Aristoteleskommentator Ammonios überliefere, bei vielen antiken Gelehrten übliche "memoria", in der sie Notizen zur Lektüre anderer Autoren, insbesondere zu deren Argumentationen festhielten. Dabei hätten sich also Meinungen des Autors mit denen der exzerpierten Werke gemischt (vgl. I, 12). Castelvetro relativiert, wie erwähnt, mit dieser Ansicht die Gültigkeit der *Poetik* sehr stark; doch sollte man nicht übersehen, daß er natürlich auch den Gelehrten Aristoteles und seine eigentlich intendierte Theorie retten will. Er will zeigen, daß nicht nur die Gestalt dieses "Notizbuchs" aus einer Gewohnheit der Antike herkommt, sondern daß auch ihr Inhalt auf Meinungen und auf den Usus der Zeitgenossen des Aristoteles zurückführbar sind. Dadurch bekommt die *Poetik* insgesamt doch wieder eine größere Geltung. Aber wenn Castelvetro sie als Vorarbeit einschätzt, dann hält er ja zugleich nur einen Traktat höheren, differenzierteren Niveaus dem griechischen Philosophen für angemessen. Die eigentliche *Arte poetica*, die dieser verfaßt habe, habe er "come è da credere, compiuta e limata e degna del miracoloso suo intelletto"(I, 3) geschrieben. Die Anlage der Gedankengänge in der *Poetik* lasse darauf schließen,

> che Aristotele, poi disponendole meglio e allogando là dove gli conveniva e rallargandole più, tessesse i due volumi nominati da Laerzio *Della 'mpresa dell'arte*

> *poetica*; li quali, insieme [...] con molte altre opere dignissime di quello autore, non sono [...] pervenuti a' nostri tempi [...]. (I, 12)

Eine bessere Disposition, eine logischere Verknüpfung und eine ausführlichere Argumentation wären also dem Aristoteles würdiger gewesen. Es kann daher auch nicht wundern, daß Castelvetro – was gelegentlich übersehen wird – mit all seiner Skepsis Aristoteles nicht kritisieren will, daß dieser im Gegenteil als "uomo di così aguto giudicio" (I, 33) für ihn durchaus "autorità" (I, 35), "sommo filosofo" (I, 3) und "filosofo verace" (I, 43) bleibt, dem man nicht widersprechen kann, ohne sich selbst damit als dumm zu erweisen – "a cui non si possa contradire senza mostra di sentire dello sciemo" (ebd.). Auch in der das Cinquecento bewegenden Streitfrage um die epische Handlungschronologie hält Castelvetro den griechischen Philosophen für die maßgebliche Autorität:

> E queste parole d'Aristotele sono da tenersi a mente per opponere l'autorità di lui a coloro che pure vogliono che Omero abbia cantata la guerra troiana tutta con ordine turbato, ma permesso a' poeti [...]. (II, 126)

In Castelvetros eigentümlicher Haltung sind Ursache und Folge schwer zu trennen. Sicher ist es seine weiter oben beschriebene interpretatorische Sensibilität, die ihn den aristotelischen Text mit einer gegenüber den Vorgängern schärferen, kritischeren Optik beurteilen läßt. Aber aus seiner relativierenden Einschätzung kann er andererseits das Recht zu einer distanzierten Einstellung ableiten. Wenn der Text in sich Lücken, ja Inkonsequenzen aufweist, dann ist der Kommentator zu einer ungleich verantwortungsvolleren Deutungsarbeit herausgefordert als bei Maggi und auch bei Robortello. Maggi ging es vor allem um die semantische Entfaltung des theoretischen Diskurses; Robortello war an der Rekonstruktion des aristotelischen Denkens und der antiken Dichtungstheorie und -praxis als Voraussetzungen der *Poetik* interessiert. Castelvetro hat mehr als das wiederherzustellen: den idealen Traktat, der die Lücken und Inkonsequenzen des Fragments nicht enthalten hätte. Auf dem Weg über die Texterklärung will er alles das zu entwerfen versuchen, was Aristoteles im Blick auf eine umfassende Poetologie noch hätte schreiben müssen oder können:

> [...] ho tentato [...] di far manifesta l'arte poetica, non solamente mostrando e aprendo quello che è stato lasciato scritto in queste poche carte da quel sommo filosofo, ma quello ancora che doveva o poteva essere scritto [...]. (I, 3)

Ähnliche Formulierungen kehren innerhalb von Einzelerläuterungen wieder:

> Ma Aristotele ebbe riguardo solamente a quello che era in uso a' suoi tempi e non a quello che si sarebbe potuto o si doveva fare secondo la proporzione [...]. (I, 33)

Und implizit meint Castelvetro dasselbe, wenn er von den "ragioni tralasciate o non considerate" redet:

> Ora poiché la ragione d'Aristotele non pruova la 'ntenzione sua, veggiamo se ci fossero altre ragioni tralasciate o non considerate da lui che la provassono [...]. (I, 42)
> Queste cose si possono cogliere dalle parole d'Aristotele, o più tosto dalla 'ntenzione sua, ancora che non sia pianamente distesa nelle sue parole [...] Ora diciamo alcune cose di questa materia, e per intendere meglio quello che Aristotele ha detto strettamente e solamente per una brieve memoria, e peraventura per intendere ancora quello che egli ha tralasciato. (I, 127)

Castelvetros Überlegungen zu den Aspekten, die Aristoteles hätte darlegen "müssen oder können", nehmen, wie die beiden letzten Zitate zeigen, zunächst einmal den Platz ein, den in der humanistischen Exegese die Suche nach der "intentio auctoris" hat. Das wird im Verlauf immer wieder auch in eher beiläufigen Wendungen herausgestellt: Aristoteles "scheine" dies oder jenes "zu meinen". Dabei handelt es sich nicht einfach um zurückhaltende Schlußfolgerungen; Castelvetro will klarmachen, daß er den Sinn (den er allerdings für gewiß hält) aus dem Text erschlossen habe: [19]

> E nel vero, se non diciamo così, non potremmo verificare quello che parrebbe dire Aristotele [...]. (I, 321 f.)
> A me pare di comprendere che Aristotele prenda in questo libro "episodio" in quattro significati, molto diversi l'uno dall'altro, li quali se altri confonde non intenderà la mente d'Aristotele. (I, 342 f.)

Die häufige Parallelität dieser beiden Züge – Rekonstruktion der "intentio" und Hervorhebung der eigenen Deutung – zeigt, wie sehr Castelvetro sich bewußt ist, daß sein Versuch, den verlorengegangenen Traktat wiederherzustellen, einen dem Aristoteles kongenialen Interpreten verlangt. Im Kommentar muß sich das Denken des antiken Autors wiederholen, es wird hier wieder aktualisiert und kann so erneut die notwendigen, aber nicht expliziten Argumente und Folgerungen hervorbringen. Castelvetro ist überzeugt, daß er die Lücken der *Poetik* mit Gedankengängen füllen kann, die mit den nicht überlieferten des Aristoteles fast identisch sein müßten:

> Ma io, il quale in ciò non porto punto opinione diversa da Aristotele, e la reputo verissima, mi credo

[19] Vgl. auch I, 321: "di che qui in queste parole pare intendere Aristotele." – I, 359: "a me pare bene che ciò non sia stato provato da Aristotele per le cose dette infino a qui, ancora che esso lo presupponga per provato." – I, 360: "Ora io credo che Aristotele intende che [...] ".

> potere addurre le ragioni che m'hanno indotto a portare simile opinione, le quali, se non sono quelle medesime che v'indussero Aristotele, non sono peraventura molto dissimili [...]. (I, 44)

Die Kongenialität von Kommentator und Autor zeigt sich aber nicht nur in der Übereinstimmung. Paradoxerweise dient Castelvetro der aristotelischen Absicht auch mit seiner Kritik an Inkonsequenzen in den "Notizen" des Autors. So versucht er zu zeigen, wie man im folgerichtigen Weiterdenken einer aristotelischen Äußerung sich notwendig von der "intentio" entferne (I, 94 f.). Meistens begnügt er sich jedoch mit der bloßen Infragestellung (die dann aber immer ausführlich begründet wird):

> E è ancora da notare che non pare essere vero quello che qui dice Aristotele [...]. (I, 108)
> [...] seguita che [i costumi] non possono avere il secondo luogo, come ha loro assegnato Aristotele, ma il terzo, sì come assegniamo noi [...]. (I, 197)
> Io non so perché Aristotele, volendoci dare essempio della persona mezzana, nomini Tieste [...]. (I, 371)

Solche Kritiken gehen nicht unbedingt zu Lasten des Aristoteles, denn entsprechend den Bedingungen der Gattung "memoria" mischen sich für Castelvetro in der *Poetik* ja persönliche Meinungen des Autors mit fremden. Gleichfalls entspricht dem Vorverständnis der gelegentliche Vorwurf, eine Passage der *Poetik* befinde sich logisch an der falschen Stelle, so bei der dritten und der fünften "particella" des ersten Teils (I, 114; I, 126).

An fast allen vorangegangenen Zitaten, in denen Castelvetro gern sein "Ich" herausstellt, erkennt man, daß die Folgerungen aus dem Vorverständnis der *Poetik* zuletzt wieder in die Beobachtungen münden, die wir an den Anfang stellten: In der Haltung des Kommentators ist kaum ein Zug so ausgeprägt wie sein Bewußtsein von der Interpretation und vor allem von der Abhängigkeit einer Deutung vom Individuum.

> Ora tempo è che io dica il parer mio intorno a' modi da introdurre ragionamenti, poiché in questa materia non mi sodisfa pienamente quello che è stato scritto dagli altri [...]. (I, 76)
> Ma perché Aristotele non assegna ragione niuna dell'ordine posto da lui delle sei parti della qualità della tragedia [...], non sarà male se noi vedremo se ci venisse fatto di supplire quello che è manchevole in Aristotele [...]. (I, 195)

Von Kongenialität kann man an solchen Stellen eigentlich nicht mehr sprechen; der Kommentator fühlt sich ja unzweifelhaft dem Autor überlegen. Castelvetro scheint insgesamt gegenüber der ***Poetik*** eine Position zu beanspruchen, die er explizit in bezug auf die Deutung literarischer Texte beschreibt: Der historische Abstand zwischen Autor und Leser kann zum Verlust von Wissen und damit zum Unverständnis führen (der humanistische Sachkommentar nimmt hiervon seinen Ausgang). Aber als der Spätergeborene kann der Kommentator auch Dinge wissen, die dem Autor unbekannt sein mußten, und diesen daher besser verstehen, als er sich selbst verstand: [20]

> [...] si rassomigliano non solamente le cose che il poeta sa essere vere, e insieme il lettore, o le cose che il poeta ignora essere vere e 'l lettore le sa essere vere, ma si rassomigliano ancora quelle cose le quali il poeta sa essere vere e 'l lettore le ignora essere vere. (II, 274)

Als Beispiel für den mittleren der drei Fälle – Unwissen des Autors und Wissen des Lesers – nennt er Senecas Vorhersage der

[20] Gadamer unterschätzt also das hermeneutische Selbstbewußtsein der Humanisten, wenn er meint: "Für den wahren Humanisten ist sein Autor ganz gewiß nicht von der Art, daß er sein Werk besser verstehen wollte, als der Autor sich selbst verstand."– Vgl. Hans-Georg Gadamer: *Wahrheit und Methode. Grundzüge einer philosophischen Hermeneutik*, Tübingen ^{4} 1975. S. 182.

Entdeckung der Neuen Welt (II, 273). Aber verfährt Castelvetro, als Leser nicht eines literarischen, sondern eines theoretischen Textes, prinzipiell anders, wenn er Aristoteles' Einteilung der Charaktere so deutet, als habe der griechische Philosoph sich auf eine christliche Ethik bezogen?

> Ma, prima che procediamo più oltre, è da por mente che Aristotele in questo luogo pare presupporre che Dio abbia cura speziale degli uomini particolari, e spezialmente degli uomini da bene, in quanto dice che non si deono gli uomini di santissima vita rappresentare che trapassino da felicità a miseria [...]. (I, 361 f.)

Ähnlich verfährt Castelvetro an anderen Stellen; etwa dort, wo er die Definition des Lächerlichen als Gegenstand der komischen Nachahmung mit Beispielen aus Boccaccios *Decameron* interpretiert (vgl. I, 128 ff.), oder noch deutlicher dort, wo die Wirkung der tragischen Handlung auf Furcht und Mitleid anhand der Wirkung der biblischen Passionsgeschichte auf die Haltung von Märtyrern ausgelegt wird (vgl. I, 162). Überhaupt spricht die Ausführlichkeit, mit der Castelvetro die Wissensinkongruenz von Autor und Leser in beiden Richtungen bespricht und die in keinem Verhältnis zu den knappen Andeutungen steht, die Aristoteles an entsprechender Stelle über die dichterischen Verstöße gegen die Wahrscheinlichkeit macht, [21] für eine eher problematische Einschätzung der Autor-Leser-Beziehung durch Castelvetro und für eine Hervorhebung der relativen Unabhängigkeit der beiden Seiten voneinander. Woher sollte eine solche Einschätzung aber rühren, wenn nicht aus dem Umgang Castelvetros mit antiken Texten, auch mit der *Poetik*, und aus der Erfahrung des bedingten Nutzens einer nur "historisch" rekonstruierenden Interpretation? Die Überlegenheit, die Castelvetro gegenüber der

[21] Vgl. den Kommentar zur 3."particella" der 5." parte principale", II, 258 ff. (zu *Poetik* 1406 b 32 ff.).

Antike für sich und seine Zeit beansprucht, ist daher nicht einfach ein intellektueller, sondern ein historischer Vorsprung. Die *Poetik* ist gebunden an die nur partiell entfaltete Dichtungspraxis und -theorie ihrer Zeit, während Castelvetro, auf 200 Jahre der Renaissance zurückblickend, ein viel breiteres Spektrum theoretischer Möglichkeiten der Dichtung vor sich sieht. Erinnert sei noch einmal an zwei weiter oben zitierte Formulierungen; Castelvetro wollte aus den "Notizen" des Aristoteles "quello ancora che doveva o poteva essere scritto" (I, 3) ableiten, das Fragment also erweitern im Blick auf das in der aristotelischen Epoche theoretisch Denkbare. Aber er wollte auch – und das ist trotz der ähnlichen Formulierung etwas essentiell Anderes – die *Poetik*, die nur das zu ihrer Zeit Übliche berücksichtigt, folgerichtig weiterentwickeln auf das hin, "che si sarebbe potuto o si doveva fare secondo la proporzione" (I, 33). Mit dem Begriff der "proporzione" will er offensichtlich einen ästhetisch allgemeingültigen Maßstab, eine objektive Verhältnismäßigkeit in das Verständnis von Dichtung einbringen – entsprechend vielleicht der Proportion, die in den bildenden Künsten oder der Architektur allgemein verbindliche Bedingungen der ästhetischen Wirkung meint. Er will also die in einem ersten Schritt rekonstruierte aristotelische Theorie auf eine Poetologie universaler Gültigkeit hin ausweiten. [22] Mit ihr würde er dem Bewußtsein der Renaissance vom Zuwachs an dichterischen Möglichkeiten Rechnung tragen, das eine notwendige

[22] Alessandro Lionardi hatte einen entsprechenden Gedanken interessanterweise aus einer gegenteiligen Überzeugung abgeleitet: Gerade weil Aristoteles zwar kurz, aber sehr systematisch schreibe, könne man seine Prinzipien und Universalien erkennen und aus diesen weitergehende literaturtheoretische Konzeptionen ableiten: "Ma dirò così, interpretandosi quello che sotto maravigliosa brevità par che egli abbia voluto se non potuto comprendere, facendo come fanno i filosofi sopranaturali, che con certi principii e cause sommamente universali poco dicono e molto vengono ad abbracciare, sotto questi tali riducendo tutti i principii e tutte le cause dell'altre scienze, perciò che quello che è più universale più contiene. "– Alessandro Lionardi: *Dialoghi dell'invenzione poetica [1554]*, in: Weinberg: *Trattati* (s. Anm. 6), Bd. 2, S. 211-292, hier: S. 270.

Folge aus dem von den Möglichkeiten der individuellen Entfaltung bestimmten Menschenbild ist. Hier schlägt der Kommentar in eine systematische Dichtungstheorie um; es wird realisiert, was sich bei Robortello nur als abschließende Perspektive ergab. [23] Wir verfolgen die Dichtungstheorie in diesem engeren Sinn hier wie bei den anderen Theoretikern nicht weiter; wohl aber soll gezeigt werden, wie sich Castelvetros Leitidee, seine Bemühung um eine universale Poetologie, auf die von ihm angewandte Kommentarform auswirkt.

4 Die Neubewertung der überlieferten Deutungsformen

Bislang wurde in diesem Kapitel vor allem Castelvetros Absicht dargestellt, insoweit als er sie selbst reflektiert. Wie bei den vorangegangenen Kommentatoren ist damit das Bild der interpretatorischen Position nur unvollständig wiedergegeben und bedarf der ergänzenden Beschreibung der Kommentargestalt. Denn das hermeneutische Bewußtsein manifestiert sich erst im Spannungsfeld zwischen Selbsteinschätzung des Interpreten und Objektivierung seiner Exegese in formalen und methodischen Prinzipien. In der Gestalt, die der Kommentar bei Castelvetro annimmt – das sei vorweg gesagt – findet man seine doppelte Absicht wieder, obschon manche der bislang beobachteten Aspekte sich formal schärfer ausprägen und an Gewicht noch gewinnen. Das ist andererseits ein Indiz dafür, daß Castelvetros ungewöhnlich selbständige Haltung aus der faktischen Arbeit am Text resultiert. Man findet einerseits alle Elemente der von der humanistischen Philologie herrührenden Exegese wieder, aber sie werden in

---

[23] Vgl. Kap. I, S. 179 ff. – Hier trifft sich Castelvetros Absicht auch mit der Scaligeros, der die *Poetik* des Aristoteles in seinen *Poetices libri septem* überwindet, indem er versucht, die in verschiedenen aristotelischen Werken angelegten Gedanken zu einer Synthese zu bringen. – Vgl. Rose Mary Ferraro: *Giudizi critici e criteri estetici nei "Poetices Libri Septem" (1561) di Giulio Cesare Scaligero rispetto alla teoria letteraria del Rinascimento*, Chapel Hill, N. Carol., 1971, S. 167.

ihrer Funktion so verändert, daß man – setzt man die Untrennbarkeit von Form und Funktion voraus – von einer partiellen Überwindung auch der humanistischen Kommentarform durch Castelvetro sprechen muß.

Wir wenden uns zunächst dem ersten Aspekt zu, der Fortsetzung traditioneller Auslegungsmethoden, wie sie im vorigen Teil anhand von Poliziano definiert wurden und in diesem Teil in stets unterschiedlicher Gewichtung bei Robortello und Maggi anzutreffen waren. Castelvetro betont in seiner Widmungsvorrede, daß er von seinen humanistischen Vorgängern in dieser Hinsicht nicht abweichen wolle. Implizit scheint er die überkommenen Auslegungsschritte und -mittel als bewährt und bewahrenswert zu würdigen, fügt aber sofort auch hinzu, ein anderes, weitergehendes Interesse an der "arte poetica" als seine Vorläufer zu verfolgen:

> Io non lascierò di dire che dove la 'ntenzione de' sopradetti interpreti è principalmente indirizzata a dichiarare le parole del testo aristotelico e a ritrovare luoghi in altri autori per dar luce e notizia maggiore dell'istorie e delle favole e delle cose antiche, non sapute a questi dì da ognuno communemente, tocche e traposte in questo volumetto accidentalmente da Aristotele, non favellando essi dell'arte poetica se non poco e leggiermente, io, senza tralasciare punto la dichiarazione delle parole, e spezialmente di quelle che non mi sono parute essere state convenevolmente dagli altri dichiarate, e senza risparmiare l'autorità degli altri scrittori per fare intendere l'istorie e le favole e l'altre cose oscure scritte da Aristotele, [...] ho tentato [...] di far manifesta l'arte poetica [...]. (I, 2 f.)

Wir zitieren den Passus ausführlich, weil er nicht nur eine wichtige Definition des humanistischen Kommentars darstellt, sondern weil man aus ihm ein recht klares Bild davon gewinnt, welche Aspekte dieser Kommentierung einem Späthumanisten als wesentlich, welche als veränderbar gelten. Lassen wir einstweilen beiseite, daß Castelvetro im Hauptsatz das Schwergewicht auf die unterschiedlichen Intentionen legt, so zählt er in dieser langen (und für seine Prosa typischen), syntaktisch zweigeteilten Periode zuerst die Auslegungsschritte und -mittel der Tradition auf: Er nennt zum einen die Wort-für-Wort-Erklärung der aristotelischen *Poetik* und meint hiermit zweifellos sowohl die textkritischen als auch die im weiteren Sinne sprachlichen, also grammatischen, lexikalischen und semantischen Erläuterungen. Zum anderen nennt er das wichtigste Beweismittel bei allen diesen Auslegungsschritten: das Heranziehen von Parallelstellen oder anderen Zeugnissen antiker Autoren, durch die erhellendes Wissen ("luce e notizia") an den Text herangetragen wird. Hierbei handelt es sich um literarisches, mythologisches, historisches Sachwissen ("istorie", "favole", "cose antiche"), das aufgrund des zeitlichen Abstandes in Vergessenheit geraten ist, aber als Wissenshorizont des aristotelischen Publikums vorauszusetzen ist ("tocche e traposte... da Aristotele") und das deshalb im Hinblick auf das Publikum des Kommentators expliziert werden muß, um dessen Verstehenshorizont dem der antiken Leser möglichst anzugleichen ("non sapute a questi dì da ognuno communemente"). Bis in Einzelheiten hinein, besonders wegen der bewußten Rücksichtnahme auf die unterschiedlichen Verstehensvoraussetzungen, stimmt Castelvetros Beschreibung der *Poetik*-Kommentierung mit Forderungen überein, die Robortello an den Interpreten des aristotelischen Traktats stellte [24] – eine nachträgliche Bestätigung dafür, daß nicht erst einem heutigen Interpreten, sondern bereits einem späten Humanisten Robortellos Postulate als exemplarisch erscheinen.

Im zweiten Teil der syntaktischen Periode zählt Castelvetro parallel zum ersten die Auslegungsschritte und -mittel auf, die

[24]Siehe oben Kap. I, S. 136 und S. 164.

er im Sinne einer Forschung, die das Erreichte bestätigt und weiterführt, übernehmen will. Wieder begegnen Textkritik und sprachliche Erläuterung, aber er beschränkt sie auf die Fälle, die bis zu seiner Zeit unerklärt geblieben sind; [25] und wieder begegnet der Rückgriff auf andere antike Autoren, die der Begriffs- und Sacherklärung dienen können.

Tatsächlich erarbeitet Castelvetro seine Interpretationen auf der Grundlage der von ihm aufgezählten Auslegungsschritte: anhand textkritischer Überlegungen, sprachlicher Erläuterungen und gelegentlich auch sachlicher Erklärungen. [26] Gleichfalls benutzt er eine Fülle von Parallelstellen und Zitaten anderer Autoren, [27] einerseits als argumentative Stützen, andererseits zur Einordnung der ***Poetik*** in den antiken Kontext, also ganz in dem Sinne, in dem auch Robortello solche Referenzen verwandte. [28] Darüber hinaus finden sich bei ihm aber weitere Züge der Kommentartradition des Humanismus und besonders der ***Poetik***, die Castelvetro zuvor nicht explizit nennt. Hierzu gehören im Rahmen der Deutungsschritte die logisch-inhaltliche Explikation [29] und im Bereich der Deutungsmittel der Vergleich einzelner Pas-

---

[25] Im Blick auf sein Publikum bedeutet das, daß Castelvetro nicht einen der vorangegangenen rein lateinischen Exegese entgegengesetzten popularisierenden Kommentar schreibt, indem er ihn italienisch verfaßt. Im Gegenteil erwartet er von seinem zwangsläufig gelehrten Leser, daß er die früheren Kommentare parallel zu Rate zieht. Daß er ein gelehrtes Publikum anspricht, geht auch aus seinem – im Vergleich zu Maggi, der die lateinische Version erklärt, viel konsequenteren – Rückgriff auf den griechischen Wortlaut im Rahmen der philologischen Argumentationen hervor.

[26] Einige Beispielstellen: Textkritik: I, 28, 49, 50, 63, 63 f., 93, 126, 187 f., 188, 413; II, 241. Sprachliche Erläuterungen: I, 19, 20 f., 26, 29, 31 f., 40 f., 41, 49, 57, 73, 75, 77, 82 f., 85 f. Sacherklärungen: I, 12, 33, 75, 117, 119.

[27] Besonders charakteristisch: I, 33 ff., 47 ff., 69 f., 72 ff., 117, 119, 160 f., 174 u. ö.; vgl. hierzu auch die umfangreichen und detaillierten Indizes II, 444-466 und die fortlaufende Übersicht über die von Castelvetro zitierten Texte, II, 467-474.

[28] Siehe oben Kap. I, S. 168 f.

[29] Auch hier nur einige markante Beispielstellen: I, 23, 29, 146, 182 ff.

sagen der *Poetik* untereinander [30] sowie die Einbeziehung anderer aristotelischer Texte, vor allem der ***Rhetorik***, [31] durch die der Kommentator auf die übergreifende Konzeption des zu erklärenden Textes bzw. das "Denkgefüge" des Aristoteles zu schließen versucht. [32]

Die Konstanz gegenüber dem interpretativen Usus der Humanisten in allen genannten Punkten kann jedoch nicht über wesentliche Verschiebungen des Gewichts und der Funktion dieser Aspekte hinwegtäuschen; die Verschiebungen sind teils quantitativer, teils aber auch – und das wohl in der Mehrzahl der Fälle – qualitativer Art. Wenn wir die Textkritik bei Robortello bereits als "Vorarbeit" der Deutung beurteilten, so müßten wir sie bei Castelvetro noch niedriger einstufen. Denn dieser hat bei seinen Konjekturen und Emendationen nicht so sehr das humanistische Ideal des gereinigten Urtextes vor Augen und auch nicht unbedingt die Sicherung des korrekten Wortlauts im Hinblick auf eine folgende grammatische, lexikalische oder semantische Erläuterung. Korrekturen am Text schlägt er dann vor, wenn er einen logischen Widerspruch zwischen verschiedenen Passagen der *Poetik* [33] oder einen Mangel in der argumentativen Stimmigkeit des Traktats sieht, [34] im folgenden Beispiel etwa die Inkongruenz von Intention und Exempel:

> Per la qual cosa io mi lascio indurre a credere che, come dico, qui abbia errore, il quale si potesse ammendare cosi: [es folgen Emendation und Begründung], accioché l'essempio risponda a quello che intende Aristotele d'insegnare [...]. (I, 28)

Dasselbe gilt für die sprachlichen Explikationen, etwa grammatikalisch-syntaktische Analysen. Wenn Castelvetro nicht

[30] I, 48, 59, 62, 93, 412 usw.
[31] I, 23, 32, 41, 127, 339, 449, 455; II, 188 usw.
[32] Siehe auch Kap. I, S. 152 ff.
[33] Vgl. z.B. I, 93.
[34] Vgl. insbesondere I, 114, 126, 187 ff.

überhaupt nur ganz beiläufig auf sie eingeht, dann sollen sie allenfalls der Klärung der aristotelischen Gedankengänge dienen.[35] Von der ursprünglichen humanistischen Absicht, gleichzeitig mit den Spracherläuterungen auch die griechische oder lateinische Sprachbeherrschung des Lesers zu erweitern, [36] ist Castelvetro weit entfernt. Er scheint aber nicht nur fundiertes sprachliches, sondern auch ein breites sachliches Wissen vorauszusetzen. Bezeichnenderweise tauchen Sacherklärungen, die in den literarischen Kommentaren eines Poliziano größeren Raum beanspruchen als die rein philologischen und die in Robortellos Analyse des induktiven Charakters der *Poetik* ebenfalls ein erhebliches Gewicht haben, bei Castelvetro nur noch ganz vereinzelt auf. Der faktische antike Hintergrund der aristotelischen Erörterungen scheint ihn kaum zu interessieren, ja er betrachtet ihn eher als Einschränkung dieser Erörterungen.[37] Von Anfang an argumentiert er auf einer deutlich abstrakteren Ebene als seine Vorgänger. Das ist deshalb bemerkenswert, weil er in der Widmungsvorrede ausdrücklich die Erläuterung auch der "cose antiche" verspricht. Dieses Abrücken vom humanistischen Usus erweist sich jedoch beim näheren Hinsehen als die Folge einer anderen Verschiebung: sie ist poetologischer Art. Die ausführliche, gelegentlich zu enzyklopädischen Abschweifungen neigende Erörterung des sachlichen Hintergrunds auch im literarischen Kommentar der Humanisten geht ja aus der Konzeption des wissenschaftlich-lehrhaften Anspruchs der Dichtung, also des "poeta eruditus" oder "doctus" hervor. [38] Ihm wird nur ein Kommentator gerecht, der eben diese Gelehrsamkeit widerspiegelt und sie dem Leser entfalten kann. Castelvetro bricht mit dieser Auffassung. Spätestens seit Landino, Poliziano und della Fonte manifestiert sich die Eigenständigkeit der Dichtung und ihrer Theorie, die, obschon den übrigen "artes" und "scientiae" gleichwertig oder

---

[35] Vgl. z.B. I, 40 f.

[36] Siehe oben Teil A, Kap. I, S. 75.

[37] Siehe oben S. 242 ff.

[38] Siehe oben S. 43 ff.

überlegen, mit ihnen trotzdem verbunden bleibt, auch noch bei Robortello oder Lombardi. Castelvetro vollzieht eine Trennung zwischen der Dichtung und den anderen Disziplinen. [39] Das zeigt sich bei der Erörterung der Frage, ob das Wesen des Poetischen in seiner Sprache oder in seinen Gegenständen liege (vgl. I, 41 ff.); Castelvetro klammert hier alles Unpoetische, und das ist alles Wissenschaftliche, aus der Dichtung aus:

> Quindi ancora si comprende che scienza e arte non può essere materia di poesia, né si possono con lode rinchiudere in poema, conciosia cosa che la scienza e l'arte, già considerate e comprese per ragioni necessarie e verisimili e per lunga esperienza da filosofi e da artisti, tengano il luogo d'istoria e di cose già avenute quanto è al poeta; il quale con le parole solamente poetiche copre quel soggetto di scienza o d'arte che è stato trovato e scritto da altri [...]. (I, 45)

Castelvetro will, wie man sieht, den Dichter davor bewahren, zum bloßen Versifikator zu werden, der nur einer dichtungsfremden gelehrten Materie eine dichterische Form überstülpt. [40] An die Stelle des "poeta eruditus" tritt eine ästhetische Konzeption der Dichtung, die wohl eine legitime Konsequenz aus der Beschäftigung mit der *Poetik* und keineswegs ein Mißverständnis

---

[39] Vgl. auch Renato Barilli: *Poetica e retorica*, Milano 1969 (Saggi di estetica e di poetica. 9), S. 81, S. 89.

[40] Castelvetro spricht deshalb gerade solchen epischen Lehrgedichten den poetischen Charakter ab, die sich auf die Auffassung vom gelehrten bzw. lehrenden Dichter stützen konnten (Pontano, Fracastoro) bzw. sie rechtfertigten (Hesiod, Lukrez, Vergil): "Laonde non è da maravigliarsi se que' versificatori, Empedocle, Lucrezio, Nicandro, Sereno, Girolamo Fracastoro nel suo *Sifilo*, Arato, Manilio, Giovanni Pontano nell' *Urania*, Esiodo, e Virgilio nel *Coltivamento della villa*, non sono ricevuti nel numero de' poeti. " (I, 45) – Zum Lehrgedicht vgl. Georg Roellenbleck: *Das epische Lehrgedicht Italiens im fünfzehnten und sechzehnten Jahrhundert. Ein Beitrag zur Literaturgeschichte des Humanismus und der Renaissance*, München 1975 (Münchner romanistische Arbeiten. 43).

der aristotelischen Theorie darstellt; mit dem Übergang von Platon zu Aristoteles trat bereits innerhalb der Antike ein ästhetischer Schönheitsbegriff an die Stelle eines ontologischen.[41] Wenn aber der "poeta eruditus" einen gelehrten Interpreten erforderte, ist es im Grunde folgerichtig, daß der Theoretiker einer nicht mehr gelehrten Dichtung sich nur noch in sehr restriktivem Maß um Sacherklärungen kümmert. Castelvetro setzt wohl Sachwissen voraus, zählt es aber nicht zu den unentbehrlichen Elementen eines Verständnisses der *Poetik*, bei dem es vorrangig um die dem ästhetischen Charakter der Dichtung zukommenden Prinzipien geht.

Auch bei der Bemühung, logisch-inhaltliche Verknüpfungen innerhalb des Textes sowie zwischen der *Poetik* und anderen Aristoteles-Texten zu klären, hat Castelvetro bereits diese Diskussionsebene im Blick. Zwar skizziert er wie vor ihm Robortello das Denkgefüge des Autors als möglichst homogene Struktur, aber dies dient ihm wiederum dazu, Meinungen, Argumente oder Positionen bereitzustellen für den Entwurf einer den Aristoteles-Text überschreitenden, "aufhebenden" Poetologie. Mehr noch: im Unterschied zu Robortello läßt sich oft kaum zwischen einer logisch-inhaltlichen Explikation einerseits und einer kritisch distanzierten Erörterung der aristotelischen Meinung trennen. [42]

Entsprechendes gilt für die anderen interpretativen Mittel: Parallelstellen anderer antiker Autoren werden nicht nur – wie man es vom humanistischen Usus her erwarten würde – referiert oder zitiert als Beweisinstanzen, sondern auch unmittelbar auf ihre Stimmigkeit hin überprüft. [43] In der gleichen Weise geht

[41]Vgl. Ernesto Grassi: *Die Theorie des Schönen in der Antike*, Neuausgabe, Köln 1980 (DuMont-Taschenbücher. 90), S. 157 ff. – Siehe auch unten Teil C, Kap. II, S. 342 ff.

[42]I, 52, 58 f., 91 ff., 94, 95, 124 f., 160 f., 365, 371, 373 u. ö.

[43]Vgl. die zum Teil schon in der vorigen Anm. erwähnten Stellen I, 47 ff., 91 ff., 94, 95, 124 f., 160 f. u. ö. – Daß man dieselben Passagen unter verschiedenen Aspekten erwähnen muß, beweist Castelvetros sehr komplexes

Castelvetro – wie oben angedeutet – mit Urteilen und Meinungen von Vorgängern und Zeitgenossen um; ihre Einbeziehung in die Auseinandersetzung um Bedeutung und Geltung des kommentierten Textes heißt für ihn fast immer zugleich, auch ihre Gültigkeit zu diskutieren. [44]

Diese Beobachtung läßt sich überdies verallgemeinern: Alle Schichten oder Schritte der Kommentierung sind hier derart miteinander verwoben, daß sie fast ausschließlich als Mittel innerhalb der auf übergreifende Prinzipien abzielenden Erörterung erscheinen. So kann sich – um nur einige Beispiele zu nennen – der sprachliche Kommentar nicht nur mit der logisch-inhaltlichen Analyse, sondern zugleich mit der Auseinandersetzung mit anderen Interpreten [45] oder mit der Diskussion paralleler oder divergierender Meinungen anderer Autoren überlagern. [46] Oder die Überprüfung der aristotelischen Ansicht führt zur gleichzeitigen Diskussion anderer antiker Zeugnisse [47] bzw. auch zeitgenössischer Deutungen. [48] Bei dieser vielfachen Verflechtung, deren Fäden jedoch der Kommentator in der Hand hält, wirken sich die "höheren" Schichten der Auslegung – zum Beispiel die logisch-inhaltliche Analyse, die Diskussion von Meinungen – gewissermaßen rückwärts auf die "unteren" Schichten – etwa die Textkritik, den sprachlichen Kommentar – aus, sind diesen also überlegen.

Mehr als bei irgendeinem der früher besprochenen Kommentatoren zentrieren sich alle methodischen Schritte, Schichten oder Mittel der Exegese auf das Subjekt des Auslegenden, auf das rational bestimmte, argumentierende, die vielschichtigen Aspekte und Meinungen diskutierende Ich Castelvetros. Hier konvergie-

---

Argumentationsgefüge.

[44] I, 20 f., 33, 40, 117, 190, 209, 211, 337 ff. u. ö.

[45] I, 20 f., 117 u. ö.

[46] I, 75 u. ö.

[47] I, 91 ff., 94 f., 124 f., 160 f. u. ö. Vgl. auch Anm. 43.

[48] I, 32 ff., 69 f., 74 u. ö. – Vgl. auch Anm. 44.

ren Kommentarform und Selbsteinschätzung des Interpreten, was nochmals die Notwendigkeit einer Zusammenschau beider Seiten der hermeneutischen Position bestätigt. Kommentieren bedeutet mithin für Castelvetro, alle verfügbaren methodischen Schritte der humanistischen Deutung ins Spiel zu bringen und sie zu einer Synthese zu verbinden. Es bedeutet zum anderen auch, diese Schritte als Bausteine einer Reflexion anzusehen, deren Mittelpunkt der Interpret selbst ist und die er daher folgerichtig zu Ende denken muß. Die offensichtliche Erkenntnis Castelvetros, daß er die Synthese der Auslegungsschritte und -mittel schafft (sie drückt sich im früher beschriebenen Bewußtsein aus, daß er interpretiere, [49] sowie formal in der soeben erwähnten Verschränkung der Deutungselemente), diese Erkenntnis legitimiert ihn, die Analyse der aristotelischen Prinzipien in eigene Deduktionen übergehen zu lassen. [50] Der Kommentator ist für Castelvetro nur noch eine von mehreren Funktionen des humanistischen Gelehrten bzw. des rationalen Theoretikers, der Kommentar nur noch ergänzungsbedürftiger Teil eines umfassenderen Diskurses. Die Schritte der Auslegung werden zu den elementaren gedanklichen Schichten einer sie sowohl voraussetzenden wie übersteigenden Poetologie.

5 Die Integration des Kommentars in ein systematisches Modell der Literatur

Der Funktionswandel des Kommentars, der aus seiner Einbettung in die rationale Entwicklung einer systematischen Theorie hervorgeht, ist auch äußerlich von der ersten Seite des Textes an sichtbar. Castelvetro läßt die aristotelische *Poetik* von einer Gliederung überlagern, die mehr als ein bloß orientierendes Gerüst für den komplexen Text und seine noch komplexere Auslegung sein soll. Auch Castelvetros Vorläufer unterteilen den Text ja in kleine

[49] Siehe oben S. 237 f.

[50] Bezeichnend hierfür die Erörterungen I, 182 ff. – Siehe aber auch I, 42, 94, 126 ff., 136 ff., 394 ff., 477; II, 28 usw.

und kleinste Abschnitte, verbinden aber eine wesentlich andere Absicht damit. Robortello teilt den Text in 269 Abschnitte (auf 318 Seiten) ein; bei Maggi sind es 157 (auf 274 Seiten), bei Vettori 211 (auf 308 Seiten). Die Unterschiede dieser Kommentare sind hierbei vergleichsweise gering und, wenn man sie Castelvetro gegenüberstellt, wohl wenig relevant. Bei allen Vorgängern bedeutet die Einteilung in kleine und kleinste "particulae", die bei Robortello gelegentlich nur einen Satz umfassen, die Fortsetzung eines alten Usus, den man bereits in den Cicero-Scholien beobachten kann: [51] theoretische Prosa wird im fortlaufenden Kommentar oft nicht nach einzelnen Wörtern erläutert, sondern nach kleinen syntaktischen oder Sinneinheiten, die mehrere Sätze oder Satzzusammenhänge umfassen können. Robortello kompensiert die dennoch starke Zergliederung des kommentierten Textes auf mehrfache Weise; er insistiert bei der Erläuterung von Wörtern, Ausdrücken oder Sätzen auf der Kontextbedingtheit des Sinnes, und er stellt immer wieder den inhaltlichen Zusammenhang der separat kommentierten Abschnitte her. [52] Die Unterteilung erscheint also auch bei ihm als rein "technische" Notwendigkeit. Hinzu kommt noch, daß er nicht nur in seinem Vorwort postuliert, der Kommentator müsse vor der Auslegung die Gliederung des zu interpretierenden Textes im Auge haben, sondern in seiner Exegese tatsächlich wiederholt auf den übergreifenden Aufbau der *Poetik* hinweist. [53]

Dieses mehrfache Kontextbewußtsein unterscheidet sich aber von Castelvetros Haltung dadurch, daß es im fortlaufenden Kommentar erscheint, also der interpretativen Absicht untergeordnet ist. Bei Castelvetro geht es im Gegenteil der Exegese voraus. Der Text der *Poetik* wird in nur noch 56 "particelle" unterteilt, die in der Wiener Ausgabe von 1570 auf 385 Seiten erläutert werden.

---

[51] Vgl. z.B. *Scholia in Ciceronis orationes Bobiensia*, edidit Paulus Hildebrandt, Nachdruck Stuttgart 1971.

[52] Siehe oben Kap. I, S. 146 ff.

[53] Siehe Kap. I, S. 149 f.

Im Schnitt sind die Abschnitte dreimal so lang wie bei Maggi und beinahe fünfmal so lang wie bei Robortello. Castelvetro faßt demnach wesentlich größere Sinneinheiten zusammen; ja, man kann eigentlich erst bei ihm von relativ geschlossenen Sinn-Einheiten sprechen. Denn er nimmt dort Einschnitte vor, wo für ihn ein Gedankengang relative Vollständigkeit erreicht. Das ließe sich von den Einzelsätzen, die Robortello gelegentlich erläutert, auf keinen Fall behaupten. Daß eine solche Vollständigkeit das Gliederungskriterium ist, äußert sich darin, daß Castelvetro zwischen den griechischen Text und sein "vulgarizzamento" eine "contenenza" einschaltet, eine knappe Inhaltsangabe der "particella". Der größeren Anschaulichkeit halber seien die "contenenze " der ersten fünf Abschnitte zitiert:

> (1) Titolo e proposizione. (I, 9)
> (2) Come maniera generale di poesia è rassomiglianza, e come le prime spezie sono tra sé differenti per istormento, per materia e per modo. (I, 23)
> (3) Essempio d'arti nelle quali la rassomiglianza si fa per materia, per modo e per istormento. (I, 27)
> (4) Alcuna poesia usa le parole sole, come l'epopea, né si può fare in prosa, né si diversifica per diversità di versi. (I, 30)
> (5) Quali poesie rassomiglino per tutti e tre gli stormenti: verso, armonia e ballo. (I, 50)

Die "contenenza" ist keine Paraphrase wie bei Gaurico oder bei Maggi und Lombardi; man erkennt unschwer, daß ihr alle Merkmale dieser spezifischen Form der inhaltlichen Umschreibung fehlen: die semantische Auffächerung ebenso wie der Wechsel der Sprechebene. Sie ist vielmehr das Gegenteil, nämlich inhaltliche Komprimierung. In den meisten Fällen nimmt sie den Charakter eines Untertitels an, der an die den einzelnen Erzählungen vorangestellten Inhaltsangaben in der älteren Novellistik erinnert. Hinzu kommt nun, daß die "particelle" wiederum zu sechs größeren Einheiten, den "parti principali" zusammengefaßt werden, die Castelvetro in ähnlicher Weise durch Überschriften inhaltlich definiert:

> Incomincia la prima parte principale [...], divisa in nove particelle, nella quale si dice che cosa sia poesia in generale e in ispeziale. (I, 7)
> Incomincia la seconda parte principale [...], nella quale si dice dell'origine della poetica in generale e in ispeziale. (I, 87)
> (usw.)

Nun sieht dieses Vorgehen wie eine bloße Umkehrung dessen aus, was bei Robortello zu beobachten war, der auch der *Poetik* eine systematische Gegliedertheit unterlegt. Während sie bei ihm, wie erwähnt, als Folge der Kommentierung aus dem Text abgeleitet wird, scheint Castelvetro die *Poetik*, bevor er mit ihrer Erläuterung beginnt, in ein systematisch gliederndes Raster einzufügen. Trotzdem würde man den Sachverhalt wohl unangemessen verkürzen, wenn man die Titel und Untertitel als bloß "aufgepfropft" betrachtete. Sie sollen ja – diese Absicht kann man Castelvetro sicher unterstellen – Abstraktionen aus der *Poetik* sein, die der Orientierung des Lesers halber der Kommentierung vorangehen. In ihnen soll sich die Intention der *Poetik* in ihrem höchsten Abstraktionsgrad artikulieren. Gleichwohl hat man sich schon im Cinquecento andere Gliederungen der *Poetik* vorstellen können: Eine solche Alternative stellt Riccobonis gleichfalls durch gliedernde Überschriften äußerlich systematisierte *Poetik*-Übersetzung dar, die von ihm selbst als eine Kritik der Castelvetroschen Position gemeint ist. [54] Auch die systematischen Traktate zur Literaturtheorie verarbeiten im wesentlichen die aristotelische Theorie, und ihre je andere Akzentuierung der Einzelaspekte relativiert ebenfalls die Systematik des

[54] Antonio Riccoboni: *Poetica Aristotelis Latine Conversa (1587). Compendium Artis Poeticae Aristotelis (1591).* Nachdruck München 1970 (*Poetiken des Cinquecento.* 22). – Vgl. auch Kap. I, Anm. 29 und 30.

Castelvetro-Kommentars als eben einer unter mehreren subjektiven Lösungen. Und gewiß kann man sich auch heute noch über die Frage einer inneren Systematik der *Poetik* streiten. [55]

Aber auch die äußerlich unübersehbare Voranstellung der Systematik gegenüber der fortlaufenden Exegese ist Castelvetros Intention. Denn er hätte die Reduktion des jeweils kommentierten Abschnitts auch nachstellen können, so wie etwa Badius Ascensius in seiner Auslegung der *Ars poetica* jedem Abschnitt eine komprimierte Zusammenfassung folgen läßt und damit unmißverständlich zu erkennen gibt, daß diese "regulae" logisch der Exegese nachgeordnet sein sollen. [56] Castelvetro bringt also mit seiner Lösung die Hierarchie seiner Absichten zum Ausdruck; das Wechselverhältnis von fortlaufender Auslegung und Systematisierung spiegelt wieder einmal den hermeneutischen Zirkel wider, und Castelvetro läßt ein weiteres Mal sein Urteil, seine Meinung als den Fixpunkt in diesem Zirkel hervortreten. Von Anfang an soll kein Zweifel daran aufkommen, daß der Kommentator dem kommentierten Text überlegen ist. Es ist sicher seine über Robortello noch weit hinausgehende Kontextbeherrschung, nämlich die Fähigkeit, aus dem ganzen Text vorweg ein Raster abstraktester Prinzipien des Dichtungsverständnisses abzuleiten, die ihn dann auch erkennen läßt, an welchen Stellen dieses Raster von Aristoteles ungenügend ausgefüllt wird, oder umgekehrt: wo er, der Kommentator als Poetologe, Lücken zu füllen hat im Blick auf das, "che si sarebbe potuto o si doveva fare secondo la proporzione" (I, 33).

Wie diese extrapolierende Systematisierung im einzelnen aussehen kann, sei an einigen Beispielen erläutert. Castelvetro

---

[55] Vgl. die Hinweise auf neuere Studien zur *Poetik* von Ada B. Neschke (1980) und Werner Söffing (1981) in Kap. I, Anm. 89.

[56] Der Kommentar des Badius Ascensius zur *Ars poetica* findet sich in: Quintus Horatius Flaccus: *Opera, cum commentariis Acronis, Porphyrionis, Ant. Mancinelli, Jodoci Badii, cumque adnotationibus Mathaei Bonfinis et Aldi Manutii*, Parisiis 1519, fol. 143 v. -167 r.

überträgt ein Kriterium, das er bei Aristoteles auf nur eine Gattung bezogen vorfindet – etwa auf die Komödie – analog auf andere Genera, die in der *Poetik* nicht vorkommen konnten, die Novellistik oder die Lyrik (I, 126 ff.; 138 ff.). Aus der reinen Aufzählung der Elemente einer Tragödie bildet Castelvetro eine gegliederte Rangfolge, die jedem Element eine genaue Relation gegenüber den anderen zuweist (I, 197). – Für "dunkel", also dem Sinn nach offen hält er den aristotelischen Text über Personen und Handlungseinheit in der Tragödie; er erklärt ihn, reduziert also seine Offenheit, indem er die Begriffe in eine Art Typologie einfügt (I, 233 ff.). – An einer anderen Stelle nimmt er wiederum die Lückenhaftigkeit der Aussage zum Anlaß für eigene Ergänzungen zur Handlung ("favola") des Dramas, die ihren Niederschlag gleichfalls in einer Differenzierung von Handlungstypen finden:

> Ma prima che procediamo più oltre, non sarà male, per intendere meglio quello che ci dice Aristotele e peraventura per supplire ancora quello che manca in lui, che facciamo una distinzione più copiosa delle favole, le quali constituiamo essere di quattro maniere. (I, 316; vgl. I, 403)

Überhaupt scheint die Differenzierung einzelner aristotelischer Kriterien in ihre Spielarten, die möglicherweise in einem zweiten oder dritten Schritt noch weiter untergliedert werden – so z.B. I, 394 ff. –, die von Castelvetro bevorzugte Art der Extrapolation, der Auffüllung seines Rasters zu sein. Wie weit er hierbei geht, soll ein letztes Beispiel vor Augen führen; es betrifft das Kriterium des in der tragischen Darstellung "Angemessenen", das "dicevole". Wieder ist die aristotelische Theorie hier in Castelvetros Augen zu grob, zu allgemein; sie sage nur, was als "angemessen" zu betrachten sei. Doch brauche man das Kriterium des Aristoteles nur durch seine Negation zu ergänzen, und man ermittle auf diese Weise die abzulehnenden Möglichkeiten, das "disdicevole". Erst dann liegt für Castelvetro offenbar eine wirkliche Definition im Sinne einer klaren Abgrenzung vor (I, 477).

Es entsteht hier jedoch, wie vielleicht auch bei der einen oder anderen der früheren Beobachtungen, der Verdacht, daß Castelvetro den ursprünglich induktiv-deskriptiven Ansatz der humanistischen Auslegung, der ausgeprägt bei Robortello begegnet, durch eine deduktiv-spekulative verdrängt. Er scheint ja die als partikulär gültig angesehenen, weil historisch gebundenen Prinzipien des Aristoteles durch rationale Argumentationen, Kritik, Diskussionen, Schlußfolgerungen zu erweitern, deren Ergebnisse wie rein abstrakte Konstrukte aussehen. An einem letzten Aspekt soll daher gezeigt werden, daß Castelvetro, der die ursprüngliche Funktion und Form humanistischer Deutung gewiß überwindet, trotzdem nicht den Vorrang von Beobachtung und Induktion gegenüber Spekulation und Deduktion aufgibt, daß er mithin der Selbstdefinition der humanistischen Wissenschaft gegenüber dem Mittelalter verpflichtet bleibt. Es handelt sich um Castelvetros Umgang mit literarischen Beispielen, um ihre Rolle als Orientierungsgrößen innerhalb der *Poetik*-Kommentierung.

Der Vergleich mit Robortello kann auch hier der Klärung des Standorts dienen. Robortello bemüht sich durchgängig, die von Aristoteles erwähnten oder zitierten dichterischen Beispiele zu verifizieren, dann eventuell ausführlicher zu zitieren und schließlich zu zeigen, wie aus ihnen die Anschauungen des Aristoteles als Abstraktionen hervorgehen. Umgekehrt – das ist sozusagen eine "Gegenprobe" – überprüft er die Gültigkeit der induzierten Kriterien an der literarischen Praxis. Die *Poetik* ist für ihn eine induzierte Theorie und zugleich ein Modell der Dichtungsinterpretation. Dies alles wickelt sich bei ihm im Rahmen des antikhistorischen Kontextes der *Poetik* ab. [57]

Auf den ersten Blick geht Castelvetro genau umgekehrt vor,

---

[57] Siehe Kap. I, S. 175 ff. Zur induktiven Auffassung allgemein auch S. 165 ff.

was das Verhältnis der *Poetik* als Theorie zur Dichtungspraxis anbetrifft. Gewiß sucht auch er die von Aristoteles erwähnten antiken Texte auf, bestätigt also Robortellos Erkenntnis einer induktiven Genese der *Poetik*. Es genügte hier, nochmals an die früher zitierten Hinweise Castelvetros auf die Bindung des Traktats an den ihm zeitgenössischen dichterischen oder dramaturgischen Usus zu erinnern. [58] Doch blickt der Kommentator Castelvetro nicht nur von der *Poetik* aus in deren Vor- und Umfeld zurück, sondern zeigt sich weit interessierter an der Dichtung, die sich seit der aristotelischen Theorie entfaltet. Er versucht, den Traktat mit dem "Universum" der antiken und neueren Dichtung zu vergleichen. Dabei bewahrt ihn seine Prämisse der historischen Gebundenheit der *Poetik* vor dem Vorurteil Vettoris, die Inkongruenz späterer Dichtung einem Verfall gegenüber der literaturgeschichtlich einmaligen Blütezeit zuzuschreiben, die in Aristoteles' Traktat Gestalt angenommen hatte.[59] Sein Vergleich der aristotelischen Kriterien mit der Dichtungsgeschichte dient nicht einer Kritik der Dichtung durch "Normen"; er ist in die oben skizzierte extrapolierende Auslegung der *Poetik* eingebettet. Castelvetros quasi-syllogistische Hypothese mag man sich dabei etwa so vorstellen: Da die antike Dichtung sich in einem relativ wenig entfalteten Zustand befand, konnte die aus ihr abstrahierte Theorie zu ebenfalls nur begrenzten Kriterien gelangen. Wenn die Dichtung seitdem jedoch einen ungleich weiteren Spielraum ästhetischer Möglichkeiten durchlaufen hat, muß eine neue Poetologie entsprechend dieser Entfaltung die aristotelischen Kriterien theoretisch verlängern. [60] Mit anderen Worten: die Entwicklung der Dichtungspraxis von der Antike bis zur Neuzeit hilft ihm, das zu ermitteln (man gelangt zwangsläufig immer wieder zu diesem Kernsatz seiner Haltung), was man über Aristoteles hinaus "noch schreiben kann oder muß". Castelve-

[58] Siehe oben S. 243 f.; vgl. die Passagen I, 25, 26, 31, 33, 75.

[59] Vgl. Vettori, a.a.O. (s. Anm. 1), fol. a vi r./v.

[60] Siehe auch die abschließenden Überlegungen zu Kap. I, S. 179 ff.

tro will damit wohl vermeiden, daß – was im Cinquecento allerdings längst geschehen war – die aristotelische *Poetik* in ihrer offensichtlichen Unzulänglichkeit für die eigene Zeit zur einengenden Norm wird, und will stattdessen die faktisch sich entfaltende Dichtung zu ihrem eigenen Maßstab machen. Gleichwohl hat sich die Dichtungspraxis immer noch gegenüber dem rationalen Urteil des Kommentator-Poetologen zu verantworten. Die weiter oben erörterten Auslegungsschritte und -mittel sind ja eng in die analogische Verlängerung der aristotelischen Kriterien verwoben. [61] In diesem Wechselspiel von Auslegung und Diskussion werden die Dichtungskriterien den vielfachen Ausprägungen der Literatur gegenübergestellt und als unzureichend erkannt.

Anhand einiger Passagen soll gezeigt werden, wie dieser Zusammenhang von *Poetik*-Auslegung und literarischen Beispielen im einzelnen aussieht. Die charakteristischsten solcher Passagen finden sich in den mittleren und späteren Teilen des Kommentars, dort also, wo es nicht mehr um die allgemeinen Bestimmungen von Dichtung, sondern um die spezifischen Elemente literarischer Werke bzw. der einzelnen Gattungen geht. Doch auch am Anfang begegnet schon ein bezeichnendes Beispiel: Castelvetro erörtert die Frage einer Mischung von Vers und Prosa in der Dichtung und geht davon aus, daß Aristoteles sie grundsätzlich als undichterisch ablehne. (Daß er den entsprechenden Passus falsch übersetzt – Aristoteles gesteht in 1447 a, 28 ff. wohl das Gegenteil zu –, spielt für unsere Belange keine Rolle.) Angesichts der Tatsache jedoch, daß in der Dichtungsgeschichte zahlreiche Vers-Prosa-Mischungen auftauchen, sieht er sich zu einer Revision der vermeintlich aristotelischen Ansicht veranlaßt. Er sammelt Belege für das Phänomen aus den unterschiedlichsten Epochen, unter anderem von Cicero, Apuleius, Boethius, Mar-

---

[61] Vgl. auch I, 195: "Ma perché Aristotele *non assegna ragione niuna* dell'ordine posto da lui delle sei parti della qualità della tragedia [...], non sarà male se noi vedremo se ci venisse fatto di supplire quello che è manchevole in Aristotele, assegnando, *secondo la debita ragione*, a ciascuna il suo luogo convenevole. " (unsere Hervorh.)

tianus Capella, Statius, Martial, Boccaccio und Sannazaro, und teilt sie in verschiedene Gruppen ein je nach dem Gewicht von Vers und Prosa. Und erst im Anschluß an diesen Überblick über die grundsätzlichen Möglichkeiten trennt er die akzeptablen von den abzulehnenden (I, 35). [62] Die Beispiele dienen der Korrektur der historisch begrenzten Ansicht des Aristoteles und zugleich der Induktion erweiternder Kriterien.

In derselben Weise verfährt er bei der Erörterung der beiden Arten von Handlung, der "einfachen" und der "verschlungenen". Wiederum erscheint die aristotelische Differenzierung als ungenügend und wird durch eine gegliedertere ergänzt, was zugleich zum besseren Verständnis der *Poetik* führen soll; die betreffende Stelle (I, 316) wurde oben bereits erwähnt. Und auch hier stellt Castelvetro eine ganze Serie von Beispielen als Möglichkeiten der Handlungsführung zusammen, die als Basis der Differenzierung dient. Er nennt antike Werke von Aischylos, Sophokles, aber auch neue von Boccaccio und Ariosto. Es wird also mit den griechischen, bereits in der *Poetik* figurierenden Beispielen der induktive Charakter der Theorie bestätigt, während die neuere in analoger Weise als Ausgangspunkte der umfassenderen Systematik Castelvetros fungieren. Zugleich sind die einen wie die anderen typische Exempel; sie dienen der Induktion genereller Kriterien und repräsentieren sie zugleich:

> Adunque la favola uguale è quella che [...]; l'essempio può essere il *Prometo il legato* d'Eschilo [...]. E la favola disuguale è quella che [...]; di che può essere essempio *Edipo il tiranno* [...]. (I, 316)
> Favola interna è quella che [...]; come l'essempio è manifesto nell'*Edipo il tiranno* [...]. Ancora nell '*Orlando furioso* di Lodovico Ariosto n'è un bello essempio [...].

[62] Ähnliche methodische Tendenzen finden sich in Castelvetros Dante-Kommentar; er zeigt – so Melzi – "how he anticipates the modern method of grouping the quotations for the documentation of an idea. "– Vgl. Melzi, a.a.O. (s. Anm. 10), S. 51.

> (I, 317)
> L'essempio delle cagioni della mutazione dello stato [...] si può vedere nel ***Filocopo*** del Boccaccio [...]. (ebd.)

Noch stärkeres Gewicht bekommen die literarischen Beispiele und ihre Deutung dort, wo Castelvetro nicht nur einzelne Kriterien der ***Poetik*** exemplifizieren oder extrapolierend untergliedern will, sondern zur Hervorhebung des systematischen Zusammenhangs der einzelnen dichtungstheoretischen Elemente auch untereinander die Möglichkeiten ihrer vielfältigen Kombination erprobt. Das geschieht zum Beispiel mit drei Kriterien, die Tragödie und Komödie betreffen: den Zweck der beiden dramatischen Formen, die Merkmale der zentralen Figur einer Tragödie und die Bedingungen der Erweckung von Furcht und Mitleid (vgl. I, 295 ff.). Mehr als in den oben genannten Passagen bietet sich dem Kommentator hier die Gelegenheit, im immer neuen Zusammentreffen der Kriterien die fast endlose Fülle möglicher dichterischer Gestaltungen durchzuspielen. Und daran, daß er die hieraus entstehenden zahlreichen Typen wiederum anhand von Beispielen auch belegen kann (I, 296-307), erweist sich die Geschichte der Dichtung selbst als ein Panorama der Gestaltungsvielfalt. Auch wenn Castelvetros Vorgehen immer wieder den Eindruck einer Reduktion auf rationale Schemata erzeugt, hat er offenbar doch das Gegenteil im Auge: die wenigen aus Aristoteles ableitbaren Bauformen der Dichtung durch eine Fülle von Ausprägungen zu ersetzen, die die menschliche Vorstellung zuläßt. So ist es wohl zu verstehen, wenn er die oben genannte Typologie der Kommentierung des betreffenden aristotelischen Wortlauts voranschickt:

> Ma prima che mettiamo mano alla sposizione delle parole del testo d'Aristotele, ci pare di dire di tre cose [...]; perciochè, dichiarate queste tre cose, assai chiare e piane ci si mostreranno le parole d'Aristotele. (I, 295 f.)

Aus der Vielzahl ähnlich gelagerter Passagen,[63] die bezeichnenderweise häufig auf tabellarische Darstellungen der zuvor induzierten Möglichkeiten hinauslaufen,[64] sei eine letzte herausgegriffen: Castelvetro erörtert die drei auf die Handlung bezogenen Begriffspaare möglich/unmöglich, glaubwürdig/unglaubwürdig und nützlich/schädlich für den Zuschauer bzw. Leser. Unter der Voraussetzung, daß es sich bei allen um klar definierbare Größen handle, untersucht er die jeweiligen Kombinationen dieser Kriterien. Es sind insgesamt acht Gruppen, die so entstehen und für deren Definition wie in den anderen Fällen literarische Werke von der griechisch-römischen Antike bis zur toskanisch-zeitgenössischen Dichtung herangezogen werden (vgl. II, 189 ff.). Dieses Beispiel ist deshalb aufschlußreich, weil Castelvetros Durchspielen dichterischer Möglichkeiten zwar auf der einen Seite den Eindruck erweckt, er wolle die Unerschöpflichkeit der dichterischen Gestaltung vor Augen führen, weil aber auf der anderen Seite kein Zweifel daran bestehen kann, daß er diesen Gestaltungsreichtum für verstandesmäßig berechen- oder zumindest beschreibbar hält: Das dichterische Individuum entfaltet seine weiten Möglichkeiten, aber es beherrscht sie auch, insofern als es sie rational überblicken kann. Manche der Typologien Castelvetros machen diesen Wesensunterschied gegenüber einer modernen Auffassung besonders klar: Während Aristoteles zum Beispiel nur drei Arten der übertragenen Rede, der "traslazione", also der Metapher nenne, unterscheidet Castelvetro insgesamt 28; die Erklärung einer metaphorischen Rede bedeutet dann, den Einzelfall an der Gesamtheit der Möglichkeiten zu messen (vgl. II, 28). Ganz ähnlich bemüht sich Castelvetro später um eine Klassifikation der Mehrdeutigkeit; auch hier meint Interpretation, also Reduzieren auf Eindeutigkeit, das Messen des jeweiligen Textes an den (eingrenzbaren) Möglichkeiten der Regelabweichung (vgl. II, 279 ff.).

[63] Vgl. z.B. I, 256 ff. zur Namensgebung in literarischen Werken und I, 324 ff. zur Wiedererkennung in der Tragödie.

[64] I, 67 ff., 106, 135, 236, 271 f., 308 ff., 342 f., 357 f., 368 f., 376, 453, 466, 539 f., 546 ff.; II, 21, 137.

Besonders treffend läßt sich Castelvetros Vermittlung zwischen Ausweitung und Begrenzung der literarischen Gestaltungsvielfalt schließlich an seinem Bedauern darüber belegen, daß Aristoteles nicht auch die Möglichkeiten dichterischer Fehler klassifiziert habe (vgl. II, 240).

Mit diesen Beobachtungen haben wir jedoch das Thema der *Poetik*-Kommentierung erneut überschritten und befinden uns im Bereich der Poetologie; doch ist das bei Castelvetro unvermeidbar. An seinem Umgang mit literarischen Beispielen zeigt sich, daß die *Poetik* dazu dient, Literatur zu verstehen. Daher ist es folgerichtig, wenn die Auslegung des Traktats in Erörterungen darüber mündet, wie Literatur gedeutet werden kann. Letztere sind im Rahmen der Haltung Castelvetros kein willkürliches Anhängsel, sondern Teil des *Poetik*-Verständnisses, insofern nämlich, als er die Deutung von Literatur – zum Beispiel ihrer Formen, Metaphern, Mehrdeutigkeiten – als Applikation eines Rasters der jeweiligen Möglichkeiten auf die literarischen Phänomene begreift, diese Möglichkeiten aber von der *Poetik*, das heißt von der auf die Literaturgeschichte hin differenzierten, extrapolierten *Poetik* beschrieben werden. Zugleich schließt sich wie schon am Ende des Robortello-Kapitels der Kreis zwischen Literaturdeutung, poetologischem Kommentar und systematischer Dichtungstheorie: Wenn in Teil A behauptet wurde, der poetologische Kommentar wie auch die systematische Dichtungstheorie entstünden aus dem humanistischen Dichtungskommentar, so erweist sich das als gerechtfertigt, da bei Castelvetro umgekehrt die Deutung der *Poetik* und die übergreifende Poetologie zur Auslegung literarischer Texte zurückführen. Der folgende Teil wird zeigen, daß sich in den selbständigen Traktaten zur Literaturtheorie im Grunde dasselbe vollzieht: Sie gehen aus dem Bemühen um das Verständnis literarischer Texte hervor und wollen umgekehrt auch Interpretationsmuster darstellen.

Teil C

SYSTEMATISCHE LITERATURTHEORIE IM CINQUECENTO

I FRACASTORO UND GIRALDI CINZIO: ZWEI HERMENEUTISCHE GRUNDPOSITIONEN

1 Die "Poetiken": Ansätze zu einer wissenschaftlichen Interpretation

Der folgende Teil widmet sich der zweiten Gruppe von Texten innerhalb des zugrundegelegten Korpus, einigen der sogenannten "Poetiken" des 16. Jahrhunderts. [1] Dabei interessiert, wie bei der Analyse der Kommentare im vorigen Teil, nicht die poetologische Theorie als solche, geschweige denn der häufig genannte normative, zum Dichten anleitende Anspruch. Einen vorschreibenden Charakter finden wir in vielen der größeren Traktate ge-

[1] Wir sprechen von den "sogenannten Poetiken", weil sich diese Bezeichnung der poetologischen Texte zwar eingebürgert hat, aber irreführen, weil über den ursprünglichen Sinn hinwegtäuschen kann. "Poetica" meint im 16. Jhdt., auch wenn es als Titel auftritt, nicht den Text als solchen oder eine Textgattung, sondern das Phänomen des Dichterischen, das Gegenstand der Traktate ist: das Sein der Dichtung, ihr Wesen, ihren Kunstcharakter, die ihr immanenten Prinzipien. Die auch den Plural zulassende Gattungsbezeichnung "Poetiken" ("poetiche") ist eine spätere und sekundäre Prägung.

rade nicht; und selbst dort, wo er auftritt, scheint er uns nicht der primäre Anspruch dieser Texte zu sein. Wir sind uns bewußt, daß diese Ansicht eine allgemein akzeptierte Forschungsmeinung infrage stellt, [2] doch lassen sich eine Reihe aufschlußreicher Merkmale anführen, die für einen primär nicht-präzeptiven Charakter der "Poetiken" sprechen. Hebt die geläufige Bestimmung meistens den fundamentalen Unterschied dieser Texte gegenüber einer modernen deskriptiven Literaturauffassung hervor, so können die poetologischen Traktate der italienischen Renaissance mit dem gleichen, vielleicht mit größerem Recht als die Ursprünge einer modernen Literatur- und Interpretationstheorie angesehen werden - einer Theorie, die Beschreibungsmodelle, Typologien und systematische Strukturen aus Texten abstrahiert und wieder zur Deutung von Texten appliziert. [3] Wir betrachten die "Poetiken" also mit der Frage, wieweit und in welchen Punkten sie mit Textauslegung zu tun haben, und versuchen zu zeigen, daß sie die Deutung antiker und neuerer Dichtung zur Voraussetzung haben und wiederum der Deutung rational reflektierte Kriterien an die Hand geben wollen. Daß das vorangehende Textverstehen unverzichtbare Bedingung humanistischer Dichtungstheorie ist,

---

[2] August Buck gibt diese "communis opinio" wieder, wenn er die poetologische Traktatliteratur einteilt in normative Poetiken und daneben dichtungstheoretische Erörterungen ohne ausgesprochen normative Absicht. – Vgl. A. B.: *Dichtungslehren der Renaissance und des Barocks*, in A. B. (Hrsg.): *Neues Handbuch der Literaturwissenschaft. 9. Renaissance und Barock. 1. Teil*, Frankfurt a. M. 1972, S. 28-60, hier: S. 28. – Signifikant ist auch die in der deutschen Terminologie übliche Bezeichnung der Kommentare und Traktate als "Dichtungslehren".

[3] Die Poetik bekommt mithin eine hermeneutische Funktion, ähnlich wie nach Glenn W. Most die humanistische Rhetorik, die in der Antike auch primär der Produktion, nicht der Rezeption von Texten diente: "Daß im Gegenteil die [Rhetorik] der [Hermeneutik] bei Gelegenheit gute Dienste leisten kann, ergibt sich z.B. aus der Wissenschaft der Renaissance-Humanisten; denn hier dienen oft ganz bewußt rhetorische Techniken und Strategien dem hermeneutischen Versuch, den Sinn des geschriebenen Wortes zu verstehen." – G. W. M.: *Rhetorik und Hermeneutik: Zur Konstitution der Neuzeitlichkeit*, in: Antike und Abendland 30 (1984), S. 62-79, hier: S. 73.

erkennt man am einleuchtendsten daran, daß sie selbst in den wenigen Traktaten beständig wiederkehrt, über deren normative Absicht sich nicht streiten läßt. Als Beispiel sei Girolamo Muzios versifizierte freie Horaz-Nachahmung genannt, in der schon im 25. Vers der Begriff "norma" im Sinne einer Doktrin auftritt, [4] in der aber immer wieder auch der Leser angesprochen wird, [5] nicht nur als Adressat der Theorie, sondern als Leser von Dichtung; denn Lektüre ist unbedingte Voraussetzung eines reflektierten Urteils:

> Nota, nota, lettor, lo ingegno e l'arte
> Del buon poeta, *e quinci* paragona
> Questo con quello *e poi* dà la sentenza. [6]

Ausgehend von der oben umrissenen These läßt sich verfolgen, wie sich die Dichtungstheorie im Cinquecento – zumindest dem Anspruch nach – als Wissenschaft etabliert. Dabei soll der Begriff "Wissenschaft" durchaus wörtlich verstanden werden; denn jener Prozeß der Theoriebildung darf, gemessen an den damaligen Möglichkeiten, einer modernen Literaturtheorie im Niveau durchaus an die Seite gestellt werden. Leider wird das erstaunlich hohe Reflexionsniveau nur selten mit der angemessenen Deutlichkeit erkannt. [7]

---

[4] "Quest'è del poetar la vera norma." Girolamo Muzio: *Dell'arte poetica [1551]*, in: Bernard Weinberg (Hrsg.): *Trattati di poetica e retorica del Cinquecento*, 4 Bde., Bari 1970-74. (Scrittori d'Italia. 247/248/253/258), Bd. 2, S. 163-209, hier: S. 165. Der Begriff "norma" kehrt wieder in Vers 531 (S. 180) und Vers 788 (S. 187).

[5] Vgl. ebd. Verse 214, 498, 641, 654, 788, 855, 1029. 1054 usw.

[6] Ebd. Verse 654-656 (S. 183). – Vgl. als Vorbild Horaz: *Ars poetica*, Verse 268 f.

[7] Hervorzuheben sind hier die positiven Einschätzungen z.B. durch Rocco Montano (*L'estetica del Rinascimento e del Barocco*, Napoli 1962 [Quaderni di critica e testi. 1], S. 7), Baxter Hathaway (*The Age of Criticism: The Late Renaissance in Italy*, Ithaca, N. Y., 1962, S. 3, S. 129 f. u. ö.) und August Buck (*Dichtungslehren der Romania aus der Zeit der Renaissance und des Barock*, hrsg. und eingeleitet von A. B., Klaus Heitmann, Walter Mettmann, Frankfurt a. M. 1972 [Dokumente der europäischen Poetik. 3], S. 29, S. 31). In diesem Zusammenhang ist auch auf die verschiedenen

Die Verselbständigung der Poetik als Dichtungstheorie, der ihre Verwissenschaftlichung folgt, ist kein spontaner Vorgang. Sie beginnt mit der im frühen Humanismus, von Mussato, Petrarca, Boccaccio, Salutati, da Fiano und deren Zeitgenossen vehement vertretenen Verteidigung der Dichtung, [8] die vom letzten Platz unter den "artes" in der Hochscholastik [9] zum ersten Platz im Humanismus aufrückt. Ein weiterer Schritt in Richtung auf die Selbständigkeit der Diziplin hin sind die "dispute delle arti", die gleichfalls als Reaktion auf das Spätmittelalter im 15. Jahrhundert besonders häufig vorkommen, [10] aber auch noch in den poetologischen Traktaten des 16. Jahrhunderts nachwirken. [11] Nach dieser zweihundertjährigen allmählichen Emanzipation kann es an sich nicht verwundern, wenn die Poetik nicht nur den gleichen Rang wie die übrigen Disziplinen der "studia humanitatis"

Ansätze zu einer Neubewertung der italienischen Renaissanceliteratur einschließlich ihrer Theorie durch Riccardo Scrivano hinzuweisen. Vgl. R. S.: *La norma e lo scarto. Proposte per il Cinquecento letterario italiano*, Roma 1980 (L'ippogrifo. 20).

[8] Vgl. oben Teil B, Kap. I, Anm. 39 und 40.

[9] "poetica non capiuntur a ratione humana propter defectum veritatis, qui est in eis" (Thomas von Aquin, *Summa theologica*, zit. n. Paul Klopsch: *Einführung in die Dichtungslehren des lateinischen Mittelalters*, Darmstadt 1980, S. 164); "poetica est infima inter omnes doctrinas"(Thomas v. A., ebd., zit. n. Karl Kohut: *Der Kommentar zu literarischen Texten als Quelle der Literaturtheorie im spanischen Humanismus*, in: August Buck/Otto Herding [Hrsg.]: *Der Kommentar in der Renaissance*, Boppard 1975 [Deutsche Forschungsgemeinschaft. Kommission für Humanismusforschung. Mitteilung 1], S. 191-208, hier: S. 197.) – Vgl. auch Ernst Robert Curtius: *Europäische Literatur und lateinisches Mittelalter*, Bern/München [9] 1978, S. 473 ff.: "Dichtung und Scholastik". – Es ist aber auch daran zu erinnern, daß die Diskriminierung durch die thomistische Hochscholastik nicht das Urteil des ganzen Mittelalters bedeutet, das Dichtung nämlich auch sehr positiv einschätzen konnte. Vgl. Klopsch, a.a.O., passim, und Hennig Brinkmann: *Mittelalterliche Hermeneutik*, Darmstadt 1980, S. 15 und passim.

[10] Vgl. Eugenio Garin (Hrsg.): *La disputa delle arti nel Quattrocento. Testi editi e inediti*, Firenze 1947 (Edizione nazionale dei classici del pensiero italiano. 9).

[11] Siehe z.B. Scipione Anmirato: *Il Dedalione o ver del poeta [1560]*, in Weinberg: *Trattati* (s. Anm. 4), Bd. 2, S. 477- 512, bes. S. 479 und S. 487 f.

bekommt, sondern sogar den diesen Kreis überschreitenden wissenschaftlichen Fächern an die Seite gestellt wird, exemplarisch etwa in einem Traktat Giovanni Bernardino Fuscanos von 1531. Es sei äußerst tadelnswert, so bemerkt Fuscano, daß sich viele Menschen eifrig mit der Zoologie, der Astronomie oder der Geographie befaßten, aber wenige die sprachlichen Fächer Rhetorik und Poetik, in denen die "mirabil reina di mortali" verborgen sei,[12] im gleichen Maße ernst nähmen:

> E si fra li varii studii che ad investigar le diverse nature d'animali, a calcular l'occolti decreti d'i celesti corpi, et a dipinger la bellezza de la ingegnosa terra e d'i suoi fecondi parti, ognor se frequentano, alcun vi ne fusse d'eloquenzia sì acceso che tra li secreti tesori dove questa ch'io dico mirabil reina di mortali occolta giace, trovasse et a' degni intelletti communicarla s'ingegnasse, senza dubio il mortale vivere sovra mortal modo ornato e bello sarebbe [...]. [13]

Man findet hier auch die oben erwähnte, seit dem Frühhumanismus wiederkehrende Überzeugung von der Einzigartigkeit der sprachlichen Fähigkeiten des Menschen, die sich in der "oratoria" und der "poetica facoltà" manifestieren – man beachte den Titel des Traktats –; neu ist aber, daß sie mit Disziplinen verglichen werden, die von ausgesprochen wissenschaftlichen Verfahrensweisen des Erforschens und Beschreibens getragen werden, von "investigar", "calcular" und "dipinger".

[12] Die Bezeichnung der Dichtung oder der sprachlichen Kunst insgesamt als "Königin" oder "Herrscherin" scheint eine beliebte Metapher gewesen zu sein; als Ausdruck einer Aufwertung dieser Disziplin tritt sie auch in anderen poetologischen Traktaten auf. So ist bei Capriano die "arte poetica" nicht nur "regina", sondern "imperatrice", "suprema", "assoluta" unter den nachahmenden Künsten. – Vgl. Giovan Pietro Capriano: *Della vera poetica [1555]*, in Weinberg: *Trattati* (s. Anm. 4), Bd. 2, S. 293-334, hier: S. 296.

[13] Giovanni Bernardino Fuscano: *Della oratoria e poetica facoltà [1531]*, in Weinberg: *Trattati* (s. Anm. 4), Bd. 1, S. 187-195, hier: S. 189.

Diese Idee greift knapp 30 Jahre später Bernardino Partenio auf und formuliert sie noch expliziter: die Idee, daß Poetik nicht nur eine lehr- und lernbare Kunstfertigkeit ("arte") ist, sondern "scienza". Sie ist für ihn eine Disziplin, die sich über die "poesia" erhebt, eine abstrakt-rationale Auseinandersetzung mit der Dichtung als der Gesamtheit des Wissens von den "arti" wiederum, das die Poesie aufgrund ihrer Einzigartigkeit in sich schließt. [14]

> Tra le cose per le quali la vita umana illustrata ne viene, istimo io (e così senza contradizione si crede) esser le arti le quali si comprendono sotto la scienza delle lettere. [15]

An sich ist der Terminus einer "scienza delle lettere" keine Erfindung Partenios, aber er stellt die Umdeutung eines älteren humanistischen Begriffs dar. Schon bei Coluccio Salutati begegnet mehrfach eine "scientia litterarum". Gemeint ist dort das Wissen, das dem Einzelnen aus der Beschäftigung mit Texten, mit den "litterae" erwächst und das über die Ausbildung seiner Fähigkeiten zur persönlichen Vervollkommnung führt.[16] "Litterarum" ist hier gewissermaßen, als das der Literatur inhärente Wissen, ein Genitivus subjectivus, während sich bei Partenio die "lettere" wie ein Genitivus objectivus zur "scienza"

---

[14] Auf einer genauen Differenzierung von "arte poetica" als Dichtungspraxis einerseits und Dichtungstheorie andererseits und damit auf dem Eigenwert der letzten insistiert auch Capriano in seinem schon erwähnten Traktat. Die Vermischung der beiden Domänen macht er für manche überflüssige Debatte seiner Zeit verantwortlich: "La quale distinzione tra queste due arti non intesa da molti massimamente a' nostri tempi e non avertita, ha partorite molte controversie superflue e molte confusioni tra scrittori [...]. " (Capriano, a.a.O. – s. Anm. 12 –, S. 327.)

[15] Bernardino Partenio: *Dell'imitazione poetica. Libro primo [1560]*, in Weinberg: *Trattati* (s. Anm. 4), Bd. 2, S. 519- 558, hier: S. 521.

[16] Vgl. Eckhard Keßler: *Das Problem des frühen Humanismus. Seine philosophische Bedeutung bei Coluccio Salutati*, München 1968 (Humanistische Bibliothek. I, 1). Kap. VII, S. 150 ff.

verhalten; letztere ist das umfassende Wissen über die Literatur, also die Wissenschaft von ihr. [17]

Eine ganz ähnliche Verschiebung im Verhältnis von Wissen und Dichtung kann man bei einem anderen humanistischen Begriff beobachten, dem des "poeta doctus".[18] Der gelehrte Dichter – so zum Beispiel Homer bei Poliziano [19] – versammelt das Wissen zahlreicher oder idealiter aller Disziplinen in seinem Werk. Wenn jedoch Minturno Horaz als "poeta doctissimus" bezeichnet, dann nicht wegen seines vielfältigen Sachwissens – so schätzt ihn Landino ein [20] –, sondern wegen seiner zwar dunklen und knappen, aber kenntnisreichen poetologischen Theorie. [21] Wie im Fall der "scienza delle lettere" tritt hier das Wissen "von" der Dichtung an die Stelle eines Wissens "in" der Dichtung.

Zurück zu Partenio. Man kann aus seiner weiteren Erörterung[22] ableiten, daß er drei oder sogar vier Ebenen theoretisch trennt, das Wissen der verschiedenen nicht-dichterischen Disziplinen, die Dichtung, die dieses Wissen – wie bei Homer – vereinigt, die "arte poetica" als die Fähigkeit zum Dichten und schließlich an der Spitze die "scienza delle lettere". Partenios

---

[17] Die ältere, wohl weiterhin auch übliche Bedeutung hat noch Fracastoro, der die "scientia" eines literarischen Werks als Sachwissen versteht, das in der Dichtung vom "poeta doctus" vermittelt werden kann, aber eigentlich Gegenstand besonderer Fachgebiete ("artes", "disciplinae") ist. – Vgl. Girolamo Fracastoro: *Navgerivs, Sive De Poetica Dialogvs*, with an English Translation by Ruth Kelso and an Introduction by Murray W. Bundy, Urbana, Illinois, 1924 (University of Illinois Studies in Language and Literature. IX, 3), fol. 156 B. Die Ausgabe reproduziert S. 25-48 den lateinischen Text photomechanisch nach der Ausgabe der *Opera* von 1555 und behält die Paginierung des Originals (fol. 153 A – 164 D) bei, nach der wir auch weiter unten zitieren.

[18] Siehe oben Teil A, Kap. I, Anm. 36.

[19] Siehe oben S. 50 ff.

[20] Siehe oben S. 94.

[21] Vgl. Antonio Sebastiano Minturno: *De Poeta (1559)*, Nachdruck München 1970 (Poetiken des Cinquecento. 5), fol. *3 r.

[22] Vgl. Partenio, a.a.O. (s. Anm. 14), S. 521 unten bis 524 oben.

eigener Anspruch ist nicht, eine "arte poetica" zu verfassen, sondern über diese "arte" zu schreiben:

> Questa maraviglia in me destò il desiderio di scrivere e di trattare di questa, e, riputando niuna altra cosa potere essermi appresentata né più degna né più onorata nelle lettere, venni in openione che niun'altra cosa s'agguagliasse alla eccellenza dello scriver bene poeticamente [...]. [23]

Die Unterscheidung mehrerer Reflexionsebenen liegt implizit den meisten Poetologien zugrunde; wenn sich die Traktate selbst als "ars" oder "arte poetica" bezeichnen, dann verstehen sie sich nicht als Manifestationen der aufs Dichten gerichteten Kunstfertigkeit, sondern als Reflexionen über die "arte". Gewiß mögen die Beispiele Fuscanos und Partenios wie Ausnahmen erscheinen, doch soll gezeigt werden, daß die Poetologie, auch wenn explizite Äußerungen fehlen, zu großen Teilen auf der genannten distanziert-reflexiven Haltung basiert. Die Erkenntnisse von Kommentatoren wie Robortello oder Castelvetro fließen sicher in diese Haltung ein; sie erfahren ja, wie der vorige Teil zeigte, ganz exemplarisch die Notwendigkeit einer deskriptiven Einstellung zu den alten Texten, denen eine induktive Herleitung literaturtheoretischer Prinzipien folgt. Die Analogiebildung, wie sie in der Übertragung dieser Erkenntnisse von der vorbildhaften *Poetik* auf eine Poetologie der eigenen Zeit stattfindet und wie sie Castelvetro durchführt, kann als Voraussetzung der meisten poetologischen Texte des 16. Jahrhunderts angesehen werden. Lassen wir nochmals, stellvertretend für viele Zeitgenossen, Partenio zu Wort kommen: Die Verdienste von Aristoteles und Horaz – so Partenio – sind groß, aber sie dienten einem anderen Interesse. Deshalb sind sie für die Bedürfnisse der eigenen Zeit unzureichend und ergänzungsbedürftig:

---

[23] Ebd., S. 524.

> Non si nega ch'Aristotele non abbia sodisfatto quanto alla tragedia et alla epopeia s'appartiene, et Orazio altresì [...]. Ma ad altro fine risguardarono [...]. Ma perché oltra questa cura altre cose si ricercano a compire l'arte della poesia [...] fa di mestiero trovar vie che ci conduchino a questa laude [...]. [24]

Die poetologischen Texte dienen, um das nochmals zusammenzufassen, dem Bemühen, aus der Erfahrung mit der alten und auch mit der neueren Literatur eine zunehmend präzise, differenzierte Theorie der Dichtung und der Auslegung von Dichtung abzuleiten. Die Exegese von Texten ist sowohl Voraussetzung wie Konsequenz oder gar Zweck dieser Theorien. Dominant ist bei dieser Art des Textverständnisses das Anwachsen der Distanz, der Abstand zur Antike, die deskriptive Bestandsaufnahme, die rationale Trennung von Brauchbarem und Unbrauchbarem, schließlich das Erreichen einer Eigenständigkeit, die der Antike nicht mehr bedarf und die den Humanismus zumindest teilweise überwindet. All dies sind Momente, die sich in den Kommentaren Robortellos und Castelvetros abzeichnen. Aber die Entwicklung dahin, zu einer Objektivierung des Textverständnisses, ist kein linearer Weg, sondern für die Epoche selbst ein dynamischer, höchst verwickelter Prozeß voller Gegensätze, [25] in dem sich auch die in der Einleitung skizzierte Spannung zwischen dem unmittelbaren, individuellen Erlebnis der antiken Dichtung und der Notwendigkeit seiner interindividuellen Objektivierung immer wieder artikuliert. Im poetologischen Kommentar trat sie mit geringerer Schärfe auf als in der systematischen Literaturtheorie; dort konnte sie durch den Rückgriff auf bewährte Schemata der Auslegung zum Teil abgeschwächt werden. Trotzdem kam auch der Kommentator aus der Zirkularität zwischen der Unmittelbarkeit

---

[24] Ebd.

[25] Besonders klar geht das hervor aus Bernard Weinberg: *A History of Literary Criticism in the Italian Renaissance*, 2 Bde., Chicago 1961, Bd. 2, S. 797 f. und S. 810.

seines Vorverstehens und der Mittelbarkeit der Deutung nicht heraus. Es sei an Robortello erinnert, der die Verläßlichkeit der *Poetik* -Interpretation von der persönlichen Erfahrung im Umgang mit Literatur abhängig machte. In der Literaturtheorie wird das Problem dagegen unausweichlich. Je nach Reflexionshorizont des Theoretikers ist es mehr oder weniger explizit, aber überall als fundamentale Bedingung, oft auch als Dilemma der Theoriebildung enthalten. Diese ist ja eine Antwort auf das literarische Antikeerlebnis, muß es aber, um den humanistischen Vorstellungen von einer allgemeinen zu erneuernden Kultur gerecht zu werden, überwinden. Und zugleich dient die historisch oder systematisch distanzierende Literaturtheorie wiederum dazu, den Leser zur Lektüreerfahrung zurückzuführen. Die Antworten, wie man in diesen Zirkel hineinkommt, sind vielfältig, lassen sich aber in zwei Grundhaltungen polarisieren, die anhand von Fracastoro und Giraldi Cinzio dargelegt werden sollen. Vertraut der eine auf die Identifikation des Subjekts mit der Lektüre als den Angelpunkt des Verstehens – wobei die individuelle Deutung des Einzelnen Allgemeingültiges zur Erscheinung bringt –, so ordnet der andere die Erfahrung des Einzelnen der historischen Relativierung und Selektion als den wichtigeren Voraussetzungen des Literaturverstehens unter. Im Grunde findet sich hier der Gegensatz zwischen dem "poeta vates", dem ein inspirierter Interpret, und dem "poeta eruditus", dem ein gelehrter Interpret entsprechen muß, wieder. In der italienischen Renaissance wird die letzte Auffassung, die auch von Anfang an dominierte, über die erste siegen.

2 Fracastoro: Der dichterisch inspirierte Deuter

Girolamo Fracastoros 24 Seiten langer *Naugerius* [26] wäre von seinem Umfang her zu den "opere minori" der Traktatliteratur des Cinquecento zu rechnen und den zahlreichen kürzeren Texten an die Seite zu stellen, von denen Weinberg eine repräsen-

[26] Siehe oben Anm. 17.

tative Auswahl zusammengestellt hat. [27] Umso bezeichnender ist es, daß Fracastoros Dialog allgemein zu den herausragenden poetologischen Leistungen des Jahrhunderts zählt und nicht selten in einem Atemzug mit den voluminösen Systemen Trissinos, Minturnos, Scaligeros, Castelvetros oder Patrizis genannt wird. Bewundert wird an diesem Text die Harmonisierung von aristotelischer Kunstlehre, platonischem Schönheitsideal und ciceronianischer Rhetorik, aber auch die Fähigkeit, sich durch originelle Anschauungen über die bloße Nachahmung antiker Vorbilder zu erheben. [28] Fracastoros Verdienst erscheint uns demgegenüber noch beachtlicher durch die Subtilität, mit der er in die dialogische Entwicklung einer Theorie von der Literatur als Kunst eine Theorie des Verstehens von Literatur, ja ihrer grundsätzlichen Deutbarkeit einhüllt.

Die zentrale Figur des Dialogs ist Andrea Navagero (Naugerius), der als Typus des vollkommenen Dichters figuriert, zugleich aber auch in vollkommener Weise über Dichtung redet und sie dabei ständig deutet. Der Text nimmt seinen Ausgang von einer Rezitation: Navagero beginnt an einem "locus amoenus", wie inspiriert – "quasi Musa tactus" (fol. 154 A) – in einer von allen Anwesenden bewunderten Perfektion aus Vergils *Bucolica* vorzutragen – Anlaß dazu, nach dem Grund dafür zu fragen, daß der ebenfalls anwesende Philosoph Turrius am selben Ort anders inspiriert wird als der Dichter. Es wird im anschließenden Dialog also darum gehen, das Wesen des Dichters einzukreisen; doch hat man in dieser Eingangsszene auch einen Hinweis auf die Bedingungen des Redens über antike bzw. humanistisch verstandene Dichtung zu sehen: Es setzt eine quasi-dichterische Inspiration voraus. Navagero, der sich in Vergil geradezu hineinver-

---

[27] Vgl. oben Anm. 4.

[28] Renato Barilli: *Poetica e retorica*, Milano 1969 (Saggi di estetica e di poetica. 9), S. 57 f.; vgl. auch August Buck: *Italienische Dichtungslehren vom Mittelalter bis zum Ausgang der Renaissance*, Tübingen 1952 (Beihefte zur Zeitschrift für romanische Philologie. 94), Kap. III, 3. – Zu Fracastoros Traktat siehe auch Weinberg: *A History* (s. Anm. 2) Bd. 2, S. 725 ff.

setzt, also dessen Inspiration vergegenwärtigt hat,[29] indem er die *Bucolica* an einem bukolischen Ort singt, wird anschließend zum Wortführer des Streitgesprächs. Die Theorie hat mittelbar Anteil an der Inspiration; oder, um etwas anachronistisch mit Staiger zu reden: Navagero und seine Gesprächspartner wollen "begreifen", was sie "ergreift". [30] Der Dichter ist deshalb der beste Erklärer von Dichtung, weil er die Natur des Dichters sowohl theoretisch kennt – sie ist ihm "nota"–, als auch aus Erfahrung – sie ist ihm "experta"; der Philosoph kann aus demselben Grund nicht über Dichtung reden. Turrius meint:

> De philosophi quidem natura & nostra hac cognitione ego quidem possim non nulla, si non pro re, at pro viribus dicere. De Poeta vero & poetica ipsa, ego qui poeta non sum, recte nihil dicere possum. poterit autem Naugerius, cui poetae natura quàm optime nota atque experta est. (fol. 154 C)

Die abstrakte Trennung zwischen Dichtung, Dichtkunst und Dichtungstheorie bzw. -wissenschaft, wie wir sie im vorigen Abschnitt zeigten, wird hier gerade negiert. Dichten und Erklären der Dichtung sind zwei Seiten derselben Fähigkeit. Diese Interdependenz kehrt im Verlauf des Dialogs noch einige Male wieder: Bevor Navagero seine Rede über die Dichter und die Dichtkunst beginnt, läßt er einen Lautenspieler herbeikommen. Da der Wunsch von ihm selbst, dem reflektierenden Dichter, ausgeht,

---

[29] Als Vorbild dient wohl das Mitergriffensein des Rhapsoden in Platons *Ion* (535a/b).

[30] Emil Staiger: *Die Kunst der Interpretation. Studien zur deutschen Literaturgeschichte*, Zürich [5] 1967, S. 11. Wir greifen nicht willkürlich und nicht nur wegen des Wortspiels auf Staigers pointierte Formel zurück. Seine Interpretationstheorie, in der Methodendebatte der 60er Jahre oft polemisch angegriffen, wurde mit Recht bald rehabilitiert: Staiger hat (vor Gadamer, denn sein Buch erschien erstmals 1955) mit Nachdruck auf die subjektiven Vorstrukturen als Teil einer reflektierten wissenschaftlichen Interpretation hingewiesen.

zielt er sicher nicht auf eine bloße Auflockerung der Gesprächsrunde ab:

> Iussit autem Naugerius vt nobiscum & puer quidam lyricen suus accederet, qui mira quadam & tangendi citharam, & canendi arte praestabat. (fol. 155 A)

Da das Beisammensein der Gelehrten zwischenzeitlich unterbrochen worden war, soll offenbar die Anfangssituation wiederholt werden. Das "Ergriffensein" war nicht nur einmaliger Anlaß, es bleibt präsent. Die Anwesenheit des lyrische Dichtung vortragenden Lautenisten bildet ein Gegengewicht zum eher rational geprägten Nachdenken über die Literatur. Fracastoro geht jedoch noch einen Schritt weiter; die Auslegung geht nicht nur aus der Erfahrung der inspirierten Dichtung hervor, sondern sie hat direkt an der poetischen Begeisterung teil. Die Musen oder Gottheiten, die üblicherweise den schaffenden Autor inspirieren, sollen hier nämlich gleichermaßen der Erklärung der Dichtkunst zu Hilfe kommen. Navagero ruft die mythologischen Gestalten an, die die ihn umgebende Natur beseelen: Apollo, Pan (bukolische Lyrik diente der Rede ja als Ausgangspunkt) und Baldus (die Unterredung findet am Monte Baldo statt):

> De Poetica hodie ò amici, deq́ue Poetae officio acturi sumus. [...] Verum non recte quidem videmur rem tantam prosequi posse, nisi & poetarum more à Deorum inuocatione inceperimus. alioqui & Dijs omnibus montis huius iniuriam fieri video, & ipsi etiam Poetae. quapropter Dij Deaeq́ue omnes, qui syluas, qui montes, qui fontes colitis, quos primi poetae cognouere, & venerati reliquis mortalibus monstrauere, in primis autem Dij fontis huius, tuq́ue Apollo nomie & Pan horum pastorum Deus, nec non et tu Balde syluarum, fontium ac nympharum pater adeste omnes, audite atque adfauete. (ebd.)

In der zweifellos markantesten Weise begegnet diese Interdependenz dem Leser aber ungefähr in der Mitte des Dialogs. Das Gespräch über den Zweck des Dichtens hat beinahe seinen Höhepunkt erreicht:

> Hic Naugerius nouam quandam animi hilaritatem vultu ostendens, vicinus quidem, inquit, est nobis Bardulo poetae finis. (fol. 158 A)

Die Gesprächspartner können offensichtlich am Gesichtsausdruck Navageros die immer noch andauernde Begeisterung ablesen, die der Dichter-Theoretiker sogleich auch äußere Gestalt annehmen läßt: Der theoretische Diskurs wird wieder von einem lyrischen Gesang unterbrochen:

> sed quoniam multa locuti sumus, quiescendum paulisper videtur, atque audiendus lyricen noster, vt recreati aliquantulo magis alacriores redeamus ad hos sermones. (ebd.)

Das momentane Verstummen der Reflexion dient nicht im oberflächlichen Sinn einer geistigen Erholung, sondern einem erneuten Aufleben der Begeisterung („magis alacriores redeamus ad hos sermones"). Mehr noch: in der rezitierten Dichtung nimmt das, was man denkend einzukreisen versucht, Form an, wird sinnlich wahrnehmbar präsent. Pointiert ausgedrückt: die Dichtung selbst ist die unmittelbare Erklärung ihres eigenen Wesens. Denn nach der Rezitation heißt es nicht mehr, man sei dem Zweck des Dichtens nahegekommen, sondern er sei offenkundig:

> Haec cum suauissime cecinisset puer, conuersus in nos Naugerius ita secutus est. video o amici in paucissimis illis tanti philosophi verbis illucescere, ac patefieri nobis poetae officium, ac finem [...]. (fol. 158 B)

Das Gedicht hilft nicht nur der Argumentation, es ist ihr Kern; Dichtung und ihre Auslegung fallen nochmals zusammen.

Fracastoro übersieht bei seinem Versuch der Harmonisierung des platonischen mit einem aristotelisch-horazischen Kunstverständnis nicht, daß zur Identifikation des Interpreten mit dem inspirierten Dichter auch eine rationale Distanzierung kommen muß, wenn das Dichtungserlebnis in Begriffe übertragen werden soll. Doch ist die Distanz als eine eher transitorische Notwendigkeit der Identifikation wohl untergeordnet. Navagero bittet, nachdem man ihn aufgefordert hat, seine Auffassung vom Wesen des Dichterischen darzulegen, sich eine Zeitlang zurückziehen zu dürfen. Er will zuerst nachdenken, um mit Hilfe der Erinnerung das Thema in der richtigen Ordnung vortragen zu können. Das Reden über Dichtung und Dichter erfordert neben dem ursprünglichen Ergriffensein "cogitatio", "meditatio", "memoria" und "ordo". Navagero meint:

> [...] non nulla & ipse de Poetica referam, quae partim legi, partim audiui, partim & ipse semper existimaui. Sed cogitandum paulisper fore videtur, si omnia suo ordine in memoriam sunt reducenda. quare si ita & vobis videtur, negocium hoc ad meridianas horas remittemus. (fol. 154 D)

Und etwas später berichtet der Erzähler:

> Sublatis mensis cum per horam multa fuissent inter nos dicta, non nulla etiam lecta, placuit Naugerio vagari aliquantis per soli, quo, vt arbitror, commodius meditaretur [...] (ebd.)

Sowohl die Hervorhebung der eigenen Meinung Navageros gegenüber dem Gelesenen und Gehörten im ersten Zitat als auch die Notwendigkeit der Einsamkeit des Deuters weisen auf die Dominanz des Subjektiven hin. Zu erwähnen ist auch, daß auf die "cogitatio" und "meditatio" Navageros nicht unmittelbar seine theoretische Rede folgt, sondern daß das Nachdenken zunächst in den weiter oben erwähnten Gesang des Lautenspielers mündet.

Die Dichtung nicht nur als Ausgangspunkt theoretischer Argumentationen, sondern als Moment der unmittelbaren Anschauung bleibt immer gegenwärtig. Kein Zweifel, daß Navageros Erörterungen sich aus der Auslegung antiker Texte ableiten; allein die vielfache Nennung von Autoren gleichsam als Bürgen weist darauf hin. Noch klarer wird das aber an den Stellen, an denen aus antiken Texten zitiert wird, um den theoretischen Darlegungen Überzeugungskraft zu verleihen: aus den *Carmina* des Horaz (fol. 156 B/C), aus den *Georgica* Vergils (fol. 158 C), aus der *Aeneis* (fol. 163 A: "Ter coelum... " und fol. 163 C). Auch diese Zitate dienen der Anschauung, der Vergegenwärtigung von Dichtung, die es jedem einzelnen möglich macht, Einsicht in das Wesen des Poetischen zu gewinnen. Nach einem Zitat aus den *Georgica* heißt es bezeichnenderweise:

> *Videte* per quas pulchritudines nemus depinxit addens accubat, & nigrum crebris illicibus, & sacra vmbra. (fol. 158 C, unsere Hervorh.)

Ebensowenig wie den momentanen Rückzug des Interpreten in die "cogitatio" kann man übergehen, daß Fracastoro auch die Vorstellung des gelehrten Dichters und des entsprechenden Deuters kennt. Homer wird wieder einmal als Beispiel für den Autor genannt, der alle Wissenschaften zu lehren imstande sei. Fracastoro bzw. Navagero nimmt diese Bestimmung in seine Vorstellung vom Wesen des Dichters auf, aus der ja die Forderung nach einem Kommentator folgen würde, der gleichermaßen universal gelehrt ist. Aber er hält sie für unspezifisch, denn alle Wissenschaften belehrten und erfreuten, nicht nur die Dichtung (vgl. fol. 155 D-156 C). Der Interpret muß also wohl eine umfassende Bildung mitbringen, da auch der Dichter "eruditus" sein kann, indem er Wissen aus anderen Disziplinen in sein Werk hereinholt (vgl. 156 C); wirklich gerecht wird dem literarischen Text aber nur ein solcher Deuter, der dem spezifischen Wesen des Dichters besonders affin ist. Hierzu sind die letzten Seiten des Dialogs aufschlußreich, die die platonischen Implikationen Fracastoros besonders hervortreten lassen. Die Lehre eines Philosophen etwa, so meint Navagero dort, mag – "nos erudiens"– durchaus Liebe als ein mittelbares Verhältnis zu einer edlen Idee hervorrufen. Wenn aber der Dichter – "poetico modo"– über dasselbe redet, dann erfährt der Hörer oder Leser die Erhabenheit, das Göttliche der Idee unmittelbar:

> Si enim philosophus quispiam nos erudiens simplici oratione doceat mentem quandam esse per omnia diffusam, adamabo quidem rem isthanc, utpote rem magnam edoctus. [...] Si inquam eandem rem hoc pacto [d.h. poetico modo] referat mihi, non adamabo solum, sed admirabor: et divinum nescio quid in animum mihi inmissum existimabo. (fol. 163 B/C)

Das Dichtersein liegt nicht im kunstfertigen Schreiben, ebensowenig in einer Universalbildung, sondern in einer besonderen Art und Weise der Erfahrung von Dingen, von Wirklichkeit wie von Texten:

> Dico autem poetam nunc non solum, qui scribit, et numeros condit, sed et illum, qui natura poeta est, tametsi nihil scribat. est autem ille natura poeta, qui aptus est veris rerum pulchritudinibus capi moverique [...]. (fol. 163 C)

Wer also von der Schönheit der Dinge ergriffen und bewegt wird, ist Dichter, auch wenn er keine Dichtungen verfaßt! Das heißt aber auch, daß der Deuter, der sich von der Dichtung ergreifen läßt, Dichter ist. Nur der versteht Dichtung richtig, der selbst von Natur aus mit einer dem Schönen zugewandten Sensibilität begabt ist.

Wie erwähnt wird hier die ursprüngliche humanistische Definition des Dichtungskommentators, der vor allem vielseitiges Wissen mitbringen muß, aufgelöst. [31] Trotzdem bleibt ein an-

[31] Siehe oben Teil A, Kap. I, S. 43 ff.

deres humanistisches Postulat erhalten: daß nämlich die Fähigkeiten des Kommentators oder Deuters mit denen des Autors korrespondieren. Ist der Dichter inspiriert, dann muß der Interpret dessen Inspiration vergegenwärtigen; ist der Dichter mit einer besonderen Sensibilität ausgestattet, dann muß der Deuter diese Naturgabe mit ihm teilen. Die wohl interessanteste Konsequenz, die Fracastoro hieraus zieht, geht hierüber aber noch hinaus: Er läßt seine Anschauung nicht nur im Dialog vortragen und dazu in Navagero als Dichter-Kommentator Gestalt annehmen; er löst seine Forderung auf der Ebene der Erzählung ein. Fracastoro begnügt sich nicht damit, die vorgetragenen Ansichten auf verschiedene Rollen zu verteilen und so den Dialog zu "dramatisieren"; diese Form, die Auflockerung der Theorie durch eine Abfolge von Rede und Gegenrede haben wir vor Fracastoro auch in Bernardino Daniellos Traktat *Della poetica* (1536) vor uns, [32] nach ihm etwa in Alessandro Lionardis *Dialoghi dell'invenzione poetica* (1554), [33] oder bei Daniel Barbaro, der in seinem Traktat *Della eloquenza* (1557) die drei allegorischen Gestalten Arte, Natura und Anima miteinander diskutieren läßt, [34] oder auch in Scipione Ammiratos *Dedalione o ver del Poeta* (1560) [35] – um nur diese Beispiele zu nennen. Fracastoro bettet im Unterschied zu diesen Texten sein Gespräch in eine bewußt dichterisch ausgestaltete Erzählung ein, die weder Dekor noch bloßer Rahmen ist.[36] Denn die narrative, räumlich-

[32] Bernardino Daniello: *Della poetica [1536]*, in Weinberg: *Trattati* (s. Anm. 4), Bd. 1, S. 227-318; der Dialog beginnt nach der Vorrede S. 233.

[33] Ebd., Bd. 2, S. 211-292.

[34] Ebd., S. 335-451.

[35] Ebd., S. 479-512.

[36] Die Dialogisierung der Theorie bzw. der Dialogbericht, wie man sie schon bei den lateinischen und volkssprachlichen humanistischen Prosaautoren des 15. Jahrhunderts findet, stellen an sich Nachahmungen antiker, besonders der ciceronischen Dialogformen dar; aber weder bei Platon noch bei Cicero gewinnt der gelegentliche narrative Einstieg oder Rahmen ein solches Gewicht wie im *Naugerius*, insbesondere im Verhältnis zum Gesamtumfang. Fracastoro überschreitet die bloße Imitatio der Dialogtradition. – Zur Gattung des

zeitliche Struktur kehrt während des Dialogs immer wieder, sie ist eng mit der Dialogführung verwoben. Zu ihr gehören das Auftreten des Lautenspielers, die Unterbrechung des Gesprächs zur Mittagszeit, der einsame Spaziergang Navageros und weitere Elemente. Sie können deshalb kein bloßer Dekor sein, da sie sich gelegentlich zu kleinen poetischen Schilderungen ausweiten, die man vielleicht in der Novellistik, aber nicht unbedingt in einem theoretischen Text erwartet. Man lese etwa die Beschreibung des Sonnenaufgangs und des Erwachens der Natur gegen Anfang des Textes, die alle Elemente eines "locus amoenus" mit seinen Weiden, Bächen, Wiesen, Herden, murmelnden Quellen usw. besitzt:

> mane vero cum primum illuxisset dies, idem ille exurgens, nosq́ue somno excitans vicinam in speculam vocauit, vnde orientem Auroram Solemq́ue salutaremus: cuius exortus nusquam amplior, nusquam purior visus à nobis fuit. occipiebant iam sylvae montesq́ue mugitibus circùm compleri: alioqui vbique silentium & vasta solitudo: vbi praeter raros pastores atque armenta, animatum nihil inspectabatur. hic vbi aliquantisper immoratum est, placuit vicinum ad fontem gressus mouere, quò irriguum pratum leui ascensu ducebat. Excauabatur asper tophus in specus varios, qui omnes perpetuis stillis impluebant in terram, vnde corriuatis in vnum aquis nitidissimus fons pervirens pratum commurmurans descendebat. circa tophum multae fagi vmbram dabant, quas inter variae fonti assuetae volucres circum supraque cantu placido volitabant. (fol. 153 D/154 A)

Derartige Schilderungen kehren, wie gesagt, mehrfach wieder. An dem hier beschriebenen Ort fühlt sich Navagero inspiriert, aus Vergils Bukolik zu rezitieren. Aber so wie sich die erzählte Person von der Schönheit der Landschaft ergriffen fühlt, so müßte

humanistischen Dialogs vgl. David Marsh: *The Quattrocento Dialogue. Classical Tradition and Humanist Innovation*, Cambridge, Mass./London 1980.

auch der Leser des Textes sich von der dichterischen Schönheit der Darstellungen angesprochen fühlen. Denn entsprechend der Auffassung Fracastoros versteht ja nur der das Wesen der Dichtung, also das im Dialog theoretisch erörterte Thema, der selbst zugleich über die spezifisch dichterische Sensibilität verfügt. Der Leser des Dialogs kann deshalb in der Lektüre erproben, ob er dem doppelten Anspruch von Reflexion und Inspiration genügt. Der Autor seinerseits erfüllt ihn, wenigstens der Absicht nach: Seine theoretische Erörterung ist zugleich ein dichterischer Text. Fracastoro stellt wie Navagero seine Dichterqualitäten unter Beweis und wird dadurch auch seinen eigenen Forderungen an den Deuter literarischer Texte gerecht. Fracastoro ist dadurch vielleicht der konsequenteste Vertreter einer Auffassung von Dichtungsinterpretation, nach der der Auslegende am Wesen des inspirierten Dichters partizipieren muß; aber er ist keineswegs der einzige. Auch andere Theoretiker vor und nach ihm suchen in der narrativen Einbettung der bereits durch Dialogisierung aufgelockerten Theorie ein Gegengewicht zur Vorherrschaft des Rationalen. Vor Fracastoro finden wir ähnliche Formen der Beschreibung, wenngleich knapper ausgeführt, in Bernardino Daniellos *Della Poetica.* [37] Nach ihm greift Bernardino Partenio auf quasi narrative Mittel zurück, aber gleichfalls nicht mit der Ausführlichkeit des Autors des *Naugerius.* [38] Näher steht ihm dagegen Minturno, der die erste seiner beiden großen Theorien, den Traktat *De poeta*, in die Form einer dem Naugerius vergleichbaren Dialogerzählung kleidet; über ihn wird im nächsten Kapitel ausführlich zu sprechen sein.

---

[37] Vgl. Weinberg: *Trattati* (s. Anm. 4), Bd. 1, S. 227-318; z.B. S. 232 unten.

[38] Partenio, a.a.O. (s. Anm. 15), S. 525 f.

3 Giraldi Cinzio: Der Interpret als urteilender Beobachter

Mit einem von Fracastoros *Naugerius* grundverschiedenen Problem sieht sich Giovambattista Giraldi Cinzio in seinem *Discorso intorno al comporre dei romanzi* konfrontiert; [39] es ist, obgleich an sich ebenfalls exemplarisch für die Theoriebildung der Renaissance, wie das Fracastoros ein extremes Problem, nur in der entgegengesetzten Richtung. Nicht nur deshalb, weil jener das Wesen der Dichtung, dieser dagegen eine einzelne Gattung erörtert, sondern vor allem deswegen, weil Fracastoro vor dem Hintergrund des platonischen Schönheitsbegriffs eine Zeitlosigkeit des von ihm beschriebenen Phänomens plausibel vertreten kann, Giraldi es dagegen von vornherein mit einem literaturgeschichtlich begrenzten Gegenstand zu tun hat.

Insofern sind seine Interpretations- und Argumentationsfähigkeit weit stärker herausgefordert als etwa die Robortellos in dessen Traktaten über Satyrspiel, Epigramm, Komödie, Spottgedicht und Elegie [40] oder die Maggis in dessen Traktat *De Ridiculis*, [41] wo es zwar um bei Aristoteles nicht behandelte, aber gleichwohl in der Antike ausreichend belegte Gattungen geht. Hier erfordert die Methode eine parallele Deutung der generellen aristotelischen Prinzipien und der den antiken Texten immanenten Wesenszüge. Giraldi hat diese beiden Mittel ebenfalls zur Verfügung: Auslegung der antiken Theorie und Beurteilung alter Texte auf dem Romanzo verwandte Züge hin. Aber von Anfang an ist die Inkongruenz zwischen diesen Ausgangspunkten und der modernen Gattung, das heißt der nicht reduzierbare geschichtli-

[39] *Discorso di Giovambattista Giraldi Cinzio intorno al comporre dei romanzi a G. B. Pigna*, in: G. G. [sic] Giraldi Cinzio: *Scritti critici*, a cura di Camillo Guerrieri Crocetti, Milano 1973 (Scrittori italiani), S. 43-167. – Zu Giraldi Cinzios Traktat vgl. Weinberg: *A History* (s. Anm. 25), Bd. 2, S. 967-970.

[40] Siehe oben Teil B, Kap. I, Anm. 1.

[41] Siehe Teil B, Kap. II, Anm. 1.

che Abstand spürbar. Dieses Ausgangsproblem führt zu einer im *Discorso* mit großer Konsequenz durchgehaltenen Prämisse: Für Giraldi ist die Interpretation eines literarischen Werks zunächst einmal Bestimmung von dessen historischem Standort, also historische Relativierung seiner Bedeutung.

Sie wird zunächst greifbar in seiner Warnung vor Überinterpretationen, also vor der Dominanz eines interpretierenden Subjekts, das seinen eigenen Standort vergißt und dadurch der eigenen Auslegung eine unangemessen weite, überzeitliche Bedeutung beimißt. Er macht sich lustig über Deutungen, die aus einem einzelnen Gedicht große philosophische Zusammenhänge oder theologisch-kosmische Wahrheiten herauslösen:

> [...] e divengono non altrimenti farnetichi costoro che per ogni sonetto che si pigliano a commentare, compongono un giusto volume, volendosi tirare sotto nome di filosofia non pure tutta la filosofia platonica e peripatetica e tutto quello che contiene l'aureo circolo di tutte le discipline che fu detto studio d'umanità da' migliori ingegni, ma la cabalistica superstizione e tutto quello che nelle leggi divine ed umane si trova, facendo chimere e fantasie tutte lontane dall'opinione e dalle cose che essi commentano. (S. 88)

Es geht wohlgemerkt nicht um philosophische Interpretation an sich oder um die Einordnung eines Textes in das Wissen der "studia humanitatis", die Giraldi sehr hoch einschätzt, sondern um die Spekulation, die der spezifischen Werkintention keine Rechnung trägt. Giraldi kritisiert hier zweifellos die zu seiner Zeit neben der humanistischen Auslegung noch weiterwirkende mittelalterliche Exegese; er nennt als Beispiele einige Petrarca-Kommentare. Das wird besonders deutlich daran, daß er unter anderem Dantes *Convivio* ausdrücklich von seiner Kritik ausnimmt:

hier habe ja der philosophisch-theologische Sinn bereits zur Intention gehört: [42]

> Tale fu altresì la intenzione di Dante sulle canzoni del suo Convivio, onde vi fece sovra i comenti che si leggono; e non fu bisogno di entrare in frenesia per comentarle, perché furono fatte per questo fine. (S. 91)

Ablehnend steht er auch der allegorischen Deutung gegenüber, besonders der spätantiken Homer-Allegorese, auf die sich die mittelalterliche literarische Hermeneutik berufen konnte, [43] genauso aber noch die Vergil-Allegorese Cristoforo Landinos. Dessen Textaufassung, so Giraldi, sei zwar durchaus humanistisch-gelehrt, aber dem Bedürfnis der für ihn gegenwärtigen italienischen Leser nicht mehr adäquat:

> Nella qual cosa sono stati i Greci in qualche parte piú che troppi, e specialmente coloro che hanno comentato Omero: de' quali alcuni sono trascorsi in lunghissime comentazioni, alcuni altri in tali fantasie, che [...] hanno voluto dare allegoria ad ogni favola che trovata si sia in Omero, inducendo sensi nel suo poema che egli forse mai non s'imaginò. Il medesimo volle fare il Landino su Virgilio; ma poco felicemente gli successe; non perché egli non si scoprisse dotto e di bello ingegno, ma perché gli uomini italiani hanno per soverchi simili discorsi [...]. (ebd.)

---

[42] Die heutige Forschung tendiert meistens – und wohl mit Recht – zu der Meinung, Dante habe im *Convivio* ursprüngliche Liebeskanzonen allegorisch umgedeutet. Vgl. z.B. Hans Rheinfelder: *Dante Alighieri*, in H. R.: *Dante-Studien*, hrsg. von Marcella Roddewig, Köln/Wien 1975. S. 274-302, bes. S. 287.

[43] Vgl. Bruno Sandkühler: *Die frühen Dantekommentare und ihr Verhältnis zur mittelalterlichen Kommentartradition*, München 1967 (Münchner romanistische Arbeiten. 19), S. 14 ff., S. 43 ff.; Paul Klopsch, a.a.O. (s. Anm. 9), S. 101 ff.

In Giraldis Invektive tritt das historische Bewußtsein gleich mehrfach hervor: Homer konnte zu seiner Zeit die (christlich- moralisierenden) Bedeutungen noch gar nicht meinen, die man ihm seit der Spätantike unterschob; die Allegorese wird als ein hermeneutisches Verfahren eingegrenzt, das nach der Antike entstand, nun aber als überholt zu betrachten sei, dennoch seine ihm gemäße Zeit, etwa bei Dante, gehabt habe. Zugleich betont Giraldi das Anderssein seiner Epoche sowohl gegenüber den "Greci" als auch gegenüber dem unhistorisch interpretierenden Mittelalter. Gegen die Deutung durch "fantasia", "cabalistica superstizione" und "chimere" richtet sich seine Kritik, damit aber ebenfalls gegen die Unterordnung des Einzelwerks unter deduktive Systeme wie die "Rota Vergilii"; auch in dieser Passage meint Giraldi also das Mittelalter:

> Potrei qui entrare nelle imagini e nelle ruote che ci hanno detto di proporre alcuni, perché da loro si potessero trarre le materie delle composizioni, e i tropi e le idee con le quali han fatta spinosa e dura la strada dell'arte che piana e molle ci avevan proposta Aristotile, Orazio e gli altri pregiati autori che e di poetica e di rettorica hanno dato cognizione. (S. 85)

Die Kritik am mittelalterlichen Literaturbegriff [44] mündet an dieser Stelle in das Lob der antiken Autoritäten Aristoteles und Horaz; und in der Tat schließt sich Giraldi zunächst der humanistischen Haltung an, die sich den Theorien wie der Dichtung des Altertums verpflichtet sieht, obgleich seine Abhandlung im weiteren Verlauf mehr auf Distanzierung von jenen Autoritäten abzielt. Er begrüßt Vincenzo Maggis öffentliche Kommentierung der aristotelischen *Poetik* – zur Zeit der Abfassung des *Discorso* die erste humanistische Exegese dieses Traktats (vgl. S. 46). Bei

[44] Vgl. auch seine Kritik an der verworrenen, verrätselten, monströsen, dunklen, schwierigen Dichtung des Mittelalters, der er die Klarheit und Eleganz eines Bembo entgegensetzt (S. 107 f.).

der Erörterung der dichterischen "invenzione" verweist er gar direkt auf Aristoteles als Richtschnur (S. 49) und deutet Boiardos wie Ariostos Romanzi als Realisierungen der Forderungen, die sich in der *Poetik* im Hinblick auf die " favola" fänden (S. 50). Auch was die Gattung als solche angeht, scheint er die Übereinstimmung mit antiken Traditionen hervorkehren zu wollen: Der Romanzo sei zwar eine moderne Form, die aus Frankreich über Spanien in die italienische Literatur gekommen sei, aber sein Name leite sich aus dem Griechischen ab, sei also durch das Altertum verbürgt. Zudem sei er nichts als ein italienisches Analogon zum griechischen und römischen "componimento eroico" (S. 47). Bei den "canti" bestreitet er ausdrücklich eine autochthone volkstümliche Herkunft, auch sie gingen auf eine Gewohnheit der antiken Rhapsoden zurück:

> E questo costume tanto oltre passò appresso i Greci, che i cantori loro, i quali si chiamano Rapsodi, non altrimenti divisero le composizioni di Omero, secondo alcuni, per farle atte ad essere cantate, che facessero i poeti scenici le loro favole in atti [...]. Da questa usanza dunque greca e latina hanno tratto i nostri Italiani questa loro divisione di canti, non dal cantar di questi plebei, che con le loro ciance tendono reti alle borse di chi li ascolta. (S. 48)

Hier kommt jedoch ein Faktor ins Spiel, der zwar gerade die Treue gegenüber der Antike gewährleisten soll, dann aber viel öfter zu einem distanziert-kritischen Verhältnis zu ihr führen wird: der "costume" oder die "usanza", das heißt der Primat der Dichtungspraxis gegenüber einer autoritativen Theorie: jene geht dieser immer voraus. So geht Giraldi etwas später auf die oft gegen Boiardo und Ariosto vorgebrachte Kritik ein, sie hätten keine antiken, sondern mittelalterlich-phantastische Stoffe verwandt; der Romanzo sei ohnehin gar nicht mit antiken Handlungen vereinbar. Giraldi behauptet das Gegenteil und hält denen, die das bestreiten, entgegen, "che l'esperienza potrà mostrar il contrario“ (S. 52). Aber auch ganz explizit stellt er die Gültigkeit der *Poetik* oder auch der *Ars poetica* in Frage, oder genauer: ihre allgemeingültige Verbindlichkeit. Der Vorschlag des Aristoteles wie des Horaz, eine erzählte Handlung “in mediis rebus“ beginnen zu lassen, werde durch die gelungene Praxis widerlegt. Ovid habe in seinen Metamorphosen bewiesen, daß man trotz eines “ab-ovo“-Anfangs kürzer sein könne als Homer (S. 56). In einer solchen Behauptung manifestiert sich sowohl Giraldis besonderes Verständnis von Dichtungstheorie als auch seine Auffassung von literarischen Texten. Er weist hier darauf hin, daß Aristoteles gar kein allgemeingültiges Präzept geben, sondern sich immer nur auf besondere, ihm vor Augen stehende Dichtungsweisen beziehen konnte. Wer die *Poetik* richtig verstehen will, muß immer nach ihren besonderen Voraussetzungen, nach der Absicht des Aristoteles, dem ihn leitenden Prinzip fragen (vgl. S. 57 oben). Und andererseits sind es die literarischen Werke, die “Regeln“ setzen, an deren Beispiel man sich daher eher halten solle als an die Theorien des Aristoteles oder des Horaz, die ja aus der Praxis abgeleitet seien:

> Ma è prima da vedere se si vuole scrivere poema di una sola azione o di molte di molti, o tutte quelle di un uomo solo. Se vogliamo appigliarci al primo, lodo che si seguano gli esempi degli scrittori, che di ciò hanno lodevolmente scritto, sui quali ha fondato Aristotile e Orazio i suoi precetti. (S. 57)

Wie bei der Beurteilung einer Dichtungstheorie kommt es auch beim Verständnis des einzelnen Werks darauf an, nach der spezifischen Absicht zu fragen, sie kann jede a priori gegebene “Regel“ außer Kraft setzen: [45]

---

[45] In eine ähnliche Richtung geht bereits Daniello in seinem oben (s. Anm. 32) erwähnten Traktat. Zwar bezeichnet er die Darlegungen des Aristoteles und des Horaz als “precetti“, “ammaestramenti“ und “regole“, versteht sie aber trotzdem nicht im normativ-bindenden Sinn. Vielmehr solle ein Dichter die antiken Maßstäbe beobachten, um sie zu überschreiten. Zugleich wäre die

> Nel quale Ariosto è da considerare, che ancora ch'egli cominci il suo componimento in Orlando, e finisca in Ruggiero, non merita però la riprensione che gli danno alcuni, ***perché egli segue l'ordine delle cose che si ha proposte.*** E cosí come fu l'ultimo Ruggiero nella proposizione, cosí la sua vittoria (***avuto rispetto alla intenzione dello scrittore***) conchiuse tutta l'opera lodevolmente. (S. 58, unsere Hervorh.)

Die Autorität, die eine bestimmte Dichtungsweise gewinnt, rührt immer von den Werken oder den Autoren her, die mit einer gelungenen Dichtung beweisen, daß sie die von ihnen konzipierte Möglichkeit, ihre "intenzione", adäquat verwirklichen konnten. Wenn Boiardo und Ariosto scheinbar gegen die "Norm" des antiken Epos verstoßen, haben sie sich dennoch durch den Erfolg, das Gelingen ihrer Konzeptionen zu gleichrangigen Autoritäten erhoben, denn auch Homer und Vergil sind aufgrund des Gelingens ihrer Werke zu Maßstäben geworden. [46]

> E ancora che questa composizione non sia accettata

Dichtungstheorie, die sich an der jeweils weitergehenden Praxis zu orientieren hat, dann dazu angehalten, ihre Konzeptionen zu verändern. Wenn die Zeitgenossen sich mit Aristoteles und Horaz beschäftigen, "daranno eziandio a molti, che dopo loro verranno, materia e cagione di nuove osservazioni e nuove regole iscrivere, e più ampiamente ch'io fatto non avrò. Conciò sia cosa che molte orazioni e molti poemi si leggono ne' quali tante e tali vaghezze e bellezze vi si veggono, aggiunte dagli scrittori medesimi di quelli, che si può con verità dire l'arte avere di nuove osservazioni bisogno." Es ist also die Praxis, die die Theorie verändert, nicht umgekehrt. (Vgl. Daniello, a.a.O., S. 232.)

[46]Ebenso nachdrücklich relativiert Giraldi den Wert theoretischer Maßstäbe im Vorwort zu seiner *Altile* von 1543. Poetische Regeln, so heißt es hier, dürfe man mit Rücksicht auf Epoche, Publikum und Gegenstand überschreiten (Vers 6 ff.). Die Griechen selbst hätten sich im Laufe der Zeit von ihren Vorbildern entfernt und die Römer ihrerseits von den Griechen (Vers 19 ff.) Mehr noch: wenn die antiken Autoren heute lebten, würden auch sie von ihren alten Konzeptionen abweichen (Vers 14 ff.). – Giovambattista Giraldi Cinzio: *Prologo all'"Altile" [ca. 1543]*, in Weinberg: *Trattati* (s. Anm. 4), Bd. 1, S. 487-491, hier: S. 489.

> né dai Greci né dai Latini, è però riuscita lodevole in questa nostra lingua, avendole data quella istessa autorità gli eccellenti scrittori di essa, che dierono alle loro gli scrittori delle due già dette. (S. 51)

Wenn Giraldi hier die "intentio auctoris" absolut zu setzen scheint, tendiert er damit nicht unbedingt in die Richtung einer subjektivistischen Ästhetik, in der jedes Werk sich seine eigenen Maßstäbe setzt. Man kann zwar nicht bestreiten, daß er den Weg zu einer solchen Auffassung bahnt, doch denkt er wohl, wie bei seiner Kritik an der mittelalterlichen Auslegung, an eine historisch orientierte Interpretation: Jede Zeit, jede Kultur hat die ihren Möglichkeiten und Interessen entsprechende, eigene Dichtungsweise. Die toskanischen Dichter sind den antiken ebenbürtig, obwohl sie ganz anders als diese schreiben, denn:

> ha la nostra lingua anco ella le sue forme di poesia, che sono cosí sue proprie, che non sono delle altre lingue e delle altre nazioni. (S. 69)

Man darf den italienischen Autor nicht in die Norm antiker Theorien zwängen, die sich ja nur aus den antiken Werken ableiten; der moderne Dichter muß seinen toskanischen Vorgängern folgen, die – aufgrund der für Antike wie Moderne gültigen Abhängigkeit der Theorie von der Praxis – die gleiche Autorität beanspruchen können, die zu ihrer Zeit die Griechen und Römer hatten. Man mache sich lächerlich, wenn man den Romanzo mit Aristoteles oder Horaz verstehen will, weil man die logische Folge umkehre; die beiden Theoretiker konnten doch nicht voraussehen, was in der Zukunft möglich sein würde! Jeder theoretische Maßstab leitet sich aus den Texten der jeweiligen historischen Epoche ab:

> [...] e questo è stato cagione che io mi sono molte volte riso di alcuni che hanno voluto chiamare gli scrittori de' romanzi sotto le leggi dell'arte dataci da Aristotile e da Orazio, non considerando che né questi né quegli conobbe questa lingua, né questa maniera di

> comporre. (S. 70)
> [...] e come i Greci ed i Latini hanno tratta l'arte, della quale hanno scritto, da' loro poeti, cosí la dobbiamo anco noi trarre da' nostri, e attenersi [sic] a quella forma che i migliori poeti dei romanzi ci hanno data. (ebd.)

Ein entschiedeneres Plädoyer für eine induktive und zugleich historisch relativierende Literaturauffassung ist zu Giraldis Zeit kaum zu finden. Die Infragestellung kritischer Maßstäbe, wie sie sich in Giordano Brunos *De gl'heroici furori* von 1585 findet, ist also einige Jahrzehnte früher vorbereitet worden:

> Conchiudi bene, che la poesia non nasce da le regole, se non per leggerissimo accidente; ma le regole deriuano da le poesie: et peró tanti son geni et specie de vere regole, quanti son geni et specie de veri poeti.[47]

Vor dem Hintergrund einer solchen Haltung muß auch Giraldis Bevorzugung Vergils gegenüber Homer gesehen werden; sie ist keine normative Entscheidung, sondern nur Differenzierung der geschichtlich bedingten unterschiedlichen Möglichkeiten der beiden Epiker. Homer habe man zu seiner Zeit für göttlich gehalten, obgleich dem heutigen Leser seine Dichtung relativ ungeschliffen vorkommt; doch kannte man seinerzeit nur sein Werk als das bis dahin beste. Die ihm überlegene, weil spätere Dichtungsweise Vergils konnte weder Homer noch seinen Lesern, also auch nicht Aristoteles bekannt sein (vgl. S. 64). Literatur kann nur im Zusammenhang mit ihrer Zeit, den jeweiligen Ansichten, Kenntnissen und daraus resultierenden Möglichkeiten angemessen verstanden werden; zeitlose, absolute Kriterien bringen Mißverständnisse hervor (vgl. S. 65 f.). Was in einem Zeitalter lobenswert ist, kann in einem anderen tadelnswert werden. Vom Usus hängt

[47] *Le opere italiane di Giordano Bruno*, ristampate da Paolo de Lagarde, Bd. 1, Göttingen 1888, S. 625.

es etwa ab, was in der Dichtung als "wahrscheinlich" gelten kann; früher Unmögliches kann zum Wahrscheinlichen werden (S. 76). Und überhaupt entscheiden über alle Aspekte Praxis und Gewohnheit der Zeit:

> Perché l'uso delle cose che l'età e il tempo ci apporta, è di grandissimo momento in tutte le azioni del mondo. (S. 72)

Wenn aber, wie Giraldi immer wieder betont, der "uso" das leitende Kriterium von Dichtung ist und nicht eine feststehende theoretische Konzeption, dann bedeutet das, daß jeder Autor zunächst einmal Leser sein muß; der Dichter-Imitatio geht die Textdeutung voraus. Daher liegt eine wichtige Voraussetzung des Dichters bzw. implizit auch des Interpreten in seiner "esperienza", seiner Beobachtungs- und Urteilsfähigkeit aufgrund einer möglichst umfassenden und intensiven Textlektüre. Das "giudizio" des Dichters oder des Interpreten schult sich anhand gelungener Dichtung. [48]

> L'altro modo, col quale si acquista il giudizio, è il leggere e diligentemente osservare quello che hanno scritto gli autori, che sono riusciti eccellenti in questa maniera di poesia; e discernere le sue virtú, e cercare con ogni studio di asseguirle; ché cosí facendo, non pure farà il giudizio, ma si ecciterà anco allo esercitarsi nel comporre. (S. 61)

Beobachtung und Übung durch Erfahrung sind sogar der "arte", das heißt dem Umgang mit systematisch-theoretischen Kriterien, überlegen:

---

[48] Vgl. auch S. 67 ff. die Erörterung der "dispositio"; auch dabei ist "giudizio" Schlüsselbegriff: "Ma seguendo ormai il parlare della disposizione [...], dico ch'ella quando è usata con giudizio, porta con esso lei la catena colla quale si giunge e si compone una parte coll'altra [...]. " Und auch hier empfiehlt Giraldi die kritisch beobachtende Textlektüre.

> E perciò dico che i buoni autori [...] senza quest'arte con la guida della loro natura, poiché ebbino acquistato il giudicio e per le apprese discipline e per la lezione dei buoni scrittori e per la continua esercitazione, hanno eccellentissimamente composto [...]. (S. 88)

Auch der richtige Umgang mit der Sprache leitet sich aus dem "uso" ab, den die Lektüre vermittelt. [49]

> E questo uso s'impara e dal leggere gli autori eccellenti e dal comporre assiduamente. Perché (tralasciando o l'uno o l'altro) non pure si fa l'ingegno e tardo e rozzo, ma sterile del tutto, e senza giudizio.(S.95)

Der durch Lektüreerfahrung beobachtete Usus kann schließlich ebenso zur Richtschnur werden wie eine dichtungstheoretische Regel, ja er kann diese überflüssig machen:

> Ma con lo studio e con l'esercitazione (che senza l'esercitarsi si fanno rugginosi gl'ingegni) debbono cercare, componendo, di farsi pregiati; e di fare ch'essi a loro stessi divengano regola, però che il continuo comporre e il continuo considerare le cose composte, fa che l'uomo usa le cose sue non altrimenti che quelle degli antichi per certa regola. (S. 91 f.)

Wir fassen die wichtigsten Aspekte der Haltung Giraldis zusammen: Er bemüht sich, der mittelalterlichen unhistorischen Deu-

---

[49] Im Hintergrund dieser Überlegungen steht wohl die in der Antike geläufige pädagogische Trias (Bildungsternar) "natura" ("ingenium") – "ratio" ("doctrina") – "studium"("exercitatio"); Giraldi hat sie z.B. bei Horaz, *Ars poetica*, V. 408-415 oder in der rhetorischen Theorie, z.B. bei Cicero, *De oratore* I, 113, 134, 147 finden können. Zum Bildungsternar vgl. Benedikt Appel: *Das Bildungs- und Erziehungsideal Quintilians*, Diss. Münster 1912, ersch. Donauwörth 1914, S. 46 ff.; Horst-Theodor Johann (Hrsg.): *Erziehung und Bildung in der heidnischen und christlichen Antike*, Darmstadt 1976 (Wege der Forschung. 377), bes. S. 326, 358 f., 454 ff.

tung eine historische, möglichst objektivierbare Literaturauffassung entgegenzusetzen und das Verhältnis zwischen Dichtungspraxis und -theorie aus dem Bereich willkürlicher und unangemessener Verzerrungen herauszuhalten. Hierzu gehört als erstes, daß Interpret und interpretierter Autor bewußt auseinandergerückt werden. Der Leser hat den Text in dessen Epoche einzuordnen und erst dann zu bewerten, zugleich aber seinen davon verschiedenen Standort zu reflektieren. Das ist vom Prinzip her das genaue Gegenstück zu Fracastoros Auffassung, nach der im Idealfall die Inspiration des Autors und des Lesers harmonisch zusammenfallen.

Zum anderen muß sich jede theoretische oder abstrahierende Konzeption, ob "Poetik" oder Einzeldeutung, gegenüber der ihr logisch wie faktisch vorangehenden Praxis verantworten. Die Theorie ist an ihr gewissermaßen "meßbar"– nicht quantitativ, aber doch qualitativ –, müßte also letztlich zu einer kalkulierbaren Größe werden. Ebenso erscheint aber auch das einzelne Werk als tendenziell objektivierbar, da es sich an den historischen Erfahrungswerten mißt. Diese wechselseitigen Vergleiche von Praxis und Theorie bzw. von Werken untereinander spielen sich im Urteil des einzelnen Dichters oder Interpreten ab, beide sind primär Leser, und zwar verstandesmäßig beobachtende Leser.

Die drei entscheidenden Größen, die hierbei im Spiel sind, "uso", "esperienza" und "giudizio", sollen zwar nach Giraldis Auffassung zu gültigen Maßstäben führen, ohne daß die Subjektivität des Textverständnisses die Oberhand gewinnt; doch stößt er auch immer wieder an die Grenzen dieser Objektivität. Mit anderen Worten: die Beobachtung und die Erfahrung von Literatur, in denen sich ein verläßliches "giudizio" erst ausbilden soll, setzen bereits Urteilskraft voraus. So bedeutet die Richtschnur des Usus für Giraldi keinesfalls Willkür. Es darf zum Beispiel im Bereich der Wortbildung nicht jeder Neologismus durch den Gebrauch legitimiert werden; vielmehr soll man sich durch die

Lektüre solcher Autoren leiten lassen, die "giudizio" beweisen (vgl. S. 127). Auch an einer anderen Stelle, an der Giraldi die Rolle der Laute für die sprachliche Wirkung eines Textes erörtert, setzt er das "giudizio" beim Leser voraus, zu dem er mit seinen Beobachtungen erst anleiten will:

> Ove si vede che questo verso è tutto tardanza; e per lo contrario quell'altro se ne corre snello [es folgt ein Zitat aus Petrarca] che pare proprio che questo verso secondo se ne fugga, e si dilegui dinanzi agli occhi di chi legge con giudizio. (S. 132)

Etwas später wird der Zirkelschluß noch deutlicher. Das Urteil des Lesers bestätigt nur das des Autors des Textes, den man bewerten will:

> Perché la soavità del parlare [...] consiste nell'ordine, e nella disposizione delle voci *giudiziosamente* dette: e allora si *giudicherà* che l'ordine e la disposizione stia bene [...]. (S. 133, unsere Hervorh.)

Auch an der folgenden Stelle ist das Urteilsvermögen, das eine Folge der Lektüre sein soll, ihre Voraussetzung:

> Deve però avere grandissimo riguardo il giudizioso lettore di fuggire i vizj di coloro ch'egli legge, e di appigliarsi solo alle virtù. (S. 61)

Trotz seiner unübersehbaren Bemühung, den Kreislauf, der vom "giudizio" über "uso" und "esperienza" wieder zum "giudizio" führt, kalkulierbar, beobachtbar zu machen, taucht das Dilemma des Zirkels immer wieder auf, lenkt ihn schließlich auf das Subjekt mit seinen Fähigkeiten als im Grunde unwägbare Instanz. Der Versuch, Lesen und Dichten distanziert zu beurteilen, gelingt auch bei Giraldi nur, wenn er eine allen Lesern und Dichtern gemeinsame Natur voraussetzt, die die Vergleichbarkeit von Urteilen gewährleistet. So meint er hinsichtlich der Beurteilung der Lautgestalt von Gedichten:

> Perché i nostri orecchi, ovver gli animi nostri, per gli suoni a lor mandati per lo sentimento dell'orecchio, ***hanno naturalmente in sé una certa misura*** del suono delle voci che genera il giudizio [...]. (S. 94)

Giraldi gibt an einer anderen Stelle sogar zu, daß eine gemeinsame mentale Disposition Leser und Autor verbinden kann, wodurch der andernorts sehr expliziten Forderung nach Distanz zwischen Interpret und Text widersprochen wird:

> Perché molte volte quello istesso spirito che indusse a scrivere il poeta, ch'egli [il lettore] legge, opererà anco in lui, e in lui desterà fiamme, che egli accenderan l'animo a poco a poco. (S. 61)

Auch hier führt Giraldi seine Beobachtung auf natürliche Veranlagung zurück, wobei er sich allerdings nicht zwischen einer platonischen und einer aristotelischen Auffassung der Dichter- oder Leser-Natur entscheidet:

> Il che mi credo io che avvenga per la conformità che hanno naturalmente gli animi nostri insieme, i quali pieni delle sementi delle cose atte all'armonia, e allo spirito poetico, tosto che sono commosse e aiutate, producono i lor frutti. Ovvero che ciò avviene, perché, come dice Aristotile, la poesia è naturale all'uomo, e agevolmente gli animi nostri si muovono a quello a cui la istessa natura gli chiama. (ebd.)

Von solchen Zugeständnissen gegenüber dem Versuch der Objektivierung rührt sicher auch sein Verzicht auf rigorose Normierung der Dichtung her. Das Dichterische bleibt für ihn sowohl im Schaffens- als auch im Rezeptionsvorgang ein dynamisches Phänomen, das man nicht vollständig durch Abstraktion, sondern genau genommen nur als Handeln, als Praxis erfassen kann. Er bricht etwa eine Systematisierung phonetischer Regeln ab mit der Bemerkung:

> e perché di ciò non si può dar regola, perché tutta questa parte dipende dalla esercitazione, a noi basterà aver accennato quello che si dee avvertire. (S. 133)

Dies ist kein Einzelfall. Auch die Metaphorik legt er aufgrund des Prinzips der "similitudo" zuerst als logisch erklärbar dar. Doch schließlich heißt es wiederum:

> E di queste metafore non si può dar certa regola perché, come dice Aristotile, elle non si possono insegnare, e perciò portano con esso loro grandissima malagevolezza; la quale però fa agevole l'uso, l'osservazione e lo esercizio continuo del comporre. (S. 148)

Poetische Bildlichkeit läßt sich nicht in eine Doktrin fassen, nur im ständigen Umgang mit ihr kann sich aus der Erfahrung heraus ein "Gespür" für sie entwickeln. Giraldi will kein Schulmeister sein, denn strenge Systematisierung ist sowohl dem Urteilsvermögen des Interpreten als auch der Lebendigkeit der Literatur abträglich:

> [...] perché ora in così fatta diligenza (forse inutile nella nostra favella) non mi voglio affaticare, lasciandone la cura a coloro che più tosto di maestri da scuola vogliono fare officio che dare giudizio della forza, e del vivo delle scritture. Bastami avere accennato di che valore siano tali modi di ragionare [...]. (S. 153)

Wir sind auf dieses Dilemma eingegangen, nicht um Giraldi eine inkonsequente Haltung nachzuweisen. Der Widerspruch zwischen historischer Relativierung und distanzierter Beobachtung von Dichtung einerseits und der Einsicht in ihre wesentliche Nichtnormierbarkeit ist den meisten Beiträgen zur Entwicklung einer methodischen Literaturtheorie immanent. Es ist an sich nicht überraschend, wenn von einem eher platonistisch denkenden Theoretiker wie Fracastoro Ansichten geäußert werden, die man moderner, die Rolle des Subjekts betonder Ästhetik an die Seite stellen möchte. Bemerkenswerter scheint uns aber zu sein, daß die Unwägbarkeit des Poetischen sich gerade dann zu Wort meldet, wenn sich die Theorie eigentlich auf verstandesmäßige Beobachtung und Intersubjektivität der Kriterien richtet. Im gleichen Maße, wie die Suche nach Gesetzmäßigkeiten, statischen Maßstäben von Literatur vorangetrieben wird, wächst offenbar auch die Erkenntnis ihrer Dynamik und Subjektivität. Für dieses besonders im späten Humanismus typische Spannungsverhältnis ist Giraldi eines der markantesten Beispiele.

II TRISSINO UND MINTURNO: LITERATUR ALS SPIELRAUM VON MÖGLICHKEITEN

1 Trissino: Die Herausbildung der Deskription

Zwischen den im vorigen Kapitel beschriebenen extremen Haltungen einer Unmittelbarkeit zur antiken Dichtung bzw. zur Literatur überhaupt und einer Distanzierung von ihr bewegt sich die Entfaltung eines systematischen, methodischen Literaturverständnisses im Italien des 16. Jahrhunderts. Aber diese Entfaltung ist, wie bereits erwähnt, nicht linear und ebensowenig widerspruchsfrei wie die oben umschriebenen Haltungen. Auch das soll an hervorstechenden Beispielen gezeigt werden, nämlich anhand von Trissino, Minturno und Patrizi. Während das Vorgehen des letzteren beweist, daß gerade eine im humanistischen Sinne konsequente Verwirklichung der historisch wie systematisch reflektierten Rezeption antiker Theorien und Texte zur Infragestellung einiger humanistischer Überzeugungen führt (vgl. das III. Kapitel dieses Teils), besteht Minturnos Leistung im Versuch, divergierende Positionen des Literaturverständnisses gewissermaßen in einem polyphonen Konzert zusammenzubringen. [1] Sowohl dieser als auch Patrizis Ansatz haben wenigstens zwei Voraussetzungen miteinander gemein: das Bewußtsein, über die ganze Fülle theoretischer und literarischer Möglichkeiten zu verfügen, und die Bemühung, von hier aus den Spielraum der Literatur beobachtend-beschreibend zu erfassen. Trissino ist nun deshalb interessant, weil sich in seinen Traktaten diese beiden Erkentnisse geradezu im Moment der Entstehung zeigen. Sein vorausweisendes Literaturverständnis löst sich aus seiner ansonsten eher unsicheren Haltung heraus.

Wenngleich man Giovan Giorgio Trissino nicht zu den kritischsten Theoretikern des italienischen Humanismus rechnen kann, sind seine beiden literaturtheoretischen Schriften zwei der merkwürdigsten Texte. 1529 veröffentlichte er seine vier "Abteilungen" umfassende *Poetica*, [2] die sich, von außen betrachtet, mehr an die Tradition der mittelalterlichen Metriken, der "artes versificatoriae", als an humanistische Tendenzen anzuschließen scheint. [3] Und obwohl Trissino sich bereits in seiner Einleitung zur ersten Abteilung nicht nur auf Dante und Antonio da Tempo, [4] sondern gleichfalls auf Aristoteles beruft, kritisiert man an ihm, er habe weder eine aristotelische Auffassung von

---

[1] Die Möglichkeit einer Synthese der im Laufe der Renaissance entstandenen Kunst- und Literaturtheorien, deren Hauptbestandteile die klassische Rhetorik, das platonische Schönheitsideal und die aristotelische Poetik seien, hält Klaniczay für ein Charakteristikum der Mitte des Cinquecento; vgl. Tibor Klaniczay: *Renaissance und Manierismus. Zum Verhältnis von Gesellschaftsstruktur, Poetik und Stil*, Berlin 1977, S. 134 ff.

[2] Giovan Giorgio Trissino: *La Poetica (I-IV) [1529]*, in: Bernard Weinberg: *Trattati di poetica e retorica del Cinquecento*, 4 Bde. Bari 1970-74 (Scrittori d'Italia. 247/248/253/258), Bd. 1, S. 21-158. Zusammen mit der V. und VI. "divisione" nachgedruckt als Band 24 der Reihe "Poetiken des Cinquecento" (München 1969).

[3] Vgl. Weinbergs Anmerkungen in *Trattati*, a.a.O., Bd. 1, S. 590. - Siehe auch: Bernard Weinberg: *A History of Literary Criticism in the Italian Renaissance*, 2 Bde. , Chicago 1961, Bd. 2, S. 719-721.

[4] Zu Antonio da Tempo vgl. August Buck: *Italienische Dichtungslehren vom Mittelalter bis zum Ausgang der Renaissance*, Tübingen 1952 (Beihefte zur Zeitschrift für romanische Philologie. 94), Kap. III, 4.

der Poetik, noch eine poetische von der Dichtung. [5] Die Unterschätzung von Trissinos Theorie geht zu einem großen Teil sicher auf das Bild zurück, das der Autor selbst zu Beginn des zweiten Traktats – *La Quinta E La Sesta Divisione Della Poetica* – von sich entwirft, der um 1549 entstanden ist, aber erst 1562 gedruckt wurde. [6] In diesem Text, der im Unterschied zur metrischen Ausrichtung des früheren über weite Strecken eine Paraphrase der aristotelischen *Poetik* darstellt, [7] setzt Trissino sich von seinem ersten Traktat ab: Verse ohne Reime seien geeigneter für die Dichtung, ansonsten müßten sich Reime dem Gesamtausdruck eines Gedichts unterordnen. Implizit rechnet er seine frühere Auffassung einer "età vecchia" zu, das heißt wohl dem von den Humanisten verachteten Mittelalter,

> in cui non so per quale influenzia del cielo non solamente le buone lettere ma ancora tutte le buone arti erano quasi ridotte all'estremo. (II, 7)

Aber gleich darauf behauptet er, die Reime seien von den Griechen erfunden worden, womit er unausgesprochen seine erste Poetik als der Antike verpflichtet rettet. Und mit einem zweiten Argument versucht er, die Gültigkeit seiner ersten vier "divisioni" für die humanistische Idee herauszustellen: Die Metrik sei durch

---

[5]Vgl. Weinberg: *Trattati*, a.a.O. (s. Anm. 2), S. 590.

[6]Weinberg: *Trattati*, Bd. 2, S. 5-90. Wir zitieren die beiden Traktate unter Angabe des jeweiligen Bandes der *Trattati* (I bzw. II) und der Seitenzahl. Bei Zitaten aus der *Poetica* von 1529 verzichten wir auf Wiedergabe der orthographischen Eigentümlichkeiten Trissinos (ε für offenes e, ω für geschlossenes o, ʃ für stimmhaftes s).

[7]Hier zeigt sich mit besonderer Deutlichkeit die Komplementarität von poetologischen Kommentaren und systematischen "Poetiken", die auch Weinberg in seiner *History* (s. Anm. 3) aufzeigt, indem er beschreibt, welche Passagen der literaturtheoretischen Traktate im Grunde Paraphrasen oder versteckte Kommentare bzw. Diskussionen über Aristoteles oder Horaz darstellen. Ebenso wie bei Robortello oder Castelvetro zu sehen war, daß der poetologische Kommentar in die Deutung von Texten mündet, kommt bei Trissino der Theorie literarischer Texte der (versteckte) poetologische Kommentar zu Hilfe.

den allgemeinen kulturellen Niedergang in Verruf geraten, doch könne durch sorgfältigere Pflege ihr ursprünglicher Wert wiederhergestellt werden. Die Texte von Sannazaro und Bembo bewiesen, wie sehr die italienische Literatur eine theoretische Aufarbeitung des Reims brauche. Metrik soll hier zu einer "Renaissance" des Niveaus antiker Literatur beitragen (vgl. II, 8). Aber schließlich folgt wieder eine versteckte Infragestellung der Verskunst:

> E così dopo lungo viaggio alla poetica veniremo [...]. (ebd.)

Das kann nur heißen – da der frühere Traktat ja auch *La poetica* hieß –, daß Trissino erst mit der *Quinta divisione* zur "eigentlichen" Poetik kommt, zu einer Theorie nämlich, in der er den "regole" und "precetti degli antiqui" folgen will.

Trissinos Selbsteinschätzung ist also von Unsicherheit geprägt, die dadurch, daß er sich im Text von 1549 manchmal sklavisch dicht an den Gedankengang der *Poetik* des Aristoteles hält, gerade nicht beseitigt, sondern allenfalls überspielt wird. Doch dieses Schwanken ist charakteristisch für sein Vorgehen auch schon in der Theorie von 1529. Besonders auffällig ist seine auch oben sichtbare Unsicherheit in der Einschätzung der literarischen Epochen: der Antike, des Mittelalters, des Trecento, der eigenen Zeit. Schwankend ist er – wie nicht wenige Humanisten – bei der Abgrenzung der Zeitalter gegeneinander, bei der Herstellung von Zusammenhängen zwischen ihnen, bei der Zuordnung einzelner Autoren zu ihnen, bei der Wertung ihrer Leistungen. Mit anderen humanistischen Theoretikern stimmt er auf jeden Fall darin überein, daß er in die meisten Erörterungen Beispiele aus antiker Sprache, Theorie oder Dichtung einbezieht. Doch scheint es ihm oft an geschichtlichem Bewußtsein zu mangeln; denn er nennt gern antike Autoren und italienische des Trecento in einem Atemzug, als könne er sie aus demselben Blickwinkel beurteilen, als hätten sie einen vergleichbaren Wert als Beweisinstanzen.[8] Nun besteht ja seit dem frühen Humanismus die Überzeugung, mit den "tre corone" des 14. Jahrhunderts – Dante, Petrarca und Boccaccio – habe die Wiederherstellung der ursprünglichen Kulturhöhe begonnen. [9] An anderen Stellen muß man dagegen Trissinos humanistische Perspektive stark in Zweifel ziehen, dort etwa, wo er die Dichtung "seiner Zeit" mit Beispielen spätmittelalterlicher wie frühneuzeitlicher Autoren belegen will, mit Dante und Petrarca ebenso wie mit Guittone d'Arezzo, Cino da Pistoia, Pucciandone da Pisa, Rinaldo d'Aquino usw. [10] Und wie er Antike und Trecento, Duecento und Trecento verknüpft, so schlägt er andererseits einen Bogen von Petrarca und Boccaccio zu Sacchetti oder Lorenzo de' Medici. [11] Schwankend ist auch sein Wortgebrauch, wenn er eine "alte" oder "ältere" Literatur von der eigenen Zeit unterscheiden will. So redet er in der *Quinta divisione* recht eindeutig von den "antiqui" als den Autoren des Altertums, in der *Poetica* von 1529 meint er damit aber gelegentlich auch andere Epochen; er bezeichnet die Autoren vor Dante einmal als "antiquissimi" (I, 99); ein anderes Mal sind die sizilianischen Dichter die "più antiqui", die er von denen der "età del Petrarca e di Dante" abhebt (I, 131); Dante selbst ist sowohl einer der "antiqui", aber auch später als die "antiqui" (vgl. z.B. I, 129).

Trotz aller Unschärfe wird aber an all diesen Stellen eins deutlich: Trissino verschiebt die Abgrenzungen zwischen den Epochen recht willkürlich, aber er hat gleichwohl einen Sinn für geschichtliche Relationen als solche. Sein historisches Bewußtsein ist gering

[8]Vgl. z.B. I, 36: Horaz und Dante; I, 39: Catull und Dante; I, 44: Cicero und Dante; vgl. auch II, 17 f.: Homer, Vergil, Dante und Boccaccio; II, 47 und II, 85: Homer, Vergil, Dante und Petrarca.

[9]So im berühmten Dialog Leonardo Brunis an Pier Paolo Vergerio: *Ad Petrum Paulum Histrum Dialogus*, in: Eugenio Garin (Hrsg.): *Prosatori latini del Quattrocento. I. Coluccio Salutati, Leonardo Bruni Aretino, Francesco Barbaro*, Milano/Napoli/Torino 1976 (Classici Ricciardi. 8), S. 44-99; z.B. S. 80: "Nam tres illi vates non minima pars gloriae sunt huius nostrae civitatis."

[10]Vgl. I, 65 ff., 74 ff., 98 ff., u. ö.

[11]Vgl. I, 57, 98, 106, 108, 157 f. u. ö.

differenziert, aber doch klar zu erkennen, wenn auch nur als Wille zum historischen Denken. Stets kann man nämlich beobachten, daß er mit den schwankenden Epochenbegriffen auf Veränderungen und Entwicklungen hinweisen will, die er anschließend auch im Hinblick auf ihre Brauchbarkeit oder Gültigkeit bewertet. Häufig vergleicht er einen früheren Zustand oder Usus der Dichter mit einem späteren, den klassisch-antiken mit dem italienischen oder den mittelalterlichen mit dem seiner Zeit, um die Überlegenheit einer Epoche über ihr Gegenstück aufzuzeigen. Im Text von 1529 stellt er, wie erwähnt, gern die italienische Dichtung, Dichtungsauffassung oder Sprache der antiken gegenüber, meistens aber mit dem Ziel, den Fortschritt der neueren Zeit gegenüber dem Altertum hervorzuheben. [12] Mit dem christlich bestimmten Überlegenheitsgefühl des Mittelalters gegenüber der heidnischen Antike, wie es sich in der Konzeption einer "translatio studiorum" spiegelt, [13] hat das nichts mehr zu tun. Vielmehr wird an solchen Stellen die humanistische Gewißheit spürbar, daß nicht nur die Bemühungen um eine Wiederherstellung des alten Kulturniveaus – die "renovatio studiorum" – bereits erfolgreich waren, sondern daß man aufgrund der geschichtlichen Weiterentwicklung die Antike auch zu übertreffen in der Lage ist. Hierzu paßt auch Trissinos gelegentliche Neigung, Antikes auf die italienische Dichtung zu übertragen, in dem Sinne etwa, wie er (wir erwähnten das oben) die italienische Reimkunst auf die Griechen zurückführt. So versucht er, antike Metren auf die Dichtung seiner Sprache

[12] Vgl. z.B. I, 46, 48, 49 oben und Mitte, 61.

[13] Vgl. dazu etwa die exemplarische Studie von August Buck: *Die antiken Autoren aus der Sicht Dantes und Petrarcas*, in A. B.: *Studia humanitatis. Gesammelte Aufsätze 1973-1980. Festgabe zum 70. Geburtstag*, hrsg. von Bodo Guthmüller, Karl Kohut, Oskar Roth, Wiesbaden 1981, S. 97-108. Zur "translatio studii" oder "studiorum" vgl. Ernst Robert Curtius: *Europäische Literatur und lateinisches Mittelalter*, Bern/München [9] 1978, S. 38 f.; Hans Gerd Rötzer: *Traditionalität und Modernität in der europäischen Literatur. Ein Überblick vom Attizismus-Asianismus-Streit bis zur "Querelle des Anciens et des Modernes"*, Darmstadt 1979, S. 60 f.

anzuwenden (vgl. I, 51 ff.), [14] stößt natürlich auch hierbei auf einige Kontraste, die von sprachlich-phonetischen Divergenzen zwischen den antiken Sprachen und dem Volgare herrühren (I, 61); aber wenig später leitet er die Zäsuren wiederum aus der griechischen Dichtung ab (I, 62). Der Vergleich zwischen antiker und "moderner" Literatur füllt in der streng aristotelisch orientierten Theorie von 1549 eindeutig zugunsten der Antike aus. Vergil wird hier als "Virgilio nostro" gepriesen (II, 87), und Dante und Petrarca, im früheren Text als Meister der eigenen neuen Literatur oft gegenüber antiken Autoren bevorzugt (vgl. I, 36 und 39), müssen Kritik hinnehmen, da sie vom antiken Usus etwa Homers abweichen (vgl. II, 84 und 90).

Das sieht auf den ersten Blick wie eine Umkehrung der Haltung aus, die Trissino im Traktat von 1529 zeigte, ist aber tatsächlich ihre Fortsetzung, zu der jedoch eine etwas genauere historische Perspektive tritt. In beiden Texten dominiert nämlich das Gefühl der Überlegenheit der eigenen Zeit gegenüber vorangegangenen Epochen, mit dem Unterschied, daß Trissino in der *Quinta e sesta divisione* von 1549 mehr als vorher die höhere Verpflichtung seines Jahrhunderts gegenüber der Antike erkennt. Dante, Petrarca oder Boccaccio können daher hier von der eigenen Zeit unterschieden werden, während sie 1529 in einem Atemzug mit dem Quattro- und Cinquecento genannt wurden. So werden etwa Dante und Boccaccio zwar als Nachahmer des antiken Epos gelobt; doch schätzt Trissino seinen eigenen Versuch, die *Italia liberata dai Goti*, höher ein, da er mit seinen "endecasillabi sciolti" den antiken Usus angemessener imitiere (II, 47). Entscheidend ist also in beiden Traktaten die Überzeugung, einer überlegenen Epoche anzugehören, einer Zeit der größeren, viel-

[14] Die Imitation antiker Versmaße wird nicht nur von Trissino angestrebt, ist aber andererseits in der italienischen Renaissance nicht sehr verbreitet. Das mag Trissinos zugleich typische und ungewöhnliche Haltung unterstreichen. Zur Nachahmung antiker Versmaße vgl. Mario Geymonat: *Osservazioni sui primi tentativi di metrica quantitativa italiana*, in: Giornale storico della letteratura italiana 143 (1966), S. 378-389.

seitigeren Entfaltung der literarischen Möglichkeiten – vor welchem Hintergrund diese Möglichkeiten auch immer gesehen werden mögen. Mit Absicht war daher eingangs die Rede davon, daß die *Poetica* von 1529 sich an das Mittelalter anzuschließen "scheine". Trissino schreibt sie nämlich bereits in der Gewißheit, daß Dante und sein Zeitalter nicht alle Bereiche der Dichtungstheorie gekannt hätten und daß jetzt hingegen ihre vollständige Erörterung möglich sei:

> [...] e spero di dirne più copiosamente e più distintamente che niuno di loro [d.h. als Dante, Antonio da Tempo und ihre Vorläufer]; perciò che tenirò altro ordine e tratterò di tutte le parti de la poesia, le quali tutte per aventura non furono in quella loro età conosciute e forse da essi per tal cagione abbandonate. (I, 24)

Im gleichen Tenor schließt er den späteren Traktat ab. Die Einbeziehung von Aristoteles und Horaz – so betont er selbst – bedeutet hier keine Beschränkung auf deren Theorien, vielmehr eine zusätzliche Bereicherung der Poetik:

> E così questo che avemo detto fin qui sarà bastante a quanto volemo dire dell'arte poetica [...]; la quale sempre si avemo sforzato arricchire delle dottrine degli antichi e darle tutto quello augumento e quel splendore che ci ha concesso Iddio di poterle dare. (II, 90)

Neu ist in Trissinos Traktaten also die Ansicht, er könne als Kritiker zum erstenmal in der Geschichte der Literatur alle ihre Bereiche und Aspekte überschauen, zusammenfassen und beschreibend gliedern. Neu ist diese Ansicht nicht nur gegenüber der Einschätzung des späten Mittelalters – vgl. das obige Zitat aus I, 24 – und stillschweigend wohl auch der Antike; neu ist sie insbesondere gegenüber dem späten Quattrocento, in dem die verschiedenen Kulturbereiche, die Künste und wissenschaftlichen Disziplinen als erst unvollständig wiederhergestellt, also noch als Zukunftsaufgabe verstanden werden. [15] Daß Trissino an einem literaturhistorischen Wendepunkt zu stehen meint – und wohl auch steht –, wird dadurch in charakteristischer Weise spürbar, daß er auf der einen Seite noch die Tradition der Verteidigung der Dichtung aufgreift und fortsetzt – sie ist dort, wo sie auftritt, ja ein Zeichen dafür, daß sich Literatur und Literaturtheorie noch nicht überzeugend etabliert haben –, daß er auf der anderen Seite aber den Eindruck vermittelt, sowohl die Argumente der Dichtungsgegner vollständig zu sammeln als auch alle Möglichkeiten, die Vorwürfe zu widerlegen (vgl. II, 5-55).

Von Trissinos Bewußtsein, er verfüge vollständig über die Literatur und ihre Möglichkeiten, leitet sich nun seine dominante Haltung gegenüber literarischen Beispielen ab: die Deskription. Denn entsprechend seiner Überzeugung muß es ihm primär darum gehen, das umfassende Feld dichterischer Vielfalt zu beschreiben, indem er registriert, welche Möglichkeiten im Verlauf der literaturhistorischen Entwicklung praktiziert worden sind. Obgleich in beiden Traktaten gelegentlich – aber sehr selten – eine normative Tendenz durchschimmert, [16] neigt er meistens dazu, dem Usus den Vorrang zu geben oder im Fall eines Widerstreits zwischen theoretischen Präzepten und Publikumsgeschmack sich eines wertenden Urteils zu enthalten. Bei der Frage nach dem Vorrang von Tragödie oder Epos referiert er einerseits die Gründe, aus denen Aristoteteles das Drama vorzieht, zeigt dann aber andererseits, daß in der Praxis seit langem das Epos größeres Ansehen habe. Die Entscheidung über beide Gattungen bzw. zwischen Autorität und "uso" überläßt er dem Leser; beide Seiten erheben ihren Anspruch mit gleichem Recht:

> Ma voglio lasciare che in questa tale differenzia ognuno giudichi come a lui parerà, e si accosti o vero

[15] Siehe oben Teil A, Kap. I, S. 41 f., S. 49.
[16] Vgl. I, 137 f. und II, 31.

> alla opinione di tanto homo [d.h. des Aristoteles], fondata sopra le sue salde et ottime ragioni, o vero séguiti il giudicio che ha fatto universalmente il mondo. (II, 56)

Derartige Stellungnahmen könnten im Prinzip an zahlreichen Punkten beider Traktate stehen. Trissino stellt keine abstrakten Normen auf; er nennt im Gegenteil durchweg Beispiele für die jeweils erörterten dichterischen Aspekte, die gebräuchlich sind und die er in der Dichtungsgeschichte belegen kann. Daraus spricht die Absicht, Klarheit darüber zu erhalten, was in der (italienischen) Dichtung bereits geleistet wurde. Er will nicht wissen, was, ahistorisch gedacht, überhaupt möglich wäre – in diese Richtung wird Castelvetro gehen –, sondern was sich als möglich erwiesen hat. So bemerkt er im Rahmen einer Beschreibung aller möglichen Reimstellungen, die er jeweils an Beispielen erörtert:

> Dopo i terzetti, poniamo alcuni exempi di combinazioni di quaternarii: perciò che a porli tutti (*oltre che tutti non ho trovato in uso*) sarebbe cosa troppo lunga [...]. (I, 86, unsere Hervorh.)
> Il terzo modo di quaternarii ha due combinazioni [...]; la dritta non truovo in uso [...]. (I, 88)
> Li exempi de le combinazioni de lj'altri modi non ponerò, *per non essere* (come ho detto) *tutte in uso* [...]. (I, 89)

Ähnliches findet sich am Beginn der vierten Abteilung, in der er zunächst das Sonett behandelt – als erstes, da es die gebräuchlichste Gedichtform sei –, dann die Ballade, die Kanzone, das Madrigal und den Serventese; dazu bemerkt er wieder:

> [...] oltre le quali cinque forme di poemi non truovo altra essere in uso appresso i buoni autori [...]. (I, 98)

Er läßt weitere, nur theoretisch bekannte Formen weg, obgleich sie von Antonio da Tempo behandelt werden (vgl. ebd. und I,

106). Sein deskriptiver Ansatz verrät sich noch deutlicher dort, wo er eine lyrische Form mit nur einem einzigen Beispiel erläutern kann, da er nur dieses beobachtet hat. Das beobachtende Subjekt macht sich also als entscheidende Instanz gegenüber dem theoretisch Denkbaren geltend:

> Non mi è nascoso che in alcune ballate de lj'antiqui si truovano alcune fiate tre mutazioni; la qual cosa però è tanto rara che io per me non l'ho mai veduta se non in una ballata di Messer Guido Novello [...]. (I, 121)

Oder es heißt an einer anderen Stelle:

> [...] questa cosa è rarissima, et io per me non l'ho veduta se non in una canzone di Messer Guido de Columnis siciliano [...]. (I, 126)

Am auffälligsten zeigt sich Trissinos Bemühen um dokumentarische Vollständigkeit schließlich dort, wo er für eine abstrakt definierte Form kein Beispiel anführt, weil er keines beobachtet habe:

> Lo exempio de la fronte di quinario o senario non scrivo per non haverlo veduto [...]. (I, 125)
> Ponnosi anchora componere detti mandriali de la combinazione dritta et in tutto concorde del secondo e del quarto modo di terzetti [...], de li quali non ponerò altri exempi per non haverli in altro luoco veduti. (I, 150)
> Potrei anchora dire di altre sorte di serventesi [...], ma io lji lascio da parte per non haverli veduti ne lj'antiqui autori [...]. (I, 156)

Vor diesem Hintergrund sind nun auch die Ansätze zu Typenreihen zu beurteilen, die sich in beiden Traktaten Trissinos (weit methodischer dann bei seinen Nachfolgern, etwa Minturno, Castelvetro oder Patrizi) finden – Typologien zu sprachlich-stilistischen

Qualitäten (I, 31 ff.), zu Sentenzen (II, 38), zur Metaphorik (II, 40 f.), zur Personendarstellung (II, 62 ff.) oder zum Lächerlichen (II, 71 f.). Auf den ersten Blick mag hierbei der Übergang vom einzelnen literarischen Phänomen zur schematischen Gliederung wie eine Rückkehr zum mittelalterlich-unhistorischen Verständnis der Dichtung aussehen. Doch muß man sich überall der anderen Absicht Trissinos bewußt bleiben, des Anspruchs vollständiger Beschreibung. Solche Deskription kann aber nur dann überzeugender Ausdruck einer erreichten kulturellen Höhe sein, wenn die Einzelphänomene nicht wie bei Antonio da Tempo "diffusamente" (I, 106), sondern gegliedert beschrieben werden, wenn also das beobachtende Subjekt sie aus der Überschau beherrscht.

2 Minturno: Die Idee einer umfassenden Rezeption als Voraussetzung der poetologischen Theorie

Antonio Sebastiano Minturno hat zwei große Literaturtheorien veröffentlicht, zunächst 1559 den vorwiegend der lateinischen Dichtung gewidmeten, sechs Bücher umfassenden Traktat *De poeta*, fünf Jahre später vier Bücher über die *Arte poetica*, die die italienische Literatur behandeln. [17] Obgleich beide, ähnlich wie Trissinos Texte, sich in einigen Aspekten widersprechen, [18]

[17] Antonio Sebastiano Minturno: *De Poeta (1559)*, Nachdruck München 1970 (Poetiken des Cinquecento. 5). – Der Originaltitel lautet: *Antonii Sebastiani Mintvrni De Poeta, Ad Hectorem Pignatellvm, Vibonensivm Dvcem, Libri Sex.* – Wir verwenden bei Zitaten aus diesem Text die Sigle "DP". – Antonio Sebastiano Minturno: *L'Arte Poetica (1564)*, Nachdruck München 1971 (Poetiken des Cinquecento. 6). – Originaltitel: *L'Arte Poetica Del Sig. Antonio Mintvrno, Nella Qvale Si Contengono i precetti Heroici, Tragici, Comici, Satyrici, e d'ogni altra Poesia: Con La Dottrina De' Sonetti, Canzoni, & ogni sorte di Rime Thoscane, doue s'insegna il modo, che tenne il Petrarca nelle sue opere. Et si dichiara a' suoi luoghi tutto quel, che da Aristotele, Horatio, & altri auttori Greci, e Latini è stato scritto per ammaestramento di Poeti.* – Wir verwenden für diesen Text die Sigle "AP".

[18] Vgl. z.B. Buck: *Italienische Dichtungslehren* (s. Anm. 4), Kap. IV, 3, S. 143 ff. – Zu Minturnos Traktaten vgl. auch Weinberg: *A History* (s.

behandeln wir sie im folgenden gemeinsam. Theoretische Gegensätze sind bei ihm nicht immer als Widersprüche anzusehen; sie können, zumindest dort, wo sie Meinungsvielfalt ausdrücken, zu Minturnos Literaturverständnis gehören.

Bei Minturno findet sich zunächst vor allem Trissinos "Entdeckung" wieder: das Gefühl, vollständig über das Spektrum literarischer Möglichkeiten zu verfügen, und die Notwendigkeit, diese beschreibend zu erfassen. Aber beides liegt in einer bewußter reflektierten Form vor, und es verbindet sich außerdem mit anderen exemplarischen Auffassungen: mit der Haltung Fracastoros ebenso wie mit derjenigen Giraldi Cinzios; auch Robortellos induktive Auffassung von der Literaturtheorie sowie Castelvetros Extrapolationen der dichtungsgeschichtlichen Möglichkeiten finden hier ihre Parallelen.

Minturnos auch aus heutiger Sicht noch beeindruckender Versuch einer großangelegten Zusammenschau der mannigfachen Teilaspekte der Literatur und ihrer Interpretation ist keine kühne Spekulalation. Er leitet sich aus einem Epochenbewußtsein her, das der Autor bereits im ersten Satz von *De poeta* sehr genau im Blick auf Voraussetzungen und Konsequenzen durchdenkt. Sowohl die Leistung der Antike als auch die der eigenen Zeit werden hier umschrieben. Sie werden geschichtlich voneinander geschieden – Antike und Neuzeit sind getrennte Epochen –, aber zugleich zueinander in Beziehung gesetzt – die spätere Zeit ist der früheren verpflichtet, jene wirkt sich über die Rezeption auf diese aus:

> Qvanqvam multa, & permagna illa quidem, industria Veterum inuenta, & instituta, sunt, nihil tamen praestantius, nihilque utilius mihi, Princeps ornatissime, uidetur, quàm quòd quae dispersa, & dissipata quondam fuissent, artibus concludi utique uoluissent, siue

Anm. 3), S. 737 ff. und S. 755 ff.; ders.: *The Poetic Theories of Minturno*, in: *Studies in Honor of Frederick W. Shipley*, St. Louis 1942 (Washington University Studies), S. 101-129.

> illa essent naturae dona, siue munera Deorum, siue ingenij lumina, siue animi quaedam notiones, quibus ad omne id, quod aut cognoscendum, aut agendum esset, aut dicendum, homines ducerentur, ut rebus penitus perspectis, ac planè cognitis, scientiaque comprehensis ratio quaedam accederet, confirmatioque doctrinae. (DP, S. 1)

Diese lange einleitende Periode enthält im Rahmen des oben schon Angedeuteten ein so dichtes Programm, daß sie einen genaueren Kommentar erfordert. Nach Minturnos Ansicht haben die Menschen der Antike zwar vieles Hervorragende geschaffen, erfunden, gelehrt und auch hinterlassen – Bauten, Kunstwerke, Dichtung, Theorien –, aber aus diesem geht nicht der eigentliche Nutzen des Altertums für die heutige Kultur hervor. Wichtiger scheinen ihm den realen, besonderen Dingen gegenüber das Allgemeine und die Prinzipien zu sein, die sich in den einzelnen Errungenschaften niederschlagen, in ihnen eingeschlossen sind, in ihnen eine praktische Umsetzung erfahren haben ("quòd... artibus concludi utique uoluissent"). Denn mehr als durch die realen, materiellen Hinterlassenschaften der Antike werden die Menschen durch die ihnen zugrundeliegenden allgemeinen Prinzipien zu Erkenntnis, zum Handeln und zum Reden geführt ("quibus ad omnia id, quod aut cognoscendum, aut agendum esset, aut dicendum, homines ducerentur"). Minturno legt bereits bis hierher den jeweiligen Wert von Besonderem und Allgemeinem fest, der auch etwa an Robortellos induktive Auffassung der (allgemeinen) literarischen Theorie erinnert, die sich aus den (besonderen) einzelnen Werken herleitet. Noch mehr aber erinnert Minturnos Definition an Leonardo da Vincis Wissenschaftsverständnis, auf das wir im Zusammenhang mit Robortello hinwiesen: In der Beobachtung der Vielheit der einzelnen Dinge erschließen sich die ihnen vorausgehenden übergreifenden Gesetzmäßigkeiten. [19]

[19] Siehe oben Teil B, Kap. I, S. 166 ff., S. 176 ff.

Im letzten Teil des zitierten Satzes erklärt Minturno darüber hinaus schließlich mit begrifflicher Genauigkeit, wie der Übergang vom Besonderen zum Allgemeinen vor sich geht: Man hat sich die einzelnen Dinge gründlich, "bis ins Innerste" anzuschauen ("rebus penitus perspectis"); man muß sie vollständig erkennen ("planè cognitis") und auf wissenschaftliche Weise verstehen und erklären ("scientiaque comprehensis"). Dies sind die Voraussetzungen des Erkenntnis- oder des Verstehensprozesses, der schließlich in eine aus Vernunftgründen und Argumentationsgefügen gebildete Theorie mündet; es stellen sich "ratio" und "confirmatio doctrinae" ein.

Auf der einen Seite der Bilanz stehen die Errungenschaften der Antike, die aber durch eine einschränkende Perspektive relativiert werden ("Quanquam... ", "quae dispersa, & dissipata... fuissent"). Die Leistungen des Altertums werden vorwiegend in ihren Absichten anerkannt ("voluissent"). Dem steht das eigene Interesse gegenüber: Minturnos Epoche übernimmt den überlieferten "Kulturwillen" des Altertums als Auftrag; sie soll ihn weiterführen; und dazu bedarf sie der Erkenntnis des mittelbar wie unmittelbar Überlieferten. Mehr noch: sie bedarf der Deutung dieser Überlieferung. Das Einzelwissen, das die humanistischen Kommentatoren aus den partikulären Texten gezogen haben, fügt sich im Gesamtverständnis der antiken "Leitideen" zu einem theoretischen Zusammenhang. Das Gelingen des aus dem Altertum hergeleiteten Kulturauftrags in der eigenen Zeit steht und fällt für Minturno mit der Frage, wie klar er als "Rezeption", als geschichtliche Determination, aber vor allen Dingen als Erkenntnis und als Deutung reflektiert wird.

Diese Überlegungen Minturnos beziehen sich zunächst auf alle Wissenschaften und Künste, doch wird er für die Dichtung im besonderen die gleiche Bedingung später noch mehrmals anklingen lassen oder ausdrücklich formulieren. So läßt er im Rahmen einer Diskussion über den dichterischen Ornatus Summontius, einen der in *De poeta* Redenden, seinem Gesprächspartner Syncerus dafür danken, daß dieser die Wirkungsmöglichkeiten rhetorischer Figuren zum ersten Mal ausführlich an Beispielen aus antiken Dichtungen, nicht Rhetoriken, vorgeführt habe: [20]

> Tum Summontius, esto, inquid, protulerint illi [d.h. die Griechen und Römer] multa ex oratoribus ad docendum, ex poetis ita pauca produxerunt, ut nisi tu iam nunc ostendisses, quo singula haec [d.h. die rhetorischen Figuren] loco apud eos [d.h. den Dichtern] reperiantur, nondum planè perspectum eßet, quo modo in poesi illa ipse tractanda sint. (DP, S. 538)

Zwar zielt diese Aussage zuletzt auf das Schaffen neuer Dichtung ("in poesi tractare") ab, doch werden ihm drei Schritte vorausgesetzt: Man muß die alte Dichtung zunächst beschreibend erfassen ("reperire"); und das geschieht, wie zu zeigen sein wird, vor allem in der gegliederten Sammlung typischer Beispiele, also in der Weise, in der zuvor Syncerus verfahren ist. Man muß sie dann analysierend darlegen ("ostendere"), um sie daraufhin verstehen zu können, Einsicht in sie zu gewinnen ("perspicere"). Dem Dichten und seiner Beurteilung geht das auf Beobachtung und Sammlung beruhende Verstehen alter Dichtung voraus, und das leistet die Dichtungstheorie.

Im obigen Zitat wird aber auch eine Schwierigkeit angesprochen, die die literarische Rezeptionssituation von der anderer Disziplinen unterscheidet: Syncerus hat das fragliche Thema in einer

---

[20] "Syncerus" bzw. "Actius Syncerus" war der Beiname Jacopo Sannazaros in der (von Antonio Panormita gegründeten) neapolitanischen Akademie, zu der u. a. auch Pietro Summonte ("Summontius") gehörte. Sannazaro und Summonte sind mit denselben Beinamen Gesprächspartner schon in Giovanni Pontanos Dialog *Actius*. Zu der wohl auch symbolischen Bedeutung der Namen vgl. Giovanni Pontano: *Dialoge*, übers. v. Hermann Kiefer unter Mitarbeit v. Hanna-Barbara Gerl u. Klaus Thieme, mit einer Einleitung v. Ernesto Grassi, München 1984 (Humanistische Bibliothek. II, 15), S. 295 (Fußnote).

Vollständigkeit dargelegt, die den Anspruch auf Neuheit erheben kann, weil sie in der Antike kein Vorbild hat. Dieses spezifische Problem der Literatur, das sich für die Renaissancetheoretiker zugleich als unvergleichliche Chance erweist, wird ebenfalls schon zu Beginn des Textes behandelt. Während die Griechen oder Römer alle Disziplinen ausführlich und systematisch mit "doctrina" behandelt haben, stehen für die Dichtung auf der Ebene der allgemeinen Prinzipien nur die Überlegungen des Aristoteles und die recht dunklen Anweisungen des Horaz zur Verfügung:

> Sola Poetica est, de qua cum ex Graecis Peripatetici multa, & praeclara docuissent, à nostris praecepta nulla sanè habemus, praeter pauca quaedam, eaque suboscura, quae Horatius tradidit. (DP, S. 1 f.)

Während Landino noch überzeugt war – und mit ihm mancher der nachfolgenden Kommentatoren –, Horaz' *Ars poetica* enthalte eine vollständige Dichtungstheorie, [21] schätzt Minturno die Darlegungen des Horaz als quantitativ ("pauca") wie qualitativ ("suboscura") unzureichend ein. [22]

Minturno erkennt die besondere Mühe des humanistischen Literaturtheoretikers, der ja, den obigen Anschauungen entsprechend, von der Überlieferung abhängt. Aber er schränkt diese Schwierigkeit durch die Ansicht ein, die gesamte antike Literatur rückblickend überschauen zu können und in ihrer zusammenfassenden Behandlung die bloß fragmentarische Theorie überwinden zu können. Auch hier ist der Bewußtseinsunterschied gegenüber dem Quattrocento festzuhalten: Während dort die Gesamtheit antiker Künste und Wissenschaften noch als zu rekonstruieren galt, also als Projektion noch bevorstand, leitet Minturno seine Erörterungen neben Horaz, Aristoteles, Homer und Vergil aus allen griechischen und lateinischen Autoren ab.

---

[21] Siehe oben Teil A, Kap. II, S. 100.

[22] Vgl. auch DP, fol. *3 r. und *4 r.

> Cùm autem ad carmen doctè, recteque fundendum, arte, industriaque opus esse intelligerem; quam etsi cognitam nondum planè habebam, neque Homero tamen, neque Virgilio abfuisse animaduertebam, quaerendam omnino mihi eam esse constitui. Itaque ab hoc ipso Horatio, ab Aristotele, à caeteris nobilissimis utriusque linguae scriptoribus, qui ea de re aliquid attigissent, colligendum putaui, atque in unum aliquod opus conferendum [...]. (DP, fol. *3 r.)

Ein solcher Anspruch auf Vollständigkeit spiegelt sich im Verlauf der Erörterungen etwa in der "additiven" Rezeption mehrerer antiker Theorien wider; so zum Beispiel, wenn die Komödie im gleichen Maße sowohl mit Aristoteles als auch mit dem von ihm abweichenden Cicero definiert wird (vgl. DP, S. 280). Ihm entspricht die an vielen Stellen beider Traktate beeindruckende Fülle von Beispielen, die aus der antiken Dichtung bzw. – in *L'arte poetica* – aus der italienischen Literatur zitiert werden und in denen wie im obigen Fall der rhetorischen Figuren die Weite dichterischer Gestaltungsmöglichkeiten veranschaulicht werden soll.[23] Denn literaturtheoretische Erörterungen sollen, wie Minturno andernorts postuliert, den Gegenstand umfassend und gegliedert, "abunde" und "partite" behandeln:

> Sed persuadeas tibi velim te tam abunde, ac tam partitè de Tragoedia digeruiße, ut nihil sanè reliquum sit, quod uel ab illo ipso, uel à quouis alio huius artis perito desideremus. (DP, S. 266)

Dem Vollständigkeitspostulat soll aber vor allem die Anlage von *De poeta* und *L'arte poetica* entsprechen: Wie bei Fracastoro und anderen werden die Erörterungen nicht in abstrakt theoretisierender Rede vorgetragen, sondern als Gespräche. In *L'arte poetica* ist jedes der vier Bücher als Dialog zwischen Minturno und einer

[23] Siehe dazu unten Abschnitt 5.

anderen Persönlichkeit (Vespasiano Gonzaga sowie den Dichtern Angelo di Costanzo, Berardino Rota und Ferrante Carafa) gestaltet; dabei hat Minturnos Gegenüber keineswegs nur auflockernde Funktion. Es liefert dem Gespräch die wichtigsten Impulse, da es von Minturno erfahren will, wie man Dichtung richtig versteht, an welchen Merkmalen man zum Beispiel die Sinnabsicht eines literarischen Werks erkennt. Vor allem ist aber auffällig, wie häufig Minturno von seinem Gesprächspartner zur Detailliertheit der Erörterungen oder ihrer größeren Anschaulichkeit durch Beispiele, kurz: zu Ausführlichkeit und Vollständigkeit aufgefordert wird. [24] Noch deutlicher manifestieren sich diese beiden Prinzipien aber vorher in *De poeta*; hier liegt nicht nur ein Dialog, sondern ein Streitspräch zwischen zahlreichen Disputanten vor. Diese Form soll der Vielfalt der kontrovers auffaßbaren Aspekte der Literatur gerecht werden, wie auch die Anspielung auf das ciceronische "ad utramque partem disserere" im folgenden Zitat zeigt: [25]

> Quorum quidem pars aliqua disceptatione, atque contentione cum esset [...] uisum est mihi in omni opere disponendo, eam rationem, eumque ordinem seruare, ut primo quidem libro, quàm uetus, quàm praestans, quàm nobilis sit, quàm in omni genere doctrinae emineat poesis [...] ad utranque partem disputetur. (DP, fol. *3 v.)

Darüber hinaus läßt Minturno an dem fiktiven Gespräch nicht nur Vertreter der Dichtkunst, sondern aller möglichen Künste und Wissenschaften teilnehmen; die "Lichter aller Disziplinen" sind dort versammelt:

---

[24] Vgl. z.B. AP, S. 50: "Hora è 'l tempo di darmene gli essempi [...]", oder S. 51: "Degli altri [...] attendo, che ragionate, come si discrivano", und passim.

[25] Vgl. auch DP, S. 6; dort betont Minturno nochmals, daß sein Buch "longa disputatione" entstanden sei.

> Cur non Socraticos imitamur, quorum nulla unquàm fuit congreßio, quin esset sermo de aliqua uel ingenij uel animi uirtute? praesertim cùm tot disciplinarum omnium lumina in hunc locum ueluti sidera in clarißimam coeli partem conspiciam conuenisse. (DP, S. 7)

Hinter dem umfassenden Charakter der Theorie steht das Bewußtsein eines möglichen Widerspruchs oder zumindest eines Gegensatzes von Meinungen. Mehr noch: von vornherein ist die Pluralität der Ansichten von Minturno als Merkmal dieses umfassenden Anspruchs einkalkuliert. In der Tat entstehen im Verlauf der Dispute häufig Kontraste zwischen den Ansichten der Gesprächsteilnehmer, und nicht immer läßt der Autor durchblicken, für welche er Partei ergreift. Ja, man hat den Eindruck, daß er Polaritäten gar nicht um jeden Preis harmonisieren will, etwa die zwischen "ars" und "furor", "prodesse" und "delectare", zwischen Platon und Aristoteles, zwischen mittelalterlich-ontologischem und neuzeitlich-ästhetischem Literaturbegriff, sondern daß er den Reichtum der Dichtungstheorie gerade in ihrer Beweglichkeit und Vielschichtigkeit erkennt. Am Beginn des sechsten und letzten Buchs von *De poeta* (S. 434 f.) beklagt Minturno, daß von denen, die an dem erzählten Streitgespräch teilnahmen, nur noch einer lebe. Er bedauert vor allem, daß der Tod der anderen diese daran gehindert habe, ihre einzigartige individuelle Gelehrsamkeit auch schriftlich festzuhalten. Er selbst will also den Ersatz dafür liefern, das heißt, er will die dargestellten Einzelpersönlichkeiten nicht nur als Gelehrte unsterblich machen, sondern ihren je besonderen Beitrag zur umfassenden humanistischen Diskussion der Literatur fixieren. Prägnanter hätte er sein Bemühen um Zusammenfassung – nicht Harmonisierung – des vielfältigen Wissens und der vielfältigen Meinungen seiner Zeit nicht darstellen können.

3 Der Interpret, seine Voraussetzungen und Aufgaben

Trotz der polyphonen Anlage seiner Theorie tendiert Minturno nicht zur Beliebigkeit der Meinungen. Im Streitgespräch wird jede Ansicht auf ihre Stichhaltigkeit und ihre Gültigkeit hin untersucht. Und um sich hierbei an leitenden Ideen orientieren zu können, überträgt er die Führungsrolle in der Diskussion dem Dichter Syncerus. Da es nun in dieser Diskussion, wie dargelegt, um ein vollständiges Erfassen und Verstehen antiker Werke und Theorien geht, wird der Dichter hier vorrangig zum Deuter. Oder umgekehrt: der beste Interpret der alten Texte ist für Minturno im Idealfall ein Dichter. Der Autor scheint sich hier eng an Fracastoro anzuschließen, doch ist sein Bild von den Voraussetzungen des Literaturdeuters ungleich weiter gefächert und schließt viele Aspekte ein, die Fracastoros Traktat fehlen. Vom universal gelehrten, objektiven Interpreten bis hin zum nur aus individueller Inspiration schöpfenden Leser werden wohl alle Auffassungen der Auslegung vorgetragen, denen in der italienischen Renaissance Gültigkeit zuerkannt wurde. Daß Minturno bzw. seine Disputanten sich wiederholt und manchmal recht eindringlich zum Thema der Dichtungsinterpretation äußern, zeigt ein weiteres Mal, daß Poetik im 16. Jahrhundert nicht unbedingt dem Dichter dienende Schaffenstheorie, sondern oft eine den Interpreten orientierende Theorie der Literatur sein soll. Wir erinnerten schon an Fracastoro: Wie dieser im *Naugerius* kennt Minturno die enge Verwandtschaft von Dichter und Interpret: beide bedürfen der Inspiration. Daher benötigt derjenige, der Literatur auslegen will, geeignete "atmosphärische" Voraussetzungen, eine besondere, dem Text gemäße Umgebung. Er muß sich an einem besonderen Ort oder in einer besonderen Gesellschaft befinden. So werden Komödie und lyrische Genera bei einem Bankett erörtert, während das Gespräch über Epos und Tragödie einer ernsteren Umgebung vorbehalten war (vgl. DP, S. 266 f.). Und wie bei Fracastoro inspiriert auch hier die dichterisch ausgestaltete Ideallandschaft zum Nachdenken über dichterische Themen:

> [...] quid nos non adeo duros homines hic locus amoenißimae huius orae ocellus, hic sinus amoenitatis, haec uilla tam ornatè, apteque posita, hoc promontorium iucundissimum, uera oblectatio animi, requiesque curarum, hic collium tam latè, ac tam iucundè uirentium situs, haec tanta felicissimarum arborum copia, haec tam laeta pratuli herbescentis uiriditas, haec tam pulchra florum uarietas; hic odor tam suauis, hi scopuli tam herbosi, hoc mare ita tranquillum; quod prope sedentium pedes murmure funditur tam leni; in quo non modò piscium greges, sed Nymphas etiam, easque uiuentes, non aut in marmore, aut in tabula effictas; quae per undas, & inter delphinos colludant, licet interdum aspicias. Haec genitabilis, ut ait Lucretius, aura fauonij, hic denique tam dulcis, & tam frequens auium concentus. Nónne haec tam multa, & tam iucunda ad aliquem sermonem cum summa nos animorum delectatione hortabuntur? (DP, S. 7 f.)

Der Interpret hat also teil an der Inspiration des Dichters; die göttliche Wirkung der Musen teilt sich über den Autor und sein Werk den Lesern oder Hörern mit:

> Quid ergo causae ducendum est? quid aliud, quàm quòd poetica quidem ars nulla est, sed uis diuina, qua profectò à Musis poetae, à poetis interpretes, ab his auditores alij aliter excitantur? (DP, S. 67)

Die ursprüngliche göttliche Eingebung löst gleich einem Magneten eine Wirkungskette aus, durch die die Auffassungskräfte der verschiedenen Rezipienten miteinander verbunden sind: [26]

> [...] in qua quidem utique coniunctione Deus instar magnetis princeps est; deinde poetae; tum poetarum

[26] Als Vorbild dient wiederum Platons *Ion* (533 d - 536 d).

> interpretes; postremò qui audiunt. Atque Musae quidem hinc atque illinc, ordine quodam omnium inter se animos connectunt. (ebd.)

Fracastoro beobachtete, daß Dichter und Philosoph unterschiedlich inspiriert werden; Minturno läßt seine Disputanten darüber hinaus die Tatsache erörtern, daß auch unter den Dichtungsinterpreten jeder seine besondere "Stärke" hat. Nicht jeder kann jeden beliebigen Text auslegen; der eine versteht Vergil, der andere Horaz, wieder ein anderer Statius besser (vgl. DP, S.66). Hier wird nun das weitergehende platonische Argument einer individuellen Inspiration des Deuters ins Feld geführt. Während mit dem Bild des magnetischen Mitergriffenseins der Interpreten eine eher kollektive Auffassung im Vordergrund stand, heißt es jetzt, jeder werde anders inspiriert. Damit ist zunächst der Dichter gemeint; aber die jeweils besonderen Eingebungen, von denen die Dichter abhängen, teilen sich nicht allen Deutern im gleichen Maße mit. Das Rezeptionsverhältnis Autor – Interpret wird somit stark subjektiviert:

> Audientes autem ita capiuntur, ut neminem alliciant, sed perinde ac poetarum alius ab alia Musa dependet, ita illorum, qui poemata interpretantur, alius cum alio poeta coniungitur, ut partim Virgilij, partim Horatij, partim Catulli studio teneantur. (DP, S. 67)

Die Konsequenz von Minturnos Erörterung soll hier offenbar in einer Relativierung des Dichtungsverstehens gegenüber objektiven Kriterien liegen und damit in einer Einschränkung der intersubjektiven Gültigkeit des Verstehens. Der Deuter wird primär nicht von Wissen und Gelehrsamkeit geführt:

> [...] existimandum est nulla rerum scientia, nullaque illos id facere doctrina; sed diuina quadam sorte, qua quisque à Musa ducitur sua. (ebd.)

Die Betonung des Subjekts unter Rückgriff auf Platon mag zum Teil von einer Skepsis gegenüber dem mittelalterlichen Literaturbegriff und der inhärenten Auffassung von einer Überpersönlichkeit des Sinns motiviert sein. Trotzdem konnte sie in ihrer Zuspitzung auch in humanistischem Kontext kühn anmuten; wohl deshalb wird sie in gleichermaßen humanistischer Weise glaubhaft gestützt, nämlich durch Anführung zahlreicher Beispiele und Argumente. Man erwartet auch, daß ihr heftig widersprochen wird; doch kann man die Ansichten, die im weiteren Verlauf der Erörterungen als Gegenentwürfe vorgetragen werden, nicht unbedingt als Widerlegungen ansehen. Sie bekämpfen die Theorie der Inspiration nicht, sondern verstehen sich eher als komplementäre Haltungen. Paradoxerweise wird die erste Gegenthese aus einer weiteren Übersteigerung der subjektivistischen Anschauung heraus entwickelt: Die Inspiration wirkt nämlich nicht nur über die Vermittlung der Dichter und ihrer Werke; die Empfänglichkeit für sie ist angeboren, dem Interpreten also von Natur aus gegeben. Sie wird hierdurch zwar tiefer im Individuum verankert, zugleich aber auch partiell abgeschwächt. Denn als Veranlagung bleibt sie latent, sie "schlummert" in der Seele und könnte nicht wirksam werden, wenn sie nicht durch aktives Bemühen dessen, der Dichtung verstehen will, durch "studium" und "exercitatio" ans Licht gezogen würde:

> [...] studijs, & exercitatione mentem excitamus, & quasi consignatas in illa notiones, quae iam latebant, in lucem euocamus. (DP, S. 72)

Auch hierin ist der Interpret vom Dichter bzw. von der Auffassung des Dichters abhängig: Er muß sich durch tägliches Studium und lange Übung ein umfassendes Wissen erwerben, um schließlich mit allen Arten von Texten vertraut zu sein. Syncerus selbst gesteht sich als Dichtungstheoretiker diese Qualitäten zu:

> Videlicet hoc, inquit Syncerus, quod diuturno studio, longaque exercitatione uideor consecutus, et quidem

> illo in genere, in quo iamdiu me uersatum esse inficias [sic] ire non possum. Id quantuluncunque est, quam primum praestabo, si in qua quisque se maximè exercuit poematis ratione, de illa se dicturum esse recipiat. Ita enim nihil propè reliquum erit, quod in hac poetae institutione desideremus. (DP, S. 146)

Aber Minturno entfernt sich auch vom humanistischen Idealbild des Universalgelehrten. Wenngleich vom Interpreten gefordert wird, daß er sich in der ganzen literarischen Vielfalt auskennt, um auch das Entlegenste und Dunkelste zu verstehen –

> [...] tum quia ex his, quae ad praeclaram eruditionem attineant, si qua in libris offendant Poëtarum, haec tam aspersa, tamque obscura sunt, ut qui non sit omni literarum uarietate ornatus, perspicere ab eo non possint [...]. (DP, S. 21) –,

verändert Minturno dieses Postulat, ähnlich wie die Inspirationstheorie, in Richtung auf eine individuelle Gewichtung des Wissens. Niemand, so äußert er mit wohl sehr realistischer Skepsis gegenüber der geläufigen, aber utopischen Idealvorstellung, könne so gelehrt sein, daß er über alle beliebigen Kenntnisse verfüge. Jeder habe sein je besonderes Wissen, so daß mehrere Gelehrte ihre unterschiedlichen Kenntnisse zum vollkommenen Wissen zusammentragen müssen. Genau das geschieht ja in Minturnos fingiertem Streitgespräch. Zwar könnte dort jeder der Anwesenden von seinem geistigen Niveau her über jeden beliebigen Aspekt der Literatur reden, doch haben alle auch ihren besonderen thematischen Schwerpunkt:

> At uerò sermonis instruendi haec ratio mihi quidem sanè habenda est, ut quanquàm ea quisque uestrum est facultate, qua de omni doctrina nihil sit, quod suscipere, ac praestare non possit. Illa tamen de re dicat uelim, quam studiosissimè tractauit. (DP, S. 178)

Vielleicht betont Minturno aus dieser Einsicht heraus eine andere Forderung gegenüber dem Literaturinterpreten: die Praxis, die in Beobachtung und Übung im Umgang mit Texten besteht; in einigen der Zitate traten die entsprechenden Begriffe "studium", "exercitatio" und "usus" bereits auf. [27] Während die Inspirationstheorie, wie oben gesagt, das Verstehen auf eine direkte Verbindung zwischen dem einzelnen Werk und dem Leser zurückführte, wird hier nun das Gegenteil gefordert, nämlich das Verstehen des Werks im Vergleich mit anderen, durch Erfahrung bereits bekannten Texten. Auch Giraldi Cinzios Haltung findet sich somit bei Minturno wieder: die Auffassung von einem Interpreten, der durch den Umgang mit Literatur sein "iudicium" entwickelt. Ganz ähnlich wie jener erkennt Minturno, daß ein solchermaßen erfahrener Leser nicht mehr an die strengen Kriterien einer Theorie gebunden ist, daß er vielmehr zwischen der abstrakten Regel und der veränderlichen Praxis, dem "usus" vermitteln kann:

> Ma io stimo, che ciascuno di noi si debba attenere à quel, che piû s'usa, e chiaro si uede, che a'piû eccellenti scrittori piû piacque. (AP, S. 236)
> At uero quae sunt unius generis, fabulae Aristoteli pulchriores uidentur, quod sint multo digniores, quas admiremur. Contrà quae sunt commistae, Theatris longè magis probantur. (DP, S. 125 f.)

Während Minturno an der zuerst zitierten Stelle optimistisch an einen Zusammenfall von Usus und Mustergültigkeit glaubt, scheint er an der zweiten Stellen den Kontrast zwischen Autorität, nämlich aristotelischem Ideal, und Publikumsgeschmack herausstellen zu wollen. Beides muß der Interpret im Blickfeld haben. Später betont Minturno jedoch unmißverständlich, daß die veränderlichen, beweglichen Aspekte des Literaturbegriffs im

[27] Zur Trias "ingenium"-"doctrina"-"exercitatio" vgl. oben Kap. I, Anm. 49.

Zweifelsfall wichtiger sind als eine starre Norm. Dadurch, daß man sich auf einen antiken Theoretiker berufe, sei ein dichterisches Prinzip wie das der einheitlichen Handlung noch nicht jedermann plausibel:

> Nec uerò quod Aristotelem secuto tibi placet Syncerè, id omnibus probatur, unam esse fabulam [...]. (DP, S. 150)

Die Reflexion über Dichtung hat sich nicht nur vor Autoritäten, sondern mehr noch vor anderen Instanzen und Faktoren zu verantworten. Thetis, in diesem Fall der Gegenredner des Syncerus, verlangt die zustimmende Einsicht aller Gelehrten oder gar aller Leser. Daraufhin fährt Syncerus, seine vorangehende Ansicht korrigierend, so fort:

> Non sanè mihi id, nisi admonito, succurrisset, ut possitis meritò existimare, quae dixi, et quae uideor nonnumquàm efficere potuisse, haec usu atque exercitatione potius quam aliqua doctrina me praestitisse. (ebd.)

Die Gelehrsamkeit – als Schulung an Doktrinen verstanden – wird hinfällig, sobald sich der Interpret oder Theoretiker durch Praxis und Übung auszeichnet.

Doch auch hier weiß Minturno offensichtlich um die subjektive Bedingtheit des Einzelnen; ein völlig objektives Urteil für möglich zu halten, ist unrealistisch:

> Quotus quisque est tam acri iudicio praeditus, qui de his, quae Poetae tradiderunt, se aequum iudicem praebere possit? (DP, S. 66)

Gleichwohl unterscheidet er diese unvermeidliche Begrenztheit des individuellen Blickwinkels von solchen Fehlurteilen, die auf unreflektierte, daher vermeidbare Beweggründe zurückgehen, etwa auf böswillige Voreingenommenheit. In einem solchen Fall sei erst dann die Schärfe des Geistes wiederhergestellt, wenn er vom Vorurteil befreit sei: [28]

> Cùm maleuolentiae flamma extincta esset; liuorisque nubes quae offusa caligine hebetat mentis aciem, ne quid rectè perspiciat, euanuisset. (DP, S. 84)

Mit Minturnos Überlegungen zu Urteil und Vorurteil befinden wir uns aber nicht mehr im Bereich der Voraussetzungen des Literaturinterpreten, sondern seiner Aufgaben: Er vermittelt zwischen Werk und Publikum, indem er urteilt. Wiederum ist dabei seine Funktion vom Bild des Dichters bzw. von dessen Rolle abhängig. Der Dichter belehrt, unterhält und bewegt seine Hörer, Leser und Zuschauer; seine Lehre soll scharfsinnig, seine Unterhaltung nicht übertrieben sein, seine Bewegung auf Erhabenes abzielen:

> Verùm, ut, quae proposita sunt, exponamus, erit Poetae sic dicere uersibus, ut doceat, ut delectet, ut moueat. (DP, S. 102.) [29]
> Adeo tamen distinguuntur, ut quot sunt officia poetae, totidem sint genera dicendi. Acutum in dicendo, mediocre in delectando, graue in mouendo. (DP, S. 103)

Die dreifache Aufgabe des Dichters wird von Minturno aber weniger deshalb dargelegt, um den Autoren Vorschriften zu machen,

[28] Vgl. einen entsprechenden Hinweis bei Alessandro Lionardi; er ermahnt seine Leser, das von ihm zuvor Dargelegte nüchtern zu beurteilen: "[...] e se forse a farne intiero giudicio v'enganna l'amor che mi portate, lasciate giudicare altrui ove non sia né odio, né invidia." – A. L.: *Dialoghi dell'invenzione poetica [1554]*, in Weinberg: *Trattati* (s. Anm. 2), Bd. 2, S. 211-292, hier: S. 292.

[29] Zu einer entsprechenden Übertragung der dreifachen Aufgabe des Redners ("docere, delectare, movere", vgl. Quintilians *Institutio oratoria* 3, 5, 2) auf den Dichter bei Scaligero vgl. Manfred Fuhrmann: *Einführung in die antike Dichtungstheorie*, Darmstadt 1973, S. 208. Angelegt ist diese Übertragung wohl schon bei Horaz, *Ars poetica*, V. 99 f.

als um dem Kritiker orientierende Vorstellungen an die Hand zu geben:

> Qui [poeta] non ita dicet, ut haec tria aßequi debeat, numquàm, *mea quidem sententia*, hoc nomine appellabitur. (DP, S. 102)
> Itaque *acri iudicio*, miraque facultate praeditus erit arbiter ille, & *moderator* huius dissimilitudinis tripartitae, ut quid cuique non modo in sententijs, sed etiam in uerbis conueniat, *cognoscat*. (DP, S. 103, unsere Hervorh.)

Der beurteilende Interpret wird hier höher als der Dichter situiert. Er muß, um die Leistung des Dichters erkennen zu können, zumindest dessen Wissen, Fähigkeiten und Wirkabsichten theoretisch umfassen, sich aber auch über sie stellen; denn er soll nüchterner Beobachter sein, "arbiter" und "moderator". Der Interpret, den Minturno vor Augen hat, unterscheidet sich damit wesentlich vom humanistischen Kommentator literarischer Texte, wie man ihn zur Zeit Landinos oder Polizianos antrifft. Dort ist die Gelehrsamkeit als umfassendes Wissen schon eine hinreichende Gewähr für ein überzeugendes Textverständnis. Da der Dichter als "eruditus" gilt, besteht der Auftrag des Kommentators in der Explikation philologischer, historischer, rhetorischer, wissenschaftlicher Details. Wenn aber, wie bei Minturno, der Dichter die oben beschriebene mehrfache Aufgabe des "docere", "delectare" und "movere" zu bewältigen hat, dann tritt an die Stelle des Wissensvermittlers und -explikators der Kritiker, der zusätzlich die ästhetische und ethische Qualität eines Textes erfassen soll.

Die Textauslegung bekommt damit gleichzeitig eine entscheidende gesellschaftliche Bedeutung, denn als ästhetisch oder ethisch urteilender Kritiker vermittelt der Interpret zwischen Werk und Publikum. Er ist als Gelehrter ein herausragendes Individuum und stellt sich sogar über den Dichter; aber sein

Verständnis soll auch für ein größeres Publikum, ja für den Leser schlechthin repräsentativ sein. Neben dem Ausdruck der persönlichen Meinung (vgl. oben: "mea quidem sententia") stehen zahlreiche Formulierungen, in denen der jeweils Redende und damit auch Minturno sich in den idealen Rezipienten hineinversetzt:

> *Admiramur* autem quae propter opinionem eueniunt [...]. (DP, S. 124, unsere Hervorh., auch im folgenden)
> Res enim fictas non temere, sed prudenter, ac mirificè inuentas [...] dignas admirabilitate *censemus*. (DP, S. 154)
> *Nemo est* enim, *cui non* mirificè *probetur*, Ascanij uenatu bellum [...] excitatum esse [...]. (DP, S. 155)
> *Indignamur* uerò, siquid mali uir innocens, ac praestans uirtute pertulerit. (DP, S. 180)
> Affectus igitur animi, quibus *nos ipsi* commoti alios *commouemus*, perpauci sunt illi quidem, sed qui planius exemplo, quàm definitione intelligantur. Nam uel amore *afficimur*, uel odio, uel *timemus*, uel *confidimus*, uel *irascimur*, uel *mitigamur*, uel *indignamur*, uel *inuidemus*, uel *aemulamur*, uel gratiam *habemus*, uel ab benemerendum *inducimur*, uel *agimus* uerecundè, uel impudenter. (DP, S. 198)

Wohl wegen der Vergleichbarkeit des menschlichen Verhaltens wird an solchen Stellen vorausgesetzt, daß nicht nur der elitär gebildete, sondern auch der "durchschnittliche" Leser die literarische Darstellung von Personen und Handlungen richtig verstehen kann. Vielleicht liegt hierin auch der Grund dafür, daß Minturno die Vorrangstellung des gelehrten Interpreten einschränkt zugunsten der Erfahrung der Praxis, die nicht unlösbar an ein Universalwissen und erst recht nicht an abstrakte Doktrinen gebunden ist. Es fragt sich dann aber auch, wie Minturno dennoch seine mehr als 560 bzw. 450 Seiten langen Theorien rechtfertigt. Stellt er sie nicht mit dem Zweifel an Doktrinen und Regeln infrage?

Gewiß, Minturno legt in *De poeta* wie in *L'arte poetica* seine ganze Gelehrsamkeit, seine ganze Belesenheit dar; aber die Traktate führen auch, nicht zuletzt durch ihre Gesprächsform, den praktischen Umgang mit der Literatur vor. Hier werden zwar Theorien und die sie differenzierenden Kriterien entwickelt, aber der Leser erfährt sie sozusagen im Moment der Entstehung. Es wird gezeigt, wie sie aus Texten hergeleitet werden, wie wichtig hierzu das Kommentieren, Paraphrasieren und Erklären der Texte ist. Es wird auch gezeigt, wie umstritten theoretische Anschauungen, ja das Textverständnis selbst sein kann. Und es wird gezeigt, daß die Tragweite theoretischer Konzeptionen immer wieder abgewogen und im Umgang mit Texten erprobt werden muß. Dabei werden auch die eigene Urteilskraft und Geistesschärfe an den alten Theorien und Texten gemessen, sicher auch in der Absicht, in der Auseinandersetzung mit ihnen sie schließlich zu übertreffen. Kurz: bei einem Autor wie Minturno wird die Theorie tendenziell zur Praxis.

4 Ästhetische und ontologische Deutung

Die Meinungspluralität, von der das Bild des Interpreten bei Minturno bestimmt ist, kennzeichnet auch seine implizite und explizite Auffassung der Deutungsweise: Eine an mittelalterliche Haltungen erinnernde Konzeption und eine humanistisch-neuzeitliche konkurrieren miteinander, wobei sich die letztere für Minturno wohl als die tragfähigere erweist, ohne jedoch die andere ganz zu verdrängen.

Daß er sich vom mittelalterlichen Literaturbegriff und dessen Überzeitlichkeit distanziert, zeigt sich zunächst in seinen Überlegungen zur historischen Begrenztheit von Sinn und Sinndeutung; es sei daran erinnert, daß sich auch bei Giraldi Cinzio das Abrücken von einer vorhumanistischen Auffassung an der historischen Relativierung zeigte. [30] Minturno, der wie die meisten

[30] Siehe oben Kap. I, S. 298 f.

seiner Zeitgenossen keineswegs die dauerhafte Geltung von Wahrheiten aufgeben will, [31] ermahnt dennoch den Textinterpreten, nicht nur zu überprüfen, was gesagt werde oder geschehe, und ob es richtig dargestellt werde. Er müsse auch fragen, von wem etwas gesagt werde, in welcher Umgebung, wann, an welchem Ort und aus welchem Grund bzw. in welcher Absicht. Denn nicht alles ist für alle zu jeder Zeit und an jedem Ort gleich verbindlich:

> Nam quis ignorat, & consuetudinis rationem, & temporis habendam esse? Neque enim, ut, nunquid rectè dictum, factúmue sit, nécne, intelligamus, quid dictum, factúmue fuerit, solummodo intuendum est; uerùm etiam quis dixerit, fecerítue, apud quem, quo tempore, quo loco, quàm ob rem, num ut maioris commodi consequendi causa, an incommodi grauioris uitandi. (DP, S. 45)

Wegen der Verschiedenheit menschlicher Haltungen an unterschiedlichen Orten und zu unterschiedlichen Zeiten muß der Leser sich um entsprechendes zusätzliches Wissen bemühen:

> Ma, perche il costume segue la natura del luogo, percioche varij paesi uarie maniere di huomini producono, è da sapere quel, che della uarietâ delle genti, e delle nationi s'è scritto. (AP, S. 129)

Platons Kritik an Homer wird zweimal als negatives Beispiel angeführt; der Philosoph habe den Dichter angegriffen, weil dieser Götter irreführend, nämlich vermenschlicht darstelle. Homer aber befinde sich zu seiner Zeit durchaus in Übereinstimmung mit allgemein akzeptierten Ansichten:

---

[31] Vgl. AP, S. 33: "Percioche una è la Veritâ: e quel, che una uolta è uero, conuien che sia sempre, & in ogni etâ, nè differenza di tempi il cangia, come ch'ella habbia potere di cangiare costumi e uita: per la cui mutatione non è, che 'l uero nel suo stato non rimanga. " – Siehe auch den 3. Abschnitt unserer Einleitung, S. 27 ff.

> At qui de illis ipsis [d.h. über die Götter] non quae Plato iubet esse scribenda, sed quae tradidit poeta, ferebantur. (DP, S. 45)

Homer entspreche, indem er der seinerzeit glaubwürdigen Legende folge, relativ der Wahrheit, ebenso wie Euripides, Neophron, Sophokles und andere. An einer zweiten Stelle nimmt Minturno Homer gegen Platon in Schutz; auch hier versucht er, dessen Kritik mit dem Hinweis auf den zeitlichen Abstand und ein möglicherweise verlorengegangenes Wissen über die Rezeption Homers durch die Zeitgenossen zu entkräften. Warum – so läßt Minturno Summontius fragen – sollten Homers Werke in seiner Epoche nicht doch zum Nutzen des Gemeinwesens wie zur Belehrung des Einzelnen beigetragen haben? Das fehlende schriftliche Zeugnis beweise noch nicht das Gegenteil: [32]

> Nam cui philosophus ille probauerit, nullam ab Homero remp[ublicam] fuisse institutam, neminemque priuatim ad bene beateque uiuendum omnino eruditum? siue enim longinquitate temporum memoria rerum ab eo gestarum fuisset delecta, siue illius aetatis uitio factum eßet, quae gerebantur, ne literarum monumentis traderentur, cùm ad scribendum qui idonei haberentur deeßent, potuit sanè id facile euenire, ut Platonem Socratemque fugerint, quae praeclarè Poeta ille fecisset. (DP, S. 56)

Interessant ist nun vor allem, daß Minturno im Kontext dieses Problems die umfassende Gelehrsamkeit nicht mehr als primäre Forderung an den Interpreten, sondern als sekundäre Notwendigkeit betrachtet. Ursprünglich habe die Dichtung von sich aus

---

[32] Die Erörterung geschieht im Rahmen von Überlegungen zum aristotelischen Prinzip der Wahrscheinlichkeit. Hier wird ja auch Castelvetro die historisch bedingte Wissensdifferenz zwischen Autor und Leser eingehend behandeln. Vgl. oben Teil B, Kap. III, S. 252. – Zu Giraldi Cinzios Ansicht über dieses Problem siehe oben Kap. I, S. 304 f.

alles Wissen gelehrt: doch mit der Trennung der Disziplinen voneinander sind die in den alten Texten enthaltenen Wissensdinge schwer verständlich geworden, so daß der Interpret zunächst bei den besten Vertretern der einzelnen Künste und Wissenschaften lernen müsse (vgl. DP, S. 21 f.). Wissen wird hier zu einem Moment der geschichtlichen Relativität des literarischen Werks und macht nicht seinen wesentlichen Wert aus.

Was aber ist die Dichtung ihrem ursprünglichen Wesen nach? Bei der Beantwortung dieser Frage zeigt sich noch deutlicher die Konkurrenz zwischen einer mittelalterlichen und einer neuzeitlichen Auffassung der Dichtung, genauer: zwischen einer im weiteren Sinn philosophisch-ontologischen und einer ästhetischen Auslegung. [33] Beide grundsätzlichen Möglichkeiten können sich bei Minturno überlagern, es kann sogar die ästhetische der philosophischen untergeordnet werden. Doch dominiert letztlich wohl die moderne Auffassung, und zwar gerade deshalb, weil sie die Vielfalt zum künstlerischen Prinzip erhebt und so fähig ist, die ältere Haltung in sich aufzunehmen. Wenn wir hier von einer "philosophisch-ontologischen" Deutung der Literatur sprechen, dann meinen wir damit eine Anschauung, nach der die Form des dichterischen Werks eine bloße Einkleidung für den höheren geistigen Sinn darstellt, der an sich außerhalb des eigentlichen Bezirks der Dichtung liegt. Es ist also eine Anschauung, wie sie sich zum Beispiel in der mittelalterlichen Allegorese niederschlägt. "Ontologisch" ist diese Konzeption, weil hier die Sinnschichten der Literatur einer Schichtung des sichtbaren und des nichtsichtbaren Seins entsprechen. [34]

---

[33] Die Begriffe einer "ontologischen" Kunstauffassung, wie sie der voraristotelischen Antike und dem Mittelalter eigen ist, und einer "ästhetischen", wie sie seit Aristoteles und dann wieder seit der Renaissance anzusetzen ist, übernehmen wir von Ernesto Grassi: *Die Theorie des Schönen in der Antike*, Neuausgabe, Köln 1980 (Du Mont-Taschenbücher. 90).

[34] Vgl. dazu Friedrich Ohly: *Vom geistigen Sinn des Wortes im Mittelalter*, in: F. O.: *Schriften zur mittelalterlichen Bedeutungsforschung*, Darmstadt 1977, S. 1-31.

An einen solchen verweisenden Charakter erinnert nun Minturnos Umschreibung des ursprünglichen Wesens der Dichtung: Dichtung ist Deutung der Wirklichkeit, des Seins. Der Dichter ist "interpres" der Götter, "arbiter" der Natur, "doctor" aller göttlichen und menschlichen Dinge und dadurch Schöpfer der Zivilisationen (vgl. DP, S. 8 f.). In der Dichtung lehrt Gott, "come le cose diuine in uoce spiegar si douessero" (AP, fol. 2). Durch die Dichtung versteht man alles, was aus den Schätzen der Philosophie hervorzuholen ist; und da sie folglich bereits alles Sein und alles Wissen deutet, macht sie die Philosophie wie auch die übrigen Disziplinen überflüssig: [35]

> Itaque Poëtarum libris cùm omne id, quod ex Philosophiae thesauris depromi queat, comprehendatur, qui diuinam illam Poëticae rationem consequi studeat, non sanè opus esse, ut in caeterarum artium studijs elaboret [sic]. (DP, S. 20)

Diese im Kern "theologische" Poetik wird aber zugleich in humanistischer Perspektive umgedeutet, so daß sie schließlich ein ästhetisches Dichtungsverständnis begründet. Die seinsdeutende Fähigkeit der Dichtung geht nämlich aus der Identität von "sapientia" und "eloquentia" bei den Dichtern hervor; mit der "sapientia" versteht man die Dinge, mit der "eloquentia" erklärt man sie:

> Cùm enim duo sint praeclara atque diuina, quibus non modò belluis homines praestent, sed ipsi quoque inter se antecellant ut *unum esset quo res intelligerent, alterum, quò dilucidè explanarent*, uidentur ea

[35] Die aus platonistischer Tradition kommende Ansicht von einer Dichtung, die das Sein und sogar die verborgenen und von der Natur verhüllten Dinge deutet und dadurch der Philosophie überlegen ist, findet sich – vor Minturno – auch bei De' Conti: "Neque tantum de vita et moribus poetae philosophantur, sed etiam res occultas atque ab ipsa natura involutas scrutantur et explicant [...]. " – Anton Maria De' Conti: *De arte poetica (Oratio XXIV) [ca. 1550]*, in Weinberg: *Trattati* (s. Anm. 2), Bd. 2, S. 127-139, hier S. 131.

quidem initio ita fuisse copulata, ut nunquàm quod bene usu uenturum esset, separari debuissent. Idq́ue arbitror significare uoluisse, qui sapientiam, eloquentiamque, quasi geminas sorores, uno eodemque illas partu [...] editas dixerunt. (DP, S. 12, unsere Hervorh.)

Einerseits erhält hier das humanistische Postulat des Zusammenfalls von Weisheit und Rede die Bedeutung, das ursprünglich unmittelbare Verstehen alles Wissens und Seins wiederherzustellen. Andererseits – und das ist in unserem Zusammenhang noch wichtiger – macht Minturno die Dichtung als Wirklichkeitsdeutung vom sprachlichen Ausdruck abhängig. Auf den ersten Blick scheint er nur auf die humanistische Kommentarpraxis anzuspielen: auf eine Auslegung, die ihre vordringliche Aufgabe in der Explikation von Wissen und Sprache sieht, in der Überzeugung, daß sich diese beiden dann von selbst "deuten". Aber Minturno hat hier mehr im Auge als eine Rhetorisierung der Dichtung, nämlich ihre Aufwertung zur Formkunst im weitesten Sinne. Durch ihre Bindung an die sprachliche Gestalt vermag sie alle Themen und Gegenstände präziser, angemessener und gewichtiger, prägnagter darzustellen ("aptius" und "gravius") als irgendeine spezielle theoretische Disziplin.

Hoc Poetae praestabunt, ut quodcumque à quoque perceperint, id longè aptius tractent, longeque grauius, quàm ille ipse, à quo perceperint. (DP, S. 18)

Stilistisches tritt also nicht distanzierend zwischen die Sache und ihre literarische Darstellung, sondern es verringert den Abstand, es ermöglicht einen unmittelbaren Bezug des Lesers zur dargestellten Wirklichkeit. Obgleich die ontologische, seinsdeutende Konzeption in der humanistisch-stilistischen weiterlebt, wird sie gegenüber der mittelalterlichen Auffassung geradezu auf den Kopf gestellt. Dichtung verhüllt nicht unter dem Schleier des

Wortsinns einen geistigen Sinn, sondern das Wort gibt dem Sinn die klarste Gestalt. Die dichterische Sprache zeigt die Dinge in einer Evidenz, die philosophische Definitionen nie erreichen können. (Im folgenden Zitat beachte man die Klimax "sapientia" – "perspicientia" – "evidentia".)

> Atque idem contendo, si qua est inter homines sapientia; si qua perspicientia rerum uiget; hanc totam esse à poetis [...]; ac si quomodo est rei cuiusque species, ut suapte natura est, cognita unquam et intellecta, illorum sanè hanc mentibus insediße; longeque euidentius, ac multò melius rem omnem ab ijs ipsis expressam, quam philosophis definitam. (DP, S. 39)

Betont sei aber nochmals, daß trotz dieses offensichtlichen Plädoyers bei Minturno die ästhetische Auffassung nicht die philosophische verdrängt. Diese bleibt gültig, auch wenn sie ihren ursprünglichen Absolutheitsanspruch aufgibt und zu einer von mehreren Möglichkeiten wird.

Daß es Minturno auf ein Neben- oder Ineinander der beiden Auffassungen, auf ihre Gleichzeitigkeit ankommt, läßt er in beiden Traktaten auf zwar unterschiedliche, aber gleichermaßen bemerkenswerte Weise durchblicken. Im ersten Buch von *De poeta* unterscheidet er drei grundsätzliche Möglichkeiten des Dichtens oder dichterischer Intention; er läßt diese Gliederung als eine antike Auffassung referieren:

1. göttlich inspiriertes Dichten, das den Dichter über das Menschlich-Unvollkommene zum Göttlich-Vollkommenen hin sich erheben und den menschlichen Geist mit göttlichem Licht erleuchten lasse;
2. auf der Erkenntnis der göttlichen und der menschlichen Wirklichkeit beruhendes Dichten, das entweder die Naturlehre oder ethische Prinzipien zum Gegenstand habe;
3. Dichten als reine Nachahmung, und zwar entweder als Dar-

stellung der Realität, wie sie sei, oder als Fiktion von Realität zum Zweck ästhetischen Vergnügens.

> Nam principem, summamque [poesim] illorum [poetarum] esse uoluerunt, qui diuino spiritu afflati supra hominem sese efferunt, diuino lumine mentem illustrant [...] Mediam uerò in rerum & diuinarum & humanarum cognitione posuerunt. Hac enim eorum dicunt, quae sunt, naturas, causasque cognosci. [...] Hac tradi quae bona honestaque sunt [...] Tertiam porrò hanc esse definierunt, quae in effingendo planè consistit, eamque in duo genera diduxerunt. Quorum alterum imagines rerum, uti sunt, exprimit quodque uerum est, consectatur [...]. Alterum à ueritate prorsus abhorret. Non enim id quod sit, sed quod esse uideatur, ad oblectandum imitatur [...]. (DP, S. 53 f.)

Wenig später wiederholt Minturno diese Gliederung mit einer leichten Modifikation; hier werden neben dem göttlich geführten und dem auf Wissen oder Erkenntnis beruhenden Dichten das moralisch belehrende als drittes, das dem ästhetischen Gefallen dienende als viertes aufgezählt (DP, S. 55). Ob Minturno sich bei diesem Dreier- oder Vierermodell auf eine bestimmte (z.B. platonistisch geprägte) Lehre stützen oder ob es als seine Zusammenfassung verschiedener in der Antike vorgefundener Auffassungen verstanden werden soll, geht aus dem Zusammenhang nicht klar hervor. Wohl aber zeigen die Erörterung der Kriterien und ihre Exemplifikation an Vergil und Homer (DP, S. 54 f.), daß Minturno sie für akzeptabel hält. Wie man außerdem unschwer erkennt, gelingt es ihm, im Spannungsfeld zwischen inspiriertem und ästhetisch wirken wollendem Dichten zugleich alle Einschätzungen einzufangen, die der italienische Humanismus gegenüber der Literatur entwickelt hat. Unter den drei bzw. vier Rubriken findet eine platonische Auffassung ebenso Platz wie eine aristotelische oder eine horazische. Poetologische Polaritäten wie die zwischen "ars" und "furor" oder zwischen "prodesse" und "delectare" sind gleichfalls enthalten. Es kommt aber ein weiterer, versteckter Aspekt hinzu, mit dem Minturno den Kreis der spezifisch humanistischen Konzeptionen überschreitet und zugleich bestätigt. Die Gliederung legt nämlich in der von Minturno vorgetragenen Form einen Vergleich mit der mittelalterlichen Auffassung vom mehrfachen Schriftsinn, d.h. von der Schichtung der Textbedeutung in "sensus litteralis", "allegoricus", "moralis" und "anagogicus" nahe. Dafür sprechen folgende Gründe: Die verschiedenen Möglichkeiten dichterischer Intention sind nicht als literarische Gattungen oder Gattungsgruppen gemeint, sondern als typische Formen und Absichten, die in einem Werk auch vermischt auftreten können; das zeigt die erwähnte Exemplifizierung an den Epen Homers und Vergils. Des weiteren werden sie als eine Hierarchie vorgestellt: das inspirierte Dichten als höchste, das bloß ästhetisch wirkende als niedrigste Art. Das in den Bereich des Göttlichen führende Dichten läßt vor allem insofern an die Anagoge denken, als die Dichter mit ihm

> Deorum munere, quod sibi deest, perficiunt, cum Dijs necessitudinem hospitiumque coniungunt, Deorum denique bonis commodisque perfruuntur (DP, S. 53).

Das auf Nachahmung beruhende Dichten schließlich gerät dadurch in die Nähe des "sensus litteralis", daß Minturno eine bei diesem geläufige Unterscheidung aufgreift, mit der ursprünglich theologische von profanen Texten abgehoben wurden: zwischen einem Litteralsinn, der historische Wahrheit beansprucht, und einem solchen, der auf Fiktion beruht.

Minturno können die Berührungspunkte zwischen seinen Kriterien und dem mittelalterlichen Modell nicht entgangen sein. Er konnte davon ausgehen, daß bei seinen Lesern die Allegorese bekannt war, die über das Mittelalter hinaus auch noch im Cinquecento diskutiert und angewandt wurde. [36] Gleichwohl geht

[36] Zum Weiterwirken der Allegorese, zu ihrer Begründung und Diskussion

er an keiner Stelle auf die genannten Ähnlichkeiten ein. Auch wenn die Parallelen beabsichtigt sein sollten, scheint es doch, als wolle Minturno die mittelalterliche Pluralität des Textsinns weder ausdrücklich bestätigen noch überwinden. Vielmehr wird sie wiederum in der Pluralität von Literaturauffassungen aufgehoben.

Die hier erkennbare Absicht kommt in anderer, nicht weniger versteckter Form im späteren Traktat *L'arte poetica* in einer Interpretation von Petrarcas *Trionfi* zum Ausdruck, die ja durchaus allegorisch zu verstehen sind, hier aber zugleich mit formalästhetischen Kriterien analysiert werden. Nachdem die der aristotelischen Theorie entlehnten Begriffe "favola" und "episodio" sowie die Phasenbildung in "principio", "mezzo" und "fine" an der *Odyssee*, der *Ilias* und an der *Aeneis* exemplifiziert worden sind, wird nach ihrer Anwendbarkeit auf das epische Gedicht Petrarcas gefragt. Dabei erörtert Minturno drei Deutungsmöglichkeiten ("modi"). Im ersten "modo" der Gliederung der "favola" stellen der Kampf Amors und Lauras den Anfang, der Sieg Lauras die Mitte und ihr Triumph das Ende dar; alle übrigen Handlungselemente treten als Episoden hinzu, so die Triumphe des Todes, der Fama, der Zeit und der Ewigkeit (AP, S. 36 f.). Im zweiten "modo" der Deutung stellt der Triumph der Keuschheit den Ausgangspunkt dar, die daraus hervorgehende irdische Fama die Mitte, der ewige Ruhm das Ziel; auch hier gelten die übrigen Teile als sinnvoll der "facenda" zugeordnete Episoden (AP, S. 37). Doch Petrarcas Absicht, wendet Minturno ein, werde

---

im 16. Jahrhundert vgl. Klaus W. Hempfer: *Allegorie als interpretatives Verfahren in der Renaissance: Dichterallegorese im 16. Jahrhundert und die allegorischen Rezeptionen von Ariosts "Orlando Furioso"*, in: K. W. H. /Enrico Straub (Hrsg.): *Italien und die Romania in Humanismus und Renaissance. Festschrift für Erich Loos zum 70. Geburtstag*, Wiesbaden 1983, S. 51-75; Ursula Schick: *Malipieros "Petrarca spirituale" als "Canzoniere"-Allegorese*, in: Klaus W. Hempfer/ Gerhard Regn (Hrsg.): *Interpretation. Das Paradigma der europäischen Renaissance-Literatur. Festschrift für Alfred Noyer-Weidner zum 60. Geburtstag*, Wiesbaden 1983, S. 272-287.

wahrscheinlich eine dritte Deutungsweise gerechter: Der gesamte sechsteilige Zyklus stelle eine Vision dar, deren Beginn Amors Kampf und Lauras Sieg über ihn sei; die Mitte werde vom Angriff des Todes und dem Sieg der Fama gebildet, das Ende von Lauras ewigem Ruhm, der alles Vorangehende, auch die Zeit besiege. (AP, S. 37 f.).

Es ist hier nicht die Frage nach der Plausibilität dieser Ansätze zu erörtern, wohl aber die nach Minturnos Absicht; für ihn, dem an einer Interpretation gelegen ist, die sowohl der allegorischen Intention des Werks gerecht wird als auch dessen ästhetische Einheit herauszustellen vermag, scheinen sie vertretbar zu sein. Warum aber schlägt er die drei "modi" vor und worin unterscheidet sich der dritte von den vorangehenden? Zwar treten in den beiden ersten Deutungsvorschlägen die aristotelischen Kriterien Fabel und Episode sowie die Bestimmung einer Handlungseinheit durch Anfang, Mitte und Schluß auf. Doch hält Minturno die Interpretationen wohl für einseitig, weil nicht diese formalen Aspekte, sondern eine stillschweigend vorausgesetzte Trennung in Wortsinn und übertragenen Sinn dominiert. Schon zu Beginn des ersten "modo" unterscheidet Minturno eine "facenda", das eigentliche Geschehen, von der "favola", die jenes Geschehen fiktional darstelle. In der Tat orientiert sich die erste Deutung eher an Aspekten der fiktiven Handlung, wenn die Hauptphasen als "battaglia", "uittoria", "triompho" beschrieben werden. Umgekehrt wird das Geschehen in der zweiten Deutung wohl primär auf der Ebene eines übertragenen Sinns verankert, wenn als Phasen hier "Castità", "Fama" und "la uera gloria, che nell'eternità se ne le riserua" gelten. Die irdischen Aspekte werden zugleich zur Hintergrundhandlung. Die dritte Interpretation bringt insofern etwas essentiell anderes, als Minturno mit der Auslegung des sechsteiligen Zyklus als einer durchgängigen Vision wohl die Dichotomie von wörtlicher und übertragener Bedeutung hintanstellen will. In der Vision sind die Geschehenselemente real wie geistig bedeutsam. Begriffe, die zuvor verschiedenen Deutungsmodi zugeordnet waren, treten nun als Aspekte der gleichen Handlungsstruktur auf. Das Modell des mehrfachen Textsinns wird auch hier nicht ausdrücklich aufgegeben oder ersetzt, sondern dem Prinzip einer ästhetischen Strukturierung unter- bzw. in es eingeordnet. [37]

Die auf eine formale Gliederung abzielende Analyse, die Minturno an dieser Stelle als Deutungsprinzip vor den Augen seiner Leser herleitet, praktiziert er aber nicht nur hier, sondern recht häufig in beiden Traktaten. So werden etwa die *Iphigenie* des Euripides, die *Andria* des Terenz (DP, S. 128 f.), die *Antigone* des Sophokles oder die *Hecuba* des Euripides (AP, S. 87 ff.) mit Hilfe aristotelischer Kriterien auf ihre Handlungsstrukturen hin untersucht, genauer: dem Leser wird gezeigt, wie er ein Theaterstück mit diesen Mitteln überschauen kann. Ganz ähnlich gibt Minturno dem Interpreten das nötige auf Aristoteles oder Horaz fußende Instrumentarium an die Hand, um die Chronologie der epischen Ereignisse, etwa in der *Aeneis*, der *Ilias* oder der *Odyssee* zu bewältigen (DP, S. 130 ff.). Gelegentlich wird gar ein einzelnes Werk, so der *Zyklop* des Euripides (AP, S. 163-165), nicht nur unter einem einzigen Gesichtspunkt, sondern unter dem Aspekt des Zusammenspiels verschiedener Kriterien – der Fabel, der Handlungsführung, der dramatischen Mittel und ihrer Wirkung, der Personen, des Chors usw. – analysiert, wodurch Minturno über eine bloß formale Beschreibung deutlich hinauskommt.

5 Deutung als Vergleich des Werks mit typischen Gestaltungs möglichkeiten

Obwohl aufgrund solcher Befunde Minturnos Tendenz zum Nebeneinander konkurrierender Deutungskonzeptionen, wenn nicht gar zur Bevorzugung der ästhetischen außer Zweifel stehen muß, begegnet man Passagen, in denen er das Vorrecht des geistigen

[37] In AP, S. 10 definiert Minturno die "favola" bereits als "contesto", hebt also schon hier den Handlungszusammenhang hervor.

Sinns wiederherzustellen scheint, zum Beispiel gerade dort, wo er die ästhetische Perspektive mit Hilfe der menschlichen Wahrnehmung begründet. Minturno bezeichnet die Sinne als Interpreten und Boten der Dinge. Durch ihre Wahrnehmung – vor allem Augen und Ohren – erfassen wir diese und führen sie dem Geist zu, während die Seele über die Ideen verfügt und im Vergleich von Idee und Sinneswahrnehmung zum Verstehen gelangt (vgl. DP, S. 436 f.). Etwas später scheint er in bezug auf die Literatur sogar vom Vorrang ihrer geistigen Bedeutung gegenüber den sinnlichen Aspekten überzeugt zu sein, beide Seiten also entgegen der oben erläuterten Auffassung voneinander zu trennen: Der Sinn geht dem sprachlichen Ausdruck voraus:

> Quia uerò dicuntur animo sentiri quaecumque orationem molimur, concipiuntur autem haec ipsa priusquam explicentur, operae precium sanè fit, ut de sententijs, quàm de uerbis, ante dißeramus. (DP, S. 441)

Sehr ähnlich formuliert Minturno in *L'arte poetica*:

> Ma, percioche tutto quel, che col parlare comprendiamo, si dice, che nell'animo si sente; e prima è dentro conceputo, che fuori apparisca; onde prima delle sentenze, che delle parole par, che ragioneuolmente dimandarui debba [...]. (AP, S. 282)

Aber diese Sätze klingen nur wie ein Rückgriff auf die mittelalterliche Abstufung von "verbum" und "sententia". [38] Minturno zielt nicht auf eine Rangfolge der beiden Seiten ab, sondern auf ihre logische Reihenfolge in der Entstehung des sprachlichen Ausdrucks. [39] Das aber ist wiederum eine Konsequenz aus dem

[38] Zur Hierarchie von Wort und Aussage im Mittelalter vgl. Hennig Brinkmann: *Mittelalterliche Hermeneutik*. Darmstadt 1980, S. 157-162.

[39] Als gleichrangige Aspekte des Textverständnisses erscheinen sie z.B. in DP, S. 66.

ästhetischen Verständnis: In einem literarischen Text drückt sich der Autor aus; und durch seine sprachliche, stilistische und formale Gestaltung ist das Werk untrennbar mit seinem Autor verbunden. Schon deshalb ist eine Theorie des Dichters (*De poeta*) oder seiner Ausdruckskunst (*L'arte poetica*) von vornherein auch eine Interpretationstheorie. Den Text deuten heißt dann, durch seine Gestalt den Autor verstehen. In der Tat legt Minturno häufig seine literarischen Beispiele unter diesem Blickwinkel aus. Er sieht etwa durch eine Analyse des *Canzoniere* Petrarca mit seinen Gedanken und Gefühlen, also mit seinen Ausdrucksabsichten vor sich:

> [...] uedete, come il Petrarca allegro si mostra del ben dell'amico [...]. (AP, S. 51)
> Onde questi Sonetti significano il timore del Petrarca [...]. (ebd., S. 53)
> Questa paura chiaramente espressa trouarete in quel Sonetto [...]. (ebd.)
> Significatrici di graue sdegno nato della indegnitâ del luogho, e de' costumi del paese, sono quelle parole del Petrarca [...]. (ebd., S. 55)
> usw.

Dichtung wird hier somit als die Kunst gesehen, einer subjektiven Absicht eine sprachliche Gestalt zu geben, die die Intention unmittelbar, evident erkennen läßt. Aber hier entsteht ein grundsätzliches Problem: Wenn durch die literarische Form eine Ausdrucksabsicht tatsächlich auf klare, prägnante Weise verstanden werden will, dann muß der gestalterischen Willkür möglichst wenig Platz eingeräumt werden. Das Subjekt – der Dichter – , das sich verständlich machen will, muß dem künstlerischen Ausdruck annähernd dieselbe Bedeutung zuerkennen wie der Leser, Hörer oder Zuschauer; andernfalls würde dieser den Autor mißverstehen. Im dritten Abschnitt dieses Kapitels hatte sich auch gezeigt, daß der einzelne Interpret sich als Repräsentant des Lesers schlechthin begreift. Die Mittel der Gestaltung müssen daher an einen gültigen Maßstab gebunden sein; sie müssen objektivierbar sein, nämlich von Autor und Lesern mit den gleichen Kriterien gedeutet und beurteilt werden. In der Theorie der Dichtung, der Theorie ihrer Verstehbarkeit mithin, wird es vor allem darum gehen, die Möglichkeiten der künstlerischen Gestaltung, aus denen ein Autor schöpft, nach beschreibbaren Merkmalen zu gliedern. Umgekehrt wird das einzelne Werk mit seiner besonderen Ausprägung als individuelle Auswahl aus den grundsätzlichen, typischen Möglichkeiten erscheinen.

Die Dichtungstheorie stellt Maßstäbe für die Interpretation jedes einzelnen Textes zur Verfügung. Diese Aufgabe bewerkstelligt sie, indem sie aus einer möglichst großen Fülle antiker wie italienischer Autoren und Werke eine Vielfalt von Spielarten der Gestaltung herauslöst. Auf dem Weg über die Induktion führt sie die an sich unbegrenzte Zahl dichterischer Ausprägungen auf eine begrenzte Zahl zurück. [40] Sie setzt also die Auslegung von

---

[40] Giulio Camillo Delminio sieht schon 1530 die Reduktion von Unbegrenztem auf Begrenztes als unabdingbare Voraussetzung für die Verstehbarkeit von Texten an. Er vergleicht die Poetologie mit dem Alphabet: nur die begrenzte Zahl von Buchstaben ermögliche ein verständliches sprachliches Gebilde: "Prima che fussero trovate le ventidue lettere del nostro alfabeto, se alcun si fusse offerto di dar ventidue caratteri con li quali potessero esser notati tutti i pensier nostri, co' quali tutte le cose delle quai parliamo potessero esser scritte, non sarebbe stato beffato? E pur veggiamo che queste poche lettere che sono nell'alfabeto sono bastanti a esprimere il tutto. E la prova che è tutto dì nelle mani di color che scrivono ne fa manifesta fede. Appresso, se da poi che si trovarono i libri già scritti fusse smarrito il numero delle lettere dell'alfabeto, e che alcuno volesse prometter di condurle tutte fuor dei libri a certo e picciol numero, sarebbe egli uccellato da quelli che meriterebbono maggiore uccellamento? i quali veggendo i libri pieni di lettere si darebbono a credere che tutte fussero diverse e che scrivendo non si facesse spesso ritorno alle medesime. " – Giulio Camillo Delminio: *Della imitazione [ca. 1530]*, in Weinberg: *Trattati* (s. Anm. 2), Bd. 1, S. 159-185, hier S. 172. – Zur Reduktion der grundsätzlich unzähligen Gestaltungsmöglichkeiten auf zählbare Prinzipien vgl. auch ebd. S. 180: "E benché paiono infinite così fatte posizioni, imperò che ciascuna con una picciola alterazione potrebbe esser divisa in molte, nondimeno poche sarebbono le principali [...]. "

Texten voraus und mündet wieder in das Textverständnis. [41] Hier zeigt sich noch einmal, wie wichtig Minturnos Bewußtsein ist, er habe einen vollständigen Überblick über die alten und die neueren Dichtungen; "abunde" und zugleich "partite" zu verfahren (vgl. DP, S. 266) [42] ist wesentliche Voraussetzung dafür, daß poetologische Kriterien im obigen Sinn intersubjektiv gültig sind.

Äußeres Zeichen der induktiven Herleitung quantitativ begrenzter Merkmale aus der an sich unendlichen Vielfalt faktischer Werke ist das Zitat, vor allem dort, wo es gehäuft, als Reihung von Beispielen vorkommt. Natürlich hat nicht jedes Zitat in *De poeta* oder *L'arte poetica* diese Funktion; denn Minturno setzt auch den humanistischen Usus fort, jede wesentliche Behauptung durch antike Gewährsleute zu verbürgen. [43] Wenn jedoch das literarische Beispiel nicht Bestätigung, sondern Ausgangspunkt der Erörterung oder Beobachtung ist, weist Minturno nicht selten ausdrücklich darauf hin, etwa durch Formulierungen wie die folgenden (es sei auch an die obigen Petrarca- Beispiele erinnert):

> *Reperies* etiam carmina, quorum contextus [...] (DP, S. 260, unsere Hervorh., auch im folgenden)

---

[41] Diese Doppelseitigkeit der Dichtungstheorie der Renaissance zeigt sich besonders einprägsam in einem Traktat Verdizzottis über die Erzählhaltungen: Anhand von Vergils *Aeneis* entwickelt er eine Typologie von vier Arten des Erzählens: der "narrazione retta" (direkter Erzählerbericht), "quasi retta" (Bericht durch eine fiktive Gestalt), "obliqua" (Erzählung durch eine dritte Person, aber ohne explizite Einführung einer erzählenden Gestalt, gewissermaßen also "personal"), "quasi obliqua" (Erzählung mittels einer nichtpersonalen Darstellung der Sache oder des Ereignisses, z.B. durch ein Gemälde oder eine Skulptur). Diese Idealtypen werden dann wiederum auf die Literatur angewandt: Verdizzotti verteidigt die *Aeneis* mit Hilfe seiner Typologie gegen den Vorwurf des Unkünstlerischen. Er zeigt, daß bei Berücksichtigung der Erzähltypen Vergils Intention klarer zu verstehen sei. – Vgl. Giovanni Mario Verdizzotti: *Breve discorso intorno alla narrazione [1588]*, in Weinberg: *Trattati* (s. Anm. 2), Bd. 4, S. 5-12, bes. S. 11 unten und 12 oben.

[42] Siehe oben S. 329.

[43] Zitate mit nur illustrierender Funktion z.B. DP, S. 13, 19 f., 25, 38 f., 40 f., 42, 43, 87 ff. usw.

> *Reperies* coniuncta atque admista [...] (ebd.)
> Sunt & alij praeterea modi poematis conscribendi; quos in Tragoedia, siquis uelit, facile *deprehendet.* (ebd.)
> Quod ex his, quae Seneca scripsit, planè *agnosces* [...] (ebd.)
> *Habetis* amatoriam leuitatem, qua nihil leuius eße potest, rectè *expressam.* (DP. S. 295)
> In hoc loquacitas etiam senilis exemplum effictum *deprehendes.* (DP, S. 299)
> Siquis autem ad reliqua spectauerit poemata [...], eo magis hunc uariare potuerit. [...] Quas facilè *deprehendes*, si [...] (DP, S. 496)

Die Herleitung von Prinzipien aus der Beobachtung kann – ähnlich wie bei Trissino [44] – auch negativ hervorgehoben werden:

> Infin' à quì niuna [ballata] n'hô letta, nel la qual d'altro si ragioni. (AP, S. 247)
> Infin' à quì in niuno Canzoniero legger mi s'è fatta, altro che di due coppie in queste maniere [...]. (AP, S. 254)

Folgerichtig erscheint eine verallgemeinernde Lehre, ein "Präzept" für den Dichter oder den Interpreten – wenn überhaupt – erst am Schluß von Erörterungen. Ein Zitat aus der horazischen *Ars poetica*, wie im folgenden Beispiel, bekräftigt allenfalls den Gedankengang, faßt ihn wiederholend zusammen, es lenkt ihn nicht:

> Nunc de affectibus exprimendis, Oratiana illa praecepta repetamus. (DP, S. 240; vgl. S. 248, 249 f.)

Vom methodischen Vorgehen her setzt die Induktion poetologischer Kriterien, wie bereits angedeutet, in jedem Fall zwei Aspekte voraus:

---

[44] Siehe oben S. 322.

(1) Das Zitatbeispiel muß mit einem typischen Merkmal gekoppelt sein; es muß das Merkmal, das analytisch aus ihm hergeleitet wird, repräsentieren und dem Leser vor Augen stellen. Der Dichter bringt in seiner Darstellungsweise eine grundsätzliche, wegen ihres typischen Charakters leicht einsehbare Gestaltungsmöglichkeit zum Ausdruck: [45]

> Quàm bellè is idem poeta in Phaedra ***mores amatorios*** descripsit, ut est [...]. (DP, S. 196)
> [...] nec minus probè ***habitum, formamque aegrotantis*** expressit [...]. (ebd., unsere Hervorh.)

Eine ähnliche Aufgabe haben Minturnos Zitate aus der *Aeneis*, an denen drei grundsätzliche Erzählweisen (DP, S. 28 f.; vgl. AP, S. 19 f.) oder Darstellungsweisen von "affectiones" demonstriert werden und an deren Ende Minturno wiederum betont, daß es um das Auffinden von Möglichkeiten geht:

> Atque eiusmodi multa, quae ad hoc genus attineant, planè *offendas*. (DP, S. 139, unsere Hervorh.)

Entsprechend deutet Minturno eine Reihe von Passagen italienischer Dichtungen, um an ihnen einen Überblick über die vielfältigen Funktionen des Textanfangs, des "principio" zu gewinnen. Auch hier folgt das theoretische Fazit am Schluß der Beispielliste:

> Quali sono le uertû del Principio? [usw]. (AP, S. 17)

Und einige Zeilen später wird nochmals an die Herleitung dieser "vertù" aus den Texten erinnert:

> Tutte queste uertû trouerete nel principio del Triompho del Petrarca. (ebd.)

[45] Vgl. auch DP, S. 382 ff. und 386 f. sowie AP, S. 163: "Vorrei, *per conoscere meglio*, come sia fatta questa poesia, che di lei mi si mostrasse l'essempio. "

Ein letztes Beispiel betrifft die Fabel und ihre Gliederung; auch hier "zeigt" der Autor die Typenvielfalt, indem er sie jeweils an Zitate aus der antiken wie der italienischen Literatur bindet (vgl. AP, S. 42 ff.). [46]

(2) An den zuletzt genannten Stellen aus *De poeta* und *L'arte poetica* kommt eine zweite, wichtigere methodische Voraussetzung der Induktion hinzu: An einzelnen Textstellen aus Gedichten, Epen, Dramen läßt sich im strengen Sinne kein übergreifender Typus nachweisen; das erlaubt erst die Zusammenstellung vieler gleichartiger Beispiele, die sich in bezug auf das erörterte Merkmal überschneiden oder doch so ähneln, daß sie dieses gewissermaßen einzukreisen vermögen. So werden die Möglichkeiten, Leidenschaft darzustellen, anhand einer Kette von neun Beispie-

[46] Ein entsprechendes interpretatives Vorgehen findet sich in einem um 1540 entstandenen Traktat Delminios. Der Autor kommentiert dort metaphorische Passagen aus Texten Petrarcas, indem er sie mit älteren Ausprägungen des jeweiligen Bildes vergleicht, mit Vergil, Cicero, Seneca, Lukrez, den Psalmen Davids. – Vgl. Giulio Camillo Delminio: *Trattato delle materie che possono venir sotto lo stile dell'eloquente [ca. 1540]*, in Weinberg: *Trattati* (s. Anm. 2), Bd. 1, S. 319-356, bes. S. 328-341. – Delminio will hier wohl nicht die Möglichkeiten der Imitatio vorführen, indem er sie auf Topoi zurückführt; die Besonderheit Petrarcas ergibt sich aus dem Verhältnis zwischen tradiertem Substrat eines Bildes und der neuen Gestaltung, zwischen typischer Struktur und spezifischer Variation. Wenig später wendet Delminio das zuvor erörterte Verfahren der topischen Auslegung auf ein von ihm selbst verfaßtes Sonett an (ebd., S. 343 ff.). Eine weitere Anwendung derselben Methode findet sich schließlich in Delminios Traktat *La topica, o vero della elocuzione [1540]*, ebd., S. 357-407, bes. S. 362 ff. – Daß es sich auch hier nicht einfach um rhetorische Klassifikationen, sondern um Maßstäbe zur Textinterpretation handelt, zeigt die Art und Weise, in der topische Beispiele angeführt werden: "Ma la pittura che segue dalla traslazione vien solamente dalla cosa onde il traslato è stato preso, che per correre alla mente nostra la cosa onde è stata trasferita la voce, ci fa quasi veder simile quella a cui à trapportata [...]." (ebd., S. 383, vgl. auch S. 403). – Ein ganz ähnlicher Gedanke findet sich bei Bernardino Partenio: Die Kenntnis von Topoi ist nicht nur hilfreich für den, der selbst dichten will, sondern auch für den, der die Dichter liest. Daher genießen Gelehrte dichterische Texte mehr als Ungelehrte. – Vgl. Bernardino Partenio: *Dell'imitazione poetica. Libro primo [1560]*, ebd., Bd. 2, S. 519-558, hier: S. 551 oben.

len entwickelt, deren Intentionen Minturno als zu einer gemeinsamen Absicht hin konvergierend versteht; sie wird aus den Beispielen "herausgeschmolzen": [47]

> Ex quibus locis ***liquere potest***, agentem ipsum ita miserabiliter affectum uideri; ut miserationem in audientis animo debeat concitare. (DP, S. 198, unsere Hervorh.)

Aus der Vielfalt von Texten müssen also Typologien oder Modelle[48] entwickelt werden, die den Einzelfall aus seiner Unwägbarkeit herauszuholen erlauben und ihn im Vergleich mit typischen Möglichkeiten meßbar machen. Im Zusammenhang mit der Komödie wird zum Beispiel erörtert, daß es zwar unendlich viele Arten von Komik gebe, daß sie sich aber auf eine begrenzte Zahl von Prinzipien der komischen Wirkung zurückführen lassen: auf die Komik in der Sache und die Komik in der Sprache:

> Dies me antequam oratio deficeret, si omnia genera, quae ab alijs neglecta Comici consectantur, singulatim percenserem. Quae uerò summatim omnem facetiarum uarietatem complectitur, haec partitio profectò est, ut in re alias, alias in uerbo habeamus. (DP, S. 310)

[47] Ähnlich auch die Beispiele zur Personendarstellung, DP, S. 192 ff.

[48] Die Modellvorstellung ist dem 16. Jahrhundert auch terminologisch bereits bekannt; das Verhältnis von prinzipieller Möglichkeit und einzelnem Werk wird als das eines gedachten Modells zu einer konkreten Gestaltung gesehen. Hierzu noch einmal Delminio: "E non altrimenti che le pietre fan sensibile quel *modello* che prima stava occulto nella mente dell'architetto, così le parole fan sentir la forma dell'eloquenzia, la qual prima senza cadere sotto l'altrui senso, nell'animo dell'eloquente stava riposta. E di novo, sì come quel medesimo *modello* potrebbe esser fatto sensibile da pietre cotte, da marmo bianco o da porfido, così un medesimo *modello* di eloquenzia può esser vestito di parole galliche, romane o greche. Adunque, è da considerare che prima che 'l *modello* venga alla cognizion del senso per mezzo delle parole, sia dall'intelletto alla imitazion di alcun perfetto ben formato, introdotto e disposto." – Giulio Camillo Delminio: *Della imitazione* (s. Anm. 40), S. 183 (unsere Hervorhebungen).

Es folgt dann ein langer Nachweis dieses methodischen Gedankens, eine sehr umfangreiche, fast 40 Seiten lange Zusammenstellung von Beispielen zur Sach- und zur Sprachkomik, die im Sinne der obigen Äußerung kommentiert, also im Hinblick auf ihre Zuordnung zu Gestaltungsprinzipien ausgelegt werden. Ähnliches äußert Minturno über stilistische Formen. Im vierten Buch der *Arte poetica* erörtert er ausführlich sieben "forme semplici del parlare"; die Frage seines Gesprächspartners, ob es denn nicht faktisch viel mehr gebe, bejaht er; er sei aber gleichwohl überzeugt, daß sich alle Formen der dichterischen Rede auf diese sieben "semplici", "generali", das heißt grundsätzlichen reduzieren lassen:

> F[errante]. Trouatene piû di queste? M[inturno]. Lascierò cercarle à coloro, che lo studio loro han posto in andarle inuestigando. Percioche la intention nostra non è di ragionare, se, chi uorrâ particolarmente andarle cercando piû n'habbia à ritruouare. Ma ben credo, che, quantunque altre se ne trouassero, pur in queste sette generali si comprenderieno. (AP, S. 443)

Derartige Passagen lassen die Poetologie zu einem gegliederten Inventar grundsätzlicher Möglichkeiten der sprachlichen und formalen Gestaltung der Dichtung werden. Die Theorie dient der Sichtung, Beschreibung und Ordnung des sonst unüberschaubaren Materials. [49] Beispielreihen sollen helfen, es "partite" und "distincte" auszulegen:

> Quibus [d.h. die "figurae dicendi"] quidem cognitis, caetera studio, & exercitatione consequi nemo non poßit, praesertim cùm partitè, atque distinctè non paucis exposuerim, quàm multa sint haec poeticae lumina orationis. (DP, S. 545)

Aufgrund der Genese, die wir bis hierher in ihren Hauptaspekten skizzierten, bekommt die Typologie als gegliederte Klassifikation

[49] Vgl. auch DP, S. 538; siehe oben S. 327 f.

die vorrangige Aufgabe, dem Verständnis der Literatur zu dienen, also Deutungsmodell zu sein. Wer die grundsätzlichen Formen des dichterischen Ausdrucks verstanden hat, versteht auch den Einzelfall:

> [...] cur tibi [Syncero] non liceat rem tam amplam ac fusam illis generibus complecti; quibus sanè perspectis vim eloquendi de caeteris quoque rebus assequamur? (DP, S. 101)

Es ist hier natürlich unmöglich, die in beiden Traktaten sehr zahlreichen Typologien und Typenreihen vorzuführen; es gibt kaum einen poetologischen Aspekt, dessen Erörterung nicht auf eine systematische Gliederung hinausliefe. Interessanter als Form und Quantität dieser Modelle ist das kritische Bewußtsein, mit dem Minturno die Funktion der Typologie einschätzt. Die moderne Auffassung vom Idealtypus, der eine Abstraktion darstellt und in den faktischen Werken nie in reiner Form auftritt, kennt Minturno bereits sehr genau. [50] Immer wieder betont er im Anschluß an die Entwicklung einer Typologie, daß das einzelne Werk als Mischung typischer Möglichkeiten zu verstehen sei. Es ist zwar mit Hilfe des gegliederten Modells meßbar, weil es mit ihm verglichen werden kann, aber seine besondere Gestalt wird zwischen den essentiellen Formen liegen oder sich aus Teilaspekten der Typologie zusammensetzen.

Darauf macht Minturno manchmal schon im voraus aufmerksam, indem er das Spektrum von Gestaltungsmöglichkeiten aus einem einzigen umfangreichen Text herleitet, vorzugsweise aus der *Aeneis*. Dem Text wird dann gewissermaßen ein System von Kategorien unterlegt, und einzelne Teile werden diesen Kategorien zugeordnet. Minturno verfährt so zum Beispiel bei der Erörterung der Textgliederung (DP, S. 111 ff.) oder der Erzählebenen und der Handlungsverknüpfung (DP, S. 155 ff.). Daß sich

[50] Zur Bedeutung des (von Max Weber geprägten) Begriffs "Idealtypus" in der Literaturwissenschaft vgl. z.B. Eberhard Lämmert: *Bauformen des Erzählens*, Stuttgart [3] 1968, S. 9-18, bes. S. 15.

im Einzelwerk Typen mischen, manifestiert sich auch dort, wo in gegliederten Beispielreihen einzelne Texte mehrfach, nämlich unter verschiedenen Aspekten genannt werden (vgl. AP, S. 121 ff., S. 133 ff.). Aber auch ganz ausdrücklich erinnert Minturno den Leser daran, daß ihm in den Dichtungen die systematischen Kriterien stets gemischt begegnen werden. So wird am Schluß der oben schon erwähnten Systematisierung der komischen Wirkung hinzugefügt, daß trotz der theoretischen Reduktion auf wenige Gesichtspunkte die einzelne komische Situation mehrere umfasse, ja daß sie ihre Wirksamkeit gerade der gemischten Form verdanke:

> Nec mirum sit, siqua eadem in diuersa genera contulerim. idque in plerisque alijs facere potuissem. Cùm pleraque commista sint, atque ea quidem excitent magis, quae non una ridiculi ratione continentur. (DP, S. 347)

Ebenso wird in *L'arte poetica* begründet, warum einzelne Arten des "motteggiare" in der Komödie unter mehreren Rubriken der Typologie genannt werden; der Randtitel formuliert dort: "Che un Motto può ridursi à diuerse maniere" (AP, S. 149). Und schließlich behauptet Minturno auch hinsichtlich der gleichfalls oben genannten "forme semplici del parlare", daß die Qualität der jeweiligen Gestaltung von der Verknüpfung der grundsätzlichen Formen abhänge:

> Ma io m'auiso queste esser tali, che sì semplice niuna forma trouarsi possa che con alcuna altra congiunta non sia. E quel Poema esser tenuto ottimo, e perfetto, il cui dire di tutte queste forme di parlare, ò pur della più parte è composto. (AP, S. 443)

Aber nicht nur sozusagen nach "innen" hin sind die Abgrenzungen der modellhaften Typologien relativ. Da sie aus der Beschreibung der faktischen Texte hervorgehen, erfassen sie den

Spielraum des bisher Möglichen. Minturno schließt deshalb nicht aus, daß der von ihm umrissene Spielraum überschritten werden kann. Modelle ermöglichen nicht nur die Extrapolation, das heißt die Ergänzung des bisher Beobachtbaren durch das überhaupt Denkbare. [51] Sie sind grundsätzlich offen auf die Erprobung künftiger Ausdrucksformen hin. So fragt Minturno im Zusammenhang mit der Darstellung des menschlichen Verhaltens mit skeptischem Unterton – obgleich die "costumi" für ihn an sich beschreibbar sind (vgl. AP, S. 46 ff.):

> Come di cosa infinita certa regola ui darei? (AP, S. 47)

Auch im Anschluß an die systematische Gliederung der lyrischen Formen und Ausdrucksmittel räumt Minturno ein, daß gerade ein qualitativ hervorragender Autor sich durch seine Unabhängigkeit gegenüber solchen Maßstäben auszeichne. Mit jedem Tag entständen neue Dichtungen, die das bisher Gültige außer Kraft setzten:

> Nè u'allegherò tante Canzoni, che da molti si sono fatte, e di dì in dì si fanno liberamente, e senza regola [...]. (AP, S. 267)

Die gegliederte Beschreibung der Dichtung stellt nur vorläufige Koordinaten eines weit vielfältigeren und an sich endlos variablen Feldes dar. Der Interpret der Literatur muß davon ausgehen, daß Dichtung ihre Stärke in der Beweglichkeit gegenüber starren Normen besitzt und daß die Kunstfertigkeit des Dichters, der seine persönliche Absicht bestmöglich verwirklichen will, in der Auslotung des Spielraums der Variationen besteht. [52] Was Minturno

---

[51] Vgl. z.B. DP, S. 29, 85; AP, S. 213 ff., 217, 243 f. – Hier sei auch an Castelvetros "Verlängerung" der aristotelischen Kriterien in Richtung auf das universal Mögliche hin erinnert; vgl. oben Teil B, Kap. III.

[52] Vgl. auch Arnaldo di Benedetto: *Un'ipotesi di lavoro: la poesia come variazione*, in: Giornale storico della letteratura italiana 144 (1968), S. 324-328.

über die Variabilität der Reime sagt, ließe sich sicher verallgemeinern:

> Di che anco auuiene, ch'essendo stretto legame la consonanza, per questa libertâ di poter' il modo in lei uariare, non ui costringa à dir quel, che per auentura men ui piacerebbe. (AP, S. 245)

Der Wert von Typologien erschöpft sich also nicht in der Beschreibung der Möglichkeiten. Sie liefern, je differenzierter und offener sie sind, einen Maßstab für die Beurteilung der Originalität eines Textes. So führen sie den Interpreten wieder dorthin zurück, von wo sie hergeleitet wurden: zum einzelnen Werk als individuellem Ausdruck des schaffenden Subjekts.

III PATRIZI: LITERATURGESCHICHTE UND BEGRIFFLICHER KONSENS ALS BEDINGUNGEN EINER UNIVERSALEN LITERATURTHEORIE

1 Allgemeine Bestimmung seiner Theorie: Literaturverstehen durch Konstruktion eines umfassenden Modells

Die Entstehung von Francesco Patrizis Traktat *Della poetica* [1] erstreckt sich über eine verhältnismäßig lange Zeit. Der Au-

[1] Francesco Patrizi da Cherso: *Della poetica*, edizione critica a cura di Danilo Aguzzi Barbagli, 3 Bde., Firenze 1969-1971 (Istituto Nazionale di Studi sul Rinascimento). – Wir zitieren nach dieser Ausgabe unter Angabe des Bandes (römische Ziffern) und der Seitenzahl. – Zur allgemeinen Charakterisierung der Poetik vgl. Bernard Weinberg: *A History of Literary Criticism in the Italian Renaissance*, 2 Bde., Chicago 1961, Bd. 2, S. 765 ff. – Zu Patrizis philosophischer Position vgl. Paul Oskar Kristeller: *Acht Philisophen der italienischen Renaissance. Petrarca, Valla, Ficino, Pico, Pomponazzi, Telesico, Patrizi, Bruno*, übers. v. Elisabeth Blum, Weinheim 1986, Kap. 7, S. 95-108. Kristeller ordnet Patrizi generell den Naturphilosophen zu, die "der neuen Wissenschaft und Philosophie des 17. Jahrhunderts und der Moderne den Weg bereiteten" (ebd. S. 95). Im folgenden wird sich zeigen, wie

tor nennt das Jahr 1555 als den Beginn seiner Arbeit an diesem Werk; nach längerer Unterbrechung habe er erst 24 Jahre später die Niederschrift wieder aufgenommen. [2] Andere Angaben weisen darauf hin, daß er sich erst 1586 erneut mit der Literaturtheorie befaßt hat, im gleichen Jahr, in dem auch die ersten beiden *Deche* des Traktats erschienen. [3] (Als *Deca*, weil jeweils zehn Bücher umfassend, bezeichnet Patrizi jeden der sieben Teile [4] seiner Schrift.) Die übrigen fünf, oft fragmentarischen *Deche* blieben bis 1969 unveröffentlicht.

Die ausgedehnte Entstehungszeit erlaubte es dem Autor, die zeitgenössischen literaturtheoretischen Diskussionen besonders aufmerksam und distanziert zu verfolgen, [5] so daß sein Traktat nicht nur aufgrund der Chronologie den Abschluß in der Reihe unserer exemplarischen Untersuchungen bilden kann. Auf Patrizis lange "Bedenkzeit", die der Niederschrift vorausging, ist es zurückzuführen, daß sich in *Della poetica* alle wesentlichen Einzeltendenzen der zuvor besprochenen humanistischen Kommentare und Literaturtheorien widerspiegeln. Aber Patrizi faßt nicht nur wie Minturno zusammen; er bringt die einzelnen Tendenzen durch eine strenge, von der Emphase früherer Autoren weitgehend freien Folgerichtigkeit seines Denkens zu einem gewissen Abschluß, überwindet daher ähnlich wie Castelvetro das im engeren Sinne humanistische Textverstehen. Er erinnert also in mancher Hinsicht an Minturno und Castelvetro, an den Vollständig-

---

Patrizi auch für die Literatur ein neues Wissenschaftsverständnis begründen will. – Zu Patrizis analogen Bemühungen um eine wissenschaftliche Geschichtsschreibung bzw. Rhetorik vgl. Hanna-Barbara Gerl: *Humanistische und geometrische Sprachphilosophie. Ein Paradigmenwechsel von Leonardo Bruni zu Francesco Patrizi*, in: Zeitschrift für philosophische Forschung 36 (1982), S. 189-207. hier: S. 195 und S. 200.

[2] Vgl. *Della poetica*, I, 8.

[3] Vgl. die *Introduzione* Aguzzi Barbaglis, Bd. 1, S. XII.

[4] Die einzelnen Titel: *La deca istoriale* (Bd. I), *La deca disputata, La deca ammirabile* (Bd. II), *La deca plastica, La deca dogmatica universale, La deca sacra, La deca semisacra* (Bd. III).

[5] Vgl. Bd. 1, S. XII.

keitsanspruch und die systematische Detailliertheit des einen wie an die kritische Rationalität des anderen. Doch während Minturno den Reichtum der Literatur im Nebeneinander divergierender Meinungen über Dichtung und divergierender poetischer Gestaltungsmöglichkeiten sieht, bemüht sich Patrizi um Reduktion von Gegensätzen auf eindeutige Begriffe. Und während Castelvetro ein allgemeingültiges Modell durch Extrapolation der aristotelischen ***Poetik*** zu gewinnen versucht, setzt Patrizi eine möglichst lückenlose Geschichtsschreibung der Dichtung und ihrer Theorie voraus.

Weithin gilt jedoch noch immer ein anderes Bild Patrizis: das des platonistischen Theoretikers, dessen Literaturauffassung an die Schwelle einer modernen, subjektivistischen Ästhetik führe.[6] Besonders drei Momente scheinen für eine platonistisch-subjektivistische Position zu sprechen: seine Kritik an wichtigen aristotelischen Begriffen, seine ausführliche und wiederholte Erörterung der Inspirationslehre und seine Auffassung vom "mirabile" als dem zentralen Wirkungsprinzip der Dichtung. In jüngster Zeit hat die Forschung jedoch gezeigt, daß nicht nur bei diesen Momenten, sondern im ganzen Literaturmodell Patrizis eine nüchtern-rationale, ja konstruktivistische Haltung dominiert. [7] Patrizis Kritik an aristotelischen Kriterien richtet sich

[6]Vgl. z.B. Renato Barilli: *Patrizi*, in R. B.: *Poetica e retorica*, Milano 1969 (Saggi di estetica e di poetica. 9), S. 119-139; August Buck: *Einleitung*, in A. B. /Klaus Heitmann/Walter Mettmann: *Dichtungslehren der Romania aus der Zeit der Renaissance und des Barock*, Frankfurt a. M. 1972 (Dokumente der europäischen Poetik. 3), S. 11 ff., hier S. 28. – Vorsichtiger ist Weinberg, der nur den *Discorso della diversità dei furori poetici* dem Platonismus zuordnet; vgl. Weinberg, a.a.O. (s. Anm. 1), Bd. 1, S. 272 f. Der *Discorso* ist der Edition von *Della poetica* im Anhang beigegeben (III, 447 ff.).

[7]Abgesehen davon, daß eine Neubewertung Patrizis sicher auch durch die Edition Aguzzi Barbaglis erst möglich war, gebührt besonderes Verdienst der Untersuchung von Lina Bolzoni: *L'universo dei poemi possibili. Studi su Francesco Patrizi da Cherso*, Roma 1980 (Strumenti di ricerca. 28/29). Vgl. auch Bolzonis Rezension der Edition von *Della poetica* in: Giornale

– wie weiter unten zu erläutern sein wird – nicht primär gegen Aristoteles, dessen Wissenschaftsbegriff Patrizi sich wiederholt ausdrücklich anschließt, sondern gegen eine unangemessene Deutung der *Poetik.* Der "furor" ist bei ihm nicht Grundlage künstlerischer Freiheit, sondern Teil eines vernunftmäßig berechenbaren poetischen Modells. [8] Und das "mirabile" schließlich kann nur dann mißverständlich für eine subjektivistische Ästhetik in Anspruch genommen werden, wenn man es einseitig der Beziehung Autor-Text und nicht der zwischen Text und Leser zuordnet. Am Moment des "mirabile" läßt sich zeigen, daß Patrizi, wie die meisten anderen Theoretiker, primär die Verstehbarkeit von Dichtung im Auge hat, nicht den Schaffensprozeß. Die zentrale Stellung des "mirabile" ab dem dritten Buch der *Deca ammirabile* (II, 257 ff.) macht Patrizis Literaturtheorie zu einer Wirkungsästhetik oder noch genauer: zu einer Art Literaturpsychologie. Das "Verwundern" ist nicht eigentlich im dichterischen Text lokalisiert, sondern im Moment der Lektüre. Im Leser mischen sich Verstehen und Nichtverstehen, der Eindruck einer Vermengung von Rationalem, Glaubhaftem und Irrationalem, Unglaubhaftem (vgl. II, 297 ff. und 310). Denn

> ciò che non si cape credere non si può (II, 306).

Diese Spannung wirkt auf den Leser als Antrieb, das nicht Verstandene begreifen zu wollen, und kann dadurch einen Lernvorgang initiieren: den Übergang vom Unwissen zum Wissen (vgl. II, 364 ff.) Im "mirabile" und der "meraviglia" läßt Patrizi die ästhetische Wirkung mit dem lehrhaften Anspruch zusammenfallen. Für den Dichter oder den Theoretiker ist diese Spannung aber kalkulierbar. Das für den Leser vermeintlich Irrationale – oder eigentlich: seinen Verstand Übersteigende – kann auf Rationales, auf Vernunftgründe reduziert werden. Es ist beschreibbar,

---

storico della letteratura italiana 148 (1971), S. 427-442; dies.: *A proposito di una recente edizione di inediti Patriziani*, in: Rinascimento II, 16 (1976), S.133-156.

[8] Vgl. Bolzoni: *A proposito* (s. Anm. 7), S. 152.

und zwar in Form von tabellarischen Modellen und Typologien. Da das "mirabile" aus einer Spannung zwischen zwei für den Leser voneinander weit entfernten Dingen entsteht, versucht Patrizi eine graphische Darstellung eines entsprechenden Systems, das auf Vollständigkeit der einzelnen Glieder abzielt (II, 312). In Form einer Tabelle führt er die Möglichkeiten auf, die zum "mirabile" führen können (II, nach S. 314); zuvor hat er arithmetisch berechnet, wieviele Verknüpfungen von Gegensätzen überhaupt denkbar seien (II, 313).

Selbst die "unwägbaren" Faktoren der Dichtung werden hier zum Teil eines rationalen Kalküls. Doch ganz allgemein ergibt sich für Patrizi die Aufgabe, die sich Trissino und weit konsequenter Castelvetro und Minturno stellten, nämlich das Dichtungsverständnis über eine Beschreibung typischer dichterischer Möglichkeiten zu erschließen. So heißt es zu Beginn des Buchs über die "Proprietà poetiche regolate":

> Ma perchè le proprietà suddette e troppe sono state in novero e di qua e di colà da vari scrittori senza ordine levate un confuso raccolto hanno cagionato, il quale a nulla giovevole sarebbe, se a pochi e a regolati capi non si ristringesse, i quali metodica arte possano di poetica formare. (II, 247)

Patrizi stellt wie Minturno oder Castelvetro Typenreihen für jedes poetische Element auf, das er beschreibt, wobei oft die quantitative Genauigkeit ins Auge fällt. [9] Er definiert aber auch ihr Zusammenspiel anhand literarischer Beispiele. Seinem Vorgänger Minturno entspricht er gleichfalls im wiederholten Insistieren darauf, daß die Besonderheit des einzelnen Werks nicht

[9] Siehe z.B. II, 312 ff., 320; III, 18, 79 ff., ungez. Seite nach 84, 85 ff., 96 f., 100 ff., 111 ff., 118 ff., 153, 161, 169 ff., 209-212, 267 ff., 282, ungez. Seite nach 384. - Einzelheiten zur Konstruktion von Typologien auch bei Bolzoni: *L'universo* (s. Anm. 7), S. 97 ff.

auf der Realisation einer typischen Möglichkeit, sondern auf der Mischung abstrakter Typen beruhe. [10]

2 Das Postulat der Wissenschaftlichkeit

Diese Andeutungen mögen genügen, da die methodische Absicht, die mit der Typologie verbunden ist, nämlich die umfassende Beschreibung künstlerischer Möglichkeiten, anhand von Minturno bereits dargestellt wurde. Wichtiger ist hier die Frage nach der spezifischen leitenden Idee Patrizis. Minturno interessierte der Reichtum dichterischen Ausdrucks als solcher; Patrizi geht es dagegen vorrangig um die strenge Wissenschaftlichkeit seines Beschreibungsmodells. Aus diesem Grund bemüht er sich etwa um die erwähnte Quantifizierbarkeit der Gestaltungsmöglichkeiten. Sie ist eine von mehreren Konsequenzen aus seiner wiederholten Forderung nach einem wissenschaftlich fundierten Literaturverständnis. Patrizi ist, wie zu Beginn dieses Teils gezeigt, nicht der erste, aber zweifellos der beharrlichste Vertreter des Postulats.[11] Und er ist ohne Zweifel auch der ernsthafteste, weil seine Vorstellung von einer Literaturtheorie als "scienza" über die Forderung hinaus konkrete Gestalt annimmt. Er systematisiert humanistische Prinzipien des Textverständnisses im allgemeinen und des Antikeverständnisses im besonderen.

Wiederholt bekräftigt er, daß er sein Vorgehen als "scienza" begreift, so bei der Differenzierung der Definitionen des Dichters:

> [...] per procedere scienzialmente in questo affare fie mestieri di dimembrare la diffinizione del poeta [...]. (II, 285)

Die Prinzipien einer Poetik müssen den "principi chiari delle scienze" entsprechen (II, 201). Als Synonyme des wissenschaftlichen Verfahrens verwendet er andernorts Begriffe wie "metodica

[10] Vgl. II, 250, 254, 310; III, 21 f., 88 ff., 104, 212 ff. u. ö.; siehe auch die in der vorigen Anmerkung genannten Passagen.

[11] Siehe oben Kap. I, S. 279 ff.

arte“ (II, 247) oder auch “ragione“ und “ordine diritto“, etwa zu Beginn der allgemeinen Bestimmung der Dichtung:

> E per ciò fare con ragione e con ordine diritto, prima di ogni altra cosa è da mostrare, così in generale, in quali cose sia il poeta dagli altri scrittori differente. (II, 233)

Die Auffassung von einer Literaturtheorie, deren Begriffe den Prinzipien anderer Wissenschaften vergleichbar sein müssen, ist auch Patrizis wesentliches Argument gegen eine Überschätzung der aristotelischen *Poetik*. An sich lehnt er den Traktat des Aristoteles nicht grundsätzlich ab, [12] und noch weniger die anderen Schriften des Philosophen. Aber die Poetik ist für ihn, ähnlich wie für Castelvetro, [13] nur eine Sammlung von Anschauungen, von “detti“, doch kein wissenschaftliches Werk. Aristoteles stelle dort nur Behauptungen zusammen, ohne sie durch hinreichende Argumentationen oder eine folgerichtige Ordnung zu stützen. So fragt Patrizi zum Beispiel, warum Aristoteles und seine Kommentatoren der Dichtung die Nachahmung des Wahren absprächen:[14]

> Ma con quali ragioni ed argomenti? Certamente con niuni, ma con soli detti suoi, senza giammai provarli, o pur vista fare di volerne cercare pruova. (II, 128)

Deshalb genüge die *Poetik* nicht als Basis einer wissenschaftlichen Theorie: [15]

> [...] gli insegnamenti poetici d' Aristotile non erano nè propri, nè veri, nè bastanti a constituire arte scienziale di poetica [...]. (II, 197)

[12] Für eine vorsichtige Zustimmung scheint z.B. der Schluß des achten Buchs der *Deca disputata* (II, 163) zu sprechen.

[13] Siehe oben Teil B, Kap. III, S. 245 f.

[14] Vgl. einen ähnlichen Passus II, 105.

[15] Patrizi zitiert hier aus seiner früheren Schrift *Parere di Francesco Patrizi in difesa di Lodovico Ariosto.*

Hier zeigt sich, daß Patrizi sich, wie erwähnt, nicht eigentlich gegen Aristoteles wendet, sondern gegen Kommentatoren wie Robortello, Lombardi, Maggi oder Vettori, die die logische Vollständigkeit der Poetik behaupten oder sie gar als die Literaturtheorie schlechthin auffassen. Den Ansichten, die Aristoteles in seinem Traktat vertritt, darf nicht von vornherein ein zu hoher Rang beigemessen werden, sie müssen der distanzierten Kritik der "ragione" unterworfen werden: [16]

> [...] seguiremo a pesare il detto aristotelico, non con autorità, ma con ragione [...]. (II, 131)

Trotz aller Vorbehalte will Patrizi – und darin gleicht er wiederum Castelvetro – Aristoteles als Wissenschaftler retten; er legt an die *Poetik* Maßstäbe an, die er von Aristoteles selbst gelernt habe. Wenn der griechische Philosoph in anderen, verläßlicheren Schriften davor warne, sich auf einen einzigen Beweis zu verlassen, dann fordere er implizit zur Skepsis gegen seine *Poetik* auf:

> Il qual modo di procedere in iscienza di sola autorità, s'egli biasimò in Pitagora e in altri filosofi anziani, perchè si dee tanto lodare in lui, e tanto a' suoi detti intronarsi che, senza ragione addurre, il tutto credere gli si debba? (ebd.)

Auch den Mangel der Poetik an begrifflicher Genauigkeit, etwa bei der Bestimmung des Epos, kritisiert er mit Aristoteles selbst:[17]

> Sono, adunque, equivoche, come tu solito sei di chiamare, tutte e tre queste tue epopee. E de gli equivoci tu ci insegni non doversi tener scienza. (II, 105)

[16]Vgl. auch II, 214: "No'l concediamo, dico, per molte cagioni: prima perchè è sola autorità e non ragione."

[17]Ähnlich auch II, 148 f.: "Conciosiacosa che questo maestro stesso e la sua scuola ci ha insegnato che ciò, che si chiude nella conclusione, sia prima stato nelle premesse." Aristoteles verstoße aber gegen seine eigene Theorie vom Syllogismus.

Die Bedeutung der *Poetik* wird also stark relativiert; sie genügt den Forderungen der "ragione" nicht. Und sie ist außerdem nur eins unter vielen Zeugnissen der Antike, Aristoteles ist nur "uno solo di tutti i savi" (II, 128). Wenn seine Theorie aber nur Meinung unter vielen ist, dann muß sie sich vor allem den Vergleich mit den Fakten, aus denen sie hervorgegangen sein will, gefallen lassen:

> Ma noi per favor divino di questo servaggio fatti liberi, posposta ogni autorità, esaminiamo sopra la proposta, e la costanza della dottrina aristotelica, e i fatti stessi, e la ragion de' fatti, e i fatti della ragione. (II, 131 f.) [18]

Die Wahrheit der Tatsachen ist eine Instanz, die in jedem Fall einer philosophischen Lehre, stamme sie nun von Aristoteles oder von Platon, überlegen ist:

> Perchè io non ho mai lodato alcuno de' filosofi che biasimi la verità per anteporle nè Aristotile, nè Platone. (II, 197)

Zwei Momente kennzeichnen also Patrizis Vorstellung von Wissenschaftlichkeit. Zum einen verlangt er eine logisch stimmige Argumentation, die dem Leser offengelegt werden muß. Zum anderen muß sich jeder Gedankengang, jede Auslegung auf das tatsächlich Gegebene, die historischen Fakten stützen, auf die Geschichte. Ein drittes Moment wird zu diesen hinzukommen: die Eindeutigkeit der Begriffe, ohne die für Patrizi weder eine Verständigung über die geschichtlichen Grundlagen, noch eine klare Offenlegung der rationalen Argumentationen möglich ist.

[18] Auch II, 147 ff. und 158 f. stellt Patrizi mehrfach die "detti" des Aristoteles gegen "ragione" und "fatto".

3 Literaturgeschichte als Ausgangspunkt der Literaturtheorie

Patrizi ist nicht der Entdecker der geschichtlichen Perspektive in der Poetologie der Neuzeit. Abgesehen davon, daß der Humanismus von seinen frühen Phasen an nicht nur antike Historiographie kommentiert hat, sondern mit eigenen geschichtlichen Darstellungen antike Historiker nachzuahmen strebte, ist ja die allgemein- wie die literaturgeschichtliche Information ein wichtiger Bestandteil des humanistischen Dichtungskommentars. [19] Sprachliche, wissenschaftliche, poetologische Hintergründe werden schon dort oft der Tendenz nach als Sprach-, Wissenschafts- oder Dichtungsgeschichte wiedergegeben. Vergleicht man jedoch den Quattrocento-Kommentar mit der Rolle der Literaturgeschichte bei Patrizi, dann wird sofort auch die ungeheure Entwicklung des Geschichtsdenkens sichtbar. Im früheren humanistischen Kommentar wird Historisches in Form von Einzelinformationen gesammelt; die Systematisierung der punktuellen Kenntnisse stellt sich als Zukunftsaufgabe dar. Ein Cinquecento-Kommentator der aristotelischen *Poetik* wie Vettori ist demgegenüber in der Lage, die Skizze einer dichtungsgeschichtlichen Entwicklung seinem Kommentar als Vorverständnis voranzustellen. [20] Einen weiteren Schritt in der Entfaltung des literaturhistorischen Denkens bedeuten die dichtungsgeschichtlichen Abrisse, wie sie etwa Minturno in seinen Traktaten einzelnen Abschnitten voranstellt — Abrisse vor allem der Geschichte von

---

[19] Siehe auch oben Teil A, Kap. I. Zur Geschichtsschreibung im Humanismus vgl. August Buck: *Die Rezeption der Antike in den romanischen Literaturen der Renaissance*, Berlin 1976, (Grundlagen der Romanistik. 8), Kap. IV, S. 125 ff.; ders.: *Das Geschichtsdenken der Renaissance*, Krefeld 1957 (Schriften und Vorträge des Petrarca-Instituts Köln. 9); Eckhard Keßler: *Petrarca und die Geschichte. Geschichtsschreibung, Rhetorik, Philosophie im Übergang vom Mittelalter zur Neuzeit*, München 1978 (Humanistische Bibliothek. I, 25).

[20] Siehe oben Teil B, Kap. III, S. 225 f.

Gattungen. [21] Weit über solche Vorstufen erhebt sich Patrizis Leistung. Wie zuvor Scaligero seine *Poetices libri septem* von 1561 mit einem Buch beginnen läßt, "qui & Historicus inscribitur", so ist der erste Teil von Patrizis Traktat, die *Deca istoriale*, ganz der Geschichte der Dichtung gewidmet. Er stellt zudem die längste der sieben *Deche* dar, umfaßt nämlich annähernd ein Drittel des gesamten Textes. Patrizi begnügt sich hier nicht mit einer chronologischen Aufzählung von Autoren, Werken und Gattungen, obwohl seine Darstellung auch solche Passagen enthält. Vielmehr ist er von vornherein darauf bedacht, die Entwicklung der Dichtung von den ersten Anfängen – er sieht sie in *Genesis* IV, 21 dokumentiert – über die Ägypter, Hebräer, Phönizier, Griechen und Römer bis zum Anbruch der Renaissance bei Petrarca als eine sinnvoll gegliederte, zielgerichtete Entfaltung zu erweisen. Daher teilt er den historischen Ablauf in sieben Epochen ein, die er als Geburt, Wachstum, Herrschaft, Höhepunkt, Niedergang, Sterben und Wiedergeburt bezeichnet (vgl. I, 9); die Literaturgeschichte wird "organisch", als lebendiger Vorgang gesehen. Dies wird noch dadurch unterstrichen, daß Patrizi besonders auf den Zeitpunkt und den jeweiligen Erfinder einzelner Dichtungsformen eingeht. So kann er auch das System literarischer Gattungen auf die Gattungsgeschichte bzw. -entwicklung zurückführen.

Die chronologische Deskription des Entfaltungsprozesses ist jedoch der Inhalt nur des ersten Buchs der *Deca istoriale.* Die übrigen neun stellen Versuche dar, das zuvor gesammelte historische Wissen unter weiteren Aspekten zu systematisieren. Vorrangig behandelt Patrizi antike Gebräuche, Begleitumstände, faktische Zusammenhänge, in denen Dichtung praktiziert wurde,

---

[21] Vgl. Antonio Sebastiano Minturno: *De Poeta*, Nachdruck München 1970 (Poetiken des Cinquecento. 5), z.B., S. 12 ff. (Bild des Dichters), 170 ff., 252 f. (dramatische Gattungen). 270 ff. (Komödie), 377 ff. (Lyrik); ders.: *L'Arte Poetica*, Nachdruck München 1971 (Poetiken des Cinquecento. 6), z.B. S. 73 f. (dramatische Gattungen), 110 ff. (Komödie), 167 ff. (Lyrik), S. 276 f., 278 f. (einzelne lyrische Genera).

kurz: den antiken Usus. Im einzelnen sind die Bücher den folgenden Aspekten gewidmet (wir kürzen die Titel teilweise ab): (2) "Partimento dell'antiche poesie", (3) "Partimento per versi", (4) "De gli usi" – gemeint sind Anlässe des Vortrags und der Aufführung, (5) "De gli agoni" – über Dichterwettstreite, (6) "Del cantare l'antiche poesie", (7) "Dell'armonia", (8) "Della ritmica", (9) "De' chori", (10) "De' rappresentatori". – Wie gesagt geht es hier nicht um abstrakte Überlegungen, etwa zum Verhältnis von Gesang und Dichtung, zur Rolle des Chors, zur dramatischen Darstellung usw., sondern um die konkreten Hintergründe. Man kann in der Tat von einer historiographischen Zielsetzung im engeren Sinn sprechen.

Bei allen Aspekten seiner geschichtlichen Darstellung erweist sich Patrizi zugleich als gewissenhafter Philologe. Er erschließt sein Wissen durch antike Zeugnisse und legt sie dem Leser offen. Alle zeitlichen Einordnungen, alle Filiationen, die oft problematisch sind, versucht er anhand alter Dokumente zu belegen. Er begnügt sich nur in Ausnahmefällen damit, einen einzigen Theoretiker oder Historiographen heranzuziehen. Das ihm eigentümliche Prinzip philologischer Dokumentation ist die Häufung möglichst vieler Belege – ein weiteres Mal spielt die Quantität eine Rolle –, die nicht selten in extenso zitiert werden, um ihre Angaben miteinander zu vergleichen und hinter der Vielheit von Einzelinformationen die tatsächlichen Zusammenhänge zu erkennen. [22] Patrizis Literaturgeschichte, die Voraussetzung des Literaturverstehens sein will, geht ihrerseits also aus der Textauslegung hervor. Die vordringliche Aufgabe des Literaturhistorikers Patrizi ist die Rekonstruktion von Fakten (vgl. z.B. I, 28) oder auch von Meinungen. Neben den aus den humanistischen Kommentaren geläufigen Wendungen wie "Plutarco afferma... " (I, 23) wählt Patrizi mit Vorliebe Formulierungen, die seine vorsichtig abwägende Arbeit hervortreten lassen:

---

[22] Vgl. z.B. I, 16, 19, 29, 76 u. ö.; besonders typisch: I, 206, 251-254, 288 f., 334 ff., 389 f., 394 ff.

> Il che peraventura diede a Pausania occasione di credere che [...]. (I, 32)
> [...] per quanto si può congiettura trarre da queste parole di Pausania [...]. (I, 33)
> usw.

Schwierig gestaltet sich seine Aufgabe, wenn er hinter Varianten historischer Überlieferung oder gar hinter bloßen Legenden einen wahren Kern entdecken will (vgl. z.B. I, 16); er scheut jedoch auch nicht davor zurück, einem antiken Autor wie Pausanias widersprüchliche Informationen nachzuweisen (I, 20). Seine kritische Haltung gegenüber geschichtlichen Zeugnissen erweist sich des weiteren auch daran, daß er Legende und Mythos von den Fakten zu trennen versucht (z.B. I, 25: "E fu creduto che [usw]"). Patrizi verfügt, modern gesprochen, über ein hochentwickeltes Methodenbewußtsein; er läßt immer wieder anklingen, daß seine geschichtlichen Darstellungen keinen unmittelbaren Zugriff zu den vergangenen Tatsachen ermöglichen, sondern Deutung der Geschichte durch Deutung von Texten sind und daß er selbst als Literaturhistoriker dabei zugleich Interpret ist:

> Il principio de' quali [gemeint sind orphische Dichtungen] io credo che fosse [...]. (I, 26)
> Il che io traggo di mio credere da queste parole di Plutarco [...]. (I, 54)

Lücken in der dokumentarischen Vollständigkeit schließt Patrizi bewußt nicht, aber er weist seine Leser immer auf die Unsicherheit der Überlieferung bzw. auf sein eigenes Unverständnis hin:

> [...] un altro ne nominò [d.h. als orphische Dichtung] *Ammocopia*, che non indovino ciò che si fosse [...]. (I, 27)
> [...] nè io ne saprei accertare nulla cosa. (I, 33)
> ma degli altri poemi di Orfeo [...] io confesso di non saper rendere ragione, fuorché per congiettura io stimo

che fossero poesie sacre. (I, 211)
[...] non so già io mettere a giusto in quale [tempo] si dea riportare Palefato Ateniese [...]. (I, 35)

Ebenfalls in bezug auf die zeitliche Einordnung von Autoren sagt er an anderer Stelle: [23]

> [...] sieno i lettori avvertiti che ciò, se bene in molti ci verrà fatto, in non pochi altri ci verrà meno, o per negligenza di chi ne fe memoria per antico, o per essersene ella perduta. (I, 61)

Oft wird, wie in einigen Zitaten schon zu sehen war, die Wiedergabe alter Zeugnisse begleitet von Formulierungen wie "per mio credere" (I, 192), "come io mi fo a credere" (ebd.), " di mia stima" (ebd.), " noi, da congiettura guidati, crediamo" (I, 194), " di mio credere" (I, 195) usw., in denen Patrizi sich als Forscher zu erkennen gibt. Aber nicht nur in der *Deca istoriale* zeigt Patrizi eine solche vorsichtige Haltung, sondern in nicht geringerem Maß auch in den späteren Teilen des Traktats, in denen er zur Herleitung dichtungstheoretischer Kriterien immer wieder auf die geschichtlichen Zustände und Zusammenhänge rekurriert und oft auf die erste *Deca* zurückverweist. [24] Vom Verhältnis Dichtung-Musik heißt es:

> Ma se questi citaristici havessero parti o no io non ho trovato. (III, 340)
> [...] sì come credo io che Arione fu, come dice Proclo, citaredo [...] (ebd.)

Und von der Rezitation bei mythologischen Prozessionen:

> Molte altre feste credo io fossero per la Grecia [...]. Ed erano inni, secondo il creder mio, più a disteso raccontanti e le doti e i fatti di quel dio, e i benefici ricevuti [...]. (III, 350)

[23] Eine ähnliche Haltung ist auch I, 124 ff. zu beobachten.
[24] Vgl. z.B. III. 299 ff., 313 ff., 323 ff., 341 ff. u. ö.

Von der phallischen Dichtung:

> Ma quale, o Marsia o Orfeo, il primiero fosse a cantare questo caso in matroo non saprei già dire [...]. (III, 365)

Von der allegorischen Dichtung:

> [...] e tra le quali io mi fo a credere che sieno i due primi inni di Omero [...]. (III, 371)

Eine merkwürdig doppeldeutige Einstellung zur Antike ergibt sich aus Patrizis genauer Rechenschaft über seine Vermittlerrolle. Zwar will er – und das ist natürlich sein Hauptanliegen – durch eine möglichst vollständige Deskription seinen Lesern das Wissen über die antike Literatur nahebringen. Aber die Fülle des Wissens scheint auch das Gefühl der Entfernung vom Altertum, ja seiner Fremdheit hervorzurufen. Es handelt sich bei Patrizis oft zurückhaltender Ausdrucksweise nicht nur, wie an der folgenden Stelle, um philologische Unsicherheit:

> Ma egli è malagevole cosa molto, nella oscurità di tanta antichità, a ritracciare il vero delle cose da' loro autori o non scritte, o, se pur scritte, senza ordine di tempi scritte, e a bello studio occultate in alte tenebre di istorie con favo e mescolate [...]. (I, 13)

Vielmehr erscheinen die alte Kultur mit ihren Gebräuchen und der antike Umgang mit Dichtung als fremdartig. Besonders in den Büchern über "uso", "agoni", "cantare" und "armonia" finden sich minutiöse Beschreibungen, die den Eindruck erwecken und vielleicht sogar erwecken sollen, Patrizi stelle eine weithin unzugänglich und unverständlich gewordene Welt dar, die von seiner Gegenwart aus nur noch beschrieben, aber kaum noch in ihren Einstellungen und Beweggründen begriffen werden kann. Gelegentlich gibt der Autor sein Unverständnis ausdrücklich zu, das nicht bloß ein mangelndes Verständnis der Quellen ist. So weiß er etwa nicht, wie er sich die Aufführungspraxis bei dichterischen Wettkämpfen vorzustellen habe:

> Il che non so imaginarmi come stesse, se non se l'uno prima e l'altro poi, e che in un dì due drami si rapresentassero. (I, 304)
> Insomma io non so disciorre questo nodo: altri la gloria se n'habbia, se unqua avviene che alcuno il comprendesse. (I, 306)

Doch schreibt Patrizi seine Literaturgeschichte nicht in der Absicht, die Gegenwart von der Antike zu entfremden. Die Distanz, die er besitzt, soll ihm im Gegenteil vor allem eine wissenschaftliche Überlegenheit sichern; und es mag sogar sein, daß das gelegentliche Unverständnis die andere Seite eines Überlegenheitsbewußtseins bedeutet. Minturno erhob bereits den Anspruch, erstmals auf die ganze antike Dichtung und Literaturtheorie zurückblicken zu können; [25] aber seine Angaben erscheinen als recht vage im Vergleich zu Patrizi, der sowohl die antiken wie die zeitgenössischen Theorien meint überbieten zu können, weil er auf über fünfzig Theoretiker allein in der Antike rekurrieren könne, zu denen noch die Kommentatoren der eigenen Zeit hinzutreten (vgl. I, 7). Seine Geschichte der Dichtung und ihrer Theorien in der *Deca istoriale* dient also dazu, diese Fülle möglichst lückenlos zur Verfügung zu stellen. Sie fixiert einerseits die Tatsachen und kann andererseits den Ausgangspunkt induktiver Überlegungen bilden. Denn vom Usus, von der Beobachtung hat jede glaubwürdige theoretische Erörterung auszugehen:

> [...] noi a' fatti stessi, e alle ragioni de' fatti ricavate, più che all'autorità di alcuno, siamo sempre parzialmente inclinati e avezzi a credere. (II, 61)

Mehr noch: ohne eine vorangehende Dichtungspraxis wäre ein theoretisches Dichtungsverständnis gar nicht möglich, so wie jede Wissenschaft sich von der ihr vorausgehenden Praxis herleitet:

[25] Siehe oben Kap. II, S. 328.

> Adunque è falso dire che non convenga sopra uso formare arte. E poi se bene è vero che nell'arte della medicina, e nell'altre ch'egli [d.h. Torquato Tasso] nomina, si sia trovata la perfezione, elle però tutte hanno l'origin loro dall'uso. [...] Perchè se mai non si fosse composta poesia, o non si fosse mai medicato, nè navigato, senza fallo nè arte poetica si sarebbe formata, nè arte medicinale, nè marinesca, nè alcun'altra. [...] Ed Aristotile suo più d'una fiata dice che l'arti sono nate dalla osservazione delle cose mostrata dalla esperienza, e dalla memoria raccolte. E la esperienza senza l'uso non può nè stare, nè vedersi. (II, 206)

Die Literaturgeschichte sammelt die Fakten des Usus durch "memoria" und führt über die Beobachtung ("osservazione") der Tatsachen zu "esperienza" und zu ihrer induktiven Auslegung, die wiederum am Anfang einer theoretischen Konzeption von Literatur stehen muß.

Dieses methodische Fortschreiten von den Fakten zur Theorie ist nun deshalb möglich, weil die Geschichte sich zu einem Teil gewissermaßen selbst auslegt. Sie offenbart von sich aus, was in der Dichtung wesentlich ist. Nicht die Theorien erfinden die Argumente, sondern die geschichtliche Entwicklung.

> Ma di già mostrato per istoria si è che per secoli di seicentoventi anni poesia si fece sempre senza prosa, e non mai senza verso: argomento manifesto è che la prosa non sia essenziale alla poesia. E medesimamente argomento chiarissimo è che se la poesia per sì lunghi secoli senza verso nè si fece, nè far si potè, ch'egli sia proprio e della essenza della poesia. (II, 114)

Was Patrizi hier vom Vers als einem Wesenselement der Dichtung ausführt, gilt etwas später umgekehrt für die Fabel: Da sie erst relativ spät in der Geschichte zu den Dichtungselementen hinzutritt, kann sie nicht wesentlich, sondern nur akzidentell sein:

> La onde, finchè prova non se n'oda, faccianci da principio già posto che la poesia allora tra' Greci cominciasse quando Femonoe, od Oleno cominciarono in verso esametro a rispondere gli oracoli di Apollo Delfico. Dal qual principio si truova che cinque spezie di poesia da più poeti fatte furono. [...] Ora quelle cinque maniere non pare che favola potessero contenere. Dico favola come soggetto principale e non come talora cade in alcuna poesia o per incidenza, o per amplificazione [...]. (II, 114)

Die historische Praxis – bzw. die Auslegung ihrer Dokumente – ist in jeder Hinsicht Voraussetzung aller weiteren Überlegungen Patrizis. Gewissermaßen als Fazit seiner Literaturgeschichte schreibt er zu Beginn des letzten Buchs der *Deca istoriale*:

> Pogniamo oggimai fine con questo libro all'ultimo lavoro dell'istoria poetica, presa a principio da dimostrare, perchè da lei e più vera e più chiara parte de' poeti e de' poemi, che per altri non s'è fatto, si ritragga. (I, 427)

Die Geschichte erweist sich für Patrizi gegenüber den Aussagen irgendeines Theoretikers als "wahrer" und "eindeutiger". Durch seine historische Arbeit ist Patrizi daher in der Lage, sowohl den antiken wie den zeitgenössischen Autoren poetologischer Schriften Fehler und besonders Verkürzungen gegenüber der praktizierten Dichtung nachzuweisen. Die Dichter vor Aristoteles haben eine weit vielfältigere Dichtung hinterlassen, als der griechische Philosoph glauben macht. Aber auch alle, die nach ihm über Literatur schrieben, bis hin zu Scaligero, seien gleichfalls lückenhaft im Vergleich mit der tatsächlichen Literaturpraxis (I, 234 f.). Die

Geschichte beweist etwa, daß die Mimesis oder "imitatio" nicht, wie die Aristoteliker meinen, die Dichtung hervorgebracht hat:[26]

> E di più ancora si è parte per la medesima istoria fatto vedere, [...] che più di settecentosessanta anni era prima nota la poesia, che in lei entrasse imitazione. (II, 41)

Die Literaturgeschichtsschreibung wird zum Korrektiv der theoretischen Präzepte; deren unangemessene Enge wird von der historischen Entwicklung widerlegt:

> Con tutto ciò di molte novità sursono in esso [gemeint ist die 5. dichtungsgeschichtliche Epoche vom Tod Alexanders des Großen bis zum Tod des Augustus] di poesie molto lontane dalle regole aristoteliche, e dalle opinioni de gli spositori suoi, e di coloro che per molto saccenti in poetica vogliono parere d'essere. Il che per lo racconto susseguente [nämlich durch geschichtliche Deskription] apparirà palese e si farà chiaro quanto cotestoro sieno errati, e quanto poco sofficienti, e mancanti, e non proprii sieno stati i loro insegnamenti, e difettosi i precetti dell'arte loro. (I, 129)

4 Logische und begriffliche Eindeutigkeit als Bedingung intersubjektiven Verstehens

Patrizis Vergleich der Geschichte einerseits mit den theoretischen Konzeptionen von Dichtung andererseits zeigt nochmals seine leitende Idee: Aus der Gesamtheit aller aus der geschichtlichen Entwicklung hervorgehenden Dichtung muß sich ein universales Beschreibungsmodell induzieren lassen. Die beobachteten Fakten sollen auf allgemeingültige und eindeutige Prinzi-

[26] Änliche Argumentationen: II, 42, 43 und v. a. 45 ff.

pien hin gedeutet werden, [27] wobei Patrizi diese vom Theoretiker zu induzierenden Prinzipien als die ursprünglichen, das heißt natürlichen Beweggründe einer organisch entfalteten Dichtung versteht. Der Vergleich zwischen Geschichte und Dichtungstheorien unterstreicht, daß das angestrebte Beschreibungsmodell dem umfassenden Potential der Literatur, also dem Spielraum ihrer Möglichkeiten, wie sie sich historisch nach und nach äußern, gerecht werden muß. Es darf ihn nicht durch starre Kriterien, Normen oder Regeln einengen.

Patrizi muß dabei jedoch nicht am Nullpunkt beginnen; er greift ja, wie erwähnt, auf mehr als fünfzig ihm bekannte antike und die modernen Theoretiker zurück (vgl. I, 7). Doch dieser Überblick verleiht ihm nicht nur einen Vorsprung; er gestaltet seine Aufgabe auch komplizierter. Denn Patrizi muß, wie bereits mehrfach angesprochen wurde, diese Theorien, die großenteils das gleiche leisten wollen wie er selbst, auf ihre Stichhaltigkeit, ihre Angemessenheit im obigen Sinn überprüfen. Seine Kritik an Aristoteles ist wohl exemplarisch, steht im Traktat aber nicht isoliert da. Weil die *Poetik* im Cinquecento die zweifellos anspruchsvollste der antiken Theorien ist, stellt Patrizis strenger Umgang mit den aristotelischen Anschauungen nur seine Bemühung um aktuellen Bezug zur zeitgenössischen Theoriebildung unter Beweis.

In jedem Buch der sieben *Deche* stellt Patrizi zum jeweils zur Debatte stehenden Thema ältere und neuere Aussagen zusammen, die er untereinander vergleicht und auf ihre Gültigkeit gegenüber der "ragione" hin (die, wie zu sehen war, immer auch die Geschichte impliziert) analysiert. Er bevorzugt dabei die Analyse der Texte nach Voraussetzungen und Folgerungen, nach ihren Prämissen und Conclusiones. Der Syllogismus ist bei

---

[27] Dies ist Patrizis leitende Idee auch im Bereich der Sprachphilosophie: "Patrizi sucht [...] gerade nach den Kriterien, die für den neuzeitlichen Wissenschaftsbegriff ausschlaggebend werden: logische Allgemeingültigkeit (certitudo) und objektive Nachprüfbarkeit."– Gerl, a.a.O. (s. Anm. 1), S. 207.

Patrizi kein Zeichen eines schematischen oder gar scholastischen Denkens; vielmehr kann der Autor anhand der syllogistischen Trennung von Voraussetzung und Folgerung klarer erkennen, ob der von ihm als wissenschaftlich postulierte Bezug von historischer Praxis der Dichtung und induziertem theoretischen Konzept gegeben ist. Der Anspruch auf Wissenschaftlichkeit der historischen Deutung von Literatur soll damit intersubjektiv nachvollziehbar werden.

In diesem Sinne verfährt er gleich zu Beginn des zweiten Buchs der *Deca disputata* ("Se la poesia nacque per le ragioni da Aristotile assegnate", II, 37 ff.). Die von Aristoteles genannten Entstehungsgründe der Dichtung (vgl. *Poetik* 1448 b) hält Patrizi für bislang unklar; das zeige vor allem die Uneinigkeit der Kommentatoren. Er gliedert nun über eine Länge von fast zwei Seiten den zugleich griechisch zitierten und italienisch wiedergegebenen Passus der *Poetik* in seine logischen Bestandteile: in "proposta", "ragioni" oder "pruove" und schließlich die "conclusione"; und abschließend bemerkt er:

> Questa è per nostro credere la vera e la semplice sposizione di questo testo, e ogni altra sono arguzie e violenze degli interpreti. (II, 39)

Der Zusammenhang zwischen den einzelnen logischen Gliedern der Aussage wird dann nochmals auf etwa vier Seiten erörtert; dabei weist Patrizi dem Aristoteles einen Fehlschluß nach. Obgleich seine Behauptungen über den Ursprung der Dichtung – sie kreisen bekanntlich um den Begriff der Natur – im Kern richtig seien, paßten jedoch Voraussetzungen und Folgerung nicht zueinander. Seine Argumentation müßte, als aristotelischer Syllogismus verstanden, zu einem anderen als dem von Aristoteles genannten Schluß führen, der dann aber nicht der historischen Wirklichkeit der Dichtung entspräche (vgl. II, 40). [28]

---

[28] Vgl. auch II, 148 (zu *Poetik* 1451 a); ähnlich II, 202 ff.

Doch wie erwähnt weist Patrizi logische Unstimmigkeit und zugleich Widerspruch zur Geschichte nicht nur bei Aristoteles, sondern ebenso bei anderen Autoren nach, besonders häufig bei Castelvetro. Dieser versucht ja in der Tat, wie wir früher zeigten, die Gedankengänge der *Poetik* im Blick auf eine universale Gültigkeit rational zu "verlängern", zu extrapolieren – ein Vorgehen, das Patrizi, ohne das ausdrücklich zu formulieren, aufgrund des wissenschaftlich unzulänglichen Charakters der *Poetik* von vornherein in Zweifel ziehen muß. [29] Auch bei Castelvetro zergliedert er Behauptungen nach syllogistischem Muster, um zu zeigen, aufgrund welcher Inkongruenz von Voraussetzung und Folge Castelvetro zu Trugschlüssen gelange: Seine Urteile beruhten auf falschen historischen oder der Historie gegenüber willkürlichen Voraussetzungen (vgl. II, 138 ff.). [30]

Mangelnder logischer Zusammenhang ist jedoch, wie wir meinen, nicht der eigentliche Zielpunkt von Patrizis Diskussionen der älteren und neueren theoretischen Dokumente. Weit öfter zeigt er nämlich, daß eine gedankliche Stimmigkeit, die für jeden Leser im gleichen Maße klar nachvollziehbar ist, vom Gebrauch der Wörter und Begriffe abhängig ist. Hinter dem rationalen Theoretiker verbirgt sich nicht nur der Historiker, sondern auch der humanistische Philologe, der einerseits die tatsächliche, das heißt wiederum die historische Sprachverwendung reflektiert und sie andererseits für sein wissenschaftliches Literaturverständnis brauchbar machen will.

Als Philologe weiß Patrizi, daß es neben der Literaturgeschichte die Sprachgeschichte gibt, die geschichtliche Entwicklung nicht nur der Sprache, die die Dichtung verwendet, sondern auch derjenigen, die die Dichtung theoretisch beschreibt. Den ganzen Traktat hindurch legt er großen Wert auf sprachhistorische Erläuterungen, ganz im Sinne des humanistischen Kommentarwesens. So beginnt er die Erörterung der Personendarstel-

[29] Siehe oben Teil B, Kap. III, S. 264 ff.
[30] Vgl. auch II, 158 ff., 281.

lung in der Dichtung mit einer Diskussion der Wortgeschichte von "persona" und leitet erst danach zur engeren Bedeutung über (III, 95). Dasselbe Verfahren ist beim Thema der Handlungsführung zu beobachten; auch hier bilden sprachgeschichtliche Bemerkungen zu "azione" den Ausgangspunkt (III, 107). Und ebenso geht er bei der panegyrischen Dichtung vor; Wortgeschichte und Wortdefinitionen werden mehrfach dargelegt (III, 285 ff., bes. 297). – Als Philologe weiß er aber auch, daß Wörter ihre geschichtliche Bedeutung nicht isoliert, sondern nur in Kontexten tragen. Dem versucht er dadurch gerecht zu werden, daß er sprachlichen Erläuterungen recht konsequent Zitate zugrundelegt; auch hier erhöht sich für ihn der wissenschaftliche Charakter der Belege offenbar durch die Quantität der Kontexte. [31] Was für seine eigene Theorie gilt, fordert er jedoch auch von anderen Theoretikern: Während er selbst etwa Platons Mimesis-Begriff aus mehreren Textzusammenhängen herleitet (II, 210), wirft er kurz darauf Tasso vor, eine Begriffsdefinition Patrizis nicht im Kontext gelesen und daher mißverstanden zu haben (II, 211).

Bis hierher bleibt Patrizi im Rahmen bekannter und in vorangehenden Kapiteln mehrfach erwähnter philologischer Grundsätze des humanistischen Umgangs mit Texten. Ganz besonders erinnert seine Haltung an Robortello, für den sich ein Textsinn stets aus Kontexten in wörtlicher oder übertragener Bedeutung ergab. [32] Doch entsteht nun ein Dilemma aus dem Nebeneinander von Literatur und Sprachgeschichte. Nicht nur die Literatur ist im Laufe der Geschichte zu einer komplexen Vielfalt von Möglichkeiten angewachsen, auch die die Dichtung erklärende Terminologie ist dem historischen Wandel unterworfen und hat damit zur Vieldeutigkeit vieler Begriffe geführt. Vieldeutige Begriffe widersprächen aber dem wissenschaftlichen Anspruch von Patrizis Literaturverständnis; und er will sich hierbei recht genau an Forderungen halten, die Aristoteles in seiner Kate-

[31] Besonders typisch II, 91 ff. zum Thema der Prosadichtung.
[32] Siehe oben Teil B, Kap. I.

gorienlehre aufstellt (II, 207). Folgerichtig bemüht er sich bei der Entwicklung seiner eigenen Theorie stets um präzise Begriffsdefinitionen, die er zugleich vor Willkür bewahren will, indem er die Definition im Vergleich mit den erwähnten sprachgeschichtlichen Beobachtungen entwickelt. [33] Die wissenschaftliche Definition der Poetik, also seines Literaturbegriffs, ist für ihn gleichbedeutend mit der Definition jedes ihrer Prinzipien, und die Definition eines poetologischen Prinzips bedeutet wiederum die Definition jedes seiner Elemente:

> [...] per proceder scienzialmente in questo affare fie mestieri di dimembrare la diffinizione del poeta, dietro alla quale l'altre di forza seguono, e vedere quale sia la facitura sua, e quale il mirabile ch'egli fa, e quale il verso [...]. Le quali tre membra [...] che la costituiscono, conosciute che sieno a pieno, sì haverem la poetica arte tutta condotta a fine. (II, 285)

Andererseits: ein Begriff, der nicht eindeutig definiert ist, kann zu Erörterungen über Dichtungen nicht herangezogen werden, ist also wissenschaftlich untauglich, auch wenn er nicht falsch ist:

> [...] converrà a filosofante libero non credere cosa non provata. (II, 119)

So kritisiert er Robortello, der den Begriff der "favola" entwerte, da er ihn mit der "inventio" vermische (III, 38). Und Mazzoni wirft er entsprechend vor, "favola" mit "imitatio" zu vermengen (III, 42 ff.). Gegen beide Begriffsgleichungen spreche aber die Geschichte der Dichtung. Das Buch über die Handlung läßt er mit der Bemerkung beginnen, daß trotz der lebhaften Diskussion um den Rang dieses poetischen Elements bisher niemand definiert habe, was "azione" sei (III, 107). Man hat diese Kritik wohl so zu verstehen, daß die Debatten um Handlungseinheit

[33] Vgl. z.B. II, 233 ff., 248 ff., III, 116 ff. ("azione"), 187 f. ("materie"), 297 ("inno") u. ö.

und Handlungsführung im Drama oder im Epos nach seiner Meinung weniger polemisch verlaufen wären, wenn man sich eines präzisen, von allen gleich verstandenen Begriffs bedient hätte.

Am häufigsten richten sich Patrizis Einwände wiederum gegen Termini der aristotelischen *Poetik*. Generell wirft er Aristoteles vor, er versuche eine Bestimmung der Dichtung mit Prinzipien, die nicht nur ihr zukämen, also unspezifisch seien und sie daher nicht schlüssig definieren könnten (II, 198 ff.). Das gelte zum Beispiel für das Epos, von dem der Philosoph äquivok rede (II, 105), ähnlich auch für die "imitatio", die uneindeutig besprochen werde (II, 184 f.). Und auch die gegensätzlichen Kennzeichnungen des Dichters und des Historikers seien nicht genügend spezifisch: Alle Eigenarten, die nach Aristoteles dem Dichter zukommen, beträfen auch den Historiker. Im übrigen – das ist ja Patrizis schlagkräftigstes Argument – widerlege auch in diesem Fall die Dichtungspraxis die Theorie (II, 149).

Wie verfährt Patrizi aber nun im einzelnen mit vieldeutigen Begriffen, unter welchen Voraussetzungen lehnt er sie ab, unter welchen kann er sie als Termini eines allgemeingültigen Dichtungsverständnisses akzeptieren? Als verhältnismäßig einfach stellt sich das Problem etwa im Fall der Definition des Dichters, also des Begriffs "poeta" dar. [34] Patrizi findet in der Antike fünf unterschiedliche Bestimmungen des Dichters; die sprachhistorische Polysemie läßt sich aber mit der literaturgeschichtlichen Vielfalt der Funktionen vereinbaren, denn die fünf Umschreibungen konvergieren in einem Punkt: Sie stimmen darin überein, daß sie den "poeta" als Versifikator betrachten (II, 274 ff.).

Es geht Patrizi bei der Erörterung mehrdeutiger Begriffe darum, hinter den diversen Einzeldefinitionen ein übergreifendes Element zu finden (vgl. auch II, 338 ff.). Wenn ihm das,

[34] Hier sei auch an unsere Ausführungen zu Maggi (Teil B, Kap. II, S. 213 ff.) erinnert, dem wir eine gewisse Vorläuferschaft in der Forderung nach differenzierter Begrifflichkeit zusprachen.

wie im Fall von "poeta", gelingt, so akzeptiert er den Begriff, denn er hat hinter den "species" das "genus" entdeckt. Aus diesem Grund läßt er trotz seines äquivoken Charakters den Begriff des "furor" als dichterisches Prinzip gelten. Er beobachtet, daß im antiken Sprachgebrauch nicht nur zahlreiche synonyme Bezeichnungen für dasselbe Phänomen bestehen (II, 8), sondern daß auch umgekehrt mit "furor" drei unterschiedliche Manifestationen des Phänomens bezeichnet werden: der Einfluß eines Gottes, die Orakeldünste oder ein melancholischer Charakter (II, 19 ff.). Patrizi forscht wiederum nach der Bedeutung, die der Dichtung möglichst spezifisch zukommt, und glaubt, sie in der Wirkung einer übermenschlichen Instanz zu finden (II, 27).

Läßt sich eine solche semantische Konvergenz, die womöglich auch sprach- und dichtungsgeschichtlich greifbar ist, nicht herstellen, dann weist Patrizi einen polysemen Terminus als unbrauchbar, das heißt nicht unbedingt als falsch, zurück. Das gilt für die schon erwähnte Vorstellung eines "naturgemäßen" Ursprungs der Dichtung, die Aristoteles am Beginn der Poetik entwickelt. Zu der Tatsache, daß der griechische Philosoph dort nach Patrizis Meinung zu einer falschen Folgerung gelangt, kommt eine Vieldeutigkeit des ausschlaggebenden Begriffs "naturale" hinzu. Allein bei Aristoteles und den Peripatetikern habe er wenigstens sieben Bedeutungen (II, 40). [35] Das bekannte humanistische Auslegungsprinzip, nach der ein unklarer Passus durch parallele Texte desselben Autors gedeutet werden kann, [36] funktioniert hier nicht. Patrizi muß die Wesensbestimmung der Dichtung, so wie sie von Aristoteles formuliert wurde, ablehnen, obgleich er zugibt, sie im Kern für richtig zu halten, und obgleich er selbst in der geschichtlichen Entfaltung der Dichtung die Manifestation ihrer Natur sieht.

Ebenso muß Patrizi das Prinzip der Mimesis oder "imitatio" als spezifische Charakterisierung der Dichtung zurückweisen.

[35] Vgl. hierzu Barilli, a.a.O. (s. Anm. 6), S. 131.

[36] Vgl. auch unsere Ausführungen zu Robortello, Teil B, Kap. I, S. 152 ff.

Hier registriert er anhand aller ihm bekannter aristotelischer Textstellen – d.h. wie immer anhand von Kontexten – sechs verschiedene Bedeutungen: [37] (1) Das Wort ist Mimesis, (2) Mimesis = Enargeia ("vor Augen stellen"), (3) Mimesis = Fabel, (4) Mimesis = Darstellung auf der Bühne, (5) Mimesis = Epos und Dithyrambus (also narrative und lyrische Dichtung), (6) Mimesis = Musik (II, 61 ff.). Im darauffolgenden Buch ergänzt Patrizi diesen Katalog um eine weitere Bedeutung, indem er fragt, ob der Dichter generell ein Nachahmer ("imitatore") sei (II, 75). Wie bei den Termini "furor" und "naturale" überprüft er alle sechs Bedeutungen und später auch die siebte daraufhin, ob sie in einer Generalbedeutung zusammenfließen oder ob eine von ihnen den Oberbegriff zu den anderen bildet. Er sucht also wiederum nach dem "genere", dem alles andere als "spezie" zugeordnet würde. Doch trotz eingehender Erörterung jeder einzelnen Wortverwendung – Patrizi widmet ihr nicht weniger als dreizehn Seiten – erweist sich keine als genügend spezifisch:

> Tutte, adunque, le sei imitazioni hanno tra loro significati differenti, de' quali altri a poesia non convengono, altri sono communi ad altri scrittori, e non propri de' poeti, altri che fanno le composizioni altrui e poesie e non poesie, e altri del tutto non poesie, e niuno bastante ad essere genere delle poesie tutte [...]. (II, 73 f.)

Dichtung kann vom Begriff her nicht grundsätzlich als Imitatio gedeutet werden, und nicht jede Imitatio ist Dichtung. Man würde aber Patrizis Absicht mißverstehen, wenn man aus seiner Ablehnung des Mimesis-Begriffs folgerte – und Entsprechendes gilt für andere Begriffe –, er lehne das Prinzip der Nachahmung überhaupt ab. In seinen begrifflichen Erörterungen geht es nicht um die Frage: Was ist Dichtung?, sondern um das Problem: Wie

[37] Vgl. auch Baxter Hathaway: *The Age of Criticism. The Late Renaissance in Italy*, Ithaca, N. Y. 1962, S. 9 ff.

kann man sich über Dichtung, und zwar über alle Dichtungen wissenschaftlich verständigen? Sein induktives Vorgehen über eine Beschreibung der Kontexte, in denen ein Begriff verwendet wird, und über einen Vergleich von dessen Einzelfunktionen zielt auf die Suche nach einer eindeutigen Terminologie ab, die ein intersubjektives Argumentieren ermöglicht und zugleich der Literaturgeschichte nicht widerspricht.

Vergleicht man dies mit den vorangehenden Beobachtungen, dann erkennt man, daß es unangemessen ist, Patrizi eine Tendenz zu Subjektivität und destruktiver Polemik vorzuwerfen. [38] Unangemessen ist es sicher auch, ihn vorrangig als Kritiker des Regelwesens in der Poetologie der italienischen Renaissance zu betrachten und ihn eher den Außenseitern in der literaturtheoretischen [39] Diskussion zuzuordnen. Wenn man berücksichtigt, daß die Hauptabsicht auch der meisten anderen Theoretiker nicht ein Regelwesen ist, sondern die Bemühung um allgemeingültige Kriterien des Literaturverständnisses, dann muß man zu dem Schluß kommen, daß Patrizi der Intention nach das gleiche wie die Mehrzahl seiner Vorgänger will, aber von einem distanzierten Vergleich der ihm vorangegangenen Bemühungen aus einen Konsens in der langanhaltenden Debatte um ein theoretisches Instrumentarium zu finden versucht. Die Identität seiner Absicht mit der anderer Poetologen seiner Epoche wird unseres Erachtens unbestreitbar, wenn man erkennt, daß er sich, wie seine Zeitgenossen, auf Grundsätze der "studia humanitatis" berufen kann: auf philologische Genauigkeit und auf eine geschichtliche Perspektive. Wenn seine Anwendung dieser Prinzipien anders ausfällt als bei anderen Autoren, dann beweist dies die Weite der

[38] Vgl. die Hinweise bei Bolzoni (*L'universo* – s. Anm. 7 –, S. 7 und S. 13 f.) auf die Einschätzungen von Patrizis Poetik durch Spingarn, Croce, Trabalza, Guerrieri Crocetti, Vasoli, Bonora und Weinberg.

[39] Vgl. Kristeller, a.a.O. (s. Anm. 1), S. 98f.; August Buck: *Italienische Dichtungslehren vom Mittelalter bis zum Ausgang der Renaissance*, Tübingen 1952 (Beihefte zur Zeitschrift für romanische Philologie. 94), Kap. IV, 4, S. 190 ff.

theoretischen Möglichkeiten einer humanistischen Wissenschaft, deren Erprobung sich in der Theoriediskussion manifestiert. Neben Robortello, Castelvetro und Minturno hat Patrizi zweifellos einen der von der Intention her überzeugendsten Beiträge zur Entwicklung einer wissenschaftlichen Literaturbetrachtung geliefert.

ZUSAMMENFASSUNG

Wenn das eigentliche Ziel des italienischen Renaissance-Humanismus nicht nur in einer gelehrten, philologisch-literarischen Beschäftigung mit alten Texten liegt, sondern in der Aneignung antiker Bildung, Kultur und Literatur, die in Texten greifbar wird, dann ist die Deutung dieser Texte eines der entscheidenden Momente des Humanismus. Dieses Schlüsselproblem versuchten wir von drei Seiten aus anzugehen, denen im Rahmen der Renaissanceliteratur exemplarische Bedeutung zukommt. Wir definierten den Typus des humanistischen Kommentars, insbesondere des Dichtungskommentars (A), analysierten drei charakteristische Standpunkte in der Auslegung poetologischer Texte (B) sowie tragende Auffassungen von der Auslegung, wie sie sich in der systematischen Literaturtheorie der italienischen Renaissance abzeichnen (C).

A. Die Besonderheiten humanistischen Kommentierens im Vergleich zur mittelalterlichen Tradition werden nur dann klar sichtbar, wenn man nicht primär von der Form der Auslegung, sondern dem Selbstverständnis des Interpreten ausgeht. Angelo Poliziano versteht seine interpretatorische Tätigkeit als Wiederherstellung von verstreut Überliefertem zu neuen Zusammenhängen. Diese Reintegration hängt zwar von den persönlichen Fähigkeiten des Kommentators ab, dient aber einem über ihn hinausgehenden gesellschaftlichen Interesse. In Übereinstimmung mit seinen humanistischen Zeitgenossen fordert Poliziano vom Kommentator ein breit angelegtes Wissen, d.h. Kenntnisse nicht nur über Literatur, sondern darüber hinaus möglichst vieler "artes" und wissenschaftlicher Disziplinen; denn in den auszulegenden alten Texten wird ein gleichermaßen umfassendes Wissen vorausgesetzt. Dabei entsteht ein Wechselverhältnis zwischen der Aneignung des Wissens – es geht aus den zu deutenden Texten hervor – und der Anwendung des Wissens zur Deutung von Texten: Das Problem des hermeneutischen Zirkels macht sich geltend. Hierzu tritt eine andere Spannung im Selbstverständnis des Kommentators: Dieser will einerseits den einzelnen Text in dessen historischem Zusammenhang verstehen, andererseits aus der Deutung aktuellen Nutzen für die eigene Zeit ziehen. Formal ist der humanistische Kommentar weitgehend der spätantiken und mittelalterlichen Tradition verpflichtet, wobei Poliziano selbst sich nur auf die spätantike Kommentarpraxis beruft. Im Kommentarproömium verändert er jedoch die tradierten Gliederungspunkte in Richtung auf eine humanistische Rechtfertigung. Die fortlaufende Kommentierung nach Lemmata läßt gleichfalls die Dominanz humanistischer Interessen erkennen. Hier lassen sich drei elementare Deutungsschritte oder -schichten unterscheiden, die in den meisten humanistischen Auslegungen auftreten: die Textkritik, die sprachliche Erläuterung und der Sachkommentar. An sie schließen sich weitere Schritte an, die vom individuellen Charakter des ausgelegten Textes abhängen; bei Poliziano folgt eine rhetorische Kommentierung, aus der sich ansatzweise eine Deutung spezifisch poetisch-ästhetischer Züge von Texten herauslöst. Darüber hinaus verdichtet sich bei Poliziano die Kommentierung poetischer Einzelheiten zu kleinen poetologischen Abhandlungen, in denen sich das Postulat einer systematischen Literaturtheorie, verbunden mit einem Interesse an der aristotelischen *Poetik*, widerspiegelt.

Die Sonderstellung von im engeren Sinn poetischen Aspekten schlägt sich bei Cristoforo Landino in anderer Form und in einem anderen Bewußtsein wieder. Dichtung ist die einzige göttlich inspirierte Kunst und hat den höchsten Rang inne. Landino läßt daher den elementaren Deutungsschichten und der rhetorischen Kommentierung oft eine moralphilosophisch-allegorische Deutung folgen. Die zweite und wichtigere Konsequenz ist seine Kommentierung des horazischen Gesamtwerks: Horaz beweist als Dichter mustergültig den hohen Rang von Dichtung, legt ihn in der *Ars poetica* aber auch theoretisch dar. In ihrer Kommentierung stellt Landino ein Modell von Literaturtheorie zur

Verfügung. Hieraus leitet sich ein generelles Interesse der italienischen Renaissance an der Kommentierung poetologischer Texte ab.

B. Die Auslegung der aristotelischen *Poetik* stellt die Kommentatoren vor die Aufgabe, die Prinzipien humanistischer Deutung an die Besonderheiten des komplexen Traktats anzupassen. Das gelingt in ausgewogener Form Francesco Robortello. Er rechtfertigt seine Arbeit durch Übertragung von Zügen des humanistischen Gelehrten auf die Gestalt des Aristoteles. Zugleich stellt er im Blick auf die Besonderheiten einer *Poetik*-Auslegung strenge Forderungen an den Interpreten: die Auseinandersetzung mit den philologischen Vorgängern, ein scharfes Urteilsvermögen, einen weiten theoretischen Horizont, eine Vielfalt an historischem Wissen aufgrund großer Belesenheit und die Reflexion der in den Text implizierten Methoden. Robortello vermag die *Poetik* als in sich logisch zusammenhängenden Gedankengang darzulegen, als Teil des als homogen verstandenen Denkens des Aristoteles und als Teil der übergreifenden antiken Literaturauffassung und Literaturpraxis. Er erweist den Traktat als eine induktive Theorie, die aus griechisch-antiken Dichtungen abstrahiert wurde und diese zugleich besser verstehen läßt.

Lombardis und Maggis Kommentierung bleibt vom Reflexionshorizont her weit hinter der Robortellos zurück. Sie binden ihre Tätigkeit enger an die Tradition und vermögen die Vielschichtigkeit der *Poetik* nicht vorzuführen. Im Gegensatz zu Robortello fassen sie Wortlaut und Inhalt als trennbar auf, was sich in der Paraphrase als der wesentlichen Form ihrer Kommentierung niederschlägt. Die Paraphrase bedeutet zum einen eine rein semantische Auffächerung der Aussage, zum anderen aber einen Wechsel der Sprechebene: eine Übertragung der "Lehre" des Aristoteles in einen Bericht von dieser "Lehre"; Aristoteles soll als dozierende Persönlichkeit vergegenwärtigt werden.

Vettori und Castelvetro lösen ihrerseits Wortlaut und Inhalt voneinander, wobei Vettori ähnlich wie Maggi und Lombardi auf die Lehre abzielt, Castelvetro hingegen eine Erweiterung aristotelischer Prinzipien auf der Basis einer strengen Rationalität anstrebt. Die *Poetik* wird sowohl als historisches Dokument wie auch im Blick auf ihren Fragmentcharakter stark relativiert. Sie wird als Abstraktion aus einer erst begrenzt entwickelten antiken Dichtung verstanden, der eine Weiterentwicklung der Dichtung bis zur Neuzeit und damit das Postulat einer analog erweiterten induktiven Literaturtheorie gegenübersteht. Innerhalb dieses Ansatzes werden die von Castelvetro gleichwohl übernommenen humanistischen Deutungsformen zum Mittel innerhalb der Entwicklung einer umfassenden Dichtungstheorie.

C. Entsprechende Auffassungen liegen vielen systematischen Literaturtheorien der Renaissance zugrunde. Ein vordringliches Interesse dieser Texte liegt in der Begründung einer wissenschaftlichen Beschreibung von Literatur, die Grundlage des Verstehens älterer wie neuerer Dichtung sein soll.

Im Zusammentreffen dieser Bemühungen mit dem ursprünglichen humanistischen, nämlich persönlichen Antike-Erlebnis entsteht eine Spannung, die zu gegensätzlichen Ausgangspositionen führt. Girolamo Fracastoro vertritt hier eine extreme Position, wenn er die Unmittelbarkeit des Interpreten gegenüber dem interpretierten Text als unabdingbare Voraussetzung eines angemessenen Dichtungsverständnisses sieht. Das exemplarische Gegenstück hierzu liefert Giovambattista Giraldi Cinzio, der vom Leser Reflexion der historischen Distanz vom Text verlangt, darüber hinaus eine Schulung der Urteilskraft durch Erfahrung, nämlich Beobachtung der Dichtungspraxis, die als den theoretischen Konzeptionen überlegen gilt.

Ähnliches setzt sich bei Giovan Giorgio Trissino fort, der ein Literaturverständnis auf der Beschreibung faktisch vorhandener Dichtung aufbauen will, und entsprechend bei Minturno, der zur Verwirklichung der gleichen Absicht ein vollständiges Verfügen über die antike und die italienische Literatur voraussetzt. Das Bewußtsein der Vollständigkeit führt zur Erkenntnis der Vielfalt auch gegensätzlicher dichterischer Möglichkeiten, die Minturno jedoch nicht unbedingt harmonisiert. So löst er weder den Gegensatz zwischen einem inspiriert-unmittelbaren und einem gelehrt-distanzierten Deuter, noch den zwischen einer philosophisch-ontologischen und einer formalästhetischen Interpretation auf. Die ästhetische Deutung von Literatur bedarf einer Reduktion der an sich unendlichen Möglichkeiten poetischer Gestaltung auf beschreibbare Größen: auf Typologien und Modelle. Während die Arbeit des Dichters als individuelle, auf Verwirklichung der persönlichen Intention abzielende Auswahl aus diesen Möglichkeiten verstanden wird, besteht die Aufgabe des Interpreten in der Projektion des einzelnen Werks auf grundsätzliche typische Möglichkeiten.

Ein ebensolches Modell der Beschreibung universaler Möglichkeiten beabsichtigt Francesco Patrizi, der trotz mancher Parallelen zu Minturno einige weitergehende Forderungen aufstellt. Ein umfassendes Literaturverständnis muß an erster Stelle den Prinzipien der Wissenschaftlichkeit genügen. Daraus resultieren zwei weitere Notwendigkeiten: Da die Dichtung ihr allgemeingültiges Wesen – ihre Natur – im Verlauf der Literaturgeschichte entfaltet, muß eine wissenschaftliche Theorie sich auf eine möglichst lückenlose Literaturgeschichtsschreibung gründen. Theoretische Konzeptionen werden grundsätzlich an der stets diesen überlegenen literaturgeschichtlichen Wirklichkeit gemessen. Des weiteren duldet eine wissenschaftliche Theorie keine widersprüchlichen oder mehrdeutigen Begriffe. Nur logische und begriffliche Eindeutigkeit im Literaturverständnis können einen intersubjektiven Konsens herbeiführen.

So verweist zum einen Patrizis Absicht auf Grundsätze des Humanismus zurück: auf den hohen Rang des Sprachlichen in der menschlichen Verständigung und auf das geschichtliche Verständnis der Literatur und der Kultur allgemein. Und zum anderen zeigt sich, daß in den ursprünglichen humanistischen Forderungen nach geschichtlichem Denken und sprachlicher Kompetenz im Keim die Etablierung der Literaturtheorie als einer wissenschaftlichen Disziplin angelegt ist.

LITERATURVERZEICHNIS

I. TEXTE

Acontius, Jacobus: *De methodo, hoc est de recta investigandarum tradendarumque artium ac scientiarum ratione. Über die Methode, d.h. über die rechte Forschung und Lehre in den Künsten und Wissenschaften*, übers. von Alois von der Stein, mit einer Einleitung u. Anmerkungen versehen von Lutz Geldsetzer, Düsseldorf 1971 (Instrumenta philosophica. Series hermeneutica. 4)

Ammirato, Scipione: *Il Dedalione o ver del poeta [1560]*, in Weinberg: *Trattati* (s. u.), Bd. 2, S. 477-512.

[Badius Ascensius, Jodocus:] Quintus Horatius Flaccus: *Opera cum commentariis Acronis, Porphyrionis, Ant. Mancinelli, Jodoci Badii, cumque adnotationibus Mathaei Bonfinis et Aldi Manutii*, Parisiis 1519.

[Bembo, Pietro:] *Opere del Cardinale Pietro Bembo. Ora per la prima volta tutte in un corpo unite. Tomo secondo. Le Prose, Gli Asolani, e le Rime*, Venezia 1729, Nachdruck Ridgewood, N. J., 1965.

[Beroaldo, Niccolò:] *Angeli Politiani Sylua, cui titulus est Rusticus, cum docta elegantissimáque Nicolai Beraldi interpretatione*, Basileae 1518.

Boccaccio, Giovanni: *Genealogie deorum gentilium libri*, a cura di Vincenzo Romano, 2 Bde., Bari 1951 (Scrittori d'Italia. 200/201)

— : *Tutte le opere*, a cura di Vittore Branca, Bd. 3, Milano 1974.

[Boethius:] *Anicii Manlii Severini Boethii in Isagogen Porphyrii commenta*, copiis a Georgio Schepss comparatis svisqve vsvs recensvit Samvel Brandt, Nachdruck der Ausg. Leipzig 1906, New York/London 1966.

[Bruno, Giordano:] *Le opere italiane di Giordano Bruno*, ristampate da Paolo de Lagarde, Göttingen 1888.

[Calderini, Domizio:] *Domitii Calderini Veronensis [...] ad Augustinum mafeum Veronensem [...] in Siluas Statii papinii*, in: Publius Papinius Statius: *Opera*, Venetiis 1483, fol. 151 r.-218 r.

Capriano, Giovan Pietro: *Della vera poetica [1555]*, in Weinberg: *Trattati* (s. u.), Bd. 2, S. 293-334.

Castelvetro, Lodovico: *Poetica d' Aristotele vulgarizzata e sposta*, a cura di Werther Romani, 2 Bde., Bari 1978/79 (Scrittori d'Italia. 264/265)

Daniello, Bernardino: *Della Poetica [1536]*, in Weinberg: *Trattati* (s. u.), Bd. 1, S. 227-318.

Dante Alighieri: *Il Convivio*, ridotto a miglior lezione e commentato da G. Busnelli e G. Vandelli, con introduzione di Michele Barbi, seconda edizione con appendice di aggiornamento a cura di Antonio Enzo Quaglio, 2 Bde., Firenze 1964 (Opere di Dante. 4/5)

De' Conti, Anton Maria: *De Arte Poetica (Oratio XXIV) [ca. 1550]*, in Weinberg: *Trattati* (s. u.), Bd. 2, S. 127-139.

Delminio, Giulio Camillo: *Della imitazione [ca. 1530]*, in Weinberg: *Trattati* (s. u.), Bd. 1, S. 159-185.

— : *Della imitazione [ca. 1530]*, in Weinberg: *Trattati* (s. u.), Bd. 1, S. 357-407.

— : *Trattato delle materie che possono venir sotto lo stile del l'eloquente [ca. 1540]*, in Weinberg: *Trattati* (s. u.). Bd. 1, S. 319-356.

[Donatus:] *Aeli Donati Commentvm Terenti, accedvnt Evgraphi Commentvm et Scholia Bembina*, recensvit Pavlvs Wessner, Nachdruck d. Ausg. 1902, Stuttgart 1962-63.

Fracastoro, Girolamo: *Navgerivs, Sive De Poetica Dialogvs*, with an English Translation by Ruth Kelso and an Introduction by Murray W. Bundy, Urbana, Illinois, 1924 (University of Illinois Studies in Language and Literature. IX, 3)

Fuscano, Giovanni Berardino: *Della oratoria e poetica facoltà [1531]*, in Weinberg: *Trattati* (s. u.), Bd. 1, S. 187-195.

Garin, Eugenio (Hrsg.): *Prosatori latini del Quattrocento. I. Coluccio Salutati, Leonardo Bruni Aretino, Francesco Barbaro*, Milano/Napoli/Torino 1976 (Classici Ricciardi. 8)

Gaurico, Pomponio: *Super Arte Poetica Horatii*, Nachdruck d. Ausg. Rom 1541, München 1969 (Poetiken des Cinquecento. 16)

Giraldo Cinzio, Giovambattista: *Lettera sulla tragedia [1543]*, in Weinberg: *Trattati* (s. u.), Bd. 1, S. 469-486.

— : *Prologo all'"Altile" [ca. 1543]*, in Weinberg: *Trattati* (s. u.), Bd. 1, S. 487-491.

— : *Scritti critici*, a cura di Camillo Guerrieri Crocetti, Milano 1973 (Scrittori italiani. Sezione letteraria)

[Grifoli, Jacopo:] *Q. Horatii Flacci Liber De Arte Poetica Iacobi Grifoli Lucinianensis Interpretatione Explicatus*, Nachdruck d. Ausg. Florenz 1550, München 1967 (Poetiken des Cinquecento. 3)

[Landino, Cristoforo:] *Christophori Landini Florentini in Q. Horatii Flacci Libros Omnes Ad Illustrissimum Guidonem Feltrium Magni Federici Ducis Filium Interpretationes*, Venetiis 1483.

— : *Christophori Landini Florentini In P. Vergilii Interpretationes Prohemivm Ad Petrvm Medicem Magni Lavrentii Filivm Foeliciter Incipit*, Florentiae 1487.

— : *Scritti critici e teorici*, edizione, introduzione e commento a cura di Roberto Cardini, 2 Bde., Roma 1974 (I Critici italiani. 1/2).

Leonardo da Vinci: *Frammenti letterari e filosofici. Favole. Allegorie. Pensieri. Paesi. Figure. Profezie. Facezie*, a cura di Edmondo Solmi, Firenze 1979.

Lionardo, Alessandro: *Dialoghi dell'invenzione poetica [1554]*, in Weinberg: *Trattati* (s. u.), Bd. 2, S. 211-292.

Luisini, Francesco: *In Librum Q. Horatii Flacci De Arte Poetica Commentarius*, Nachdruck d. Ausg. Venedig 1554, München 1969 (Poetiken des Cinquecento. 19)

Maggi, Vincenzo / Lombardi, Bartolomeo: *In Aristotelis Librum De Poetica Communes Explanationes*, Nachdruck d. Ausg. Venedig 1550, München 1969 (Poetiken des Cinquecento. 4)

Manuzio, Aldo: *In Q. Horatii Flacci Venusini Librum De Arte Poetica Commentarius*, Nachdruck d. Ausg. Venedig 1576, München 1969 (Poetiken des Cinquecento. 20)

Minturno, Antonio Sebastiano: *De Poeta*, Nachdruck d. Ausg. Venedig 1559, München 1970 (Poetiken des Cinquecento. 5)

— : *L' Arte Poetica*, Nachdruck d. Ausg. Venedig 1564, München 1971 (Poetiken des Cinquecento. 6)

Muzio, Girolamo: *Dell'arte poetica [1551]*, in Weinberg: *Trattati* (s. u.), Bd. 2, S. 163-209.

Neroni, Baccio: *Tre lezioni sulla poetica [ca. 1571]*, in Weinberg: *Trattati* (s. u.), Bd. 2, S. 613-628.

Partenio, Bernardino: *Dell'imitazione poetica [1560]*, in Weinberg: *Trattati* (s. u.), Bd. 2, S. 519-558.

Patrizi da Cherso, Francesco: *Della poetica*, edizione critica a cura di Danilo Aguzzi Barbagli, 3 Bde., Firenze 1969-1971 (Istituto Nazionale di Studi sul Rinascimento)

— : *Della Retorica dieci dialoghi di M. Francesco Patritio*, In Venetia 1562.

Petrarca, Francesco: *De remediis utriusque fortunae*, zweisprachige Ausgabe in Auswahl, übers. und kommentiert v. Rudolf Schottlaender, Bibliographie v. Eckhard Keßler, München 1975 (Humanistische Bibliothek. II, 18)

Platon: *Sämtliche Werke. 4. Phaidros, Parmenides, Theaitetos, Sophistes*, nach der Übersetzung von Friedrich Schleiermacher mit der Stephanus-Numerierung hrsg. von Walter F. Otto, Ernesto Grassi, Gert Plamböck, Hamburg ^{14} 1981 (Rowohlts Klassiker. 39)

[Poggio Bracciolini:] Phyllis Walter Goodhart Gordan (Hrsg.): *Two Renaissance Book Hunters: The Letters of Poggius Bracciolini to Nicolaus de Niccolis*, New York/London 1974.

— : *Lettere. I. Lettere a Niccolò Niccoli*, a cura di Helene Harth, Firenze 1984.

Poliziano, Angelo: *Opera omnia*, a cura di Ida Maier, 3 Bde., Torino 1970/71 (Monumenta politica, philosophica, humanistica rariora. I, 16-18)

— : *Commento inedito all'epistola ovidiana di Saffo a Faone*, a cura di Elisabetta Lazzeri, Firenze 1971 (Istituto Nazionale di Studi sul Rinascimento. Studi e Testi. 2)

— : *Miscellaneorum Centuria Secunda*, edizione critica per cura di Vittore Branca e Manlio Pastore Stocchi, 4 Bde., Firenze 1972.

— : *La commedia antica e L' Andria di Terenzio. Appunti inediti*, a cura di Rosetta Lattanzi Roselli, Firenze 1973 (Istituto Nazionale di Studi sul Rinascimento. Studi e Testi. 3)

— : *Commento inedito alle Selve di Stazio*, a cura di Lucia Cesarini Martinelli, Firenze 1978 (Istituto Nazionale di Studi sul Rinascimento. Studi e Testi. 5) [ergänzt durch Cesarini Martinelli 1982 (s. u.)]

— : *Commento inedito alle Satire di Persio*, a cura di Lucia Cesarini Martinelli e Roberto Ricciardi, Firenze 1985 (Istituto Nazionale di Studi sul Rinascimento. Studi e Testi. 11)

Riccoboni, Antonio: *Poetica Aristotelis Latine Conversa. Compendium Artis Poeticae Aristotelis*, Nachdruck d. Ausg. Padua 1587 und 1591, München 1970 (Poetiken des Cinquecento. 22)

Robortello, Francesco: *In Librum Aristotelis De Arte Poetica Explicationes. Paraphrasis In Librum Horatii, Qui Vulgo De Arte Poetica Ad Pisones Inscribitur*, Nachdruck d. Ausg. Florenz 1548, München 1968 (Poetiken des Cinquecento. 8)

— : *Francisci Robortelli Utinensis De Arte Sive Ratione Corrigendi Antiquorum Libros Disputatio*, introduzione, testo critico, traduzione, commentario, indici a cura di G. Pompella, Napoli 1975.

Rossi, Nicolò: *Discorsi intorno alla comedia [1589]*, in Weinberg: *Trattati* (s. u.), Bd. 4, S. 27-57.

[Seneca:] *L. Annaei Senecae De Breuitate Vitae.* Sénèque: *Sur la Brièveté de la Vie*, édition, introduction et commentaire de Pierre Grimal, Paris 1959 (Erasme. Coll. de textes latins commentés)

[Servius:] *Servii grammatici qui feruntur in Vergilii carmina commentarii*, recensuerunt Georgius Thilo et Hermann Hagen, 2. Nachdruck d. Ausg. Leipzig 1881, Hildesheim / Zürich / New York 1986.

Tasso, Bernardo: *Ragionamento della poesia [1562]*, in Weinberg: *Trattati* (s. u.), Bd. 2, S. 567-584.

Toscanella, Orazio: *Precetti della Poetica [1562]*, in Weinberg: *Trattati* (s. u.), Bd. 2, S. 559-566.

Trissino, Giovan Giorgio: *La Poetica (I-IV) [1529]*, in Weinberg: *Trattati* (s. u.), Bd. 1, S. 21-158.

— : *La quinta e la sesta divisione della Poetica [ca. 1549]*, in Weinberg: *Trattati* (s. u.), Bd. 2, S. 5-90.

Verdizzotti, Giovanni Mario: *Breve discorso intorno alla narrazione [1588]*, in Weinberg: *Trattati* (s. u.), Bd. 4, S. 5-12.

Vettori, Pietro: *Commentarii In Primum Librum Aristotelis De Arte Poetarum*, Nachdruck d. Ausg. Florenz 1560, München 1967 (Poetiken des Cinquecento. 9)

[Vida, Marco Girolamo:] *The De Arte Poetica of Marco Girolamo Vida*, translated with commentary, & with the text of c. 1517, ed. by Ralph G. Williams, New York 1976.

Weinberg, Bernard (Hrsg.): *Trattati di poetica e retorica del Cinquecento*, 4 Bde., Bari 1970-1974 (Scrittori d'Italia. 247/248/253/258)

II. FORSCHUNGSLITERATUR

Apel, Karl Otto: *Die Idee der Sprache in der Tradition des Humanismus von Dante bis Vico*, Frankfurt a. M. ³ 1980.

Appel, Benedikt: *Das Bildungs- und Erziehungsideal Quintilians nach der Institutio oratoria* (Diss. München 1912), Donauwörth 1914.

Assunto, Rosario: *Die Theorie des Schönen im Mittelalter*, Neuausgabe, Köln 1982 (DuMont-Taschenbücher. 117)

Barilli, Renato: *Poetica e retorica*, Milano 1969 (Saggi di estetica e di poetica. 9)

Bec, Christian: *De Pétrarque à Machiavel: à propos d'un "topos" humaniste (le dialogue lecteur/livre)*, in: Rinascimento 16 (1976), S. 3-17.

Behrens, Irene: *Die Lehre von der Einteilung der Dichtkunst vornehmlich vom 16. bis 19. Jahrhundert. Studien zur Geschichte der poetischen Gattungen*, Halle 1940 (Beihefte zur Zeitschrift für romanische Philologie. 92)

Bolzoni, Lina: *A proposito di una recente edizione di inediti Patriziani*, in: Rinascimento II, 16 (1976), S. 133-156.

— : *L'universo dei poemi possibili. Studi su Francesco Patrizi da Cherso*, Roma 1980 (Strumenti di ricerca. 28/29)

Branca, Vittore: *Poliziano e l'umanesimo della parola*, Torino 1983 (Saggi Einaudi. 655)

Brinkmann, Hennig: *Mittelalterliche Hermeneutik*, Darmstadt 1980.

Brown, Peter M.: *Prose or Verse in Comedy: A Florentine Treatment of a Sixteenth-Century Controversy*, Hull 1973 (University of Hull. Inaugural Lectures)

Brückner, Thomas: *Der Tod des Palinurus. Mittelalterliche und humanistische Kommentare zu einer Episode aus dem 5. Buch der Aeneis*, in: Paul Richard Blum (Hrsg.): *Studien zur Thematik des Todes im 16. Jahrhundert*, Wolfenbüttel 1983 (Wolfenbütteler Forschungen. 22)

Buck, August: *Dichtung und Dichter bei Cristoforo Landino. Ein Beitrag zur Dichtungslehre des italienischen Humanismus*, in: Romanische Forschungen 58/59 (1947), S. 233-246.

— : *Italienische Dichtungslehren vom Mittelalter bis zum Ausgang der Renaissance*, Tübingen 1952 (Beihefte zur Zeitschrift für romanische Philologie. 94)

— : *Das Geschichtsdenken der Renaissance*, Krefeld 1957 (Schriften und Vorträge des Petrarca-Instituts Köln. 9)

— : *Die humanistische Tradition in der Romania*, Bad Homburg/ Berlin/Zürich 1968.

— : *Dichtungslehren der Renaissance und des Barocks*, in A.B. (Hrsg.): *Neues Handbuch der Literaturwissenschaft. 9. Renaissance und Barock. 1. Teil*, Frankfurt a. M. 1972, S. 28-60.

— : Einleitung zu A. B. /Klaus Heitmann/Walter Mettmann (Hrsg.): *Dichtungslehren der Romania aus der Zeit der Renaissance und des Barock*, Frankfurt a. M. 1972 (Dokumente der europäischen Poetik. 3), S. 11-53.

— : *Die Rezeption der Antike in den romanischen Literaturen der Renaissance*, Berlin 1976 (Grundlagen der Romanistik. 8)

— : *Boccaccios Verteidigung der Dichtung in den "Genealogie deorum"*, in: G. Tournoy (Hrsg.): *Boccaccio in Europe. Proceedings of the Boccaccio Conference, Louvain, December 1975*, Leuven 1977 (Symbolae. Series A. 4), S. 53-65.

— : *Studia humanitatis. Gesammelte Aufsätze 1973-1980. Festgabe zum 70. Geburtstag*, hrsg. von Bodo Guthmüller, Karl Kohut, Oskar Roth, Wiesbaden 1981.

— /Herding, Otto (Hrsg.): *Der Kommentar in der Renaissance*, Boppard 1975 (Deutsche Forschungsgemeinschaft. Kommission für Humanismusforschung. Mitteilung 1)

Cardini, Roberto: *La critica del Landino*, Firenze 1973 (Istituto Nazionale di Studi sul Rinascimento. Studi e Testi. 4)

Cassirer, Ernst: *Das Erkenntnisproblem in der Philosophie und Wissenschaft der neueren Zeit*, Bd. 1, Berlin ³ 1922.

Cesarini Martinelli, Lucia: *In margine al commento di Angelo Poliziano alle "Selve" di Stazio*, in: Interpres 1 (1978), S. 96-145.

— : *Un ritrovamento polizianesco: il fascicolo perduto del commento alle "Selve" di Stazio*, in: Rinascimento 22 (1982), S. 183-212.

— : *"De poesi et poetis": uno schedario sconosciuto di Angelo Poliziano*, in: Roberto Cardini / Eugenio Garin u. a. (Hrsg.): *Tradizione classica e letteratura umanistica. Per Alessandro Perosa*, 2 Bde., Roma 1985, Bd. 2, S. 455-487.

Clarke, M. L.: *Higher Education in the Ancient World*, London 1971.

Curtius, Ernst Robert: *Europäische Literatur und lateinisches Mittelalter*, Bern/München [9] 1978.

de Bruyne, Edgar: *Etudes d'esthétique médiévale*, 3 Bde., Brugge 1946.

Degenhardt, Clemens: *De veterum grammaticorum scholis*, Diss. Münster 1909.

de la Garanderie, Marie-Madeleine: *Christianisme et lettres profanes (1515-1535). Essai sur les mentalités des milieux intellectuels parisiens et sur la pensée de Guillaume Budé*, 2 Bde., Lille/Paris 1976.

de Lubac, Henri: *Exégèse médiévale. Les quatre sens de l'Ecriture*, 4 Bde., Paris 1959-1964 (Théologie. 41/42/59)

di Benedetto, Arnaldo: *Un'ipotesi di lavoro: la poesia come variazione*, in: Giornale storico della letteratura italiana 144 (1968), S. 324-328.

Dolce, Ester: *Sulla poetica di G. C. Scaligero*, in: *Studi in onore di Alberto Chiari*, Brescia 1973, Bd. 1, S. 447-482.

Ferraro, Rose Mary: *Giudizi critici e criteri estetici nei "Poetices Libri Septem" (1561) di Giulio Cesare Scaligero rispetto alla teoria letteraria del Rinascimento*, Chapel Hill,] N. Carol., 1971.

Fuhrmann, Manfred: *Obscuritas. Das Problem der Dunkelheit in der rhetorischen und literarästhetischen Theorie der Antike*, in: Wolfgang Iser (Hrsg.): *Immanente Ästhetik – Ästhetische Reflexion. Lyrik als Paradigma der Moderne*, München 1966 (Poetik und Hermeneutik. 2), S. 47-72.

— : *Interpretatio. Notizen zur Wortgeschichte*, in: Detlef Liebs (Hrsg.): *Sympotica Franz Wieacker. Sexagenario Sasbachwaldeni a suis libata*, Göttingen 1970, S. 80-110.

— : *Einführung in die antike Dichtungstheorie*, Darmstadt 1973.

Gadamer, Hans-Georg: *Wahrheit und Methode. Grundzüge einer philosophischen Hermeneutik*, Tübingen [4] 1975.

Gardenal, Gianna: *Il Poliziano e Svetonio. Contributo alla storia della filologia umanistica*, Firenze 1975 (Università di Padova. Pubblicazioni della Facoltà di Lettere e Filosofia. 53)

Garin, Eugenio: *La diffusione della "Poetica" di Aristotele dal secolo XV in poi*, in: Rivista critica di storia di filosofia 28 (1973), S. 447-451.

— : *L'educazione in Europa (1400-1600)*, Bari 1957.

— : *L'umanesimo italiano. Filosofia e vita civile nel Rinascimento*, Bari [7] 1978 (Universale Laterza. 3)

Geldsetzer, Lutz: *Einleitung* zu Matthias Flacius Illyricus: *De ratione cognoscendi Sacras Literas. Über den Erkenntnisgrund der Heiligen Schrift*, lateinisch-deutsche Parallelausgabe, übers., eingel. und mit Anmerkungen versehen von Lutz Geldsetzer, Düsseldorf 1968 (Instrumenta philosophica. Series hermeneutica. 3)

Gerl, Hanna-Barbara: *Humanistische und geometrische Sprachphilosophie. Ein Paradigmenwechsel von Leonardo Bruni zu Francesco Patrizi*, in: Zeitschrift für philosophische Forschung 36 (1982), S. 189-207.

— : *Rhetorik als Philosophie. Lorenzo Valla*, München 1974 (Humanistische Bibliothek. I, 13)

Geymonat, Mario: *Osservazioni sui primi tentativi di metrica quantitativa italiana*, in: Giornale storico della letteratura italiana 143 (1966), S. 378-389.

Gilbert, Neal W.: *Renaissance Concepts of Method*, New York/London [2] 1963.

Gilson, Etienne: *History of Christian philosophy in the Middle Ages*, London 1955.

Grafton, A.: *On the Scholarship of Politian and its Context*, in: Journal of the Warburg and Courtauld Institutes 40 (1977), S. 150-188.

Grassi, Ernesto: *Die Theorie des Schönen in der Antike*, Neuausgabe Köln 1980 (DuMont Taschenbücher. 90)

Greene, Thomas M.: *Petrarch and the Humanist Hermeneutic*, in: T. M. G.: *The Light in Troy. Imitation and Discovery in Renaissance Poetry*, New Haven / London 1982, S. 81-103.

Guthmüller, Bodo: *Lateinische und volkssprachliche Kommentare zu den "Metamorphosen"*, in: B. G.: *Studien zur antiken Mythologie in der italienischen Renaissance*, Weinheim 1986, S. 37- 46.

Hall, Vernon: *Renaissance Literary Criticism. A Study of its Social Content*, New York 1945.

Hathaway, Baxter: *The Age of Criticism: The Late Renaissance in Italy*, Ithaca, N. Y., 1962.

Hempfer, Klaus W.: *Allegorie als interpretatives Verfahren in der Renaissance: Dichterallegorese im 16. Jahrhundert und die allegorischen Rezeptionen von Ariosts "Orlando Furioso"*, in: K. W. H. /Enrico Straub (Hrsg.): *Italien und die Romania in Humanismus und Renaissance. Festschrift für Erich Loos zum 70. Geburtstag*, Wiesbaden 1983, S. 51-75.

Henrichs, Norbert: *Bibliographie der Hermeneutik und ihrer Anwendungsbereiche seit Schleiermacher*, Düsseldorf 1968 (Kleine philosophische Bibliographien aus dem philosophischen Institut der Universität Düsseldorf. 1)

Herrick, Marvin T.: *The Fusion of Horatian and Aristotelian Literary Criticism, 1531-1555*, Urbana 1946 (Illinois Studies in Language and Literature, vol. 32, no. 1)

Howell, W. S.: *Poetics, Rhetoric and Logic in Renaissance Criticism*, in: R. R. Bolgar (Hrsg.): *Classical Influences on European Culture A. D. 1500-1700. Proceedings of an International Conference Held at King's College, Cambridge, April 1974*, Cambridge 1976, S. 155-162.

Jaeger, Werner: Paideia. *Die Formung des griechischen Menschen*, Nachdruck Berlin/New York 1973.

Johann, Horst-Theodor (Hrsg.): *Erziehung und Bildung in der heidnischen und christlichen Antike*, Darmstadt 1976 (Wege der Forschung. 377)

Kallendorf, Craig: *Cristoforo Landino's "Aeneid" and the Humanist Critical Tradition*, in: Renaissance Quarterly 36 (1983), S. 519-546.

Keßler, Eckhard: *Antike Tradition, historische Erfahrung und philosophische Reflexion in Petrarcas "Brief an die Nachwelt"*, in: August Buck (Hrsg.): *Biographie und Autobiographie in der Renaissance. Arbeitsgespräch in der Herzog August Bibliothek Wolfenbüttel vom 1. bis 3. November 1982*, Wiesbaden 1983, S. 21-34.

— : *Petrarca und die Geschichte. Geschichtsschreibung, Rhetorik, Philosophie im Übergang vom Mittelalter zur Neuzeit*, München 1978 (Humanistische Bibliothek. I, 25)

— : *Das Problem des frühen Humanismus. Seine philosophische Bedeutung bei Coluccio Salutati*, München 1968 (Humanistische Bibliothek. I, 1)

Klaniczay, Tibor: *Renaissance und Manierismus. Zum Verhältnis von Gesellschaftsstruktur, Poetik und Stil*, Berlin 1977 (Literatur und Gesellschaft)

Klopsch, Paul: *Einführung in die Dichtungslehren des lateinischen Mittelalters*, Darmstadt 1980.

Krautter, Konrad: *Philologische Methode und humanistische Existenz. Filippo Beroaldo und sein Kommentar zum Goldenen Esel des Apuleius*, München 1971 (Humanistische Bibliothek. I, 9)

— : *Die Renaissance der Bukolik in der lateinischen Literatur des XIV. Jahrhunderts: von Dante bis Petrarca*, München 1983 (Theorie und Geschichte der Literatur und der Schönen Künste. 65)

— : *Der 'Grammaticus' Poliziano in der Auseinandersetzung mit zeitgenössischen Humanisten. Zur Entwicklung der Philologie aus den 'studia humanitatis'*, in: August Buck / Klaus Heitmann (Hrsg.): *Die Antike-Rezeption in den Wissenschaften während der Renaissance*, Weinheim 1983 (Deutsche Forschungsgemeinschaft. Kommission für Humanismusforschung. Mitteilung 10), S. 103-116.

Kristeller, Paul Oskar: *Acht Philosophen der italienischen naissance. Petrarca, Valla, Ficino, Pico, Pomponazzi, Telesio, Patrizi, Bruno*, übers. v. Elisabeth Blum, Weinheim 1986.

— : *Humanismus und Renaissance. 1. Die antiken und mittelalterlichen Quellen. 2. Philosophie, Bildung und Kunst*, hrsg. von Eckhard Keßler, Übers. a. d. Englischen von Renate Schweyen-Ott, München 1974/76 (Humanistische Bibliothek. I, 21/22)

— : *Petrarcas Stellung in der Geschichte der Gelehrsamkeit*, in: Klaus W. Hempfer/Enrico Straub (Hrsg.): *Italien und die Romania in Humanismus und Renaissance. Festschrift für Erich Loos zum 70. Geburtstag*, Wiesbaden 1983, S. 102-121.

— u. a. (Hrsg.): *Catalogus Translationum et Commentariorum. Medieval and Renaissance Latin Translations and Commentaries*, (bish.) 6 Bde., Washington 1960 ff.

Lentzen, Manfred: *Studien zur Dante-Exegese Cristoforo Landinos. Mit einem Anhang bisher unveröffentlichter Briefe und Reden*, Köln/Wien 1971 (Studi italiani. 12)

Maier, Ida: *Les manuscrits d' Ange Politien. Catalogue descriptif, avec 19 documents inédits en appendice.* Genève 1965 (Travaux d'Humanisme et Renaissance. 70)

Mancini, Augusto: *Il Poliziano filologo*, in: *Il Poliziano e il suo tempo. Atti del IV Convegno Internazionale di Studi sul Rinascimento*, Firenze 1957, S. 57-67.

Marsh, David: *The Quattrocento Dialogue. Classical Tradition and Humanist Innovation*, Cambridge, Mass. / London 1980.

Mazzacurati, Giancarlo: *Prologo e promemoria sulla "scoperta" della "Poetica" (1500-1540)*, in G. M.: *Conflitti di culture nel Cinquecento*, Napoli 1977 (Le forme del significato. 21). S. 1-41.

Melzi, Robert C.: *Castelvetro's Annotations to the Inferno. A New Perspective in Sixteenth Century Criticism*, The Hague/Paris 1966.

Montano, Rocco: *L'estetica del Rinascimento e del Barocco.* Napoli 1962.

Most, Glenn W.: *Rhetorik und Hermeneutik: Zur Konstitution der Neuzeitlichkeit*, in: Antike und Abendland 30 (1984), S. 62-79.

Müller-Bochat, Eberhard: *Leon Battista Alberti und die Vergil - Deutung der Disputationes Camaldulenses. Zur allegorischen Dichtererklärung bei Cristoforo Landino.* Krefeld 1968.

Neschke, Ada B.: *Die "Poetik" des Aristoteles. Textstruktur und Textbedeutung*, 2 Bde., Frankfurt a. M. 1980.

Ohly, Friedrich: *Schriften zur mittelalterlichen Bedeutungsforschung*, Darmstadt 1977.

Panofsky, Erwin: *Die Renaissancen der europäischen Kunst*, übers. v. Horst Günther, Frankfurt a. M. ^{2} 1984.

Perosa, Alessandro: *Codici di Galeno postillati dal Poliziano*, in: Vittore Branca u. a. (Hrsg.): *Umanesimo e Rinascimento. Studi offerti a Paul Oskar Kristeller*, Firenze 1980 (Biblioteca di "Lettere italiane". Studi e Testi. 24), S. 75-109.

Pfeiffer, Rudolf: *Die Klassische Philologie von Petrarca bis Mommsen*, a. d. Engl. übertr. von Marlene und Erwin Arnold, München 1982 (Beck'sche Elementarbücher)

Plachy, Adolfo: *La teoria della interpretazione. Genesi e storia della ermeneutica moderna*, Milano 1974 (Pubblicazioni dell'Istituto di filosofia del diritto dell'Università di Roma. III, 10)

Powitz, Gerhardt: *Text und Kommentar im Buch des 15. Jahrhunderts*, in: Lotte Hellinga/Helmar Härtel (Hrsg.): *Buch und Text im 15. Jahrhundert. Book and Text in the Fifteenth Century*, Hamburg 1981 (Wolfenbütteler Abhandlungen zur Renaissanceforschung. 2), S. 35-45.

Ribuoli, Riccardo: *La collazione polizianea del Codice Bembino di Terenzio. Con le postille inedite del Poliziano e note su Pietro Bembo*, Roma 1981 (Note e discussioni erudite. 17)

Rizzo, Silvia: *Il lessico filologico degli umanisti*, Roma 1973 (Sussidi eruditi. 26)

Roellenbleck, Georg: *Das epische Lehrgedicht Italiens im fünfzehnten und sechzehnten Jahrhundert. Ein Beitrag zur Literaturgeschichte des Humanismus und der Renaissance*, München 1975 (Münchner romanistische Arbeiten. 43)

Rötzer, Hans Gerd: *Traditionalität und Modernität in der europäischen Literatur. Ein Überblick vom Attizismus-Asianismus-Streit bis zur "Querelle des Anciens et des Modernes"*, Darmstadt 1979.

Sabbadini, Remigio: *Il metodo degli umanisti*, Firenze 1920.

Saintsbury, G.: *A History of Criticism and Literary Taste in Europe*, Edinburgh/London 1900-1904.

Samuels, Richard S.: *Benedetto Varchi, the "Accademia degli Infiammati", and the Origins of the Italian Academic Movement*, in: Renaissance Quarterly 29 (1976), S. 599-634.

Sandkühler, Bruno: *Die frühen Dantekommentare und ihr Verhältnis zur mittelalterlichen Kommentartradition*, München 1967 (Münchner romanistische Arbeiten. 19)

Schick, Ursula: *Malipieros "Petrarca spirituale" als "Canzoniere"-Allegorese*, in: Klaus W. Hempfer/Gerhard Regn (Hrsg.): *Interpretation. Das Paradigma der europäischen Renaissance-Literatur. Festschrift für Alfred Noyer-Weidner zum 60. Geburtstag*, Wiesbaden 1983, S. 272-287.

Schmidt, Peter L.: *Polizian und der italienische Archetyp der Valerius-Flaccus-Überlieferung*, in: Italia medioevale e umanistica 19 (1976), S. 241-256.

Schmitt, Charles B.: *A Critical Survey and Bibliography of Studies on Renaissance Aristotelianism 1958-1969*, Padova 1971 (Centro per la Storia della Tradizione Aristotelica nel Veneto. Saggi e testi. 11)

— : *Aristotle and the Renaissance*, Cambridge, Mass./London 1983.

Schrader, Ludwig: *Hermes im Humanismus. Mythologische Anmerkungen zu Alfonso de Valdés, Guillaume Budé und Bonaventure*

Des Périers, in: Klaus W. Hempfer/Enrico Straub (Hrsg.): *Italien und die Romania in Humanismus und Renaissance. Festschrift für Erich Loos zum 70. Geburtstag.* Wiesbaden 1983, S. 229-245.

— : *Rabelais und die Antike. Deutungs-Probleme im Humanismus*, in: Romanische Forschungen 92 (1980). S. 149.

Scrivano, Riccardo: *La norma e lo scarto. Proposte per il Cinquecento letterario italiano*, Roma 1980 (L'Ippogrifo. 20)

— : *Il razionalismo critico di Lodovico Castelvetro*, in: La rasegna della letteratura italiana 63 (1959). S. 259-263.

Scuderi, Ermanno: *Boccaccio e la difesa della poesia*, in: Orpheus 15 (1968), S. 183-199.

Söffing, Werner: *Deskriptive und normative Bestimmungen in der "Poetik" des Aristoteles*, Amsterdam 1981 (Beihefte zur "Poetica". 15)

Spingarn, Joel Elias: *A History of Literary Criticism in the Renaissance*, with a new introduction by Bernard Weinberg, New York ^{3} 1963.

Staiger, Emil: *Die Kunst der Interpretation. Studien zur deutschen Literaturgeschichte*, Zürich ^{5} 1967.

Stillers, Rainer: *Le "Décaméron" et son lecteur*, in: *Lecteurs et lectures. Actes du Colloque Nantes-Düsseldorf 1979*, Nantes 1980 (Textes et langages. 4), S. 87-98.

— : *Dichtungstheorie in der italienischen Renaissance. Ein Bericht über ihre Erforschung seit 1960*, in: Romanistisches Jahrbuch 32 (1981), S. 48-68.

— : *Zum impliziten Literaturbegriff und Textverstehen in Dantes "Convivio"*, in: Deutsches Dante-Jahrbuch 57 (1982), S. 85-107.

Straub, Enrico: *Bericht und Reflexion in Petrarcas Ventoux-Epistel (Familiares IV, 1)*, in: Klaus W. Hempfer/E. S. (Hrsg.): *Italien und die Romania in Humanismus und Renaissance. Festschrift für Erich Loos zum 70. Geburtstag*, Wiesbaden 1983, S. 270-288.

Strosetzki, Christoph: *Verstehen bei Montaigne*, in: Wolfenbütteler Renaissance-Mitteilungen 6 (1982), S. 89-104.

Tateo, Francesco: *"Retorica" e "Poetica" fra Medioevo e Rinascimento*, Bari 1960 (Biblioteca di Filologia romanza. 5)

Tigerstedt, E. N.: *Observations on the Reception of the Aristotelian "Poetics" in the Latin West*, in: Studies in the Renaissance 15 (1968), S. 7-24.

— : *The Poet as Creator: Origins of a Metaphor*, in: Comparative Literature Studies 5 (1968), S. 455-488.

Trinkaus, Charles: *The Unknown Quattrocento Poetics of Bartolommeo della Fonte*, in: Studies in the Renaissance 13 (1966), S. 40-122.

— : *The Scope of Renaissance Humanism*, Ann Arbor 1983.

Verde, Armando F.: *Lo Studio fiorentino 1473-1503. Ricerche e documenti*, Bd. 1/2 Firenze 1973, Bd. 3 Pistoia 1977.

Vergeest, Arnold: *Poetarum enarratio. Leraren en schoolauteurs te Rome van Cicero tot Quintilianus*, Breda 1950.

Vernazza, Guido: *Poetica e poesia di Pomponio Torelli*, Parma 1964 (Fonti e studi. II, 1)

Waschbüsch, Alfons: *Polizian. Ein Beitrag zur Philosophie des Humanismus*, München 1972 (Humanistische Bibliothek. III, 1)

Weinberg, Bernard: *Castelvetro's Theory of Poetics*, in: R. S. Crane u. a. (Hrsg.): *Critics and Criticism: Ancient and Modern*, Chicago 1952, S. 349-371.

— : *A History of Literary Criticism in the Italian Renaissance*, 2 Bde., Chicago 1961.

— : *Robortello on the "Poetics"*, in: R. S. Crane u. a. (Hrsg.): *Critics and Criticism: Ancient and Modern*, Chicago 1952, S. 319-348.

— : *The Poetic Theories of Minturno*, in: *Studies in Honor of Frederick W. Shipley*, St. Louis 1942 (Washington University Studies), S. 101-129.

Weiss, Rainer: *Cristoforo Landino. Das Metaphorische in den "Disputationes Camaldulenses"*, München 1981 (Humanistische Bibliothek. I, 30)

Worstbrock, Franz Josef (Hrsg.): *Der Brief im Zeitalter der Renaissance*, Weinheim 1983 (Deutsche Forschungsgemeinschaft. Kommission für Humanismusforschung. Mitteilung 9)

Zanato, Tiziano: *Saggio sul "Comento" di Lorenzo de' Medici*, Firenze 1979 (Biblioteca dell'"Archivum Romanicum". I, 153)

Namensindex

Aconcio, J. (Acontius) 154 f.
Aguzzi Barbagli, D. 366 ff.
Aischylos 170, 273.
Alberti, L.B. 16.
Alexander v. Aphrodisias 156, 186, 214.
Ambrosius 48.
Ammirato, S. 280, 294.
Ammonios (Hermeiu) 247.
Apel, K.O. 48, 53.
Apelles 202.
Appel, B. 46, 307.
Apuleius 15, 45, 48, 272.
Aratos 261.
Arion 379.
Ariosto, L. 17, 72, 273, 301, 303, 351.
Aristophanes 43 ff.
Aristoteles 22, 25 f., 33, 51, 64 f., 83, 87 f. 107 ff., 181 ff., 221 ff., 284 f., 291, 297, 300 ff., 310, 311, 313 ff., 319, 320, 328 f., 331, 337 f., 345, 349, 353, 368 f., 372 ff., 382, 384, 385 ff., 396, 397 f.
Arnold, E. u. M. 73.
Assunto, R. 63.
Athenaios 169, 237.
Auctor ad Herennium 83.
Averroës 120, 144, 186, 198, 234.
Badius Ascensius, J. 16, 75, 87, 268.
Barbaro, D. 294.
Barbaro, F. 36.
Barbi, M. 64.
Barilli, R. 261, 287, 368, 391.
Bec, C. 48.
Behrens, I. 23.
Bempo, P. 28 ff., 74, 300, 315.
Beroaldo, F. 15, 45, 48, 54, 57, 74.
Beroaldo, N. 45.
Blum, E. 366.
Blum, P. 16.
Boccaccio, G. 21, 28, 32, 33, 136, 253, 273 f., 280, 316, 318.
Boethius 61, 63, 193, 272.
Boiardo, M.M. 301, 303.
Bolzoni, L. 368 f., 370, 393.
Bonora, E. 393.
Booth, W.C. 82, 210.
Branca, V. 28, 41, 42, 50, 73, 88.
Brandt, S. 61.
Brinkmann, H. 98, 280, 354.
Brown, P.M. 243.
Brückner, T. 16.
Bruni, L. 14, 35, 43, 44, 56, 113, 212, 241, 316, 367.
Bruno, G. 305.
Bruyne, E. de 98.
Buck, A. 12, 13, 16, 17, 19, 21, 23, 35, 38, 39, 40, 46, 48, 49, 55, 65, 73, 75, 97, 100, 113, 119, 136, 145,

167, 241, 278, 279, 280, 287, 313, 317, 323, 368, 375, 393.
Budé, G. 19.
Bundy, M.W. 283.
Burckhardt, J. 14, 18.
Busnelli, G. 64.
Calderini, D. 43, 86, 91, 119, 193.
Capra, B. 123.
Capriano, G.P. 164 f., 281.
Carafa, F. 330.
Cardini, R. 16, 54, 88, 92, 97, 103, 105.
Cassirer, E. 167.
Castelvetro, L. 18, 22, 26, 37, 108, 124 f., 180, 217, 222, 229, 233 ff., 285, 287, 314, 321, 322, 324, 344, 365, 367 f., 370, 372, 387, 394, 397 f.
Catull 316, 334.
Cesarini Martinelli, L. 17, 59, 73, 88, 91, 119.
Cicero 14, 32, 36, 42, 45, 46, 48, 69, 83, 89, 104, 134, 145, 174, 175, 230, 265, 272, 294, 307, 316, 329, 360.
Cino da Pistoia 316.
Clarke, M.L. 46.
Corderius, M. 16.
Correa, T. 199.
Croce, B. 393.
Crucius, L. 16.
Curtius, E.R. 51, 131, 280, 317.
Da Fiano, F. 136, 280.
Daniello, B. 50, 294, 296, 302.
Dante Aligheri 13, 16, 28, 54 f., 64 f., 78, 88, 92, 236 298 ff., 313, 316 ff.
Da Tempo, A. 313, 319, 321.
DeĆonti, A.M. 346.
Degenhardt, C. 68.
Della Fonte, B. 50, 87, 90 ff., 101, 260.
Della Torre, G.B. (Turrius) 287, 288.
Delminio, G.C. 356, 360 f.
Demosthenes 173.
Desmet-Goethals, M.-J. 16.
Des Périers, B. 19.
Di Benedetto, A. 365.
Di Constanzo, A. 330.
Dilthey, F. 48.
Diogenes Laertios 246, 247 f.
Diomedes 89.
Dolce, E. 162.
Donatus 58, 69, 89.
Empedokles 261.
Epiktet 45.
Erasmus von Rotterdam 16, 69.
Euanthius 89.
Euripides 178, 213, 344, 353.
Ferraro, R.M. 255.
Ficino, M. 91.
Flacius Illyricus, M. 44.
Fracastoro, G. 22, 26, 261, 283, 286 ff., 308, 324, 329, 332, 334, 398.
Franck, S. 16, 69.
Fuhrmann, M. 23, 32, 44, 177, 200, 235, 339.
Fuscano, G.B. 281.
Gadamer, H.-G. 20, 53, 120, 252, 288.
Gardenal, G. 17.
Garin, E. 13, 47, 88, 110, 212, 280, 316.
Gaurico, P. 142, 199 ff., 207, 210, 211, 266.
Geldsetzer, L. 44, 154.
Gerl, H.-B. 40, 113, 327, 367, 385.

Geymonat, M. 318.
Gilbert, N.W. 155.
Gilson, E. 153.
Giraldi Cinzio, G.B. 22, 26, 177, 286, 297 ff., 324, 337, 342, 344, 398.
Goldbrunner, H. 43, 113.
Gonzaga, V. 330.
Gordan, P.W.G. 13, 35 f.
Grafton, A. 41.
Grassi, E. 12, 262, 327, 345.
Greene, T.M. 19, 21, 48.
Grifoli, J. 122 f., 199.
Grimal, P. 48.
Gudeman, A. 68.
Guerrieri Crocetti, C. 297, 393.
Guido delle Colonne 322.
Guido Novello 322.
Guittone d'Arezzo 316.
Günther, H. 57.
Guthmüller, B. 13, 16, 35, 49, 50, 69, 72, 145, 241, 317.
Hagen, H. 61.
Hall, V. 23.
Härtel, H. 68.
Harth, H. 36.
Hathaway, B. 23, 279, 392.
Heitmann, K. 41, 119, 279, 368.
Hellinga, L. 68.
Hempfer, K.W. 17, 19, 49, 72, 351.
Henrichs, N. 20.
Herding, O. 16, 38, 113, 280.
Hermogenes 175.
Herrick, M.T. 108.
Hesiod 77, 261.
Hess, G. 16, 69.
Hildebrandt, P. 69, 265.
Homer 32, 50 ff., 77, 168 f., 178, 192, 248, 283, 292, 299 ff., 305, 316, 318, 328, 343 f., 349 ff., 353, 380.
Horaz 22, 25, 33, 37, 39, 43, 51, 53, 59, 62, 78, 89, 92 ff., 116, 121 ff., 135, 142 f., 163, 174, 175, 198 ff., 210, 211, 217, 268, 279, 284 f., 292, 300, 302, 304, 307, 314, 316, 319, 328, 334, 339, 349, 353, 396.
Hugo von St. Victor 148.
IJsewijn, J. 16, 56, 75.
Iser, W. 32, 58.
Jaeger, W. 46.
Jauß, H.R. 120.
Johann, H.-T. 46, 307.
Johannes Philophonus 156 f., 186.
Keßler, E. 14, 19, 38, 48, 110, 212, 282, 375.
Kallendorf, C. 16, 99.
Kelso, R. 283.
Kiefer, H. 327.
Klaniczay, T. 180, 313.
Kleanthes 44 f., 52.
Klopsch, P. 59, 60, 280, 299.
Kohut, K. 13, 16, 35, 56, 145, 241, 280, 317.
Krautter, K. 15, 32, 41, 45, 48, 54, 57, 60, 72, 119.
Kristeller, P.O. 13, 15, 18, 38, 40, 49, 59, 75, 110, 130, 153, 366, 393.
La Garanderie, M.-M. de 19.
Lagarde, P. de 305.
Lämmert, E. 210, 363.
Landino, C. 16, 22, 25, 35, 37, 39, 43, 45, 53 f., 56, 59, 62, 69, 77, 78, 79, 85, 90, 91 ff., 108, 109, 120, 143, 163, 165, 193 f., 199, 260, 299, 328, 340, 396 f.,
Lattanzi Roselli, R. 17, 37, 89.
Lazzeri, E. 17, 53, 70, 199.

Lentzen, M. 16, 56, 72, 92, 97, 99.
Leonardo da Vinci 167 f., 325.
Lionardi, A. 254, 294, 339.
Listrius, G. 16, 69.
Livius 57, 169.
Lombardi, B. 22, 26, 107 f., 133, 134, 149, 181 ff., 222, 228, 229 f., 231, 242, 261, 266, 373, 397.
Lubac, Henri de 72, 98.
Luisini, F. 121 f., 199.
Lukrez 261, 333, 360.
Luther, M. 53.
Maggi, V. 18, 22, 25 f., 37, 74, 107 f., 120, 133, 134, 142, 149, 181 ff., 222, 223 f., 228, 229 f., 231, 234, 241, 248, 256, 258, 266, 297, 300, 373, 390, 397.
Maier, I. 43, 59.
Mancinelli, A. 16, 199.
Mancini, A. 41.
Manilius 261.
Manuzio, A. (der Jüngere) 123 f., 198 f.
Marsh, D. 295.
Martial 273.
Martianus Capella 46, 272 f.
Mazzacurati, G. 109.
Mazzoni, J. 389.
Medici, Cosimo II de' 110, 112.
Medici, Lorenzo de 17, 52, 90, 112, 186, 316.
Melzi, R.C. 236, 273.
Mettmann, W. 279, 368.
Minturno, A.S. 22, 26, 28, 108, 130, 180, 283, 287, 296, 312 f., 322, 323 ff., 367 f., 370, 375, 394, 398 f.
Montaigne, M. de 19.
Montano, R. 179 f., 279.
Montefeltro, G. da 69, 94.
Most, G.W. 278.
Müller-Bochat, E. 16.
Mussato, A. 280.
Muzio, G. 279.
Navagero, A. 278 ff.
Neophron 344.
Neroni, B. 231 f.
Neschke, A.B. 177.
Niccoli, N. 13, 36.
Nikandros 261.
Ohly, F. 72, 345.
Olen 383.
Orpheus (Dichter) 378 ff.
Otto, W.F. 12.
Ovid 16, 17, 50, 56, 57, 59 ff., 77, 116, 119, 128, 153, 199, 221, 302.
Palaiphatos 379.
Panofsky, E. 57.
Panormita, A. 327.
Partenio, B. 51, 282 ff., 296, 360.
Pastore Stocchi, M. 42.
Pausanias 170, 378.
Patrizi da Cherso, F. 22, 26, 27, 108, 183, 221, 287, 312 f., 322, 366 ff., 399 f.
Pazzi, A. 120, 138, 141, 144, 147, 187, 195, 202, 206, 208 f., 214, 234.
Peletier du Mans, J. 237.
Perosa, A. 73.
Persius 17, 44, 59 ff.
Petrarca, F. 13, 14, 19, 32, 47 ff., 50, 144, 212, 241, 280, 298, 316, 317, 318, 351 ff., 355, 359, 360, 376.
Pfeiffer, R. 73.
Phemonoe 383.
Phidias 202.
Pigna, G.B. 199 f.
Plachy, A. 20.

Plamböck, G. 12.
Platon 11, 27, 32, 45, 51, 111, 135, 174, 237, 288, 291 ff., 294, 297, 310, 311, 313, 331, 333 ff., 343 f., 346, 349, 374, 388.
Plinius (der Jüngere) 48.
Plutarch 77, 169, 171, 174, 244, 377, 378.
Poggio Bracciolini 13, 14, 35 ff., 111, 212, 241.
Poliziano, A. 16, 17, 22, 25, 35, 37, 41 ff., 101, 103 ff., 109, 116, 119, 128, 137, 153, 163, 165, 182, 192, 193 f., 199, 256, 260, 283, 340, 395 f.
Pollux 89, 171.
Pompella, G. 139.
Pontano, G. 261, 327.
Porphyrios 61.
Powitz, G. 68.
Proklos 379.
Pucci, F. 211.
Pucciandone (Martinelli) da Pisa 316.
Pythagoras 373.
Quaglio, A.E. 64.
Quintilian 46, 48, 51, 83, 170, 174, 339.
Rabelais, F. 19, 226.
Ranke, L. von 48.
Regio, R. 50.
Regn, G. 351.
Renan, E. 14.
Rheinfelder, H. 299.
Ribuoli, R. 74.
Ricciardi, R. 17, 59.
Riccoboni, A. 124 f., 267.
Rinaldo d'Aquino 316.
Rizzo, S. 41, 141.
Robortello, F. 22, 25, 37, 53, 101, 107 ff., 182 ff., 190 f., 194 ff., 203, 207, 208, 211, 214, 216, 218, 219, 221, 223 f., 227, 229, 234, 237, 238, 242 f., 245, 247, 248 f., 255, 256 ff., 265 ff., 270 f., 285, 286, 297, 314, 324, 325, 337, 388, 389, 391, 394, 397.
Roddewig, M. 299.
Roellenbleck, G. 261.
Romani, W. 233.
Romano, V. 28, 136.
Rota, B. 330.
Rossi, N. 243.
Roth, O. 13, 35, 145, 241, 317.
Rötzer, H.G. 317.
Sabbadini, R. 59.
Sacchetti, F. 316.
Saintsbury, G. 23.
Salutati, C. 35, 212, 280, 282.
Samuels, R.S. 190.
Sandkühler, B. 39, 40, 59, 60, 63, 68, 148, 198, 299.
Sannazaro, J. 273, 315, 326 f., 332.
Saussure, F. de 147.
Scala, B. (della) 45.
Scaligero, G.C. 108, 162, 237, 255, 287, 339, 376, 383.
Schepss, G. 61.
Schick, U. 351.
Schleiermacher, F. 11, 20, 48.
Schmidt, P.G. 16, 75, 87.
Schmidt, P.L. 41.
Schmitt, C.B. 88, 110.
Schottlaender, R. 212.
Schrader, L. 12, 18, 19, 226.
Schweyen-Ott, R. 38, 110.
Scrivano, R. 236, 280.
Scuderi, E. 136.

Segni, A. 234.
Seneca 48, 252, 358, 360.
Serenus 261.
Servius 61, 63, 193.
Simplikios 214.
Söffing, W. 177.
Solmi, E. 167.
Sophokles 171, 177, 178, 273, 344, 353.
Sophron 237.
Spingarn, J.E. 23, 393.
Staiger, E. 288.
Stanzel, F.K. 210.
Statius 17, 43, 53, 59 ff., 119, 273, 334.
Stäuble, A. 136.
Stein, A. von der 154.
Stillers, R. 21, 54, 136.
Straub, E. 17, 19, 49, 351.
Strosetzki, C. 19.
Suetonius 17.
Summonte, P. 326 f.
Tasso, B. 220 f.
Tasso, T. 382, 388.
Tateo, F. 106.
Terenz 17, 37, 45, 57, 58, 59 ff., 103, 353.
Thieme, K. 327.
Thilo, G. 61.
Thomas von Aquin 280.
Tigerstedt, E.N. 88, 98.
Torelli, P. 246.
Toscanella, O. 220 f.
Tournoy, G. 136.
Trabalza, C. 393.
Trinkaus, C. 50, 91.
Trissino, G.G. 22, 26, 287, 312 ff., 324, 358, 370, 398.
Valdés, A. de 19.
Valla, G. 120, 144, 234.
Valla, L. 16, 40, 56, 75, 113, 182.
Vandelli, G. 64.
Varchi, B. 190.
Varro 46.
Vasoli, C. 393.
Verde, A.F. 50.
Verdizzotti, G.M. 357.
Vergeest, A. 68.
Vergerio, P.P. 316.
Vergil 16, 45, 54, 61, 77, 78, 93 ff., 261, 287 ff., 292, 295, 299, 303, 305, 316, 318, 328, 334, 349 ff., 353, 357, 359, 360, 363.
Vernazza, G. 246.
Vettori, P. 22, 26, 133, 221 ff., 234, 235, 237, 241, 242 f., 247, 271, 373, 375, 397 f.
Vida, M.G. 226.
Vitruv 46, 77, 170, 171.
Voigt, G. 14.
Warning, R. 120.
Waschbüsch, A. 64.
Weber, M. 363.
Weinberg, B. 21, 23, 24, 51, 106, 107, 108, 136, 142, 143, 159, 165, 177, 181, 190, 221, 222, 231, 233, 254, 279, 280, 281 f., 285 ff., 294, 296, 297, 303, 313 f., 323 f., 339, 346, 356, 357, 360, 366, 368, 393.
Weiss, R. 97.
Wessner, P. 58.
Wilhelm von Moerbeke 198.
Williams, R.G. 226.
Worstbrock, F.J. 13.
Xenarchos 237.
Zanato, T. 17, 52, 60, 186.